iCourse・教材
國家精品資源共享課教材

中國歷史文選

上册

李曉明　主編

高等教育出版社・北京

内容簡介

本教材是大學歷史學專業基礎課教材，爲國家精品資源共享課教材，由國內數十所高校骨幹教師参編。本教材在汲取以往同類教材優點的基礎上，既保留了傳統篇章，又結合時代理念精選新篇。在解題、注釋上力求簡潔、明瞭、準確，注意吸收當代學術成果。框架設計上，注重普及與深入學習相結合、課堂教學與自主學習相結合。本教材也將有後續的資源庫、試題庫等教學解決方案和教學資源建設，以及相關網絡資源的配套教學支持。

通過本教材及其延伸知識的學習，可以强化專業基礎，培養對中國傳統文化的愛好，爲進一步研究中國文史提供進階。

本教材可供大學歷史學等專業師生教學使用，也可作研究生考試參考書及供國學愛好者閱讀。

圖書在版編目(CIP)數據

中國歷史文選.上册 / 李曉明主編. -- 北京：高等教育出版社，2018.8（2024.11 重印）
ISBN 978-7-04-050047-9

Ⅰ. ①中… Ⅱ. ①李… Ⅲ. ①中國歷史－古代史－史籍－高等學校－教材 Ⅳ. ①K204

中國版本圖書館 CIP 數據核字(2018)第 144391 號

中 國 歷 史 文 選
Zhongguo Lishi Wenxuan

策劃編輯 張 林　責任編輯 張 林 賈高操　封面設計 趙 陽　版式設計 徐艷妮
插圖繪制 于 博　責任校對 呂紅穎　責任印製 趙 佳

出版發行	高等教育出版社	網　址	http://www.hep.edu.cn
社　址	北京市西城區德外大街 4 號		http://www.hep.com.cn
郵政編碼	100120	網上訂購	http://www.hepmall.com.cn
印　刷	北京中科印刷有限公司		http://www.hepmall.com
開　本	787 mm×960 mm 1/16		http://www.hepmall.cn
印　張	25.25		
字　數	370 千字	版　次	2018 年 8 月第 1 版
購書熱綫	010-58581118	印　次	2024 年 11 月第 5 次印刷
諮詢電話	400-810-0598	定　價	49.80 圓

本書如有缺頁、倒頁、脱頁等質量問題，請到所購圖書銷售部門聯係調换

物 料 號 50047-00

《中國歷史文選》參編單位

華中師範大學
東北師範大學
北京師範大學
復旦大學
上海交通大學
西北大學
武漢大學
安徽大學
中南民族大學
浙江師範大學
雲南大學
四川師範大學
河北師範大學
黑龍江大學
陝西師範大學
南京師範大學
湖北大學
湖南師範大學
河南師範大學
廣西師範大學
貴州師範大學
海南師範大學
浙江工商大學
江漢大學
南陽師範學院
信陽師範學院
嶺南師範學院
安陽師範學院
湖北科技學院
黃岡師範學院

前　言

“中國歷史文選”課程是從較早時期的“中國歷史要籍介紹及選讀”發展而來的，而“中國歷史要籍介紹及選讀”又是從更早時期的“中國歷史要籍校讀法”演變而來的。經歷了幾十年的發展，同類教材不下幾十種，在今天的高等教育系統中呈現出了豐富多彩的狀態。“中國歷史文選”是高等學校歷史學一門基礎課程，已經是學界公認的了。

雖然本門課程以往有教育部頒行的“教學大綱”，但多年來由於各個高校的辦學形式、層次、傳統不同，地域和師資力量也有差異，在教學實踐中已形成了不同的風格。即便是在同一所高校，對待這門課程也是教法各異。我們理解，它大致可以分爲以下幾種類型：一是強調古漢語文字和語法的，二是重視文化知識和文獻知識的，三是重在文獻闡釋的。平心而論，不能説哪一種風格就是絶對的好。我們認爲，應該充分尊重這種差異，對於各種教法的探索還需互相溝通，多種教法並存的狀況還將在今後一個較長時期繼續存在下去。

我們認爲，《中國歷史文選》本質上是古代“選學”的發展。“選學”一詞，一般認爲出現在唐代，它是指學習和研究《昭明文選》的學問。研究表明，《昭明文選》是繼承西晉摯虞的《文章流別集》而來。追溯遠源，對歷代作品和文獻的選編當始於孔子的“删《詩》、《書》”，它們都是按照一定文獻的類别和時代先後而編選的。這種編選性質的書籍代有發展，最爲著名也是影響最大的文選作品都出現在清代的康熙年間,文章方面以清代吴楚材、吴調侯編選的《古文觀止》爲代表,詩詞方面以蘅塘退士(孫洙)的《唐詩三百首》和沈德潛的《唐詩别裁集》爲代表。因此,可以認爲狹義的"選學"是指對《昭明文選》的研究,廣義的"選學"是指按照一定的學習和瞭解目的,依據一定時代、文體、史體而編選的作品集。與"文徵"不同,"文徵"是爲了便於瞭解一個時代而保存一代文獻,而"文選"則是按照一定的學習目的、爲瞭解一定範圍知識體系而編選的書籍。這是我們的一個基本認識。

當然,隨着時代的不同,這本教材所承擔的使命肯定不是對古代選學的簡單繼承。但其相同的部分,仍是對前世經典文獻的選録和濃縮、兼顧各種文體或史體、注重有代表性的事與文結合的篇什,需要深入學習的讀者通過這些篇章能夠大致瞭解那個時代。除此之外,目標還應該是多元的。從這個角度看,各種風格的文選教學也就完全可以理解了。掃清字詞句的文字障礙,肯定是讀好古文的第一步。借此瞭解更多的文化知識和文獻學知識,也是學習古文的應有之義和必需技能。通過學習掌握基本的文獻理解和闡釋能力,應該是本門課程學習的目的和歸宿。

本教材的編選工作需要交待的還有:

一、關於選篇。本教材的選篇,首先本着"從衆"原則。我們在確定篇目的時候參考了幾十年來的二十多種同類教材的選篇,做了專門的統計,又考慮到各類學校的課時數等因素。這樣做的出發點,一是認爲大部分教材所選的篇章和多年的教學實踐説明傳統選擇多的篇章是有生命力的,獲得了學界大部分人的認可,必須尊重這個事實。二是利於其他各高校嘗試使用本教材時,不至於感到十分陌生。其次,在這一原則基礎上,也有若干變化,就是增加了我們認爲應該增加的篇章,而這些篇章歷來卻是選擇較少的。我們注意到，近些年各高校編撰的若干《中國歷史文選》教材，在選篇方面力圖有所突破，在文獻載體上注意收錄碑刻、簡牘、帛書或新出土的寫本文獻，在内容上注意收錄民俗、經濟和少數民族文獻。也有的爲了增加學生的直觀感受，讓其更多地接觸到文獻載體的實際面貌，而較多地採用複印原版本的形式。對於這些嘗試和努力，我們都是持尊重和讚賞的態度。但是一部文選教材，不可能兼顧所有的方面，也不可能承擔學習歷史學科所涉及所有知識的使命。從長期教學實踐來看，低年級學生的接受水準自有其特點。因此，在選文和教材框架結構的設計上，我們都儘量做到因革損益，兼顧歷史與現實、傳統與現代，又爲新形勢下的教學和未來做好準備，預留空間。

各篇選文均從較爲權威的版本中選取，但在學界的多年研究中和我們的注釋過程中，也發現了這些權威版本中的白璧微瑕，或在用字上，或在版本上，或在斷句上。本着求是原則，在課文中我們做了適當更正，並盡可能地加以説明，但不做詳細考證。不是有充分證據的，儘管有爭議，一仍其舊。

本教材在編選和注釋的過程中，我們也懷着極大的敬意參考和吸收了以往同類教材中的部分優秀成果，因爲無視這些成果和既成的學術公論，將是極大的無知和狂妄。同時，教材在選篇和注釋中也做了一些自己的探索，希望將此當作勇敢的嘗試，以就教於學界。誠如劉勰在《文心雕龍·序志》中所言："及其品列成文，有同乎舊談者，非雷同也，勢自不可異也；有異乎前論者，非苟異也，理自不可同也。"求是和追求至善，是我們努力的目標。

二、關於體例。在編寫的體例規範上，我們綜合既往教材的優長，也力爭克服其弊端和不便之處，採取了解題、正文、注釋（段末注）、練習的四個版塊。既爲“文選”，理應包括典籍中選篇和篇中選文。選文部分一些是節選，我們在相應段落的前後或段落之間加了省略號以示省略，而不在篇題或解題部分另加說明。

在選文順序的編排上，我們兼顧典籍產生的時代先後、文獻性質類别、概念習慣、作者生卒年等因素，因此有關選文的排序可能小異於傳統做法。所附“深入學習參考書目”，目的在於幫助學習者瞭解選文涉及的典籍、作者、時代等學界研究情況，以便拓展知識、增強興趣。限於篇幅，原則上不多介紹文史工具書、電子文獻和主要專業門户網站。我們以後會通過其他途徑推介這些。

三、關於參編者。本教材的參編者多爲各高校教師，有的是在教學第一綫幾十年的碩儒，有的是目前在各校挑大梁的中年骨幹，有的則是青年俊彦，尤其是後者，在合作的過程中我們也加深了對他們的瞭解和敬重。他們學術功底扎實、處事認真、博學儒雅、謙虚自勵，相信假以時日，在不久的將來他們必定會在教學和科研中大有作爲。

教材中，在保持整體體例一致的情況下，也允許少有差異。各篇文末均附以編注者姓名，除有明確文責之意外，也有保持各自風格之微旨。本教材具體參編者爲：

華中師範大學李曉明、周國林、劉韶軍、董恩林、張固也、楊昶、黄覺弘、譚漢生、蕭海燕、陳冬冬、李博、閆昊；東北師範大學曹書傑；北京師範大學鄧瑞全；復旦大學張海英；上海交通大學陳業新；西北大學郝潤華；武漢大學謝貴安、尉侯凱；安徽大學胡秋銀；中南民族大學趙慶偉；浙江師範大學龔劍鋒；雲南大學張軻風、陸韌；四川師範大學鄭偉；河北師範大學楊寄林、董文武、溫玉春；黑龍江大學霍明琨；陝西師範大學柏俊才；南京師範大學王永吉；湖北大學彭忠德、周德美；湖南師範大學伍成泉；河南師範大學趙振；廣西師範大學韋勇強；貴州師範大學李景壽；海南師範大學史振卿；浙江工商大學姜勇；江漢大學宋傳銀；南陽師範學院王春陽、高二旺；信陽師範學院李志堅；嶺南師範學院孫建偉；安陽師範學院高遠；湖北科技學院張霞；黄岡師範學院張婷。

在現代網絡資訊時代，學習者獲取知識並不難，難在有效獲取準確的資訊，並加以有效利用，從而使自己的知識得以加強和擴展。因此，網絡知識如何成爲學習者的梯航，而不是誤導的迷途，也是我們要共同面對的。在本書出版之後和使用過程中，我們將計劃加強配套的教學資源建設，條件許可的情況下也加強視频和網站建設，期望使用者及教與學各方面，能夠有個交流的平臺，讓本門課程的學習成爲一個快樂、有趣、可以拓展人們學習思維的載體。

編　者

2017 年季夏

2021 年初夏再訂正

目　錄

第一單元　先秦文選

第二單元　秦漢文選

第一單元　先秦文選

甲骨卜辭二則

甲骨文是我國目前發現最早的文字史料，因刻（或寫）在龜甲和獸骨上而得名，又稱契文（刀刻文字）。内容主要是商代後期（前 13—前 11 世紀）王室占卜的記録，故又稱卜辭。最初在河南安陽的殷都廢墟中出土，故又稱殷墟文字。甲骨文已脱離圖畫文字形態，文字構形以象形爲基礎，輔以形聲和假借，是一種相當成熟的漢字，它的發現不僅證明漢字的産生更在此前，而且使我國有文字可考的歷史上溯到商代。

甲骨文最初在民間發現，被視爲藥材"龍骨"在市上行售，光緒二十五年（1899 年）方引起學者的關注。首先被金石學家王懿榮認識購藏，此後有王襄、孟定生、劉鶚、羅振玉及美國、英國、日本、加拿大等國外人士購藏。一九二八至一九三七年間，中央研究院歷史語言研究所考古組有計劃地對殷墟進行了多達十五次的發掘。此後殷墟仍不斷有甲骨出土。一九七三年，中國社會科學院考古研究所又在河南安陽小屯南地發掘甲骨四千餘片。除殷墟外，一九五三、一九五四年，還在鄭州商代中期遺址發現有字甲骨两片。一九五四年以來，還相繼在山西洪洞，北京昌平，陝西豐鎬、周原遺址、岐山鳳雛等地出土西周時期有字甲骨約三百片。目前，已出土的甲骨總數在十五萬片以上，分别收藏於中國大陸和港澳臺地區，日本、美國、英國、加拿大、法國、俄羅斯、德國、瑞士、比利時等國家也有一定的收藏。據不完全統計，目前所知單個文字在五千左右，公認能夠釋讀的不足三分之一。

商王尚鬼，凡事占卜，每占則通過貞人向上帝、鬼神、先公先王等問卜，以便預示吉凶，祈望得到保祐。占卜材料多爲龜腹甲（及少量背甲）和牛胛骨，占卜時，先於甲骨背面鑽鑿處用火燒炙，正面即現"卜"字形裂紋，以此定吉凶。占卜後,將所卜事項記刻於甲骨之上。一條完整的甲骨卜辭應包括敘辭、命辭、占辭、驗辭,而多數卜辭常省略占辭或驗辭。其卜辭或刻或寫,或先寫後刻,或在刻畫上塗硃砂或墨色。

商代自盤庚遷殷至紂王共八世十二王約二百七十三年,其甲骨文的分期斷代,標準和說法不一。目前主要使用的是董作賓依據世系、稱謂、貞人等十項標準劃分的五期說,即第一期:盤庚、小辛、小乙、武丁;第二期:祖庚、祖甲;第三期:廩辛、康丁;第四期:武乙、文丁;第五期:帝乙、帝辛。其中有些問題的討論目前仍在進行中。

甲骨文的內容,絕大部分是商朝王室的占卜記錄,也有少量的記事文字。商代階級和國家的資料在甲骨文中多有保存,通過這些,我們可以瞭解商朝底層社會有衆、芻、羌、僕、奚、妾、㞋等不同身份的人,貴族有先公先王和他們的配偶如高妣某、妣某、母某及子如子某、多子等,官吏有臣、尹、史、犬、亞、馬、射及侯、伯等;軍隊有師、旅等;刑罰有㚔、刖、劓、伐、戮等,並設置了監獄。此外,我們還可以瞭解到商代人殉人祭的狀況和對外戰爭,被征服的方國對商王朝稱臣納貢的記載,也瞭解商代的農業、畜牧業以及商業、交通、天文知識、醫學、思想文化等各個方面的情況。

自劉鶚的《鐵雲藏龜》出版以來(一九〇三年),著錄和研究甲骨文的著作漸多,清末,甲骨文研究漸成專門之學,孫詒讓《契文舉例》(一九〇四年)爲第一部考釋甲骨文的著作。之後,學者們通過分析甲骨文字形的偏旁點劃、利用音韻學和訓詁學的手段來考釋文字。在一百多年來的甲骨文研究史上,人們認爲貢獻較大者有四位學者(即“甲骨四堂”):羅振玉(號雪堂)、王國維(號觀堂)、郭沫若(字鼎堂)、董作賓(字彥堂)。羅振玉《殷虛書契考釋》,王國維《殷卜辭中所見先公先王考》,郭沫若《卜辭通纂》、《殷契粹編》和《甲骨文字研究》,董作賓《殷曆譜》等,均爲代表作。此外楊樹達、容庚、于省吾、唐蘭、柯昌濟、商承祚、胡厚宣、陳夢家等學者,都爲甲骨學的研究做出了卓著的貢獻。

二十世紀七八十年代出版的《甲骨文合集》(郭沫若主編、胡厚宣總編輯)爲總結性著作,該集廣泛搜集甲骨文發現八十多年來已被著錄和未被著錄的全部甲骨資料,並加以科學的分期分類整理,共收甲骨約四萬片,爲研究甲骨文和商史提供了系統的資料。

一

本篇當爲武丁時期卜辭，始見羅振玉《殷虚書契菁華》著録，《甲骨文合集》收爲六〇五七正。本篇僅爲該版左邊四行，内容記述了土方、邛方反叛商王、侵擾邊境的情況。

癸巳卜①，㱿貞②：旬亡囚（禍）③？王固曰④：有杀（祟）⑤！其有來嬉（艱）⑥。乞（迄）至五日丁酉⑦，允有來嬉（艱）自西⑧。沚職告曰⑨：土方兕（征）于我東啚（鄙）⑩，戈（搏）二邑⑪；舌（邛）方亦帚（侵）我西啚（鄙）田（甸）⑫。

【注釋】

①癸巳：記日干支，即癸巳日占卜。　②㱿：占卜者之名，研究者認爲，其爲武丁時期的貞人。貞：卜問，占卜。　③旬亡囚（禍）：卜辭之成語，義爲下一旬（後十天）有無災禍發生。殷人以甲至癸爲一旬，在旬末卜下旬之吉凶。亡，有無之“無”。　④王：此指時王武丁。　⑤有杀（祟）：卜辭之成語，有人鬼作祟。　⑥其有來嬉（艱）：卜辭成語。意爲有禍患要來。其，語氣助詞，表示揣度語氣。　⑦乞（迄）至五日丁酉：到第五天的丁酉日（得到應驗）。　⑧“允有來”句：果然有禍患來自於西方。允，信也，實也，即確實、果真、果然。甲骨文凡言“允某”，屬於卜辭“驗辭”，表示後來實際發生的現象、事件等與占卜結果相符。　⑨沚（zhǐ）：方國或方國首領名。職（guó）：《説文解字》（以下簡稱《説文》）：“職，軍戰斷耳也。《春秋傳》曰：‘以爲俘職。’”即古代戰爭中割取死敵左耳以記戰功。　⑩“土方”句：土方來犯於我東疆。土方，殷商時期的方國名，在商都的北方。兕（征），當指在疆界發生了與日常相背的行動，即背叛、叛亂、擾亂、侵犯。啚，爲“鄙”之古文，邊邑、邊境。　⑪戈（搏）二邑：奪取了二座城邑。邑，此泛指人口聚居的村落、城鎮，其大者曰都，小者曰邑。　⑫“舌（邛）方”句：邛方也侵犯我西部的村落。舌（邛）方，方國名，在殷都西北。田（甸），田當訓爲甸。古代京城郊外的地方稱“甸”。此泛指從事農業生產的人口的聚居處，猶如村落。

二

本篇是殷商後期帝乙、帝辛時期的卜辭，始見於胡厚宣《甲骨續存》著録，《甲骨文合集》收爲三六四八一正，内容記録了商軍與玁狁的一次大規模戰爭的俘獲和戰後的封賞情况，而這場戰爭也是殷商甲骨文記載的規模最大的一場戰爭。

……小臣牆從伐①，禽獵美②……廿人四③，馘千五百七十④，訊百⑤，……丙(辆)⑥，车二丙(辆)，弩百八十三⑦，箙五十⑧，矢……。又(祐)白(伯)𪄴(麟)于大乙⑨，用𩁹白(伯)印⑩……訊于且(祖)乙⑪，用美于且(祖)丁⑫。僼公京易(賜)⑬。

【注釋】

①小臣牆從伐：小臣，官名。牆，人名。 ②禽獵美：擒獲玁狁美(下有缺文)。獵，即玁狁，後世或寫作獫狁。美，似爲玁狁首領之名。 ③廿人四：猶如後世漢語的二十四人。 ④馘(guó)：斬首。古代戰爭割取敵首(作馘)、敵耳(作聝)、敵手(作戒)以記戰功，割取敵首即所謂的斬首、殺敵。 ⑤訊百：俘虜百人。 ⑥丙：兩(輛)之初文。甲骨文作，爲車轅前端横木下駕牛馬之軛。車兩輪，故稱兩(輛)。 ⑦弩：一種類似弓的兵器，疑似後世的弩。⑧箙五十：箭箙五十。箙，即箭袋、箭筒。 ⑨"又(祐)白(伯)"句：用方伯𪄴祭祀先王太乙。又，卜辭作，用作祐。祐爲祭名，此爲動詞，可訓爲祭祀。白，通"伯"，此指方伯𪄴。大乙，太乙，即商王成湯的廟號。 ⑩用𩁹白(伯)印：用𩁹方伯印祭祀。𩁹，當爲方國之名。印，當爲方伯之名。 ⑪訊于且乙：用俘虜(殺死)祭祀先王祖乙。訊，此爲以俘虜爲祭祀的犧牲。且乙，即祖乙，商王第七世祖的廟號。且，"祖"字的初文。 ⑫用美于且丁：用玁狁首領美祭祀先王祖丁。且(祖)丁：商王第九世祖的廟號。 ⑬僼公京易(賜)：在王僼對衆有功者大加封賞。僼，祭祀場所名。據上下文，當是在這種祭祀場所舉行封賞活動。公，通"功"，此當指衆有功者。京，本義是高丘、大丘，引申爲大、盛。易，通"賜"。

【復習與思考】

1. 瞭解甲骨文的發現和基本研究狀況。

2. 瞭解甲骨文的契刻情況及在中國文字發展中的影響。

3. 甲骨卜辭一般由哪幾個部分組成?

4. 將本課的二則甲骨文翻譯成白話文。

(編注者：曹書傑)

【自測題】

大盂鼎銘

本文選自文物出版社一九八八年版馬承源主編《商周青銅器銘文選》第三卷。

“金文”是指商周(或含秦漢)時期鑄刻在銅器上的銘文文獻,也指甲骨文之後的一種字體或書體。

根據考古發現,青銅器上有銘文始見於商代,盛於西周。商代前期(二里崗期)有銘銅器衹有少數幾件,而且都無發掘記錄,每器銘僅兩三字,或爲器主的族氏、名字,或爲受祭先人的稱號,或與器的用途有關。商代晚期(殷墟期)有銘銅器的數量明顯增加,銘文的字數也漸多,但仍無過五十字者,內容或兼記器主族氏、名字和先人稱號,其表示族氏的字常被視爲“族徽”,族氏或與古地有關,對研究社會結構、氏族分佈、地方歷史都頗爲重要。

西周金文是殷商金文的承續和發展。西周的早期金文,既有記載族氏等的簡短銘文,也有記載重大史事的長篇銘文,晚期長篇金文更多,早期如“小盂鼎”(康王時)的銘文約達四百字,價值足抵《尚書》的一篇,晚期如享譽世界的“毛公鼎”銘文長達四百九十七字,堪稱金文之最。金文內容多反映戰爭、社會動亂等西周的重大歷史事件,如周公東征、分封諸侯,康王伐鬼方,昭王南征,穆王遊行和用兵,以及伐玁狁(虢季子白盤、多友鼎等)、征淮夷(兮甲盤、駒父盨等)等均有記載;至於多見於中晚期的册命金文,不僅可見當時的命賜之禮、職官制度、輿服制度、等級區分等,還涉及土地交易及法律、經濟等內容,是非常珍貴的第一手史料。西周金文多爲周王朝官吏所作,而諸侯國的金文相對較少。

春秋戰國時期,周王朝衰微,王朝官吏的金文也陡然減少,而諸侯國的金文則大量出現。不僅是大國，小國也有金文，内容具有顯著的區域色彩，其中晉、鄭、齊、魯、楚等大國的金文最爲重要，可與《左傳》相印證。此時，傳統形式的銘文仍有少量發現，也不乏長篇銘文，字體也呈現出一定的區域特點。戰國時期，諸侯分立既久，文字的地方特點更爲突出，形成了所謂"文字異形"的局面。

考察金文研究的歷史，似以西漢張敞對美陽所出的周代"尸臣鼎"的考釋爲最早，至宋代金文之學方興，如北宋吕大臨《考古圖》是現存最早的專著，圖像、銘文、釋文等内容均已齊備。元明時期，金文研究衰微，清代方得復興，名家輩出，著述頗豐。阮元《積古齋鐘鼎彝器款識》，吴式芬《攈古録金文》；方濬益《綴遺齋彝器款識》，吴大澂《𢙃齋集古録》、《説文古籀補》，孫詒讓《古籀拾遺》、《古籀餘論》等均有較大影響。民國以來，由於現代考古學不斷有重大發現，金文研究更是取得了前所未有的成就，如羅振玉、王國維等尤注重銘文與器物、斷代與地域相結合的研究。郭沫若開拓了利用金文探討古代社會的方法，所著《金文叢考》、《兩周金文辭大系圖録》、《兩周金文辭大系考釋》等書至今影響巨大。此後金文研究領域更加廣闊，成果豐碩，如楊樹達《積微居金文説》，容庚《商周彝器通考》、《金文編》，于省吾《雙劍誃吉金文選》，柯昌濟《金文分域編》，唐蘭《西周青銅器銘文分代史徵》，陳夢家《西周銅器斷代》，馬承源《商周銅器銘文選》以及日本白川静《金文通釋》等，皆各有貢獻。研究金文的工具書，如周法高《金文詁林》，孫稚雛《金文著録簡目》、《青銅器論文索引》，中國社會科學院考古研究所《新出金文分域簡目》等，皆有功於學林。中國社會科學院考古研究所編纂的《殷周金文集成》，則是已發現的金文材料的集大成之作。

金文文獻的學術價值是多方面的，不僅爲古文字學研究提供了珍貴的第一手資料，也極大地豐富了先秦史特别是周代歷史的第一手資料，可彌補傳世文獻之不足，或可補充史書記載上的某些缺略，或可訂正史實記載上的某些訛誤，或可裁定學術上的某些分歧。總之，金文文獻是先秦史研究不可或缺的史料，已對先秦歷史、文化、學術等的研究產生了巨大影響。

大盂鼎是西周康王時的青銅器，清朝道光初年出土於陝西眉縣禮村，現藏於中國國家博物館。鼎上有291字,記載了周康王對一個名叫"盂"的貴族進行賞賜時所作的訓示,反映了西周的治國理念、周先王的文治武功及"人鬲"情況。

唯九月①,王在宗周②,命盂③。王若曰④:"盂,丕顯文王受天有大命⑤,在武王嗣文作邦⑥,闢厥匿⑦,匍有四方⑧,畯正厥民⑨。在于御事⑩,䖒⑪!酒無敢䤅⑫,有柴蒸祀無敢醉⑬,故天翼臨子⑭,法保先王⑮,□有四方⑯。我聞殷墜命⑰,唯殷邊侯甸粵殷正百辟⑱,率肆于酒,故喪師祀⑲。女妹辰又大服⑳,余唯即朕小學㉑,女勿克余乃辟一人㉒。今我唯即型憲于文王正德㉓,若文王令二三正㉔。今余唯令女盂紹榮敬雝德經㉕,敏朝夕入諫㉖,享奔走㉗,畏天畏㉘。"王曰:"於㉙!令女盂型乃嗣祖南公。"王曰:"盂,迺紹夾死司戎㉚,敏諫罰訟㉛,夙夕昭我一人烝四方㉜。粵我其遹省先王㉝,受民受疆土㉞。錫女鬯一卣㉟,冕衣、市舄、車馬㊱。錫乃祖南公旗用獸㊲。錫汝邦司四伯㊳,人鬲自馭至于庶人六百又五十又九夫㊴。錫夷司王臣十又三伯㊵,人鬲千又五十夫。□□□自厥土。"王曰:"盂,若敬乃正㊶,勿廢朕命。"盂用對王休㊷,用作祖南公寶鼎㊸。唯王廿又三祀㊹。

【注釋】

①唯九月:唯,語助詞。常用在句首幫助判斷語氣。九月,周曆建子,以仲冬月即夏曆十一月爲正月,九月相當於夏曆七月。 ②王在宗周:王,指康王。宗周,西周都城鎬京的别稱,在今陝西西安西南斗門鎮。 ③盂:鼎主之名。周康王的大臣。據王國維考證,當是周初貴族南宫括(文王四友之一)之孫。④若:語助詞。"王若曰",猶言"王如此說"。 ⑤"丕顯"句:丕,語助詞。丕顯,彰明。文王,康王的曾祖父周文王姬昌。有,通"佑"。 ⑥"在武王"句:在,連詞,相當於"則"。武王,康王的祖父周武王姬發。作,始。 ⑦闢厥匿:厥,其。匿,通"慝",邪惡。此句意爲屏除邪惡。這裏指武王伐紂事。 ⑧匍有:敷佑、撫有、佔有。 ⑨畯正:畯,王朝派到田間監督奴隸勞動的農官。正,治理。 ⑩御事:治事。 ⑪䖒(zhā):嘆詞,同"嗟";一同"揸",拿取之意。⑫䤅:通"湛"、"沉"。 ⑬"有柴蒸祀"句:柴,燔柴祭天。蒸,冬至祭天。這些

都是古代帝王祭天的宗教儀式。此言武王在治民的同時，處理祭祀大事，即便這時也不敢喝醉。 ⑭天翼臨子：翼，庇護。子，通“慈”。 ⑮法保先王：法，本作“灋”，王國維釋爲“大”。先王，一説指文王、武王。一説指周成王，即康王之父姬誦。 ⑯□：原字磨滅。下同。凡古文缺字均用此。 ⑰墜命：失去“天命”。指殷朝失去政權。 ⑱“唯殷邊侯甸”句：侯甸，侯服和甸服。相傳從夏朝開始，王都四周五百里以內的諸侯國稱甸服，甸服外五百里地區之內的諸侯國稱侯服。粵，連詞，與，以及。辟，君。殷正百辟，殷朝掌權的百官之長，特指王都內的貴族大臣。 ⑲師祀：師，軍隊。祀，祭祀，指國家。 ⑳“女妹辰”句：女，汝。爾，你，指盂。妹辰，即昧晨，在人指童蒙未開之時。又，通“有”。大服，要職、顯職。 ㉑小學：楊樹達認爲“學”當讀作“教”，即“斆(xiào)”，指在貴族學校受學。 ㉒“汝勿克余”句：勿，語助詞。勿克，即克，任、能之意。全句意謂你一定要輔佐我。 ㉓“今我唯”句：型，鑄造器物的模子，引申爲榜樣。憲，效法。正德，純正的德行。全句意謂現在我要以文王之治爲榜樣。 ㉔二三正：兩三名官長。這裏指“盂”等人。 ㉕紹榮敬雝德經：紹，幫助、輔佐。榮，人名，郭沫若認爲是康王的一位重臣。敬雝德經，即敬和德治。這是康王訓示盂，對他輔助榮的要求。 ㉖敏朝夕入諫：敏，疾，快捷。“入”同“內”，即“納”。告誡盂要及時聽取下面關於糾正過失的意見。 ㉗享奔走：享，獻，指祭祀和各種奉獻事宜。奔走，指供使令。這是告誡盂要勤勉於祭祀等事。 ㉘畏天畏：上“畏”動詞，畏懼。下“畏”名詞，通“威”。告誡盂不要怠忽職守，要警惕“天”的懲罰。 ㉙於：嘆詞。 ㉚迺紹夾死司戎：迺，通“乃”，其。夾，郭沫若認爲是人名，難考。死，通“尸”，主。這是命盂輔助夾主持軍事。 ㉛敏諫罰訟：諫，楊樹達以爲當作“諫(cù)”，急促之意。此句意謂刑獄之事要快速處理，不要滯留。 ㉜夙夕昭我一人烝四方：夙夕，早晚。昭，彰明、輔助。烝，君。此句意謂日夜輔佐我君臨天下。 ㉝遹省先王：遹(yù)，遵循。省(xǐng)，檢查、查看。意謂遵循先王的慣例。 ㉞受民受疆土：受，授予。 ㉟鬯一卣：鬯(chàng)，香酒，專用於祭祀時降神。卣(yǒu)，一種用作禮器的酒尊。 ㊱冕衣、市舄：冕衣，指冕服，古代帝王貴族祭神時所著的禮冠禮服，屬於吉服。市舄(fú xì)，“市”爲“韍”的本字，指用獸皮特製的護膝，祭神時穿戴。舄，複底履，在鞋底加一層特製的木底，以防泥濕。 ㊲旗用獸：即准許盂在氏族的旗幟上畫某種獸紋。 ㊳邦司四伯：《説文》段玉裁注：“凡爲長者皆曰伯。”郭沫若認爲邦司是管家奴隸，即周人舊有的奴隸總管。邦司四伯，就是邦司四名。 ㊴人鬲自馭至於庶人：人鬲，郭沫若認爲，“鬲”本是鼎鍋，推想用來稱呼人，大概是取其黑色。在日下勞作的人被太陽曬黑了，也就如鼎鍋被火煙熏黑了一樣。馭，駕車的奴隸。庶人，衆人，從事農耕的人。人鬲、馭、庶人，一説是普通百姓，一説是奴隸。 ㊵夷司王臣：郭沫若在《奴隸制時代》中指出，此文把"邦司"和"夷司"分成兩項，正如把"人鬲"分成馭、庶人，認爲前者是周人舊有的，後者是從殷人手中接受過來的。"邦司"是原有的管家娃子，"夷司王臣"是殷人管理夷人的王家娃子。"夷人"是被殷王征服了的東南夷的民衆，東南夷在卜辭中被稱爲"夷方"。 ㊶若敬乃正：謂你要謹慎處理你的政事。 ㊷用對王休：用，通"於"。休，美。謂盂受策之後再拜稽首以答謝和頌揚康王的美命。㊸用作祖南公寶鼎：用，以，也作發語詞。鼎，本是烹飪器，此時依慣例多作禮器以記功德。文中僅提其祖南公，表明盂的父親尚在世。 ㊹唯王廿又三祀：這是鑄鼎的落款時間，在周康王二十三年。

【復習與思考】

1. 解釋課文中的下列詞語

作邦　御事　天翼臨子　型憲　夙夕　遹省

2. 簡述《大盂鼎銘》的主要內容。

（編注者：李曉明）

【自測題】

乾　　卦

本文選自中華書局一九八〇年版“十三經注疏”本《周易正義》卷一。

《周易》是中國現存最早的一部整合先秦思想界學術成就的哲學專著。全書分爲兩部分,即《易經》與《易傳》。

《易經》本爲占筮之書,其產生與完善有一個過程,萌芽期可能在殷周之際,或許更早一些。古人從對自然界與人類社會直感、樸素的觀察中,認識到盈乎天地之間,無非一陰一陽之理。天地、男女、晝夜、寒暑、上下、勝負等,皆可歸爲陰陽兩大類。他們以兩個符號,即兩短横“- -”、一長横“—”分别代表陰陽,稱作陰爻、陽爻。以此爲基礎,每三爻迭成一卦,出現了八卦,即乾卦、坤卦、震卦、巽卦、坎卦、離卦、艮卦、兑卦。八卦的取象,已經從陰陽二爻對事物的廣泛象徵,發展到對自然界八種基本物質的具體象徵。這八種基本物質,是天、地、雷、風、水、火、山、澤。在後來易理演繹與卜筮過程中,八卦的卦象又不斷增益,可以分别代表八種類型的諸多物象。

從二爻到八卦,體現了觀物取象的創作原則。後來,又以八卦即所謂“經卦”爲基礎,交錯配伍,形成六十四個卦形,稱作“别卦”,並且產生了解説這些卦形所寓哲理的卦爻辭。

卦爻辭的出現,使《易經》成爲卦形符號與語言文字有機結合的哲學著作。卦爻辭以“假象喻意”的形式,提取人們生活中習見的物象,通過文字的具體表述,使卦形、爻形内涵的象徵旨趣更爲鮮明、生動,從而披露出各卦所藴涵的事物運動、變化、發展的哲理。而且,六十四卦相承相受,從六十四個角度分别展示不同的環境條件下的事物特徵和變化規律。至此,《易經》才全部完成。

除了哲理性闡發,《易經》也透露出上古社會的一些情況,保存了古人的一些思想認識,是研究上古時期歷史和思想發展史的重要資料。

《易傳》約成書於春秋戰國時期,是對《易經》的詮釋之作。共有《文言傳》、《彖傳》上下、《象傳》上下、《繫辭傳》上下、《說卦傳》、《序卦傳》、《雜卦傳》七種,凡十篇。以上十篇旨在解"經"文大義,猶如經之羽翼,故又稱"十翼"。

《易經》與《易傳》原本各自單行,合編本《周易》出現於漢代,是當時崇尚經學的社會背景的反映。後世學者多依此本研讀,影響至大,遂使《易傳》的價值提高到與經文並駕齊驅的地位。《周易》的注本,最爲著名者爲《周易注疏》,乃魏王弼、晉韓康伯注,唐孔穎達疏。其他尚有唐李鼎祚《周易集解》、宋朱熹《周易本義》,今人于省吾《雙劍誃易經新證》、高亨《周易大傳今注》等。

《乾卦》是《周易》最基本的經文之一。全篇以龍的活動爲喻,告訴人們如何正確利用有利條件行事。

☰ 乾,元亨利貞①。

初九②,潛龍勿用③。九二,見龍在田,利見大人④。九三,君子終日乾乾,夕惕若,厲,無咎⑤。九四,或躍在淵⑥,無咎。九五,飛龍在天⑦,利見大人。上九,亢龍有悔⑧。用九,見羣龍無首,吉⑨。……

【注釋】

①元亨利貞:是乾卦的卦辭。四字歷來多有不同解說。據李鼎祚、朱熹之說,元爲始、大之意,利爲和、宜之意,亨意爲通,貞意爲正。全句意謂筮遇此卦大亨通,按正道辦事會非常有利。 ②初九:爻題之一。《易經》的爻題皆爲兩個字,其中一個字表示爻的性質,凡陽爻皆記爲九,陰爻皆記爲六;另一個字表示爻的次序,次序自下而上,爲初、二、三、四、五、上。此處初九爲乾卦第一爻。③"潛龍"句:潛,潛伏。勿用,不宜行動。全句意謂起初之時不要輕舉妄動,要靜待時機。 ④"見龍"句:見,通"現"。大人,指貴族。全句意謂筮遇此爻,大人至民間有利,猶如龍出現於地上。 ⑤"君子"句:乾乾,勤奮努力。惕若,警惕

貌。厲,危險。咎,災難。全句意謂君子整日努力不息,夜間保持警惕,即使遇到危險也無災難。　⑥"或躍"句:或,有時。龍躍在淵,喻指處於安逸環境。⑦"飛龍"句:龍在空中,象徵升騰有作爲。　⑧"亢龍"句:亢,極高。悔,憂患。全句意謂龍飛得太高便有憂患。　⑨"用九"句:用九,乾卦中特有的爻題。用,利用之意,或以爲讀作迵,意爲通。因乾卦全爲陽爻,故有此題。全句意謂羣龍之首皆被遮住,是衆人得志的象徵,所以吉利。

【復習與思考】

1. 掌握八卦的名稱。
2. 怎樣理解《周易》描述的變化關係?

(編注者:周國林)

【自測題】

繫　辭　上

本篇選自《周易正義》卷七《繫辭上》。《繫辭》是對《易經》的總論，説明《易經》的基本意義、原理、功用和起源，亦選釋部分爻辭。

天尊地卑，乾坤定矣①。卑高以陳，貴賤位矣。動静有常，剛柔斷矣②。方以類聚，物以群分③，吉凶生矣。在天成象，在地成形④，變化見矣。是故剛柔相摩⑤，八卦相盪⑥。鼓之以雷霆，潤之以風雨。日月運行，一寒一暑。乾道成男，坤道成女。乾知大始，坤作成物⑦。乾以易知，坤以簡能⑧。易則易知，簡則易從。易知則有親，易從則有功。有親則可久，有功則可大。可久則賢人之德，可大則賢人之業。易簡而天下之理得矣。天下之理得，而成位乎其中矣。

聖人設卦觀象，繫辭焉而明吉凶，剛柔相推而生變化⑨。是故吉凶者，失得之象也；悔吝者⑩，憂虞之象也；變化者，進退之象也；剛柔者，晝夜之象也；六爻之動，三極之道也⑪。是故君子所居而安者，《易》之序也⑫；所樂而玩者，爻之辭也。是故君子居則觀其象而玩其辭⑬，動則觀其變而玩其占。是以自天祐之，吉无不利。

【注釋】

①"天尊地卑"句：乾，象徵天。坤，象徵地。《周易》以乾坤爲純陽純陰之卦，爲易理之門户，故先總説乾坤性質。　②動静：古人以爲天處於變動狀態中，而地處於静止狀態中。常：一定的規律。斷：分，判然分明。　③方：品類，輩

類,屬抽象的範圍。物:指具體的事物。　④"在天成象"句:在天者指日月星辰諸象,在地者指山川草木之形。　⑤剛柔相摩:剛柔,指陽爻陰爻。相摩,互相摩切交感。　⑥相盪:互相推移變動。　⑦"乾知大始"句:知,爲,與下文"作"互文見義。大始,原始。全句意謂乾創始萬物,坤養成萬物。　⑧"乾以易知"句:易,平易。知,智。簡,約。全句意謂乾以平易成其智,坤以簡約顯其能。　⑨"繫辭焉"句:繫辭,指在六十四卦及三百八十四爻下繫以卦爻辭。⑩悔吝:與上文"吉凶"同爲《周易》占驗之辭。悔,悔恨。吝,遺憾。　⑪三極:即三才,指天、地、人。　⑫《易》之序:指六爻的序位。全句意謂君子居處安穩,在於效法《易》序而守本位。　⑬玩:揣摩。

……

《易》與天地準①,故能彌綸天地之道②。仰以觀於天文,俯以察於地理,是故知幽明之故。原始反終③,故知死生之說。精氣爲物,遊魂爲變,是故知鬼神之情狀④。與天地相似,故不違。知周乎萬物而道濟天下,故不過⑤。旁行而不流⑥,樂天知命,故不憂。安土敦乎仁,故能愛。範圍天地之化而不過,曲成萬物而不遺⑦,通乎晝夜之道而知,故神無方而易無體⑧。

一陰一陽之謂道,繼之者善也,成之者性也⑨。仁者見之謂之仁,知者見之謂之知,百姓日用而不知,故君子之道鮮矣⑩。

【注釋】

①準:齊等,比配。　②彌綸:蘊含、補合牽引。　③原始反終:推原本始,探求終極。　④"精氣爲物"句:精氣,陰陽凝聚之氣,古人以爲是生命存在的基因,即所謂"神"。遊魂,魂氣遊散所生的變易,即所謂"鬼"。　⑤過:過失,偏差。　⑥旁:普遍,廣泛。流:流移,過於淫溢。　⑦"範圍天地"句:範圍,仿效。化,化育。曲,曲盡,周全。　⑧"故神無方"句:方,方位,常方。全句總結前三句並述一章大旨,以神的奧妙不拘泥於一方而比喻《易》道的變化不定於一體。　⑨繼:傳承,稟承,指"乾"發揚此道,創造萬物。成:蔚成,體現,指"坤"蔚成此道,孕育萬物。　⑩"故君子"句:鮮,少。全句意謂君子之道少有知曉者。

顯諸仁,藏諸用,鼓萬物而不與聖人同憂①,盛德大業,至矣哉。富有之謂大業，日新之謂盛德。生生之謂易[②]，成象之謂乾，效法之謂坤[③]，極數知來之謂占[④]，通變之謂事，陰陽不測之謂神。

夫易，廣矣大矣。以言乎遠則不禦，以言乎邇則靜而正，以言乎天地之間則備矣[⑤]。夫乾，其靜也專，其動也直，是以大生焉[⑥]。夫坤，其靜也翕，其動也闢，是以廣生焉[⑦]。廣大配天地，變通配四時，陰陽之義配日月，易簡之善配至德。

子曰[⑧]："《易》其至矣乎！夫《易》，聖人所以崇德而廣業也。知崇禮卑[⑨]，崇效天，卑法地，天地設位而《易》行乎其中矣。成性存存[⑩]，道義之門。"

【注釋】

①"鼓萬物"句：鼓，鼓動，誕育。全句意謂"道"誕育萬物，而與聖人存有憂患之心不相同。　②生生：不斷地化生，指陰陽轉易相生、變易。　③"成象"句：成象，畫卦成爲天的象徵。效法，畫卦仿效地的圖形。　④極數：窮極蓍數，深入探索卦爻之數。占：占筮。　⑤"以言乎"句：禦，止，止境。靜，寧靜，精審。三句意謂易道比擬於遠處則無止境，比擬於近處則寧靜審正，比擬於天地之間則無所不備。　⑥"夫乾"句：專，專一，或謂借爲"團"，意爲圓。全句意謂乾象徵"陽"，具有靜專、動直的剛健性質，故能成其大。　⑦"夫坤"句：翕(xī)，合，閉。闢，開。全句意謂坤象徵"陰"，具有靜翕、動闢的寬柔性質，故能成其廣。　⑧子：孔子。此爲假託，下文同。　⑨知崇禮卑：知，即"智"；禮，禮節。言聖人之智崇高，而聖人之禮謙卑。　⑩存存：存之又存，不斷蘊存。

……

《易》有聖人之道四焉：以言者尚其辭，以動者尚其變，以制器者尚其象，以卜筮者尚其占。是以君子將有爲也，將有行也，問焉而以言，其受命也如響[①]，無有遠近幽深，遂知來物。非天下之至精，其孰能與於此[②]。參伍以變[③]，錯綜其數。通其變，遂成天下之文[④]；極其數，遂定天下之象。非天下之至變，其孰能與於此。《易》無思也，無爲也，寂然不動，感而遂通天下之故。非天下之至神，其孰能與於此。夫《易》，聖人之所以極深而研幾也[⑤]。唯深也，故能通天下之志。唯幾也，故能成天下之務。唯神也，故不疾而速，不行而至。子曰："《易》有聖人之道四焉"者，此之謂也。

【注釋】

①"其受命也"句：受命，稟受占筮者的蓍命。如響，如聲之隨響。　②與：及，達到。　③參伍：讀作"三五"，猶言三番五次。　④文：文采，景象，與下文"象"互文見義。　⑤極：窮究。幾：精微，微妙。

……

是故易有太極①，是生兩儀②，兩儀生四象③，四象生八卦，八卦定吉凶，吉凶生大業④。是故法象莫大乎天地⑤，變通莫大乎四時，縣象著明莫大乎日月⑥，崇高莫大乎富貴。備物致用，立成器以爲天下利，莫大乎聖人。探賾索隱，鉤深致遠⑦，以定天下之吉凶，成天下之亹亹者⑧，莫大乎蓍龜。是故天生神物⑨，聖人則之。天地變化，聖人效之。天垂象，見吉凶，聖人象之。河出圖，洛出書，聖人則之⑩。《易》有四象，所以示也。繫辭焉，所以告也。定之以吉凶，所以斷也。

【注釋】

①太極：至高至極，即"太一"。《繫辭》認爲太極是宇宙萬物至高至極的本源。　②兩儀：指天地。就筮法論，則指陰陽兩爻。　③四象：指春夏秋冬四季。就筮法論，則指太陽、太陰、少陽、少陰。　④"八卦"句：謂由八卦確定吉凶後，便可趨利避害成就偉大的業績。　⑤法象：事物的表象。法，儀條。⑥縣：通"懸"。　⑦探賾（zé）索隱，鉤深致遠：賾，幽深不明。索，求。鉤，鉤取。致，達到。全句意謂探討幽渺處，索求隱晦處，鉤取深奧處，推致遼遠處。指探索事物的隱秘内情和深邃義理。　⑧亹（wěi）亹：勤勉不倦的樣子。⑨神物：指蓍草和靈龜。　⑩"河出圖"句：傳說伏羲時有龍馬出於黄河，身上有形如八卦之圖，伏羲據以作八卦；夏禹時有神龜出於洛水，背上負文，有數至於九，禹遂因而第之，以成九類常道。

《易》曰："自天祐之，吉无不利①。"子曰："祐者，助也。天之所助者，順也；人之所助者，信也。履信思乎順②，又以尚賢也。

是以'自天祐之,吉无不利'也。"

子曰:"書不盡言,言不盡意。"然則聖人之意,其不可見乎?子曰:"聖人立象以盡意,設卦以盡情僞③,繫辭焉以盡其言,變而通之以盡利,鼓之舞之以盡神④。"乾坤,其《易》之緼邪⑤。乾坤成列,而《易》立乎其中矣。乾坤毁,則無以見《易》。《易》不可見,則乾坤或幾乎息矣。是故形而上者謂之道,形而下者謂之器⑥,化而裁之謂之變,推而行之謂之通,舉而錯之天下之民謂之事業⑦。是故夫象,聖人有以見天下之賾,而擬諸其形容,象其物宜,是故謂之象。聖人有以見天下之動,而觀其會通,以行其典禮,繫辭焉以斷其吉凶,是故謂之爻。極天下之賾者存乎卦,鼓天下之動者存乎辭,化而裁之存乎變,推而行之存乎通,神而明之存乎其人。默而成之,不言而信,存乎德行。

【注釋】

①"自天祐之"句:《易經·大有》上九爻辭。　②履:履行,踐履。③情僞:真假。情,實;僞,虚。　④鼓之舞之:鼓勵,推動。　⑤緼:通"藴",精微,淵奧。　⑥"是故"句:形,事物的形體。形而上,指無形或未成形質的事物。道,指主導形體運動的精神因素。形而下,指有形或已成形質的事物。器,與"道"對應,表示具體事物的哲學概念。《繫辭》把世間萬事分爲有形無形兩大類,認爲道在器先,意在闡述道指導器、器以道爲用的辯證關係。　⑦錯:通"措",措置、施行。

【復習與思考】

1. 解釋下列字词

動静有常　有親則可久　易簡　原始反終　百姓日用而不知　生生之謂易　以制器者尚其象

2. 從文中歸納《周易》的基本思想。

3. 分析文中引《周易》"自天祐之,吉无不利"的含義。

(編注者:周國林)

【自測題】

牧　誓

本文選自中華書局一九八〇年版"十三經注疏"本《尚書正義》卷十一。

《尚書》是我國現存的最古老的歷史文獻之一,是上古多種文獻的彙編。這些文獻涉及的時代,上自傳説時代的堯、舜,下至春秋時代的秦穆公,按虞、夏、商、周四代編排。《尚書》原名《書》,到漢代始稱爲《尚書》,"尚"、"上"二字在古代是相通的,所以"尚書"意指"上代之書"。

《尚書》中的文獻分爲多種體例,按名稱來分,主要有典、謨、誓、誥、訓、命等,大體上可分爲上訓下和下告上兩類,相當於後世帝王的詔命和大臣的奏議。《尚書》各篇的内容,已由周代人整理過,所以其中的思想主要反映周人的思想,如敬天法祖、尚德崇文等,但其中也保存了不少史實,反映了周代以前的社會歷史狀況,是我們今天瞭解中國古代社會歷史的寶貴史料。

秦始皇焚書後,《尚書》一度失傳,秦朝的博士伏生私下保存了《尚書》,到漢文帝時獻給朝廷,用當時通行的隸書字體寫定,共有二十八篇,後人稱之爲"今文《尚書》"。漢武帝時,又出現了用漢以前的古代文字書寫的《尚書》,稱爲"古文《尚書》"。經後來歷代學者的考證,流傳到今天的"古文《尚書》"二十五篇和題名"漢代孔安國"的《尚書傳》,爲東晉人梅賾所獻,屬於僞書,只有今文《尚書》二十八篇可信。今文《尚書》的篇目如下:一、堯典;二、皋陶謨;三、禹貢;四、甘誓;五、湯誓;六、盤庚;七、高宗肜日;八、西伯戡黎;九、微子;十、牧誓;十一、洪範;十二、金縢;十三、大誥;十四、康誥;十五、酒誥;十六、梓材;十七、召誥;十八、洛誥;十九、多士;二十、無逸;二十一、君奭;二十二、多方;二十三、立政;二十四、顧命;二十

五、費誓；二十六、吕刑；二十七、文侯之命；二十八、秦誓。

清代阮元校定刊行的《十三經注疏》中收錄的《尚書正義》，仍包括今文《尚書》和古文《尚書》。清代孫星衍以漢、魏時人的注解爲主，吸取清代學者的考證成果，撰成了《尚書今古文注疏》，是價值較高的《尚書》注本之一。現代學者對於《尚書》的流傳及相關的真僞問題也有深入研究，如陳夢家《尚書通論》、劉起釪《尚書學史》、顧頡剛和劉起釪合著《尚書校釋譯論》等。

《尚書》原文的文字艱深，文章詰屈聱牙，所用的字詞及其語義和語法，基本都屬於殷、周時代的上古漢語系統，歷代雖有不少注釋，但許多字詞句義的解釋至今仍無定論，屬於難讀的歷史文獻之一。

《牧誓》是《尚書》中的一篇，"誓"是作戰前統帥向全軍宣佈的誓言。此篇記載了中國古代重大的歷史事件——牧野之戰，即周武王率諸侯軍隊討伐殷紂王的戰爭。文中記載了當時隨從周武王伐紂的軍隊職官及若干部落的名稱，還有周武王列舉的紂王犯下的罪行，以此證明這場戰爭的正義性，還申明了軍隊作戰時必須遵守的紀律等。

時甲子昧爽①，王朝至于商郊牧野②，乃誓③。王左杖黄鉞④，右秉白旄，以麾⑤。曰："逖矣⑥，西土之人⑦！"王曰："嗟⑧！我友邦冢君⑨，御事⑩：司徒、司馬、司空、亞旅、師氏、千夫長、百夫長⑪，及庸、蜀、羌、髳、微、盧、彭、濮人⑫：稱爾戈⑬，比爾干⑭，立爾矛⑮，予其誓⑯。"

【注釋】

①甲子：中國古代使用十天干和十二地支配合成六十干支循環使用，以紀錄年份和日期。甲子即甲子日，據学者考証，這一日是前一〇四六年一月二十日。昧爽：拂曉。　②王：指周武王。朝：天亮時，比昧爽約晚一個時辰。商郊：商的别都朝歌（今河南淇縣）的城郊。牧野：地名，在今淇縣西南。　③誓：舉行誓師大會，周武王向軍隊發佈誓詞。以上三句説明了牧野之戰的時間和地點。④左：左手。杖：拄在地上，用手扶着。黄鉞（yuè）：鉞爲裝有長柄的大斧，古時代表征伐殺戮的權力。黄鉞是黄色的銅鉞，一説是飾有黄金的大鉞。　⑤右：右手。秉：握着。白旄：以白色旄牛尾爲裝飾的旗幟，是指揮全軍進行作戰的令旗。

麾(huī):揮動。　⑥逖(tì):遠。"逖矣"是說西土之人來自很遠的地方,有慰問之意。　⑦西土:當時周在西方,商在東方,故《尚書》中多稱周爲西土,商爲東土。西土之人,指周人及下面提到的庸、蜀、羌、髳、微、盧、彭、濮等國之人,都在商的西方或西南方,此時跟隨周武王一同到東方來征伐殷紂王。　⑧嗟(jiē):感歎詞。　⑨友邦:即上句提到的西土之人,當時都是周的盟國。冢(zhǒng)君:大君,是對各盟國君主的尊稱。　⑩御事:對負責各項事務的官員的統稱。即下面提到的司徒、司馬等官職。　⑪司徒、司馬、司空:周王之下的三個級別最高的官員。司徒負責土地和民衆之事,司馬負責軍政和軍賦,司空負責建築工程。他們平時各負其責,戰時則爲隨軍高級軍官。亞旅:亞旅是掌管王族兵衆的軍官。師氏:商、周時期軍隊的最高一級編制是師,師氏即師的長官。千夫長、百夫長:千人之長、百人之長。百夫、千夫,是當時軍隊編制的基本單位。⑫庸、蜀、羌、髳、微、盧、彭、濮人:都是當時周國的盟國。據後來學者的考證,庸在今湖北西部,蜀在今四川中部,羌在今甘肅南部和青海東部,髳(máo)在今山西平陸西南,微在今陝西眉縣,盧在今湖北襄陽西南,彭在今湖北房縣,濮(pú)在今湖北十堰鄖陽區和河南鄧州之間。　⑬稱:舉起。爾:你們。戈:古代的長兵器之一,長柄,一端裝有用金屬製作的尖狀雙刃刺,上有横鉤,因此戈既可直刺,也可横鉤。　⑭比:並排聯接。干:盾牌。當時多用皮革製成。　⑮立:豎立。矛:長矛。　⑯予:我。其:語氣詞,表示將要。誓:發佈誓詞。

王曰:"古人有言曰:'牝雞無晨①,牝雞之晨,惟家之索②。'今商王受③,惟婦言是用④,昏棄厥肆祀弗答⑤,昏棄厥遺,王父母弟不迪⑥,乃惟四方之多罪逋逃,是崇是長、是信是使、是以爲大夫卿士⑦,俾暴虐于百姓⑧,以姦宄于商邑⑨。今予發惟恭行天之罰⑩。

【注釋】

①牝雞:母雞。晨:動詞,指公雞清晨啼鳴報曉。牝雞不能晨鳴報曉,这句比喻女人不能干預國家政事。　②索:盡,把家產全都敗光。惟:衹,衹有。"牝雞無晨"句,是古代諺語,比喻女人不能做男人的事,否則就會使家財敗盡。這是比喻商王讓被寵愛的女人妲己干預國家政務。　③受:商紂王的名字。④婦:指妲己,本是己姓諸侯有蘇氏的女兒,非常美麗,受到紂王的極度寵愛。惟婦言是用:衹用婦人之言,聽不進别人的意見。這是周武王列數紂王的罪行之

一。“惟……是……”，是古代漢語中表示賓語前置的常用句式。“惟婦言是用”和下面“惟四方之多罪逋逃是崇是長、是信是使、是以爲大夫卿士”，都是這種句式，表示衹用婦人之言，衹對四方那些犯了很多罪而逃跑的人尊崇、任命爲官長、加以信任和使用、讓他們當大夫卿士。今天還在使用的成語“惟利是圖”、“惟馬首是瞻”，就是這種句式。　⑤昏（mǐn）：與“蔑”字通用，輕蔑。棄：拋棄。厥：其。肆祀：肆，一種祭祀，“肆祀”泛指各種祭祀。弗：不。答：過問。中國古代認爲“國之大事，在祀與戎”，即祭祀和戰爭是國家最重大的事情，國王必須高度重視，而紂王對祭祀輕蔑拋棄，不聞不問，故周武王把它列爲又一條罪行。⑥遺：遺留，這裏指同一祖先遺傳下來。王父母弟：同祖的堂兄弟。指殷的比干、微子等人，都是紂王的同祖兄弟，他們一再勸告紂王不要實行暴政，紂王不听，而將他們全都拋棄不用。迪：進用。　⑦乃：反而。惟：衹。四方：指各地。多罪逋（bū）逃：犯有許多罪行而逃亡的罪犯。崇、長：尊重、任用。信、使：信任、使用。是以爲大夫卿士：以四方多罪逋逃之人爲大夫卿士。這是一個很長的整句，屬於賓语前置句式，但重迭使用了多个謂語而衹有一個賓語，即四方多罪逋逃的人。這是周武王列數紂王的又一罪行。　⑧俾（bǐ）：使。暴虐：殘暴虐害。⑨姦宄（guǐ）：在外作亂爲姦，在内作亂爲宄，泛指各種暴行壞事。商邑：商的城邑。　⑩予：我。發：周武王的名字。恭：敬。行：實行，執行。天之罰：上天對紂王的懲罰。

“今日之事①，不愆于六步七步②，乃止，齊焉③。夫子勖哉④！不愆于四伐五伐六伐七伐⑤，乃止，齊焉。勖哉夫子！尚桓桓⑥，如虎如貔，如熊如羆⑦，于商郊。弗迓克奔⑧，以役西土⑨。勖哉夫子！爾所弗勖⑩，其于爾躬有戮⑪。”

【注釋】

①事：指作戰。　②愆（qiān）：超過。　③止：停下來。齊：整齊，指整頓隊形，保持整齊。焉：於此。古代作戰，士兵排成密集隊形一同前進，必須整齊劃一，每走六七步，就要停下整頓一下隊形。　④夫子：對作戰將士的尊稱。勖（xù）：努力。　⑤伐：擊刺。一擊一刺爲一伐，指士兵使用武器做一次連貫的刺殺動作。　⑥尚：崇尚，表示希望勉勵。桓桓：威武勇猛的樣子。⑦虎、貔（pí）、熊、羆（pí）：泛指兇猛的野獸。貔類似豹子，羆爲馬熊，即棕熊。比喻士兵要像這些猛獸一樣勇猛。　⑧迓（yà）：迎。克：擊殺。奔：投降。

⑨役:勞役。全句意謂讓投降的人到西土去服勞役。　⑩弗勖:不努力作戰。⑪其:語氣詞,表示將要。躬:身體。戮:殺戮,指刑罰。兩句意謂你們不努力作戰的話,我將要用刑法懲罰你們。

【復習與思考】

1. 解釋下列詞語

昧爽　杖　鉞　秉　旄　稱　比　索　迪　俾　姦　宄　勖　迓　爾躬　桓桓

2. 周武王列舉了殷紂王哪幾條罪行?

3. 跟隨周武王討伐殷紂王的人馬都來自哪些地方?

(編注者:劉韶軍)

【自測題】

無　逸

本文選自中華書局一九八〇年版"十三經注疏"本《尚書正義》卷十六。

《無逸》是《尚書·周書》中的一篇。此篇爲西周初年,輔政的周公爲成王所作。文中用商、周兩代先王正反兩方面的歷史經驗教訓,告誡未成年的成王不要貪圖安逸,要勤於政事,慎於殺罰,衹有這樣才能享國長久。本文所强調的精神,成爲中華傳統的一部分,具有很强的生命力。

周公曰[①]:"嗚呼!君子所其無逸[②]。先知稼穡之艱難乃逸[③],則知小人之依[④]。相小人,厥父母勤勞稼穡,厥子乃不知稼穡之艱難乃逸,乃諺既誕[⑤]。否則[⑥],侮厥父母,曰:'昔之人無聞知。'[⑦]"

周公曰:"嗚呼!我聞曰:昔在殷王中宗[⑧],嚴恭寅畏[⑨],天命自度[⑩],治民祗懼[⑪],不敢荒寧。肆中宗之享國[⑫],七十有五年。其在高宗[⑬],時舊勞于外[⑭],爰暨小人[⑮]。作其即位[⑯],乃或亮陰[⑰],三年不言。其惟不言,言乃雍[⑱]。不敢荒寧,嘉靖殷邦[⑲]。至于小大[⑳],無時或怨。肆高宗之享國,五十有九年。其在祖甲,不義惟王[㉑],舊爲小人[㉒]。作其即位,爰知小人之依,能保惠于庶民[㉓],不敢侮鰥寡[㉔]。肆祖甲之享國,三十有三年。自時厥後,立王生則逸。生則逸,不知稼穡之艱難,不聞小人之勞,惟耽樂之從[㉕]。自時厥後,亦罔或克壽。或十年,或七八年,或五六年,或四三年。"

【注釋】

①周公:名旦,周武王的弟弟,周成王的叔父。 ②所:居其位。無逸:不得貪圖安逸享樂。無,通"毋"。 ③稼穡:稼指春耕,穡指秋收。泛指農夫田間的辛勤勞作。 ④小人:下層民衆。依:具體的艱難和苦衷。 ⑤乃諺既誕:既粗暴不恭,又放肆無禮。諺,通"喭",粗暴意。 ⑥否則:"否"與"丕"通。"丕則"是《尚書》中常用的關聯詞,有"乃至於"、"於是就"的語意。 ⑦昔之人無聞知:此句意謂,上了年紀什麼也不懂。 ⑧殷王中宗:即商湯的玄孫太戊,商朝的第七代國君。 ⑨嚴恭寅畏:嚴,莊嚴。恭,謹慎。寅畏,敬畏。⑩天命自度(duó):常常檢查自己,看看所做之事是否符合天意。 ⑪祗懼:敬慎小心。 ⑫肆:因此。 ⑬高宗:即武丁,商朝的第二十代國君。歷史上被認爲是賢君。 ⑭舊勞于外:"舊"通"久",言其是個常年在外奔波勞碌的人。 ⑮爰暨小人:爰,因而。暨,跟,與,接近。言其常跟小民在一起。⑯作其即位:猶言"及其即位"。 ⑰亮陰(liáng ān):一作"諒闇",居喪守孝之意。 ⑱雍:和諧,喜悦。 ⑲嘉靖:安定。 ⑳小大:小民、大臣。㉑其在祖甲,不義惟王:祖甲,武丁之子,商朝第二十二代國君。不義惟王,祖甲認爲自己做國君是不義的。相傳祖甲有兄祖庚,武丁欲立祖甲爲王,祖甲認爲不應廢長立幼,就逃到民間去了。 ㉒舊爲小人:久在民間作平民。 ㉓保惠:保,愛護,保佑。惠,恩惠。 ㉔ 鰥寡:年老無妻爲鰥,年老無夫爲寡。㉕ 從:通"縱"。

周公曰:"嗚呼!厥亦惟我周太王、王季①,克自抑畏②;文王卑服③,即康功田功④。徽柔懿恭⑤,懷保小民,惠鮮鰥寡。自朝至于日中昃⑥,不遑暇食,用咸和萬民⑦。文王不敢盤于遊田⑧,以庶邦惟正之供⑨。文王受命惟中身⑩,厥享國五十年。"

周公曰:"嗚呼!繼自今嗣王,則其無淫于觀⑪、于逸、于遊、于田,以萬民惟正之供。無皇曰'今日耽樂'⑫。乃非民攸訓,非天攸若⑬,時人丕則有愆⑭。無若殷王受之迷亂⑮,酗于酒德哉!"

周公曰:"嗚呼!我聞曰'古之人猶胥訓告,胥保惠,胥教誨⑯,民無或胥,譸張爲幻'。⑰此厥不聽,人乃訓之⑱,乃變亂先王之正刑⑲。至于小大民,否則厥心違怨,否則厥口詛祝⑳。"

【注釋】

①太王、王季：文王的祖父和父親。　②克自抑畏：要求自己謹慎小心。③卑服：服役於卑賤的事情。　④康功田功：完成家裏的勞作和田間的勞動。康，即是"㢏"，指居屋。　⑤徽柔懿恭：徽，善良。柔，仁厚。懿，美好。恭，謙虛有禮貌。此指文王所具有的美德。　⑥日中昃（zè）：太陽偏西。　⑦用咸和萬民：用，以。咸和，和諧。　⑧盤于遊田：盤，耽溺，盤桓。遊，遠遊。田，通"畋"，打獵。　⑨以庶邦惟正之供：意謂文王讓他所統轄的各個部落祇繳納正常的貢賦，而不增加額外的剝削。　⑩中身：指文王在中年受天命爲君。相傳文王是四十七歲時受命即位。　⑪觀：通"歡"，指歡樂。　⑫"無皇"句：皇，堂而皇之。今日耽樂，意即"今日先享受享受再說"。　⑬"乃非民"句：全句意謂，這不是訓導民衆順事上帝的做法，也不是順天之舉。攸，所。訓，教訓、訓導。若，順。　⑭時人丕則有愆：此句意謂，這種人就有過失了。時，同"是"。愆，過失。　⑮殷王受：商紂王。紂王名受。　⑯"古之人"句：古之人，即有德的先賢。胥，與"相"同義。"訓告"、"保惠"、"教誨"三個動詞的賓語都是"人民"。　⑰譸（zhōu）張爲幻：譸張，虛誑誇誕。幻，欺騙詐惑。　⑱"此厥不聽"句：意謂你如果不聽這些話，民衆就照着你的樣子學。厥，此處作"之"解，有"如果"的意思。訓，同"順"，照樣模仿。　⑲正刑：政治法律。正，同"政"。　⑳"否則厥心"句：意謂民衆乃至於心中怨恨，口中咒罵。詛祝，詛咒。

周公曰："嗚呼！自殷王中宗，及高宗，及祖甲，及我周文王，茲四人迪哲①。厥或告之曰：'小人怨汝詈汝②！'則皇自敬德③。厥愆④，曰：'朕之愆。'允若時⑤，不啻不敢含怒⑥。此厥不聽，人乃或譸張爲幻，曰：'小人怨汝詈汝！'則信之。則若時，不永念厥辟，不寬綽厥心⑦，亂罰無罪，殺無辜。怨有同，是叢于厥身⑧。"

周公曰："嗚呼！嗣王其監于茲⑨！"

【注釋】

①迪哲：明達而智慧。　②詈（lì）：責罵，詛咒。　③皇自敬德：自己更加敬畏修德。　④厥愆：指民衆的過失。　⑤允若時：果然像這樣。下文"則若時"與此同義。時，是。　⑥不啻（chì）不敢含怒：結合上句，意即你果然像這樣，則民衆不但不敢含怒，而且還會擁護你。不啻，豈但、不止。　⑦"不永念"句：意即不能時常想着做國君的道理，不能把自己的心胸放寬大一些。

⑧叢于厥身：人民就會異口同聲地怨恨你，把憤怒集中到你的身上。　⑨監：同“鑒”，鑒戒。

【復習與思考】

1. 解釋下列詞語

乃諺既誕　嚴恭寅畏　不敢荒寧　耽樂之從　徽柔懿恭　不遑暇食　譸張爲幻　皇自敬德

2. 文中所列商、周有爲賢君是哪些？他們各自的作爲是什麽？

3. 從《無逸》看，周公對國君的要求有哪些？

（編注者：劉韶軍）

【自測題】

七　月

本文選自中華書局一九八〇年版“十三經注疏”本《毛詩正義》卷八。

《詩經》是我國最早的一部詩歌總集，相傳爲孔子所删訂。原本稱《詩》，漢武帝立五經博士後，始稱《詩經》，爲儒家經典之一。

《詩經》分爲《風》、《雅》、《頌》三部分。其區分的依據，大體上是以音律、地域爲界。《風》是周代各諸侯國的地方樂歌，凡一百六十篇，表現了各地社會生活風貌；《雅》是西周宫廷和京畿一帶的樂歌，分大雅、小雅，凡一百〇五篇，反映了西周的興起、盛世以及西周末年和東周政治動亂的歷史變遷；《頌》是各國貴族宗廟祭祀的樂歌，分周頌、魯頌、商頌，凡四十篇。全書共計三百〇五篇。

《詩經》創作的時代，從西周初年，到春秋中葉，約五百年。其所涉及的地域包括今陝西、山西、河南、河北、山東及甘肅南部等地，都是當時經濟文化比較發達的地區。《詩經》的題材内容豐富多彩，有的寫政治、行役、戰爭、農事、狩獵、祭祀、宴飲，有的寫愛情、婚姻、民俗、歌舞，形象極爲生動，感情濃鬱，美妙動人。既具有很高的文學藝術價值，又具有極其重要的史料價值，爲研究商、周兩個朝代的建立和發展，提供了寶貴的文獻資料。它記叙了周代農業生産、手工業生産和人民生活的情況，反映了周代的階級關係和勞動人民的抗爭，其豐富的社會歷史資料，是其他文獻所没有的。我國大思想家、教育家孔子，就曾把《詩經》作爲教導學生的教材，認爲“詩可以興，可以觀，可以羣，可以怨”。他還提出“不學詩，無以言”（《論語・季氏》），把《詩經》看成一部政治、倫理、文學、語言，以及博物知識的百科全書。近年上海博物館整理發表的戰國楚竹書《孔子詩論》（亦有學者稱作《古詩序》，似更穩妥），是孔子弟子或再傳弟子追記孔子論

《詩》的言論，生動地展現了孔子對《詩》的研究，以及戰國時代人們對《詩》的認識。

漢代傳《詩經》的有四家，即齊人轅固所傳《齊詩》，魯人申培所傳《魯詩》，燕人韓嬰所傳《韓詩》，魯人毛亨所傳《毛詩》。四家解《詩經》互有異同。東漢鄭玄因給《毛詩詁訓傳》作箋，其後《毛詩》流傳漸廣，而齊、魯、韓三家逐漸亡佚，現在衹有《毛詩》一家流傳於世。《詩經》通行的注本有《毛詩正義》、宋代朱熹《詩集傳》、清代陳奐《詩毛氏傳疏》、馬瑞辰《毛詩傳箋通釋》等。今人注本甚多，余冠英《詩經選》、高亨《詩經今注》、袁梅《詩經譯注》均可參考。

《七月》是《豳風》中的一篇。豳，國名，爲周族祖先故居地，地域在今陝西旬邑西南。詩中詳細地描寫了周人一年四季的農業勞動、勞役、田獵等生産、生活狀況，是研究周族早期歷史的珍貴文獻資料。

七月流火①，九月授衣②。一之日觱發③，二之日栗烈④，無衣無褐，何以卒歲⑤！三之日于耜⑥，四之日舉趾⑦，同我婦子⑧，饁彼南畝⑨。田畯至喜⑩。

【注釋】

①七月：指夏曆七月。此詩兼用夏曆與周曆，通常以爲凡言“月”者指夏曆，凡言“某之日”者則指周曆。一説本詩所用之曆爲殷曆。殷曆建丑，而夏曆建寅，故殷曆比夏曆早一個月。流：向下運行。火：星名，即心宿二，又稱“大火”。每年夏曆六月黄昏，“火”星在中天，方向最正，位置最高。到了七月，就偏西下行。這時暑熱開始減退。鄭玄箋：“大火者，寒暑之候也。” ②授衣：分發寒衣。毛傳：“九月霜始降。婦功成，可以授冬衣矣。”一説將裁製冬衣的工作交給婦女去做。 ③一之日：“一月之日”的省稱，指周曆正月，即夏曆十一月。下文“二之日”、“三之日”均依此類推。當代學者夏淥以爲，殷周時期，曾將一日分爲朝、晝、夕、夜四時，“時”古文亦寫作“旹”，“一之日”實爲“一時（旹）”的誤讀，“時”誤分爲“之日”二字。其説可供參考。觱發（bì bō）：雙聲聯綿詞，寒風吹動物體發出的聲音。 ④栗烈：雙聲聯綿詞，寒氣迫人的様子。 ⑤“無衣”句：衣，泛指衣服。褐，粗毛織物。上古所謂“上衣下裳”僅對於貴族而言，質料主要是裘皮、絲綢、麻布。而勞動者衹能穿“褐”。二句意謂連禦寒的粗衣都没有，拿什麽度過這個冬天。 ⑥于耜（sì）：修理農具。于，動詞詞頭。 ⑦舉趾：指開始耕地。

古時翻地用腳踩耜入地,所以說"舉趾"。　⑧同:偕同。婦子:妻子和孩子。　⑨饁(yè)彼南畝:把飯送到田間。饁,送飯食。南畝,泛指農田。　⑩田畯(jùn):農官,也稱農正或田大夫,是貴族派到田間監督農夫勞動的下級官吏。至喜:非常歡喜。一説喜讀爲饎(chì),酒食。謂在田間吃飯時,田畯來了,要設酒食招待。

七月流火,九月授衣。春日載陽①,有鳴倉庚②。女執懿筐③,遵彼微行④,爰求柔桑⑤。春日遲遲⑥,采蘩祁祁⑦。女心傷悲,殆及公子同歸⑧。

【注釋】

①春日:三月的日子。春,指夏曆三月。載:開始。陽:天氣暖和。　②有:動詞詞頭。倉庚:鳥名,即黄鶯,也叫黄鸝。鄭箋:"溫而倉庚又鳴,可蠶之候也。"倉庚鳴,氣候轉暖,養蠶的時候已到了。　③懿筐:漂亮而且深的筐。朱熹《詩集傳》:"懿,深美也。"　④遵:循,順着。微行(háng):小路,此處指桑間小徑。　⑤爰:動詞詞頭。求:尋求,採摘。柔桑:嫩桑葉。　⑥春日遲遲:春天白天長。遲遲,舒緩的樣子。　⑦蘩(fán):白蒿。據明代徐光啓説,蠶未化,用蘩葉煮水澆潤蠶子,蠶子易出。祁祁:衆多的樣子。　⑧殆:副詞,也許,衹怕。及:與。公子:貴族子弟。一説貴族的女兒。同歸:一同回去。一説爲陪同出嫁。歸,有出嫁之意。

七月流火,八月萑葦①。蠶月條桑②,取彼斧斨③,以伐遠揚④,猗彼女桑⑤。七月鳴鵙⑥,八月載績⑦。載玄載黄⑧,我朱孔陽⑨,爲公子裳。

【注釋】

①萑(huán)葦:收割萑葦。萑,荻類植物。葦,蘆葦。萑葦,在此處是名詞用作動詞。八月萑葦長成,收割曬乾,次年可做蠶箔。　②蠶月:養蠶的月份,指夏曆三月。條桑:修剪桑枝。條,名詞用作動詞。　③斧斨(qiāng):斧頭。柄孔圓的稱斧,方的稱斨。　④遠揚:又長又高的枝條。　⑤猗(yǐ):通"掎"(jǐ),牽拉。女桑:指桑樹上的嫩枝條。　⑥鵙(jú):鳥名,也叫伯勞。或寫作鴂(jué)。鄭箋:"伯勞鳴,將寒之候也。"　⑦載績:開始紡麻織布。孔疏:"蠶事既畢,又須績麻。"　⑧載:又。玄:黑紅色。此句中的玄、黄均用作

動詞，指將絲織品染成玄色、黄色。　⑨我朱孔陽：那染成朱紅色的特别鮮明光亮。我，指示代詞，與“彼”同義。一説“我”爲第一人稱代詞。朱，紅色。孔，很。陽，鮮明。

四月秀葽①，五月鳴蜩②。八月其穫③，十月隕蘀④。一之日于貉⑤，取彼狐狸，爲公子裘。二之日其同⑥，載纘武功⑦。言私其豵⑧，獻豜于公⑨。

【注釋】

①秀：植物結籽。一説植物抽穗開花。葽：草名，又稱苦葽或遠志。　②鳴蜩（tiáo）：蟬鳴。　③其穫：指收穫莊稼。其，動詞詞頭。毛傳：“穫，禾可穫也。”　④隕蘀（tuò）：草木枝葉脱落。蘀，草木脱落的皮或葉。“四月”四句，從物成到終落，引出寒氣到來。孔疏：“四月秀者，葽之草也；五月鳴者，蜩之蟲也；八月其禾，可穫刈也；十月木葉，皆隕落也。此四物漸成而終落，則將寒之候。”　⑤于貉（hé）：捕貉。于，動詞詞頭。貉，今通稱貉（háo）子，也叫狸，其毛皮貴重，與下文“狐狸”爲互文。一説貉通“禡”（mà），即禡祭，古代在軍隊駐處舉行的祭禮。古代狩獵也是“習兵之禮”，所以田獵前用此禮。　⑥其同：指打獵前會集衆人。其，動詞詞頭。同，會合、會集。　⑦載纘（zuǎn）：繼續。載，語助詞，在句首起加強語氣的作用。武功：指打獵的事。崔述《讀風偶識》説，一之日三句指“私獵”（小規模的個别行動），二之日四句指“大獵”（大規模的集體行動）。⑧言私其豵（zōng）：獵得的小獸歸私人所有。言，動詞詞頭。豵，一歲的小野豬，此泛指小獸。　⑨豜：三歲的大野豬，此泛指大獸。公：指貴族。

五月斯螽動股①，六月莎雞振羽②。七月在野③，八月在宇④，九月在户，十月蟋蟀入我牀下。穹窒熏鼠⑤，塞向墐户⑥。嗟我婦子，曰爲改歲⑦，入此室處⑧。

【注釋】

①斯螽（zhōng）：昆蟲名。即螽斯，一種蝗蟲。能鼓翅發聲，古人誤以爲它用兩股相切發聲。動股：以兩腿相磨發出鳴聲。　②莎（suō）雞：昆蟲名，又名紡織娘。振羽：鼓翅發聲。　③在野：指蟋蟀在野外。此句與下文“在宇”、“在户”、“入我牀下”四句，主語皆爲蟋蟀。謂蟋蟀鳴聲自遠而近，天氣逐漸變冷。寫斯螽、莎雞、蟋蟀三種昆蟲，是爲了描寫氣候的逐漸變化。　④宇：屋檐，此指

屋檐下。　⑤穹窒熏鼠：把屋裏洞穴全部堵塞，用煙熏把老鼠驅逐出屋。穹窒，即窒穹。窒，堵塞。穹，空隙。一説穹，窮盡，指把屋裏洞穴全部找到。⑥塞向：堵塞好朝北的窗子。向，朝北的窗子。墐（jìn）戶：用泥漿封好柴門。墐，用泥塗抹。戶，指門、柴門。　⑦曰爲改歲：曰，句首語氣詞。爲，是。改歲，除歲、過年。此指周曆。　⑧處：居住。“穹窒”二句，寫入室避寒，過室內生活。鄭箋：“一之日觱發，二之日栗烈，當避寒氣而入所穹窒之戶及室而居之，至此而女功止。”

六月食鬱及薁①，七月亨葵及菽②。八月剝棗③，十月穫稻。爲此春酒④，以介眉壽⑤。七月食瓜，八月斷壺⑥，九月叔苴⑦。采荼薪樗⑧，食我農夫⑨。

【注釋】

①鬱：果樹名，即鬱李。果實似李，可吃。薁（yù）：野葡萄。果實可吃，亦可釀酒。　②亨：同“烹”，煮。葵：即冬葵，古代一種重要蔬菜。菽：豆類的總稱。③剝（pū）棗：打棗。剝，擊，打。　④春酒：毛傳：“春酒，凍醪也。”酒於冬季釀造，經春而成，故名春酒。棗及稻都是釀酒的原料。　⑤以介（gài）眉壽：用春酒來祈求長壽。介，通“匄”，乞、祈求；一説幫助敬養。眉壽，長壽。老人眉上長有長毛，叫秀眉。古以秀眉爲壽相，故稱長壽爲眉壽。古人以酒養老，故用酒求長壽。一説“眉壽”爲同義複合詞。《方言》：“眉，老也。”眉，借爲“耄”。眉壽也寫作“麋壽”、“牟壽”或“微壽”；眉、耄、微、麋、牟古韻相近，可旁轉。一説指老人。⑥斷：摘下。壺：通“瓠”，蔬菜名，即瓠瓜，與胡蘆狀似而有別。　⑦叔：拾取。苴（jū）：麻籽，可食。　⑧采荼（tú）薪樗（chū）：采荼當菜，伐樗作柴。荼，苦菜。薪，名詞用作動詞。樗，臭椿。　⑨食（sì）：給別人東西吃。這裏是養活的意思。

九月築場圃①，十月納禾稼②。黍稷重穋③，禾麻菽麥④。嗟我農夫，我稼既同⑤，上入執宮功⑥！晝爾于茅⑦，宵爾索綯⑧。亟其乘屋⑨，其始播百穀⑩。

【注釋】

①築場圃：築場於圃，即把菜園填平了作爲打穀場。古代場圃同地，春夏爲圃，以種疏菜，秋後爲場，以打糧食。　②納：入，指把糧食收進穀倉。禾稼：泛

指一切穀物。即下文“黍稷”二句所列之穀物。 ③黍:即黍子。米性黏,去皮後稱大黄米、黄米子。稷:黍類的一種。别稱粱、穄、糜,米性不黏。《本草綱目》:“黏者爲黍,不黏者爲稷。”重(tóng):同“穜”,早種晚熟的穀物。穋(lù):同“稑”,晚種早熟的穀物。 ④禾:古代指粟,今北方稱穀子(去皮後稱小米)。麻:皮可織布,籽可食。 ⑤既同:已經集中入倉。 ⑥上入執宫功:還要到貴族家裏服勞役。上通“尚”,還要。一説上入即進入。毛傳:“入爲上,出爲下。”執,指服役。宫功,指貴族家内的勞役。 ⑦晝爾于茅:白天去割茅草。爾,語助詞。于,動詞詞頭。一説割取。 ⑧宵爾索綯(táo):夜裏搓繩子。索,絞、搓。綯,繩索。 ⑨亟:急,趕快。乘屋:登上屋頂(修繕)。一説修繕房屋。毛傳:“乘,升也。”鄭箋:“乘,治也。” ⑩其始:將要開始。一説歲始,即春初。

二之日鑿冰沖沖①,三之日納于凌陰②。四之日其蚤③,獻羔祭韭④。九月肅霜⑤,十月滌場⑥。朋酒斯饗⑦,曰殺羔羊。躋彼公堂⑧,稱彼兕觥⑨,“萬壽無疆⑩”!

【注釋】

①沖沖:鑿冰聲。 ②凌陰:冰窖。凌,冰。陰,通“窨”,地窖。儲冰地窖,以備暑熱。 ③其蚤:舉行早祭。其,動詞詞頭。蚤,通“早”,指夏曆二月初一舉行的開冰與告朔之祭。一説蚤訓爲取。 ④獻羔祭韭:用羔羊和韭菜祭神。獻羔、祭韭,互文相補。 ⑤肅霜:猶言肅爽,謂天高氣爽。一説霜降後,萬物收斂,天氣清肅。 ⑥滌場:猶言滌蕩,謂萬物摇落無餘。王國維《觀堂集林·肅霜滌場説》:“肅霜、滌場皆互爲雙聲,乃古之聯綿字,不容分别釋之。肅霜猶言肅爽,滌場猶言滌蕩也。九月肅霜,謂九月之氣清高顥白而已,至十月則萬物摇落無餘矣。”一説此言農事已畢,打穀場上已清掃乾淨。 ⑦朋酒:兩樽酒。毛傳:“兩尊曰朋。”饗(xiǎng):用酒食款待人。 ⑧躋(jī):登上。公堂:貴族的廳堂。一説指公衆聚會的場所。 ⑨稱:舉起。兕觥(sì gōng):一種飲酒器,形如兕牛。 ⑩萬壽無疆:頌祝之辭。萬壽,大壽。《廣雅》:“萬,大也。”無疆,無止境。

【復習與思考】

1. 列舉《七月》篇中所述及的農作物、動物。

2. 背誦《七月》。

（編注者：韋勇強）

【自測題】

大同與小康

本文選自中華書局一九八九年版"十三經清人注疏"本孫希旦《禮記集解》卷二一《禮運》篇,篇題爲後人所加。

《禮記》是儒家經典"十三經"之一,主要内容是中國古代的典章制度。其成書時間與作者,歷來没有定論。據《隋書·經籍志》,西漢時,河間獻王得仲尼弟子及後學所記一百三十一篇,其後劉向校理經籍,又得《明堂陰陽記》等數十篇,合共二百十四篇。戴德删其重復,合爲八十五篇,稱爲《大戴禮記》。戴聖又删爲四十六篇,稱爲《小戴禮記》。漢末馬融將後者重新分爲四十九篇,即今通行於世的《禮記》,故《禮記》實爲《小戴禮記》。孔穎達《禮記正義》認爲"《禮記》之作,出自孔氏","七十二之徒共撰所聞,以爲此記",是一部集體彙編的作品。後世學者一般認爲《禮記》是對"禮經"——《儀禮》的解釋,是兩漢以及漢以前儒家學者解釋《儀禮》的文章選集。

《禮記》的内容廣博,涉及政治、法律、道德、哲學、歷史、祭祀、文藝、日常生活、曆法、地理等方面的禮俗和制度。後人對其内容,有各種分類法,近人梁啟超將《禮記》的内容分爲五類:一是禮儀和學術通論類,如《禮運》、《樂記》、《學記》、《表記》等篇;二是與《儀禮》關係密切、解釋《儀禮》類,如《冠義》、《昏義》、《鄉飲酒義》、《射義》、《燕義》、《聘義》等;三是記載孔子言行或孔門弟子等記録雜事類,如《孔子閒居》、《仲尼燕居》、《哀公問》、《曾子問》等;四是記載、考辨古代制度禮節類,如《王制》、《曲禮》、《玉藻》、《明堂位》、《禮器》、《郊特牲》、《祭統》、《祭法》、《喪大記》、《文王世子》、《内則》、《少儀》、《投壺》等;五爲格言、名句類,如《曲禮》、《少儀》、《儒行》等。

《禮記》包含豐富的儒家思想，是研究戰國秦漢時期儒家思想的重要文獻。《禮記》對禮學的闡述較爲精彩完備，可據以研究儒學禮治思想。如書中談到禮的起源，從人情、人欲和天地神等抽象概念出發，提出種種猜想。《王制》、《禮運》等篇，設想了儒家理想的國家社會制度。《中庸》、《大學》等篇，論述了修身、做人的基本原則。還有不少篇章，記錄了古代社會的冠、昏、喪、祭等風俗制度，尤其是關於喪、祭二禮的記載，從中可以看出古代中國的社會結構、制度和觀念形態。《曲禮》、《少儀》、《內則》等篇，記錄了許多生活上的具體禮節，反映了古代社會家庭成員間彼此相處的關係。這些內容對於今天研究中國古代社會及其生活與觀念，都是富有價值的史料。

《禮記》的注本，主要有東漢鄭玄的注，唐代孔穎達對鄭玄注進行疏解的《禮記正義》，宋代方慤的《禮記集解》、衛湜的《禮記集說》，元代陳澔的《禮記集說》。清代孫希旦的《禮記集解》，承繼歷代諸家注疏，廣採博收，尤詳於考證名物制度。《禮記》的版本，以清阮元校刻的《十三經注疏》本最爲常見，其中收有鄭玄注、陸德明釋音、孔穎達正義。

孫希旦云："禮運者，言禮之運行也。"《禮運》篇全文因子遊之问，孔子就周衰禮壞而發喟歎之論，闡述了禮的起源和演變、運行及其歷史作用，反映了儒家之社會歷史觀和禮俗觀。大同是以道德爲基礎自覺形成的秩序社會，而小康則是以利益分配和禮儀爲基礎強制形成的秩序社會，但二者均以"天下"觀念爲旨歸。"大同"一詞較早見於《莊子·在宥》篇："頌論形軀，合乎大同。大同而無己"，指與天地萬物融而合一，是相對於"養心"應"忘物"而論的。《呂氏春秋·始覽》篇有"天地萬物，一人之身也，是謂大同"。有學者指出其"大同""指一種大團結大和諧的世界"。但以"大同"來闡述"天下爲公"這一理想社會模式的，當爲《禮運》。衹是從學說淵源的角度而言，儘管這一思想爲孔子首創，卻是對其時道、墨諸家社會主張的歸總與發揚的產物；"小康"一詞，較早見諸《詩經·大雅·民勞》："民亦勞止，汔可小康。惠此中國，以綏四方。"意謂民人終年勞作不輟，就是企盼過上小康的生活。而在《禮運》中，"小康"得到較爲具體、系統的闡釋，成爲稍遜於"大同"的社會模式。從歷史上看，儘管古代"大同"之"天下爲公"等思想僅爲一種空想，但對後世尤其是近代諸多思想家、政治家産生了深遠的影響。

昔者仲尼與於蜡賓①，事畢，出遊於觀之上②，喟然而嘆。仲尼之嘆，蓋嘆魯也。言偃在側③，曰："君子何嘆？"孔子曰："大道之行也④，與三代之英⑤，丘未之逮也，而有志焉⑥。"

【注釋】

①與：參與，參加。蜡（zhà）：又稱蜡祭，祭祀名。古代天子、諸侯在每歲十二月舉行的合聚鬼神而饗之的儀式。賓：參與蜡祭的賓客，由國中有賢德的人充任。時孔子仕魯，故在助祭之中。　②觀（guàn）：闕也。《爾雅》"觀謂之闕"。亦稱巍觀。古代宮殿、宗廟、寢門、墓門等建築前面的門樓。古制，凡有門者皆有闕，門旁築土而高，可登以眺望。遊於觀，舊說是在大門樓上遊覽。　③言偃：人名，孔子弟子，姓言名偃，字子遊。　④道：政治主張或思想體系。大道：指太平盛世之廣大而無偏私的社會準則。行：通達於天下。大道之行，指堯舜以上五帝的大同時代。　⑤與：和，以及。三代：指夏朝、商朝和周朝。英：才俊之尤者。三代之英：夏、商、周三代德才出類拔萃的人，即禹、湯、文王、武王、成王、周公等，但具體指禹、湯、文王、武王、成王、周公時期的小康之治。　⑥逮：及，達到，趕上。志：通"識"，記錄，記載。《孔子家語》作"記"。然孫希旦曰："孔子言帝王之盛，己不及見，而有志乎此。蓋登高眺望，有感於魯之衰，而思得位行道，以反唐、虞、三代之治也。"故"志"似又可作"志向"、"心之所向"解。

"大道之行也，天下爲公①，選賢與能②，講信脩睦③。故人不獨親其親，不獨子其子④，使老有所終，壯有所用，幼有所長，矜、寡、孤、獨、廢、疾者皆有所養⑤，男有分⑥，女有歸⑦。貨惡其棄於地也⑧，不必藏於己；力惡其不出於身也，不必爲己。是故謀閉而不興⑨，盜竊亂賊而不作，故外戶而不閉⑩。是謂大同⑪。"

【注釋】

①公：猶共也。天下爲公者，指天子禪位賢聖而不傳子。　②與：通"舉"，選舉。《大戴禮記·王言》："選賢舉能。"選賢與能者，謂諸侯國不傳世，惟賢能者則選而用之。　③講信：講究忠信之行。脩睦：脩習親睦之事。　④親其親、子其子：均爲意動用法。　⑤矜：通"鰥"，老而無妻的人。孤：幼而喪父或父母雙亡的人。獨：老而無子的人。廢、疾：殘疾人。　⑥分（fèn）：職分，指職

業，即安於士、農、工、商諸業。　⑦歸：女子出嫁，指有家庭。女有歸，言嫁不失時。　⑧貨：財物，金錢、珠玉、布帛之類的概稱。惡（wù）：憎恨，討厭，厭惡。棄：棄置，拋棄。　⑨謀：相互圖謀的奸詐之心。閉：閉塞，杜絕。⑩外戶：從外面關閉的門。孔穎達疏："扉從外闔也。"泛指大門。　⑪同：和也，平也。此言五帝之時也。

"今大道既隱①，天下爲家②，各親其親，各子其子，貨力爲己，大人世及以爲禮③，城郭溝池以爲固④，禮義以爲紀⑤。以正君臣⑥，以篤父子⑦，以睦兄弟，以和夫婦，以設制度，以立田里⑧，以賢勇、知⑨，以功爲己⑩。故谋用是作⑪，而兵由此起⑫。禹、湯、文、武、成王、周公，由此其選也⑬。此六君子者，未有不謹於禮者也⑭。以著其義⑮，以考其信⑯，著有過，刑仁講讓⑰，示民有常⑱。如有不由此者，在埶者去⑲，衆以爲殃⑳。是谓小康㉑。"

【注釋】

①今：謂三代以來。隱：猶微也，消逝。　②天下爲家：指天子、諸侯傳位於子而不傳賢。　③大人：這裏指天子、諸侯。世及：王位、君位父子相傳曰"世"，兄弟相傳曰"及"，謂父傳國於子，無子則傳弟，如此世代相傳。　④城郭：古代城邑四周有土築牆垣，一般分內、外兩重，內者稱城，外者謂郭。溝池：護城河。此句言大人設險以守其國。　⑤紀：綱紀、法度。此下所言，皆禮義爲紀之事。　⑥此下"以……"句，均爲使動用法。　⑦篤：淳厚，專一。⑧田里：田，指阡陌，即田地；里，指閭里，即住宅。此處"田里"指田里制度。⑨賢：尊重、崇尚。知：智，才智。賢勇、知者，謂以勇、知者爲賢而登用之。⑩功：成就功業。以功爲己者，使之立功於國，以輔助於己也。　⑪用是：因此。　⑫兵：戰爭。孫希旦："'故謀用是作，而兵由此起'，此十字當在'貨力爲己'之下。"　⑬由：採用。選：傑出，高俊，優秀，指才德出衆的人。言禹、湯、文王、武王、成王、周公採用禮義治天下，而爲三代之高出者，即所謂"三代之英"也。　⑭謹：嚴守。孫希旦："上言'禮義'而下但言'禮'者，以其文言之謂之禮，以其理言之謂之義，言禮則義在其中矣。"　⑮著：彰顯，表現。義：指合理的事情。　⑯考：成就。　⑰刑：效仿，效法。刑仁：以"仁"爲效範。讓：禮讓。孫希旦曰："著其義以導其行，考其信以杜其欺，著有過以懲其罪，法仁恩以厚其性，講遜讓以防其爭，凡此皆所以謹於禮而示民以常行之道也。苟不由此，

則無以治其民,雖在勢位,衆以爲殃,禍及於下,而必黜去之也。……蓋人倫厚則雖各親各子,而恩亦足以相被矣。設制度,立田里,則雖貨力爲己,而力亦足以相贍矣。刑仁講讓,則講信脩睦之道亦無以異矣。舉賢尚功,而不由禮者則去,則雖大人世及,而仍不失乎選賢與能之意矣。此五帝、三王之所以爲時不同而同歸於治也。” ⑱示:昭示。 ⑲埶(shì):同“勢”,指職位。去:斥退。 ⑳殃:災禍,禍害。 ㉑康:安寧、安豐。此處的小康,指其稍遜於大同時代的社會形态。孫希旦:“此篇言聖人以禮治天下,其體信達順,功效至盛。而此乃以三代之禮義爲小康者,蓋五帝之時,風氣方厚,而聖人之治乘其盛,三代之時,風氣漸薄,而聖人之治扶其衰,故其氣象之廣狹稍有不同者,非聖人之德有所不足也,時爲之也。”

【復習與思考】

1. 根據選文,孔子語中“大同”、“小康”社會有哪些特徵?

2. 儒家“大同”思想對後世産生了怎樣的影響?文中的“小康”,與我們今天所講的建設“小康”社會又有什麽不同?

(編注者:陳業新)

【自測題】

學　記

本篇選自《禮記集解》卷三六。主要記述學習的功用、方法、目的、效果，以及古代學校的教學次序、爲人師表的道理和方法、尊師敬業的意義等，爲古人初入學時必知之事。所叙道理，與《大學》闡述的道術相爲表裏，但較《大學》更爲實用，故受宋代理學大力推崇。

發慮憲①，求善良，足以謏聞②，不足以動衆③。就賢體遠④，足以動衆，未足以化民⑤。君子如欲化民成俗⑥，其必由學乎！

玉不琢不成器，人不學不知道。是故古之王者建國君民⑦，教學爲先⑧。《兑命》曰⑨："念終始典于學⑩。"其此之謂乎！

雖有嘉肴，弗食不知其旨也⑪。雖有至道，弗學不知其善也。是故學然後知不足，教然後知困⑫。知不足，然後能自反也⑬。知困，然後能自強也。故曰：教學相長也。《兑命》曰："學學半⑭。"其此之謂乎！

【注釋】

①慮：思考，思慮。憲：法度，法則。　②謏（xiǎo）聞：小的名聲。　③動：感動，影響。　④就：接近，親近。體：體察，關心。遠：疏遠之士。　⑤化：教化，感化。　⑥俗：好的風俗。　⑦君：統治，治理。　⑧教：教化，教育。學：學習。　⑨《兑命》：《尚書》中的一篇。兑，通"說"。　⑩念：思考，思念。終始：始終。典：經也，言學之不捨棄也。　⑪旨：美味。　⑫困：困惑，因知識不夠而困惑。　⑬自反：反躬自問，反求諸己。　⑭學（xiào）學半：即上文所說的教學。前一"学"即"斅"。半，各佔一半。

古之教者，家有塾①，黨有庠②，術有序③，國有學④。

比年入學⑤，中年考校⑥：一年視離經辨志⑦，三年視敬業樂群⑧，五年視博習親師⑨，七年視論學取友⑩，謂之小成。九年知類通達⑪，強立而不反⑫，謂之大成。夫然後足以化民易俗，近者說服而遠者懷之。此大學之道也。《記》曰⑬："蛾子時術之⑭。"其此之謂乎！

大學始教：皮弁祭菜⑮，示敬道也。《宵雅》肄三⑯，官其始也⑰。入學鼓篋⑱，孫其業也⑲。夏、楚二物⑳，收其威也。未卜禘不視學㉑，游其志也㉒。時觀而弗語，存其心也㉓。幼者聽而弗問，學不躐等也㉔。此七者，教之大倫也㉕。《記》曰："凡學，官先事㉖，士先志㉗。"其此之謂乎！

【注釋】

①塾：據《周禮》，民居二十五家爲閭，共住一巷，巷首有門，門邊有塾。民衆常至塾内向老師求教。　②黨：據《周禮》，五百家爲黨。庠(xiáng)：每黨設立的學校。黨中民衆至庠接受教育，進行學習。　③術：通"遂"。一萬二千五百家爲遂。序：每遂設立的學校。　④國：天子與諸侯的都城。學：國都中的學校。　⑤比年：每年。　⑥中年：即間歲，隔一年。考校：考試，考查。　⑦視：考察。離經：對經文斷句，句讀。辨志：辨别經書的涵義。　⑧敬業：敬重愛好讀書學習之事。樂群：樂於與衆多同學相處。　⑨博習：博學。　⑩論學：深入討論所學的内容。取友：與同學相處中的朋友之道。　⑪知類：歸類能力。通達：觸類旁通。　⑫強立而不反：所學的内容能牢固樹立而不動搖，不反復。　⑬《記》：古代的書籍。　⑭蛾：同"蟻"，蚍蜉。時：時常。術：學習。　⑮皮弁：天子臨朝聽政時所穿的朝服，用白鹿皮做成。祭：祭祀先聖先師。菜：祭祀中所用芹、藻等菜。　⑯《宵雅》：即《小雅》。肄：學習。三：指《小雅》中《鹿鳴》、《四牡》、《皇皇者華》三篇，爲君臣宴樂相互慰勞之詩。　⑰官其始：學習初始，就示以爲官之道。　⑱鼓：擊鼓，以警誡學生。篋(qiè)：書箱，此處指發篋，打開書箱。　⑲孫：通"遜"，恭順。　⑳夏：通"榎(jiǎ)"，又作"檟(jiǎ)"，楸木。楚：荆木。均爲古代刑具，學校用作教學中的體罰工具。　㉑禘(dì)：天子、諸侯祭祀宗廟的大禮。一說是祭天之禮，王者配享，五年一祭。　㉒游其志：意謂使學生學習的志向變得遠大。　㉓存其心：意

謂讓學者自己用心思考所學内容，主動鑽研。　㉔ 躐(liè)等：不循次序，越級而進。　㉕ 倫：次序、大節。　㉖ 官：官吏。事：具體事務。　㉗ 士：學生。志：立志、心志、德行。

大學之教也，時教必有正業①，退息必有居學②。不學操縵③，不能安弦④；不學博依⑤，不能安詩；不學雜服⑥，不能安禮；不興其藝⑦，不能樂學。故君子之於學也，藏焉⑧，脩焉⑨，息焉⑩，游焉⑪。夫然，故安其學而親其師，樂其友而信其道，是以雖離師輔而不反也。《兑命》曰："敬孫務時敏⑫，厥脩乃來⑬。"其此之謂乎！

今之教者，呻其佔畢⑭，多其訊⑮，言及于數⑯，進而不顧其安⑰，使人不由其誠，教人不盡其材，其施之也悖，其求之也佛⑱。夫然，故隱其學而疾其師⑲，苦其難而不知其益也。雖終其業，其去之必速。"教之不刑"⑳，其此之由乎！

【注釋】

①"時教"句：時，季節。教，教學。全句意謂不同季節教學内容不同，如《禮記·王制》篇説的"春秋教以《禮》、《樂》，冬夏教以《詩》、《書》"。　②退息：正業之外，下課休息。居學：退息獨處之時的學習。　③操：撫弄。縵(màn)：琴弦。　④安：熟悉，完全掌握。弦：指音樂。　⑤博依：廣博的比喻，用來幫助學習和理解詩的豐富内容。　⑥雜服：各種服制，學禮必須瞭解各種服制，才能充分理解禮的複雜含義。　⑦興：作，指學習練習。藝：六藝，即禮、樂、射、御、書、數。　⑧藏：藏於心中。　⑨脩：學習，練習。　⑩息：歇止，休息。　⑪游：游心於學。　⑫孫：通"遜"，對學業保持謙遜之心。時敏：時常保持勤敏態度。此句與今本《尚書·説命》文字有異。　⑬厥：其。厥脩，指所脩的學業。來：到，指學到手。　⑭"呻其"句：呻，吟誦，誦讀。佔，通"覘"，視。畢，書簡。佔畢即讀書吟誦。全句意謂教人者自己不明經義，僅知吟誦其所視的書簡。　⑮訊：訊問。　⑯數：朱熹認爲形名度數，指具體的知識，而非根本大義。　⑰進：推進學習進度。安：真正通曉、理解。　⑱ 求：對學者的要求。佛：通"拂"，違背，指不合乎學習的規律。　⑲"故隱"句：隱，痛。隱其學即對其學感到悲痛不安。按上述的教學法，學生學無所成，故痛其學而疾其師。下文言苦其難，亦與此隱痛相對而言。　⑳刑：成，成功。按："教之不刑"前，

依例當有脱句,即少一文獻名。

大學之法:禁於未發之謂豫①,當其可之謂時②,不陵節而施之謂孫③,相觀而善之謂摩④。此四者,教之所由興也。

發然後禁,則扞格而不勝⑤;時過然後學,則勤苦而難成;雜施而不孫⑥,則壞亂而不脩;獨學而無友,則孤陋而寡聞;燕朋逆其師⑦;燕辟廢其學⑧。此六者,教之所由廢也。

君子既知教之所由興,又知教之所由廢,然後可以爲人師也。故君子之教喻也,道而弗牽⑨,強而弗抑⑩,開而弗達⑪。道而弗牽則和,強而弗抑則易,開而弗達則思。和、易以思,可謂善喻矣。

【注釋】

①發:邪惡念頭發生。豫:預防。 ②可:可以接受教育。時:合乎時宜。 ③陵:超越。節:度,不同年齡階段接受不同程度的教育,這稱爲節。施:施行教育。孫:順,循序。 ④善:以之爲善而加以汲取。摩:觀摩切磋。 ⑤扞(hàn)格:固執抵觸。 ⑥雜施:不按順序施行教育,即上文"陵節之施"。 ⑦燕(yàn)朋:私褻(xiè)之友,衹講私情,不問道義。 ⑧燕辟:私褻之談,與學問無關的談論。 ⑨道:通"導",引導。牽:牽引,強迫。 ⑩強:勤勉,勉勵。抑:抑制,壓抑。 ⑪開:開啟,啟發。達:通達,直說其意。此句意謂不直說其意,期望學生自己思考。

學者有四失,教者必知之。人之學也,或失則多①,或失則寡,或失則易②,或失則止③。此四者,心之莫同也。知其心,然後能救其失也。教也者,長善而救其失者也④。

善歌者使人繼其聲,善教者使人繼其志。其言也約而達⑤,微而臧⑥,罕譬而喻,可謂繼志矣。

君子知至學之難易,而知其美惡⑦,然後能博喻,能博喻然後能爲師,能爲師然後能爲長⑧,能爲長然後能爲君。故師也者,所以學爲君也,是故擇師不可不慎也。《記》曰:"三王、四代唯其師⑨。"此之謂乎!

【注釋】

①失則：失之。　②易：淺。指所學不求甚解。　③止：畏難而止。　④長：助長。　⑤約：簡約。達：直達其意，明白無誤。　⑥微：隱微委婉。臧：善，正。　⑦美惡：善惡，好壞。　⑧長：官長。　⑨ 三王：夏禹、商湯、周文王。四代：虞、夏、商、周。唯其師：唯以擇師爲重。

凡學之道，嚴師爲難①。師嚴然後道尊，道尊然後民知敬學。是故君之所不臣於其臣者二：當其爲尸②，則弗臣也；當其爲師，則弗臣也。大學之禮，雖詔於天子③，無北面④，所以尊師也。

善學者師逸而功倍，又從而庸之⑤；不善學者師勤而功半，又從而怨之。善問者如攻堅木，先其易者，後其節目⑥，及其久也，相說以解⑦；不善問者反此。善待問者如撞鐘⑧，叩之以小者則小鳴，叩之以大者則大鳴，待其從容⑨，然後盡其聲；不善答問者反此。此皆進學之道也。

記問之學⑩，不足以爲人師，必也其聽語乎⑪！力不能問⑫，然後語之。語之而不知，雖舍之可也⑬。

【注釋】

①嚴：尊敬。　②尸：代表死者受祭的活人。　③詔：教。　④北面：面朝北。古以北爲尊，君坐北朝南，臣立於南而面朝北，稱爲北面。　⑤庸之：以之爲有功，指歸功於老師。　⑥節目：樹木枝幹交接處爲節，紋理糾結不順的部分爲目。此指難，與上文“易”相對。　⑦說：通“脱”。解：分開，解開，指學問中的難點得以解開。　⑧待問：對待别人提出問題。　⑨從容：從容，不急迫。　⑩記問之學：指學者自己不動腦子思考。記，死記。問，提問。⑪聽：聽到學生提問。語：告訴，回答。　⑫力不能問：學生有疑難，但能力不足以提出問題。　⑬舍：捨棄，指暫時捨棄，等以後學生達到相應程度再教導他。

良冶之子①，必學爲裘②；良弓之子，必學爲箕③；始駕馬者反之④，車在馬前。君子察於此三者⑤，可以有志於學矣。

古之學者，比物醜類⑥。鼓無當於五聲⑦，五聲弗得不和⑧；

水無當於五色⑨，五色弗得不章⑩；學無當於五官⑪，五官弗得不治⑫；師無當於五服⑬，五服弗得不親⑭。

君子曰："大德不官⑮，大道不器⑯，大信不約⑰，大時不齊⑱。察於此四者，可以有志於本矣。"

三王之祭川也，皆先河而後海，或源也⑲，或委也⑳。此之謂務本㉑。

【注釋】

①冶：鑄冶，此指鑄冶工匠。　②爲裘：補綴裘衣。此句意謂可從補綴裘衣之藝中學得相通的道理。　③爲箕：製作簸箕。此句意謂可從編製柳木之箕中學得加工弓材的技藝。　④始駕：小馬始學駕車。反之：將小馬拴在車後隨車而行，讓小馬逐漸熟悉與車同行，不致受驚。　⑤"君子察於"句：意謂三者皆非生而能之，而是通過長期的基本學習，熟悉所學之事，逐漸達到嫻熟的程度。　⑥比物：指對事物進行排比，以知其類別。醜：類，此處指分類。⑦當：主，作主，爲主，此指鼓爲五聲作主。五聲：宮、商、角、徵、羽五音。⑧弗得不和：指沒有鼓音作主，則五聲不能和諧。　⑨五色：青、黃、赤、白、黑五種顏色。　⑩"五色"句：章，彰顯。全句意謂五色得不到水來調化就不能彰顯其顏色。　⑪五官：天子的五官，司徒、司馬、司空、司士、司寇。或說是指人的五官，即鼻、口、耳、目、心。　⑫五官弗得不治：五官若得不到學爲之作主，則不能治理。　⑬師：教學的老師。五服：五種喪服，根據與死者的親疏關係，分爲斬衰、齊衰、大功、小功、緦麻五種。　⑭五服弗得不親：五種親屬若得不到老師的教誨，就不能正確地對待和處理親屬關係。　⑮大德：德行極大之人。不官：不擔任具體的官職。此句意謂大德之人能兼治萬物，所以不用專治一官之事，而應統率全局。　⑯大道：極高無上的根本之道。器：有形的具體事物。此句意謂大道是説全體事物的根本道理，不衹就具體事物而言。　⑰信：信用，誠信。約：約定，契約。此句意謂最大的信用是用不着具體契約的。⑱大時：天地間的四時，四季。不齊：不整齊，時間不一樣長。此句意謂一年四季必然到來，不用限定爲同樣的時間長度。　⑲源：河流的源頭。　⑳委：河流的分支。　㉑本：根本，本源。此句意謂學爲諸種事物的根本。原"本"作"學"，據《正義》校改。

【復習與思考】

1. 文中“古之王者建國君民，教學爲先”，反映了教育具有哪种功能？

A. 文化功能　B. 政治功能　C. 經濟功能　D. 人口功能

2. 翻譯“學者有四失……此之謂乎”一段文字。

3. 閱讀《大學》、《荀子・勸學》、韓愈《師說》，並將之與《學記》進行簡要的比較和分析。

4. 文中多個段落以“其此之謂乎”結尾，分析其在論述中的作用。

（編注者：陳業新）

【自測題】

晉楚城濮之戰

本文選自中華書局一九八〇年版“十三經注疏”本《春秋左傳正義》僖公二十七年、二十八年。篇題爲編者所加。

《左傳》是一部編年體史書，相傳爲魯國歷史家左丘明所撰。它以《春秋》爲經，以魯國十二位君主爲紀年順序，起自魯隱公元年（前 722 年），迄於魯悼公十四年（前 453 年），前後記載了二百六十九年史事，約十八萬字。

《左傳》作者左丘明，春秋時魯國人，生卒年月不詳。據《史記》的《十二諸侯年表序》說：孔子作《春秋》，七十子之徒口受其傳旨。“魯君子左丘明懼弟子人人異端，各安其意失其真，故因孔子史記，具論其語，成《左氏春秋》。”還有一些其他說法，均迄無定論。現在一般認爲《左傳》非一時一人所作，成書時間大約在戰國中期（前 4 世紀中葉），可能是由戰國時的一些學者編撰而成，其中主要部分可能是左丘明所寫。

編年記事在我國歷史上出現較早，周朝各諸侯國都有自己的編年史，名稱各不一樣，如燕、齊、宋叫《春秋》，晉叫《乘》，楚叫《檮杌》等。但這些史書先後失傳，現存最早的編年史是《春秋》，相傳是孔子根據魯國史書，加以整理删訂與補充而成。《春秋》按年、時、月、日編排史事，敘事則起自魯隱公元年，終於魯哀公十四年（前 481 年）。記事非常簡略，最短的事件記載衹有一個字，最長的敘事也衹有四十餘字，二百四十多年的歷史記載，衹有一萬六千餘字。同時，《春秋》爲使義、事、文結合，用了一系列敘史“書法”，即今天所謂“凡例”、“細則”，導致用詞隱諱，給人瞭解史實真相帶來很多困難，於是爲《春秋》作解釋的著作便應運而生，古人稱之爲“傳”。這些解釋的書流傳到現在，最著名的有三家，即《春秋公羊傳》（《公羊傳》)、《春秋穀梁傳》(《穀梁傳》)和《春秋左氏傳》(《左傳》)。《公羊傳》和《穀梁傳》純粹用義理解釋《春秋》,政治哲學意味較濃,不爲史家所重。《左傳》原名《左氏春秋》,《漢書・藝文志》始稱《春秋左氏傳》,簡稱《左傳》。《左傳》着眼於《春秋》所載史實的補充、擴展,以說明史事的來龍去脈,所記晉國史事最多,魯史、楚史次之,具有很高的史料和史學價值。《左傳》原本單行,後來晉代杜預爲它作注,並將它分割開來,按年置於《春秋》經文之下,先經後傳,遂成定型。

與《春秋》相比,《左傳》在編年史體例和寫作手法上有了新的發展:一是完善了敘事方法。編年體的一個明顯缺點是許多重大史實如按年時月日順序寫出來便首尾不連貫、不系統,《左傳》作者採取類似後世紀事本末和人物傳記的寫法,在一段文字中適當集中交待某一事件的緣起或結局,集中介紹某一人物基本情況,這就多少彌補了編年體的這一不足。二是豐富了史料。《左傳》基本上爲《春秋》補充說明了每一事件或人物的來龍去脈。三是文字敘述生動簡練、繪聲繪色,藝術性、文學性很強。四是創立了史論。《春秋》寓論斷於敘事中,通過使用不同的字詞來對事物與人事加以褒貶,沒有單獨附加史家評論,《左傳》則用"君子曰"、"君子以爲"等方式對一些事件與人物作出評斷,以表明作者對史事與人物的看法。

《左傳》雖然是爲解釋《春秋》而作,但隨着時間推移,它也越來越難於理解,於是後人又開始對它作注。現在最通行的注本是杜預所撰《春秋經傳集解》,其次便是唐代孔穎達爲《左傳》所撰疏證,名爲《春秋左傳正義》。清代不少學者對《左傳》注疏進行過研究,較著名的有李貽德《春秋左傳賈服注輯述》和劉文淇《春秋左氏傳舊注疏證》,但李書祇是輯述,劉書未完成,故目前仍以杜注和孔疏爲佳。

晉楚城濮之戰是春秋前期最大的一次爭霸戰爭,本篇詳細記載了這次戰爭前後雙方在政治、軍事和外交各方面所展開的角逐,體現了《左傳》記述戰爭的某些體例和特點。

(僖公二十有七年)春①,杞子來朝②。

春,杞桓公來朝。用夷禮,故曰子③。公卑杞,杞不共也④。

夏,六月庚寅,齊侯昭卒。

夏,齊孝公卒⑤。有齊怨,不廢喪紀,禮也⑥。

秋,八月乙未,葬齊孝公。乙巳,公子遂帥師入杞。

秋,入杞,責無禮也。

冬,楚人、陳侯、蔡侯、鄭伯、許男圍宋。

楚子將圍宋⑦,使子文治兵於睽⑧。終朝而畢,不戮一人。子玉復治兵於蔿⑨,終日而畢,鞭七人,貫三人耳⑩。國老皆賀子文⑪,子文飲之酒⑫。蔿賈尚幼⑬,後至,不賀。子文問之,對曰:"不知所賀。子之傳政於子玉,曰:'以靖國也。'靖諸內而敗諸外,所獲幾何!子玉之敗,子之舉也。舉以敗國,將何賀焉?子玉剛而無禮,不可以治民。過三百乘⑭,其不能以入矣⑮。苟入而賀,何後之有。"

【注釋】

①僖公:魯僖公,姓姬名申,魯莊公之子,在位三十三年(前659—前627年)。僖公二十七年爲前六三三年。 ②杞:周代諸侯国名,姒姓,在今河南杞縣一帶,前四四五年爲楚所滅。 ③"用夷禮"句:杞國始祖封爲伯爵,其國與東夷雜處,受其影響,禮儀不純,故中原諸國貶稱杞桓公爲"子"。 ④共:通"恭",恭敬。此句意謂因杞國雜用東夷禮俗,故魯君認爲這是不恭。 ⑤齊孝公:姓姜名昭,齊桓公之子,前六四二至前六三三年在位。齊,國名,西周初年封姜尚在齊,爵爲公,都臨淄(今山東淄博東北),春秋時期最先稱霸。 ⑥"有齊怨"句:齊怨指前一年齊兩次伐魯,魯對齊有怨恨之心。喪紀,指派人參加齊孝公的喪禮。禮也,意謂這樣做是合乎禮的行爲。 ⑦楚子:指楚成王,前六七一至前六二六年在位。楚,諸侯國名。芈姓。宋:諸侯國名。始封君爲商紂王庶兄微子啟,都商丘(今河南商丘南)。 ⑧子文:春秋楚臣。名鬭穀(dòu gòu)於菟(wū tú),曾任楚國令尹,此時已去職。治兵:練兵。睽:楚邑。 ⑨子玉:春秋楚臣。名成得臣,子文同父異母弟,因伐陳有功,子文推薦他任令尹。城濮之戰中任楚軍統帥,失敗後自殺。蔿:楚邑。 ⑩貫三人耳:對三人施貫耳之刑。貫耳,以箭穿耳,古代軍隊刑罰之一。 ⑪國老:國家退休的老臣。 ⑫飲之酒:讓他們飲酒。 ⑬蔿(wěi)賈:楚國大夫。楚名相孫叔敖的父親。⑭乘(shèng):古時車戰,一車四馬爲一乘,並配備步兵若干,通常認爲七十二個步兵。 ⑮其不能以入:此句意謂子玉無將帥之才,統率超過三百乘的軍隊作

戰，必定失敗，不能再入國門。

冬，楚子及諸侯圍宋。宋公孫固如晉告急①。先軫曰②："報施救患③，取威定霸，於是乎在矣。"狐偃曰④："楚始得曹而新昏於衛⑤，若伐曹、衛，楚必救之，則齊、宋免矣⑥。"於是乎蒐于被廬⑦，作三軍，謀元帥。趙衰曰⑧："郤縠可⑨。臣亟聞其言矣，說禮樂而敦詩書。詩書，義之府也；禮樂，德之則也；德義，利之本也。《夏書》曰：'賦納以言，明試以功，車服以庸⑩。'君其試之。"乃使郤縠將中軍，郤溱佐之。使狐偃將上軍，讓於狐毛而佐之。命趙衰爲卿，讓於欒枝、先軫。使欒枝將下軍，先軫佐之。荀林父御戎，魏犫爲右⑪。

【注釋】

①公孫固：宋莊公之孫，曾任大司馬。晉：諸侯國名。始封君爲周武王之子叔虞。都城數遷，故址皆在今山西境内。　②先軫(zhěn)：晉大夫。因食采邑於原，亦名原軫。　③報施：報答宋襄公早年贈馬之恩。晉文公爲公子時曾流亡宋國，宋襄公贈他二十乘車馬。救患：救援宋國被楚軍圍困的患難。　④狐偃：晉大夫。字子犯，晉文公的舅父，故又稱舅犯。是晉文公的主要謀臣。　⑤曹：諸侯國名。姬姓，封地在今山東定陶一帶。衛：諸侯國名。始封君爲周武王之弟康叔，春秋時期都楚丘(今河南滑縣東)。　⑥齊、宋免矣：前六三四年，楚攻佔齊國的穀邑，並留大軍戍守，以威脅齊國。這裏是說若楚軍去救曹、衛，則齊、宋兩國都可免去威脅。　⑦蒐(sōu)：狩獵，古代通常是用大規模狩獵的方式來操練軍隊。被廬：晉地名。　⑧趙衰(cuī)：晉國大臣。字子餘，曾隨晉文公流亡十九年，文公即位，任大夫。　⑨郤縠(xì hú)：晉國大夫。　⑩《夏書》：《尚書》中的《虞夏書》。"賦納以言"句：語出《尚書・舜典》，文字略有不同。賦納，聽取。明試，考察。功，事。庸，功績。車服，車馬服飾。意謂先聞其言，考其事，再酬其勞。　⑪"荀林父"句：荀林父爲晉文公駕戰車，魏犫(chōu)爲車上立於右方的護衛者。

晉侯始入而教其民①。二年，欲用之。子犯曰："民未知義，未安其居。"於是乎出定襄王②，入務利民。民懷生矣③，將用之。

子犯曰："民未知信，未宣其用。"於是乎伐原以示之信④。民易資者，不求豐焉，明徵其辭⑤。公曰："可矣乎？"子犯曰："民未知禮，未生其共⑥。"於是乎大蒐以示之禮，作執秩以正其官⑦。民聽不惑，而後用之。出穀戍，釋宋圍⑧，一戰而霸，文之教也。

……

【注釋】

①晉侯：指晉文公（前697—前628年）。姓姬，名重耳，晉獻公之子。長期流亡在外，後歸國立爲國君，在位九年。因城濮之戰取勝而主盟諸侯，成爲"侯伯"，爲春秋五霸之一。 ②出定襄王：前六三六年，周襄王爲其弟叔帶所逐，逃居於鄭。次年，晉文公出兵救周，殺叔帶，送襄王復位。 ③懷生：懷戀故土，各安生計。 ④伐原以示之信：原，國名，在今河南濟源西北。周襄王賜原於晉文公，原人不服，文公伐之。原定七日攻下，未果。文公欲撤兵，謀士諫止，文公不聽，他認爲說話算數、講求信用是國之寶，得到原失去寶的事不能做。次年復伐原，原人降之。從此信譽大著，衛國人也由此歸順。 ⑤明徵其辭：意謂明碼實價而可信。 ⑥共：通"恭"，恭敬。 ⑦作：設置。執秩：掌爵秩的官。 ⑧"出穀戍"句：指擊退楚國在穀地的駐軍，解除宋國的圍困。穀：齊國地名，在今山東平陰西南。

（二十有八年）春，晉侯侵曹，晉侯伐衛。

二十八年，春，晉侯將伐曹，假道于衛，衛人弗許。還，自河南濟①，侵曹，伐衛。正月戊申②，取五鹿③。二月，晉郤縠卒，原軫將中軍，胥臣佐下軍④，上德也⑤。晉侯、齊侯盟于斂盂⑥。衛侯請盟，晉人弗許。衛侯欲與楚，國人不欲，故出其君以說于晉。衛侯出居于襄牛⑦。

公子買戍衛，不卒戍，刺之。

公子買戍衛⑧，楚人救衛，不克。公懼於晉⑨，殺子叢以說焉。謂楚人曰："不卒戍也⑩。"

……

【注釋】

①河南：唐石經及日本"金澤文庫"本作"南河"。據楊伯峻《春秋左傳注》：

“南河即南津，亦謂之棘津、濟津、石濟津，在河南省淇縣之南，延津縣之北”。②戊申：正月初九。　③五鹿：衛國地名，在今河南清豐西北。　④胥臣：晉臣。又名臼季，稱司空季子，曾隨晉文公流亡。　⑤上德：尊重德行。上通“尚”。原軫以下軍佐躍居中軍帥，故云尚德。　⑥斂盂：衛國地名，在今河南濮陽東南。　⑦襄牛：衛國地名，在今河南睢縣。　⑧公子買：魯國大夫。字子叢。魯與楚盟，故令公子買戍衛。　⑨公：指魯僖公。　⑩“謂楚人”句：對楚人說公子買不盡職戍衛，所以殺他。

三月丙午，晉侯入曹，執曹伯，畀宋人。

晉侯圍曹，門焉，多死①，曹人尸諸城上。晉侯患之，聽輿人之謀②，曰：“稱舍於墓③。”師遷焉，曹人兇懼④，爲其所得者棺而出之。因其兇也而攻之。三月丙午，入曹。數之⑤，以其不用僖負羈⑥，而乘軒者三百人也。且曰：“獻狀⑦。”令無入僖負羈之宮而免其族，報施也，魏犨、顛頡怒曰：“勞之不圖，報於何有！”爇僖負羈氏⑧。魏犨傷於胸。公欲殺之而愛其材，使問且視之，病將殺之。魏犨束胸見使者，曰：“以君之靈，不有寧也⑨。”距躍三百，曲踊三百⑩，乃舍之。殺顛頡以徇于師。立舟之僑以爲戎右⑪。”

【注釋】

①門焉，多死：進攻城門時傷亡慘重。門，作動詞用，指攻打城門；焉，這裏。②輿人：衆人，指役卒。　③稱：宣揚，揚言。舍：駐紮。墓：曹人的墓地。④兇：通“訩(xiōng)”，喧嘩紛擾。　⑤數之：列舉罪狀責問曹君。　⑥僖負羈：曹國賢大夫。晉文公流亡至曹國時曾有所資助。　⑦獻狀：令曹國大夫自陳因何功績而得祿位。一說是責問曹君當年偷看文公“駢脅”之罪。　⑧“勞之不圖”句：魏犨、顛頡(jié)均有隨文公流亡之勞，而得到的酬報反不如曹國的僖負羈，故有“勞之不圖”的怨言。全句意謂我們這些隨從尚且未得到應有的酬報，而他有什么功可得此酬報！爇(ruò)，焚燒。氏，家。　⑨“以君之靈”句：君，晉文公。靈，英明。不有寧，不能安寧。意謂有文公這樣英明的國君，我怎能現在就死而安息呢。　⑩距躍：向前跳躍。曲踊：曲膝向上跳。　⑪舟之僑：本是虢國大臣，後逃奔晉國。戎：兵車。

宋人使門尹般如晉師告急①。公曰：“宋人告急，舍之則絕，告楚不許，我欲戰矣，齊、秦未可[②]，若之何？"先軫曰："使宋舍我而賂齊、秦，藉之告楚[③]。我執曹君，而分曹、衛之田以賜宋人。楚愛曹、衛，必不許也。喜賂怒頑，能無戰乎？"公說，執曹伯，分曹、衛之田以畀宋人。

夏，四月己巳，晉侯、齊師、宋師、秦師及楚人戰于城濮，楚師敗績。楚殺其大夫得臣。衛侯出奔楚。

楚人入居于申[④]，使申叔去穀，使子玉去宋，曰："無從晉師[⑤]。晉侯在外，十九年矣，而果得晉國。險阻艱難，備嘗之矣；民之情僞，盡知之矣。天假之年而除其害[⑥]，天之所置，其可廢乎！《軍志》曰[⑦]：'允當則歸[⑧]。'又曰：'知難而退。'又曰：'有德不可敵。'此三志者，晉之謂矣。"子玉使伯棼請戰[⑨]，曰："非敢必有功也。願以間執讒慝之口[⑩]。"王怒，少與之師，唯西廣、東宫與若敖之六卒實從之[⑪]。

【注釋】

①門尹般：宋國大夫。門尹，官名。 ②秦：諸侯國名。周孝王封伯益之後非子爲附庸，邑之秦（在今甘肅張家川東）。秦襄公護送周平王東遷有功，被周始封爲諸侯。春秋時建都於雍（今陝西鳳翔南）。 ③藉之告楚：假齊、秦之口，替宋向楚求情。 ④申：申縣。原南申國故地，前六八八年爲楚所滅。在今河南唐河西北。 ⑤從：進逼，進犯。 ⑥假：給予。晉文公在外流亡十九年，而安然生存，六十二歲始回國即位爲君。文公兄弟九人，惟他一人獨存，這是天賜給他的年壽。除其害：除掉晉惠公、懷公及其黨羽等禍害。 ⑦《軍志》：古代兵書，已佚。 ⑧允當則歸：有了適當的戰果就收兵，意謂適可而止。 ⑨伯棼（fén）：楚國大夫。又名鬭椒。 ⑩間執：爭取機會使之折服。讒慝（tè）：播弄是非，指上文蔿賈對子玉的評價。 ⑪西廣（guàng）：楚軍制分東、西廣。東宫：楚太子宫中的衛隊。若敖：子玉的祖父之名，這裏指以若敖命名的親兵。六卒：指宗人之兵六百人。

子玉使宛春告於晉師曰："請復衛侯而封曹[①]，臣亦釋宋之圍。"子犯曰："子玉無禮哉！君取一，臣取二[②]，不可失矣。"先軫曰："子與之。定人之謂禮[③]，楚一言而定三國，我一言而亡之，我則無禮，何以戰乎！不許楚言，是棄宋也，救而棄之，謂諸侯何！楚有三施④，我有三怨，怨讎已多，將何以戰？不如私許復曹、衛以攜之⑤，執宛春以怒楚，既戰而後圖之。"公說，乃拘宛春於衛，且私許復曹、衛。曹、衛告絕於楚。子玉怒，從晉師。晉師退。軍吏曰："以君辟臣⑥，辱也，且楚師老矣⑦，何故退？"子犯曰："師直爲壯，曲爲老，豈在久矣？微楚之惠不及此⑧，退三舍辟之，所以報也⑨。背惠食言，以亢其讎⑩，我曲楚直。其衆素飽，不可謂老。我退而楚還，我將何求。若其不還，君退臣犯，曲在彼矣！"退三舍。楚衆欲止，子玉不可。夏四月戊辰，晉侯、宋公、齊國歸父、崔夭、秦小子憖次于城濮⑪。

【注釋】

①"請復"句：其時衛侯受晉所逼外逃，曹國也爲晉所滅。所以子玉要求恢復衛侯的君位和曹國的封疆。　②"君取一"句：意謂晉文公爲君，僅得釋宋圍之一利，而子玉爲臣，却得復衛、封曹兩功。　③定人：使人安定。　④三施：復衛、封曹、釋宋，楚施恩於三國。　⑤攜：離間，指離間曹、衛與楚的關係。　⑥辟：通"避"。　⑦老：軍隊長期在國外作戰而疲勞。　⑧微：無，非。楚之惠：晉文公流亡到楚國時，楚成王曾以禮相待，力阻子玉加害之謀。　⑨三舍：三十里爲一舍，三舍爲九十里。報：報答。晉文公流亡時經過楚國，曾答應楚成王，今後如交戰，晉當退避三舍以報答楚王的款待。　⑩亢：捍蔽。讎：仇怨，指宋國。　⑪宋公：宋成公。國歸父、崔夭：齊國大夫。小子憖(yìn)：秦穆公之子。次：駐紮。城濮：衛國地名。在今山東鄄城西南，一說在今河南陳留附近。

楚師背酅而舍①，晉侯患之，聽輿人之誦，曰："原田每每②，舍其舊而新是謀③。"公疑焉。子犯曰："戰也！戰而捷，必得諸侯。若其不捷，表裏山河④，必無害也。"公曰："若楚惠何？"欒貞子曰⑤："漢陽諸姬⑥，楚實盡之，思小惠而忘大恥，不如戰也。"晉侯夢與楚子搏，楚子伏己而盬其腦⑦，是以懼。子犯曰："吉。我得天，楚伏其罪，吾且柔之矣。"

【注釋】

①酅(xī)：地名，位於城濮附近，是地勢險要的丘陵地帶。舍：駐軍。

②原田:休耕地。每每:野草茂盛的樣子。輿人即晉軍士兵用這句話來比喻自己士氣旺盛。　③舍其舊而新是謀:意謂晉文公應該忘掉楚國的舊恩而謀求新的功業。　④表:外。此句意謂晉國外有黃河,内有太行山,足以固守。　⑤欒貞子:即欒枝。　⑥漢陽:漢水之北。古代以山南水北爲陽,反之則爲陰。諸姬:衆多姬姓諸侯國。　⑦盬(gǔ):吸,吮。腦:指腦汁。

子玉使鬬勃請戰,曰:"請與君之士戲。君馮軾而觀之,得臣與寓目焉①。"晉侯使欒枝對曰:"寡君聞命矣。楚君之惠,未之敢忘,是以在此。爲大夫退,其敢當君乎!既不獲命矣,敢煩大夫謂二三子,戒爾車乘,敬爾君事,詰朝將見。"晉車七百乘,韅、靷、鞅、靽②。晉侯登有莘之虚以觀師③,曰:"少長有禮,其可用也!"遂伐其木以益其兵。己巳,晉師陳于莘北,胥臣以下軍之佐當陳、蔡。子玉以若敖之六卒將中軍,曰:"今日必無晉矣!"子西將左④,子上將右⑤。胥臣蒙馬以虎皮,先犯陳、蔡。陳、蔡奔,楚右師潰。狐毛設二旆而退之⑥,欒枝使輿曳柴而僞遁,楚師馳之。原軫、郤溱以中軍公族横擊之⑦,狐毛、狐偃以上軍夾攻子西,楚左師潰。楚師敗績。子玉收其卒而止,故不敗。晉師三日館穀⑧,及癸酉而還⑨。

……

【注釋】

①寓目:觀看。　②韅(xiǎn)、靷(yǐn)、鞅(yāng)、靽(bàn):都是古代馬具,在背爲韅,在胸爲靷,在腹爲鞅,在足爲靽。這裏形容晉軍裝備整齊。③有莘(shēn):古國名。故址在今山東曹縣境内,一説在今河南陳留境内。虚,即墟,舊城址。　④子西:楚國將領。名鬬宜申。　⑤子上:楚國將領。即鬬勃。　⑥旆(pèi):中軍帥旗。此句意謂狐毛假設中軍帥旗,僞裝成中軍敗退的樣子。　⑦公族:指晉文公直轄的由晉公室子弟組成的軍隊。　⑧館:住下來休息。穀:吃楚軍的糧食。　⑨癸酉:夏曆四月初八。

五月癸丑,公會晉侯、齊侯、宋公、蔡侯、鄭伯、衛子、莒子,盟于踐土。

甲午，至于衡雍①，作王宫于踐土②。鄉役之三月③，鄭伯如楚致其師④。爲楚師既敗而懼，使子人九行成于晉⑤。晉欒枝入盟鄭伯。五月丙午⑥，晉侯及鄭伯盟于衡雍。丁未，獻楚俘于王⑦，駟介百乘⑧，徒兵千。鄭伯傅王⑨，用平禮也⑩。己酉，王享醴⑪，命晉侯宥⑫。王命尹氏及王子虎、内史叔興父策命晉侯爲侯伯⑬。賜之大輅之服⑭，戎輅之服⑮，彤弓一⑯，彤矢百，玈弓矢千⑰，秬鬯一卣⑱，虎賁三百人⑲。曰："王謂叔父：敬服王命，以綏四國，糾逖王慝⑳。"晉侯三辭，從命，曰："重耳敢再拜稽首，奉揚天子之丕顯休命㉑！"受策以出，出入三覲㉒。衛侯聞楚師敗，懼，出奔楚，遂適陳，使元咺奉叔武以受盟㉓。

【注釋】

①衡雍：鄭國地名。在今河南原陽西南。 ②踐土：鄭國地名。在今河南原陽西南，一説滎澤西北舊有王宫城，城内東北隅有踐土臺，即其故址。 ③鄉役之三月：此戰役前的三個月。 ④鄭伯：鄭文公。 ⑤子人九：鄭大夫。行成：求和。 ⑥五月丙午：五月十一日。 ⑦王：周襄王。 ⑧駟介：四匹披甲的馬拉的戰車。 ⑨傅：相。當時制度，周天子任命一位諸侯國君爲相，輔助自己治理天下。 ⑩用平禮：指當初周平王接待晉文侯的禮儀，現在周襄王用來接待晉文公。 ⑪享：通"饗"，王設盛禮以飲賓客。醴(lǐ)：味薄而甜的酒。 ⑫宥：同"侑"，向周王敬酒。當時制度，周天子向賓客敬酒之後，下命賓客可以向天子回敬酒。 ⑬尹氏、王子虎：皆爲王室卿士，王子虎爲周王之子。内史：周王室掌管策命的官員。伯：長，又通"霸"。侯伯指爲諸侯之長。 ⑭大輅(lù)：塗金的車，祭祀時所乘。 ⑮戎輅：兵車。 ⑯彤弓：紅色的弓。 ⑰玈(lú)弓：黑色的弓。賜弓矢表示天子賦予諸侯征伐之權。 ⑱秬(jù)：黑黍。鬯(chàng)：香草，即鬱金香。秬鬯，用黑黍香草釀的香酒。卣(yǒu)：一種酒器。 ⑲虎賁(bēn)：勇士。 ⑳糾：檢舉。逖：剔除。慝(tè)：邪惡。 ㉑奉：遵奉。揚：發揚。丕：大。顯：光明。休：美好。全句意謂遵奉天子的大而光明的美好賞賜與策命。 ㉒出入：前後。三覲：一説指晉文公獻楚俘、出席天子慶功宴會、接受賞賜與策命等前後三次朝見天子。一説應讀爲"出納三瑾"，謂周代大臣受天子册命之後，有向有司納瑾報璧之禮。 ㉓元咺(xuān)：衛國大夫。叔武：衛成公的兄弟。全句意謂衛成公命元咺輔佐叔武攝政，以接受晉國的盟約。

癸亥[1]，王子虎盟諸侯于王庭[2]，要言曰[3]：“皆獎王室[4]，無相害也！有渝此盟，明神殛之[5]！俾隊其師[6]，無克祚國[7]。及其玄孫[8]，無有老幼！”君子謂是盟也信，謂晉於是役也，能以德攻。

【注釋】

①癸亥：五月二十八日。 ②王庭：踐土王宫之庭。 ③要：約定。要言，指立下盟約。 ④獎：輔助。 ⑤殛(jí)：殺死。 ⑥俾：使。隊：通“墜”。意謂使其軍隊失敗。 ⑦克：能。祚(zuò)：福、享有。國：國位，權力。全句意謂不能再享有國家權力。 ⑧其：清阮元刻本《十三經注疏》本作“其”，其卷末《校勘記》認爲“其”字誤。楊伯峻《春秋左傳注》認爲當從石經、宋本、“金澤文庫”本、敦煌殘卷改作“而”。

……

城濮之戰，晉中軍風于澤[1]，亡大旆之左旃[2]，祁瞞奸命[3]，司馬殺之以徇于諸侯，使茅茷代之[4]。師還，壬午[5]，濟河，舟之僑先歸，士會攝右[6]。秋七月丙申[7]，振旅[8]，愷以入于晉[9]。獻俘授馘[10]，飲至大賞[11]，徵會討貳[12]，殺舟之僑以徇于國，民於是大服。君子謂文公“其能刑矣，三罪而民服[13]。《詩》云：‘惠此中國，以綏四方[14]。’不失賞刑之謂也”。

冬，公會晉侯、齊侯、宋公、蔡侯、鄭伯、陳子、莒子、邾子、秦人于溫。

冬，會于溫[15]，討不服也。

天王狩于河陽。

是會也，晉侯召王，以諸侯見，且使王狩[16]。仲尼曰：“以臣召君，不可以訓。”故書曰[17]：“天王狩于河陽[18]。”言非其地也，且明德也[19]。

……

【注釋】

①風于澤：于澤中遇大風。 ②旃(zhān)：不加畫飾的赤色帛製大旗。大旆之左旃，指前軍的左旃之旗，此處的大旆，不是前面說的帥旗。 ③祁瞞：

人名。奸：犯。奸命：指違犯軍令。　④茅茷(fá)：人名。　⑤壬午：六月十六日。　⑥士會：字季，諡武，因封隨、范，所以又稱隨會、隨武子、范武子等。攝：代行職權。舟之僑本爲戎右，既先歸，以士會代其職。　⑦丙申：七月初一。　⑧振旅：軍旅勝利歸來。　⑨愷：通“凱”，凱樂、凱歌。　⑩馘(guó)：俘虜不服者，殺之並割取其左耳。戰爭歸來，軍隊獻上俘與馘，計數爲功。　⑪飲至：國君外出和返回時，都必告於宗廟。返回時之告，對隨從者有所慰勞，稱爲飲至。大賞：遍賞有功之人。　⑫徵會：徵召諸侯，舉行會盟，即下文“會于溫”。討貳：討伐有貳心者。　⑬三罪：殺三罪人，指顛頡、祁瞞、舟之僑。　⑭“惠此”句：出自《詩經·大雅·民勞》。中國，中原地區。⑮溫：地名，在周天子王畿內，在今河南溫縣西南。　⑯狩：冬季打獵稱爲狩。⑰書：指《春秋》的記錄。　⑱河陽：地名。在晉國，又稱孟津，在今河南孟州一帶。河陽不在周天子王畿之內，不是天子應當狩獵之地，故《春秋》以這種隱晦的筆法記錄此事，表明晉文公不能以臣召君，天子也不應來此地狩獵。　⑲明德：闡明晉文公爲維護周天子而討不服的勤王之德。

【復習與思考】

1. 解釋下列詞語

賦納以言　喜賂怒頑　民之情僞　允當則歸　定人之謂禮　少長有禮　君子

2. 簡述課文中“晉侯始入而教其民”的意義。

3. 試論城濮之戰在晉楚爭霸中原過程中的作用。

（編注者：董恩林）

【自測題】

越王句踐滅吴

本文選自上海古籍出版社一九七八年版點校本《國語》卷第二十《越語》上。

一般認爲,《國語》是我國最早的一部國别史。唐代劉知幾在《史通》中,即將其列爲史體六家之一。但嚴格來説,《國語》衹是按照國别分類的個人言論的彙編。因先秦資料的匱乏,《國語》也經常被學界作爲史料來用。

《國語》共二十一卷,七萬餘字。分爲《周語》三卷、《魯語》二卷、《齊語》一卷、《晉語》九卷、《鄭語》一卷、《楚語》二卷、《吴語》一卷、《越語》二卷。記事上起周穆王西征犬戎(約前947年),下至知伯被滅(前453年)。所記以春秋時期各國史事爲主,《周語》及《鄭語》中則有一些關於西周的記載。

關於《國語》的作者,一直以來都存在爭議,並無定論。傳統觀點多認爲是左丘明所作,如班彪、班固、劉知幾等,主要是受司馬遷《報任少卿書》中"左丘失明,厥有《國語》"之説的影響。《國語》也因此有了"春秋外傳"之别稱,後世更有《國語》爲《左傳》稿本的發揮。但自晉以來,亦有不少學者對此表示懷疑,如傅玄、劉炫、啖助、陸淳、陳振孫等,皆以爲二者"事辭或多異同,文體亦不類"。近代以來,疑古之風盛行,關於《國語》的作者,也出現了種種推測,雖無定論,但非一時一人之作,已廣爲學界所接受。

《國語》雖以國别記載各國歷史,但並非自始至終的系統記録,而是側重於個别重大事件。如《齊語》主要敘述管仲相齊桓公稱霸的政治措施;《吴語》僅記夫差伐越和吴國滅亡;《越語》則是僅記句踐滅吴;《晉語》篇幅最大,也是以敘述晉文公重耳的經歷爲主。體例上,《國語》最大的特點是以記言爲主，通過歷史人物的言論反映歷史事件。如《周語》之“召公諫厲王止謗”，即是通過召公與周厲王的對話，記載周厲王的一意孤行。《越語》之“句踐滅吳”，則是通過越王、吳王與臣民的言論，反映句踐重用谋臣，通過十年生聚、十年教訓，最終大敗夫差，滅亡吳國的過程。但是，《國語》叙事“繁蕪蔓衍”，如吳、越二國之事，“舉一國足以盡之，而反分爲兩篇”，故在歷史上受到的批評也甚多，朱熹認爲《國語》使人厭看，崔述批評《國語》“文詞支蔓，冗弱無骨”。

不過，《國語》記載了春秋時期的財政、軍事、外交、婚姻、朝聘、宴饗、諷諫等各方面的内容，許多事件雖與《左傳》重合，但側重各有不同，可補《左傳》記載的缺失。《國語》中反映的思想也比較駁雜，既有儒家的禮治、民本思想，亦有墨家、法家、陰陽、黃老等思想萌芽。正如韋昭所言，《國語》“包羅天地，探測禍福，發起幽微，章表善惡者，昭然甚明，實與經義並陳，非特諸子之論也”。另外，《國語》所創國别史的體例，對後世也有很大的影響，許多史籍，如《三國志》、《十六國春秋》等均曾效仿。

《國語》雖未被列爲經書，但亦被評爲“六經之流，三傳之亞”。在古代書録之中，《國語》長期被列入經部春秋類，直至清人修《四庫全書》時才劃歸史部雜史類。故自漢朝以來，便有不少學者爲其作注。現存的最早注本爲三國時韋昭所作，既保留了許多古音、古訓，又保存了東漢鄭衆、賈逵，三國虞翻、唐固等名家的部分注文，故頗爲學界所重。後世亦有不少學者爲之補注，較爲著名的有清人董增齡的《國語正義》，近人徐元誥的《國語集解》，均可作爲參考。《國語》現存的版本，有宋明道本和公序本兩種，正文與注釋略有不同。一九七八年上海古籍出版社的點校本，根據《四庫備要》排印清代士禮居翻刻明道本爲底本，參校《四部叢刊》影印明代翻刻公序本整理出版，是目前通行的本子。

本篇反映的是春秋末期，地處江浙的吳、越兩個諸侯國爭霸的過程。越王句踐兵敗之後，經過十年生聚，十年教訓，終於趁吳王夫差北上會盟之機，滅亡吳國。

越王句踐棲於會稽之上①，乃號令於三軍曰②："凡我父兄昆弟及國子姓③，有能助寡人謀而退吳者，吾與之共知越國之政④。"大夫種進對曰⑤："臣聞之賈人，夏則資皮，冬則資絺，旱則資舟，水則資車，以待乏也⑥。夫雖無四方之憂，然謀臣與爪牙之士，不可不養而擇也⑦。譬如蓑笠，時雨既至必求之⑧。今君王既棲於會稽之上，然後乃求謀臣，無乃後乎？"句踐曰："苟得聞子大夫之言，何後之有⑨？"執其手而與之謀。

【注釋】

①越王句踐：姒姓，名句踐，越王允常之子。前四九七年至前四六五年在位，春秋末期越國國君，是春秋時期最後一位霸主。棲：山處曰棲。會稽：山名，在今浙江紹興東南，相傳夏禹大會諸侯於此記功，故名。事在魯哀公元年，吳國攻入越國，越王退保於此山。　②三軍：《周礼·夏官·司馬》："凡制軍，萬有二千五百人爲軍。王六軍，大國三軍，次國二軍，小國一軍。"後爲軍隊的通稱。　③父兄：即伯父、叔父及兄長。《韓非子·八奸》："何謂父兄？曰：側室公子，人主之所親愛也。"陳奇猷《集釋》："側室公子乃指君之伯叔及兄弟。"昆弟：即兄弟。國子姓：即越國公卿大夫之同姓子弟。韋昭注曰："國子姓，言在衆子同姓之列者。"　④知：爲也，執掌、主持。　⑤大夫種：即文種，字少禽、子禽、會，楚國南郢人，楚平王時爲宛令，與范蠡交好。後入越國，爲句踐的重要謀臣。⑥賈人：即商人。資：蓄積。絺：細葛布。　⑦爪牙之士：比喻武臣。《漢書·陳湯傳》："戰克之將，國之爪牙，不可不重也。"　⑧蓑笠：蓑衣與笠帽，用草或麻編織而成，以爲擋雨之服。　⑨子大夫：古代國君對臣下的美稱。後：遲、晚。

遂使之行成於吳①，曰："寡君句踐乏無所使，使其下臣種，不敢徹聲聞於天王，私於下執事曰②：'寡君之師徒不足以辱君矣③，願以金玉、子女賂君之辱④，請句踐女女於王，大夫女女於大夫，士女女於士⑤。越國之寶器畢從⑥，寡君帥越國之衆，以從君之師徒，唯君左右之⑦。若以越國之罪爲不可赦也，將焚宗廟，係妻孥，沈金玉於江，有帶甲五千人將以致死，乃必有偶⑧，是以帶甲萬人事君也，無乃即傷君王之所愛乎？與其殺是人也，寧其得此國也⑨，其孰利乎？'"

【注釋】

①行成：即議和。　②"不敢徹聲"句：徹，達也。執事，此處是對吳國官員的敬稱。《尚書·盤庚》下："嗚呼！邦伯師長百執事之人，尚皆隱哉。"孔穎達疏：其百執事謂大夫以下，諸有職事之官皆是也。　③師徒：士卒，亦借指軍隊。④賂：獻贈，代償，抵消。　⑤女女：上"女"指女兒，下"女"爲名詞用作動詞，納女於人。⑥寶器：象徵王位的祭器。　⑦左右：支配、控制。　⑧"將焚宗廟"句：宗廟，古代帝王、諸侯祭祀祖先的廟宇。係，繫也，捆綁、束縛。妻孥，亦作"妻帑"，妻子和兒女。沈，同"沉"。帶甲，身披鎧甲的將士。偶，對等，匹敵。⑨寧其：清汪中《經義知新記》："'與其'、'寧其'者，兩事相衡，擇利而從之之辭。"韋昭釋寧爲安，亦可備一說。

夫差將欲聽與之成，子胥諫曰①："不可。夫吳之與越也，仇讎敵戰之國也②。三江環之③，民無所移，有吳則無越，有越則無吳，將不可改於是矣。員聞之，陸人居陸，水人居水。夫上黨之國④，我攻而勝之，吾不能居其地，不能乘其車。夫越國，吾攻而勝之，吾能居其地，吾能乘其舟。此其利也，不可失也已，君必滅之。失此利也，雖悔之，必無及已。"

【注釋】

① 夫差：姬姓，春秋時期吳國國君，闔閭之子，前四九五年至前四七三年在位。曾擊敗越、齊等國，主盟黃池大會。後被句踐所敗，自刎身亡。子胥：即伍子胥（前559—前484年），名員，字子胥，楚人。父兄遭楚平王殺害，子胥奔吳，成爲吳國重要的謀臣。　②仇讎：冤家對頭。敵戰：敵對作戰。　③三江：關於三江所指，衆說紛紜。宋庠本注作："松江、錢塘、浦陽江。"明道本注作："吳江、錢唐江、浦陽江。"汪遠孫《國語發正》依《水經注》引郭璞語爲："三江者，岷江、松江、浙江也。"徐元誥認爲，岷江即長江；松江亦名吳淞江，受太湖水，至黃浦入海；浦陽江源自浦陽縣，匯入浙江入海，二者實一。但實際上，上述任何三條河流均不能環繞吳越，三江應爲多條河流的概稱。環：繞也。　④上黨之國：指中原諸國。《釋名》："上黨，黨，所也，在山上，其所最高，故曰上黨。"

越人飾美女八人納之太宰嚭①，曰："子苟赦越國之罪，又有美於此者將進之。"太宰嚭諫曰:"嚭聞古之伐國者,服之而已[2]。今已服矣,又何求焉。"夫差與之成而去之。

【注釋】

①太宰嚭(pǐ):本名伯嚭,春秋時楚伯州犁之孫。魯昭公元年,伯州犁爲楚靈王所殺,嚭奔吴,爲正卿。 ②服:降服。

句踐說於國人曰[1]:"寡人不知其力之不足也,而又與大國執讎,以暴露百姓之骨於中原[2],此則寡人之罪也。寡人請更[3]。"於是葬死者,問傷者,養生者,弔有憂[4],賀有喜,送往者,迎來者,去民之所惡,補民之不足。然後卑事夫差,宦士三百人於吴[5],其身親爲夫差前馬[6]。

【注釋】

①說:解釋說明。 ②執讎:結仇。中原:即原野之中。 ③更:改也。 ④弔:祭奠死者或對遭喪事或不幸者予以慰問。憂:居父母喪。 ⑤宦:做帝王的臣隸。 ⑥前馬:在馬前護衛或引導。

句踐之地,南至於句無,北至於禦兒,東至於鄞,西至於姑蔑,廣運百里[1]。乃致其父母昆弟而誓之曰:"寡人聞,古之賢君,四方之民歸之,若水之歸下也。今寡人不能,將帥二三子夫婦以蕃[2]。"令壯者無取老婦[3],令老者無取壯妻。女子十七不嫁,其父母有罪;丈夫二十不娶,其父母有罪[4]。將免者以告[5],公令醫守之。生丈夫,二壺酒,一犬;生女子,二壺酒,一豚[6]。生三人,公與之母;生二人,公與之餼[7]。當室者死,三年釋其政;支子死,三月釋其政[8]。必哭泣葬埋之,如其子。令孤子、寡婦、疾疹、貧病者,納宦其子[9]。其達士,絜其居,美其服,飽其食,而摩厲之於義[10]。四方之士來者,必廟禮之。句踐載稻與脂於舟以行,國之孺子之遊者,無不餔也,無不歠也[11],必問其名。非其身之所種則不食,非其夫人之所織則不衣,十年不收於國,民俱有三年之食[12]。

【注釋】

①“句踐之地”句：句無，在今浙江諸暨。韋昭注：“今諸暨有句無亭是也。”北魏酈道元《水經注·漸江水》：“江水又東逕諸暨縣南……縣北帶烏山，故越地也。先名上諸暨，亦曰句無矣。”禦兒，又作語兒、語溪，在今浙江桐鄉市崇福鎮。鄞，今浙江寧波市鄞州區。姑蔑，本爲南遷的古東夷方國，後屬越國。在今浙江金華、衢州、龍游一帶。廣運：東西爲廣，南北爲運。 ②二三子：猶言諸位，幾個人。蕃：生息繁衍。 ③取：同“娶”。 ④韋昭注：“禮，三十而娶，二十而嫁。今不待禮者，務育民也。” ⑤免：通“娩”。 ⑥“生丈夫”句：丈夫，指男孩子。犬、豚，韋昭注：“犬，陽畜，知擇人。豚，主內，陰類也。” ⑦母：乳母。餼（xì）：糧食。 ⑧當室：嫡子。支子：庶子。政：通“征”，徭役。 ⑨孤子：年少喪父者，或幼無父母者。疹：同“疢（chèn）”，疾病。貧病：貧困。納宦：授官。韋昭注：“宦，仕也，仕其子而教，以廩食之也。” ⑩“其達士”句：達士，見識高超，不同於流俗之人。絜，修整。摩厲，切磋、磨練。指人自修飾。 ⑪“無不餔也”句：餔，給食。歠（chuò），飲。 ⑫韋昭注：“古者三年耕，必餘一年之食。”

國之父兄請曰：“昔者夫差恥吾君於諸侯之國，今越國亦節矣，請報之①。”句踐辭曰：“昔者之戰也，非二三子之罪也，寡人之罪也。如寡人者，安與知恥？請姑無庸戰②。”父兄又請曰：“越四封之內③，親吾君也，猶父母也。子而思報父母之仇，臣而思報君之讎，其有敢不盡力者乎？請復戰。”句踐既許之，乃致其衆而誓之曰：“寡人聞古之賢君，不患其衆之不足也，而患其志行之少恥也④。今夫差衣水犀之甲者億有三千⑤，不患其志行之少恥也，而患其衆之不足也。今寡人將助天滅之。吾不欲匹夫之勇也，欲其旅進旅退⑥。進則思賞，退則思刑，如此則有常賞。進不用命，退則無恥，如此則有常刑⑦。”果行，國人皆勸，父勉其子，兄勉其弟，婦勉其夫⑧，曰：“孰是君也⑨，而可無死乎？”是故敗吴於囿⑩，又敗之於沒⑪，又郊敗之。

【注釋】

①節：節度，指國家走上了正軌。報：報復。 ②姑：暫且。庸：用。

③四封：四面疆界。 ④志行：志向操行。 ⑤水犀：犀牛的一種，因生活於水中，故名。韋昭注："水犀之皮有珠甲，山犀則無。" ⑥匹夫之勇：不用智謀，單憑個人血氣的勇氣。旅進旅退：一同前進，一同後退，統一行動。 ⑦常賞：固定的賞賜。常刑：固定的刑罰。 ⑧勸、勉：勸導、鼓勵。 ⑨孰：誰也。言誰有恩惠如是君者。 ⑩囿：地名，即笠澤。《左傳·哀公十七年》："三月，越子伐吴，吴子禦之笠澤。" ⑪沒，地名。

夫差行成，曰："寡人之師徒，不足以辱君矣。請以金玉、子女賂君之辱。"句踐對曰："昔天以越予吴，而吴不受命；今天以吴予越，越可以無聽天之命，而聽君之令乎！吾請達王甬句東①，吾與君爲二君乎。"夫差對曰："寡人禮先壹飯矣②，君若不忘周室，而爲弊邑宸宇③，亦寡人之願也。君若曰'吾將殘汝社稷④，滅汝宗廟。'寡人請死，余何面目以視於天下乎！"越君其次也⑤，遂滅吴。

【注釋】

①甬：甬江，古稱大浹江，姚江、奉化江匯合於寧波三江口，經鎮海入海。句：句章，因句餘擴建而成。在今浙江餘姚東南。《十三州志》載："越王勾踐之地，南至句餘，其後並吴，因大城句餘，章伯功以示子孫，故曰句章"。 ②禮先壹飯：指在禮節上自己年歲稍長。壹飯，猶言一頓飯，喻極短的一段時間。 ③弊邑：古代對自己的國家及出生或出守之地的謙稱。宸宇：屋簷。比喻庇蔭。 ④社稷：國家的代稱。社：土神。稷：穀神。 ⑤次：進駐、佔領。

【復習與思考】

1. 解釋下列劃綫詞語

爪牙之士　行成於吴　係妻孥　仇讎敵戰之國　服之而已　廣運百里　釋其政　姑無庸戰　四封之內　禮先壹飯

2. 思考題

(1) 結合本文內容與史實背景，評估吴越爭霸在春秋時期大國爭霸中的地位。

(2) 對比吴王夫差與越王句踐兩種爭霸思想之異同。

3. 請翻譯文中“句踐之地”至“民俱有三年之食”一段。

（編注者：姜勇）

【自測題】

趙武靈王胡服騎射

本文選自上海古籍出版社一九八五年版《戰國策》卷一九《趙策二》。題目爲後人所改，今人多從之。原題“武靈王平晝閒居”，亦符合先秦文獻命名規律。

《戰國策》記載了戰國時代各個國家的歷史和社會風貌，史學與文學上均頗具價值，一直受到學界的重視。

《戰國策》是相互獨立的單篇文章的彙編，各篇作者也已無考。但據學者考證，編著者大都是學習揣摩遊説辭令的遊學之士。西漢成帝河平年間，光禄大夫劉向奉命校理皇家藏書。“每一書已，向輒條其篇目，撮其旨意，録而奏之。”即爲每書撰寫書録。關於戰國部分的圖書，有一批按照國别編次，但並無書名；另有《國策》、《國事》、《短長》、《脩書》等，爲“戰國時遊士輔所用之國，爲之策謀”，故劉向整理之後，將其定名爲《戰國策》。

此書記事，劉向在敘録中所言甚明：“繼春秋之後，訖楚、漢之起，二百四十五年間之事。”但今本《戰國策》中記事上起前四五五年晉陽之戰，下至前二二一年高漸離以筑擊秦始皇。關於楚漢之事的篇章已經亡佚，且在《戰國策》中所佔篇幅也很小。故《戰國策》書中所記，基本爲戰國時期之史事，後世史家也因此而將這一時期命名爲戰國時代。

《戰國策》經劉向整理後，東漢有高誘爲之作注。但至北宋的政府藏書目録中卻已見不到全本。至曾鞏編校史館書籍，“訪之士大夫家，始盡得其書，正其誤謬，而疑其不可考者，然後《戰國策》三十三篇復完”。南宋初又分化爲兩個版本，即姚宏校注本和鮑彪注本。前者主要校訂字句異同，故流傳較少。後者重在疏通詮釋，故元代有吴師道爲之補正，至明清廣爲流傳。直到乾隆時，雅雨堂翻刻南宋姚宏整理過的高注本問世，才打破鮑注本一統天下的局面。嘉慶時黄丕烈摹刻南宋姚宏本，受到學術界的讚許，成爲此後整理《戰國策》普遍選用的底本（參見第二單元《戰國策書録》解題相關部分）。

《戰國策》在《漢志》的著録中，被歸入"六藝略"的《春秋》類，《隋志》及新、舊《唐志》均歸入史部雜史類。但南宋晁公武與《文獻通考》、《宋史·藝文志》卻將之劃至子部縱横家類。此後，《戰國策》在官私書目的著録上，一直是或史或子，反映了學界對《戰國策》記事及其性質的認識分歧。《戰國策》存在這樣那樣的問題，如時間、人物記載上的錯誤，史實上的錯亂，篇章重復，内容上多爲遊士的謀略策辭，行文没有成例，記事不書年月等，説明它並不像一部史學著作，而更類雜文彙編。現在學者引用時也十分小心謹慎。但《戰國策》的史料價值仍不容忽視，其中很多篇章所記内容豐富、駁雜，反映了戰國時期各個國家之間尖鋭複雜的矛盾和鬥爭，以及當時社會的方方面面，從多個層面給我們提供了或多或少的有用信息。戰國史料的極度匱乏，也使得《戰國策》在某種程度上無法被替代。

另外，《戰國策》在文學史和思想史上都有獨特的地位。語言文字的應用具有鮮明的特色，常被稱讚"其文辯博，有焕而明，有婉而微，有約而深"，頗具感染力。清初學者陸隴其稱："其文章之奇足以娱人耳目，而其機變之巧足以壞人之心術。"

趙武靈王爲了加强邊防，扭轉與周邊諸胡人政權作戰中的不利局面，準備實施胡服騎射兩項重大的軍事改革，但遭遇到了守舊勢力的反對。本文記載了趙武靈王力排衆議，推行改革的過程。

武靈王平晝閒居①，肥義侍坐②，曰："王慮世事之變，權甲兵之用，念簡、襄之迹，計胡、狄之利乎③？"王曰："嗣立不忘先德，君之道也；錯質務明主之長，臣之論也④。是以賢君静而有道民便事之教，動有明古先世之功⑤。爲人臣者，窮有弟長辭讓之節，通有補民益主之業⑥。此兩者，君臣之分也。今吾欲繼襄主之業，啟胡、翟之鄉，而卒世不見也⑦。敵弱者，用力少而功多，可以無盡百姓之勞，而享往古之勳⑧。夫有高世之功者，必負遺俗之累；有獨知之慮者，必被庶人之恐⑨。今吾將胡服騎射以教百姓，而世必議寡人矣。”

【注釋】

①武靈王：趙國國君趙雍，肅侯子，前三二五至前二九九年在位。後傳位其子趙惠文王，自稱主父。平晝：猶平日。　②肥義：趙武靈王重臣，惠文王時爲相國，後死於内亂。侍坐：陪坐尊長近旁。　③權：衡量。簡、襄：二人均爲春秋末年晉國趙氏首領。簡，即趙簡子，名鞅，致力變法，又稱簡主。襄，指趙襄子，簡子之子，名無恤，又稱爲襄主，在晉陽之戰中消滅知伯，奠定了三家分晉的基礎。胡、狄：泛稱中國古代北方之少數民族，狄亦作“翟”。　④嗣：承繼。立：同“位”。先德：祖先之功績，即上文所言“簡、襄之迹”。錯質：錯，置也。質通“贄”，初次見人所執之禮品。古時向君主獻禮，表示獻身爲臣。主之長：即主長，與上文“先德”相對爲文，國君之長處。　⑤静：安定，指和平時期。道：同“導”。便：猶成。教：官府告諭。動：指戰爭時期。明古：超越古人。先世：高於現代。　⑥弟：同“悌”，尊敬兄長。節：品行操守。　⑦卒世：舉世，全社會。見：知道。　⑧敵：對敵。勞：勞苦。　⑨高世：超越當世。負：使承受。恐：一作“怨”。

肥義曰：“臣聞之，疑事無功，疑行無名①。今王即定負遺俗之慮，殆毋顧天下之議矣②。夫論至德者不和於俗，成大功者不謀於衆。昔舜舞有苗，而禹袒入裸國③，非以養欲而樂志也，欲以論德而要功也④。愚者闇於成事，智者見於未萌⑤，王其遂行之。”王曰：“寡人非疑胡服也，吾恐天下笑之。狂夫之樂，知者哀焉；愚者之笑，賢者戚焉⑥。世有順我者，則胡服之功未可知也。雖敺世以笑我，胡地中山吾必有之⑦。”

【注釋】

①疑：猶豫不決。　②即：《史記》作“既”。殆：當，必。《商君書·更法》：“臣聞之，疑行無名，疑事無功。君亟定變法之慮，殆無顧天下之議之也。”高亨注：“殆，猶當也。”毋：莫，不可。　③昔舜舞有苗：以前舜跳有苗的舞蹈。有苗，古國名，亦稱三苗，堯舜時我國南方較強大的部族。《韓非子·五蠹》：“當舜之時，有苗不服。乃修教三年，執干戚舞，有苗乃服。”袒：脱衣露出上身。裸國：不知穿衣的原始部族。　④養欲：放縱欲望。樂志：愉悦心志。論：明。要(yāo)：通“邀”，求取。　⑤闇(àn)：不明白。萌：開始。　⑥哀：悲傷。戚：

憂愁。　⑦甌世：甌古"驅"字，即舉世。中山：古國名，春秋末年鮮虞人所建，處燕、趙之間。在今河北定州、唐縣一帶，後爲趙所滅。

王遂胡服。使王孫緤告公子成曰①："寡人胡服，且將以朝，亦欲叔之服之也。家聽於親，國聽於君，古今之公行也②；子不反親，臣不逆主，先王之通誼也③。今寡人作教易服，而叔不服，吾恐天下議之也。夫制國有常，而利民爲本；從政有經，而令行爲上④。故明德在於論賤，行政在於信貴⑤。今胡服之意非以養欲而樂志也。事有所出，功有所止。事成功立，然後德且見也⑥。今寡人恐叔逆從政之經，以輔公叔之議⑦。且寡人聞之，事利國者行無邪，因貴戚者名不累⑧。故寡人願募公叔之義⑨，以成胡服之功。使緤謁之叔，請服焉。"

【注釋】

①王孫緤（xiè）：趙國貴族。公子成：趙肅侯之子，趙武靈王之弟。　②以朝：以胡服上朝。叔：古人以伯仲叔季爲兄弟行次之稱。　③誼：通"義"，道理、法則。　④制國：執掌國政。常：正常狀態與秩序。經：常道，常法。⑤明德：彰明德政。論：考慮。賤：卑賤者，指老百姓。行政：推行政令，管理國家。信：《左傳・宣公十五年》："臣能承命爲信。"　⑥出：開始。且：將要。見：同"現"，顯現。　⑦公叔：金正煒《戰國策補釋》："公叔當爲公族，即趙國之貴族。"　⑧邪：不正。名：法令。累：牽連、妨礙。　⑨募：他本作"慕"。借重。

公子成再拜曰："臣固聞王之胡服也，不佞寢疾，不能趨走，是以不先進①。王今命之，臣固敢竭其愚忠。臣聞之，中國者，聰明叡知之所居也，萬物財用之所聚也，賢聖之所教也，仁義之所施也，《詩》《書》禮樂之所用也，異敏技藝之所試也，遠方之所觀赴也，蠻夷之所義行也②。今王釋此而襲遠方之服，變古之教，易古之道，逆人之心，畔學者，離中國③，臣願大王圖之。"

【注釋】

①不佞：自我謙稱。寢疾：臥病。進：獻言。　②"中國者"句：中國，中原

地區。叡知,聰慧、明智。知同“智”。異敏,奇異的才能。試,用。遠方,四方諸侯。義,同“儀”。行,通“形”,效法。 ③畔:通“叛”,違背。學者:古之聖賢。離:背離。

使者報王。王曰:“吾固聞叔之病也。”即之公叔成家,自請之,曰:“夫服者,所以便用也;禮者,所以便事也。是以聖人觀其鄉而順宜①,因其事而制禮,所以利其民而厚其國也。被髮文身,錯臂左衽,甌越之民也②。黑齒雕題,鯷冠秫縫,大吳之國也③。禮服不同,其便一也。是以鄉異而用變④,事異而禮易。是故聖人苟可以利其民,不一其用;果可以便其事,不同其禮。儒者一師而禮異,中國同俗而教離,又況山谷之便乎⑤?故去就之變⑥,知者不能一;遠近之服,賢聖不能同。窮鄉多異,曲學多辨⑦,不知而不疑,異於己而不非者,公於求善也。今卿之所言者,俗也。吾之所言者,所以制俗也⑧。今吾國東有河、薄洛之水⑨,與齊、中山同之,而無舟檝之用。自常山以至代、上黨,東有燕、東胡之境,西有樓煩、秦、韓之邊⑩,而無騎射之備。故寡人且聚舟檝之用,求水居之民,以守河、薄洛之水,變服騎射,以備其參胡⑪、樓煩、秦、韓之邊。且昔者,簡主不塞晉陽,以及上黨⑫,而襄王兼戎取代,以攘諸胡,此愚知之所明也。先時中山負齊之強兵,侵掠吾地,係累吾民,引水圍鄗⑬,非社稷之神靈,即鄗幾不守。先王忿之,其怨未能報也。今騎射之服,近可以備上黨之形,遠可以報中山之怨⑭。而叔也順中國之俗,以逆簡、襄之意,惡變服之名,而忘國事之恥,非寡人所望於子!”

【注釋】

①鄉:猶“俗”。順宜:因地制宜。 ②被髮:被,同“披”。披頭散髮。文身:在身體上刺青,紋出花紋或圖案。錯臂:以兩臂交錯而立,無禮容。或説“錯”爲“袒”字之訛。左衽:衣襟向左邊開,古代周邊少數民族的裝束習慣。甌越:亦作“甌粵”,百越的一支,分布於今浙江、甌江流域,亦指浙江、福建這一區域。 ③黑齒:染黑牙齒,古代婦女的一種妝飾。雕題:古代南方少數民族的一種習俗,在額頭

上刺花紋。題,即額頭。鯷冠:用鮎魚皮製成的帽子。秫縫:用長針縫紉,謂針綫粗拙。一説折草莖作絲以縫衣。大吳之國:金正煒《戰國策補釋》:"大,疑爲'干'字之訛,干(hán)即吳國。" ④用:措施。 ⑤教離:教化各異。便:便利。 ⑥去就:選擇,取捨。 ⑦窮鄉多異:窮鄉僻壤之人易於少見而多怪。曲學多辨:囿於一隅之學的學識淺陋之輩,容易與人爭辯。 ⑧制俗:控制風俗。 ⑨河:黄河。薄洛之水:即漳水。 ⑩常山:即北嶽恒山,避漢文帝劉恒諱改,主峰在今河北曲陽西北。代:商周時爲諸侯國,故地在今河北蔚縣東北,後被趙襄子所滅,設立代郡。上黨:郡名,主要指今山西長治一帶。東胡:東北部族,居匈奴之東而得名。主要分佈於遼河上游一帶,西漢初年,分化爲烏桓和鮮卑。樓煩:北狄的一支,主要分佈於山西北部至内蒙古一帶。 ⑪參:當爲"東"之訛。 ⑫塞:禁錮。晉陽:地名,在今山西太原西南,曾爲趙國都城。 ⑬係累:束縛,捆綁,拘囚。鄗:趙邑,在今河北柏鄉北。 ⑭形:形勝之地。怨:仇恨。

公子成再拜稽首曰①:"臣愚不達於王之議,敢道世俗之間②。今欲繼簡、襄之意,以順先王之志,臣敢不聽令。"再拜。乃賜胡服。

【注釋】

①稽首:古時一種跪拜禮,叩頭至地,是九拜中最恭敬者。 ②間:當爲"聞"之誤。敢道世俗之聞,意謂説了一些俗人的言論。

趙文進諫曰①:"農夫勞而君子養焉,政之經也。愚者陳意而知者論焉②,教之道也。臣無隱忠,君無蔽言,國之祿也③。臣雖愚,願竭其忠。"王曰:"慮無惡擾,忠無過罪④。子其言乎。"趙文曰:"當世輔俗,古之道也。衣服有常,禮之制也。修法無愆,民之職也⑤。三者,先聖之所以教,今君釋此,而襲遠方之服,變古之教,易古之道,故臣願王之圖之。"王曰:"子言世俗之間,常民溺於習俗,學者沉於所聞。此兩者所以成官而順政也,非所以觀遠而論始也⑥。且夫三代不同服而王,五伯不同教而政。知者作教,而愚者制焉。賢者議俗,不肖者拘焉⑦。夫制於服之民,不足與論心;拘於俗之衆,不足與致意⑧。故勢與俗化,而禮與變俱,聖人之道也，承教而動，循法無私，民之職也。知學之人，能與聞遷；達於禮之變，能與時化⑨。故爲己者不待人，制今者不法古。子其釋之。”

【注釋】

①趙文：趙國貴族。　②勞：下當補“力”字。養：受供養。陳意：表達意見。論：評定。　③祿：福運。　④慮：謀劃。無：勿。惡：擔心。擾：亂。過罪：過失，錯誤。　⑤當世：隨順世俗。輔：輔助。愆：罪過，過失。　⑥常民：一般百姓。溺、沉：皆爲沉迷不能自拔之意。成官：守職。觀遠：高瞻遠矚。論始：創新。　⑦制：被制約。拘：受拘束。　⑧論心：研究思想。致意：使人明理達變。　⑨知學：通曉學問。達於禮：通達禮法。

趙造諫曰①：“隱忠不竭，奸之屬也。以私誣國，賤之類也②。犯姦者身死，賤國者族宗③。反此兩者，先聖之明刑④，臣下之大罪也。臣雖愚，願盡其忠，無遁其死。”王曰：“竭意不諱，忠也。上無蔽言，明也。忠不辟危，明不距人⑤。子其言乎。”

【注釋】

①趙造：趙國貴族。　②屬：類。誣：危害。賤：王念孫《讀書雜志》：“‘賤’當爲‘賊’之誤也。”賊，害也。　③族宗：古代酷刑之一，一人犯罪，刑及親族。　④反此：一説無“反”字。一説“反”爲“友”之誤，“友”通“有”。明刑：嚴明的刑罰。　⑤辟：同“避”。距：通“拒”。

趙造曰：“臣聞之，聖人不易民而教，知者不變俗而動①。因民而教者，不勞而成功；據俗而動者，慮徑而易見也②。今王易初不循俗，胡服不顧世，非所以教民而成禮也③。且服奇者志淫，俗辟者亂民④。是以莅國者不襲奇辟之服，中國不近蠻夷之行，非所以教民而成禮者也⑤。且循法無過，脩禮無邪⑥，臣願王之圖之。”

【注釋】

①易民：改變民意。變俗：變更禮俗。　②慮：謀劃。徑：容易，方便。　③易初：改變初衷，此即改變原來的制度。　④志淫：惑亂人心。辟：同“僻”，

怪僻。 ⑤莅國：當國，治理國家。襲：泛指穿衣。蠻夷：古時候對周邊少數民族的輕蔑稱呼。 ⑥脩：當作“循”，遵循。

王曰：“古今不同俗，何古之法？帝王不相襲，何禮之循？宓戲、神農教而不誅，黄帝、堯、舜誅而不怒①。及至三王②，觀時而制法，因事而制禮，法度制令，各順其宜；衣服器械，各便其用。故禮世不必一其道，便國不必法古③。聖人之興也，不相襲而王。夏、殷之衰也，不易禮而滅。然則反古未可非，而循禮未足多也④。且服奇而志淫，是鄒、魯無奇行也？俗辟而民易，是吴、越無俊民也⑤？是以聖人利身之謂服，便事之謂教，進退之謂節⑥，衣服之制，所以齊常民，非所以論賢者也。故聖與俗流，賢與變俱。諺曰：‘以書爲御者，不盡於馬之情⑦。以古制今者，不達於事之變。’故循法之功，不足以高世；法古之學，不足以制今。子其勿反也。”

【注釋】

①宓戲：即伏羲，是古代傳説中的中華民族的人文始祖，推演八卦，教民結網漁獵。神農：即炎帝，是上古時期姜姓部落的首領，他親嘗百草，教民農耕。誅：死刑。怒：通“孥”，妻子連坐之罪。 ②三王：夏商周三代之君。 ③禮世：即理世、治世，治理國家人民。便：有利。 ④多：《説文》：“多，重也。”重：尊尚。 ⑤鄒魯：鄒國和魯國的並稱。鄒，孟子故里，在今山東鄒城。魯，孔子故里，在今山東曲阜。奇行：不合法度的行爲。俊民：才智傑出的人才。 ⑥進退之謂節：《史記》作：“進退之節”，“謂”爲衍字。進退之節，指舉止行爲等禮節。⑦御：駕馭車馬。情：實際情況，這裏指馬真實的能力。

【復習與思考】

1. 解釋下列劃綫詞語

高世之功　疑事無功　闇於成事　先王之通誼　不佞寢疾　錯臂左衽　曲學多辨　國之禄也　王之圖之　賤國者族宗　莅國者

2. 思考題

(1) 趙武靈王胡服騎射的改革，在中國軍事史上的地位和影響如何？

(2) 趙武靈王與守舊派,他們對於胡服騎射改革的核心論點各是什麼?

(3) 中國歷史上的改革,多有“便國不法古”和“祖宗不足法”的論述,你對改革與傳統的維係有什麼樣的認識?

(編注者:姜勇)

【自測題】

老子六章

本文選自中華書局一九五四年版《諸子集成》中的王弼《老子注》,並參考馬王堆帛書本《老子》及相關研究成果。

《老子》是道家學派的奠基之作,作者爲春秋時期老子。老子姓李,名耳,又稱老聃,生卒年不詳,宋國相縣人,於西漢爲楚國苦縣厲鄉曲仁里(今安徽渦陽,一說今河南鹿邑)人,曾擔任過周王室守藏史。相傳,他預見到周室將亡,離周西行,至函谷關,關令尹喜请老子著書,即《老子》五千言,之後老子出關西行,不知所終。

《老子》全書分爲八十一章,編排沒有嚴格類例,大體上前三十七章圍繞"道"展開,後四十四章圍繞"德"展開。漢代以前稱《老子》,東漢末年,道教創立,尊老子爲教主,《老子》作爲道教的最高經典,被尊爲《道德經》,唐玄宗時期又被尊稱爲《道德真經》。

《老子》一書文約意豐,雖然衹有五千字左右,但思想體系博大精深,內容涉及自然、社會、人事、政治、經濟、文化等各個方面,是研究中国古代思想史、哲學史最重要的經典文獻之一,同時也是研究中國古代史的基本史料書。

南宋道教學者李嘉謀曾說:"《老子》五千言……以之求道則道得,以之治國則國治,以之修身則身安。"概括了老子思想的三個主要方面,即哲學、政治和養生。哲學方面,《老子》建立了一個以"道"爲核心的思想體系。在老子看來"道"是萬物之宗,天地萬物乃至宇宙間的一切,都是由道生育而成的。與此同時,道又是高度概括了宇宙間一切事物運動變化發展的規律,對於人生修養、國家治理都有指導作用。老子的哲學思想爲莊子所繼承,莊子重點發揮了老子的人生哲學。政治方面,老子重點闡發

“無爲而無不爲”,後來演變爲黄老思想。養生方面,老子主張“見素抱樸,少私寡欲”、“復歸於嬰兒”,成爲道教養生思想的重要源頭。

《老子》流傳較廣的版本主要有兩種:一種是曹魏時期王弼的《老子注》,主要在學者中流行;一種是漢代的《老子河上公章句》,在道教界和民間較受歡迎。二十世紀下半葉,先後出土了兩種《老子》:一種是一九七三年十二月長沙馬王堆三號墓中出土的漢代帛書《老子》甲、乙本,學術界稱之爲“帛書本”;一種是一九九三年十月湖北荆門郭店一號墓中出土的戰國楚簡《老子》,學術界稱之爲“楚簡本”。帛書本和楚簡本成書時間早,保存了古貌,對研究《老子》和歷代老學都具有重要的參考價值。

近代以來,老子《道德經》被翻譯成各國語言,展現了中華文化獨有的精神魅力。

作爲我國古代最重要的哲學著作和道家經典之一,自韓非子作《解老》、《喻老》以來,詮疏注解《老子》者層出不窮,難以計數,《老子集成》收錄了二百六十五種。今人注本亦不勝枚舉,如任繼愈的《老子今譯》、嚴靈峰的《老子達解》、陳鼓應的《老子注譯及評介》等,均可供參考。

第一章

“道”是《老子》思想的最高範疇,本章主要講“道”不可言説、玄妙精深,是天地萬物的根源和創造宇宙的動力,是《老子》全書的綱領。不同版本對本章標點不同,解釋也不一樣,這裏採用通行本標點。

道可道,非常道①,名可名,非常名②。無名天地之始,有名萬物之母③。故常無欲以觀其妙,常有欲以觀其徼④。此兩者,同出而異名⑤,同謂之玄⑥。玄之又玄,衆妙之門⑦。

【注釋】

①道可道,非常道:第一個“道”字和第三個“道”字,是老子哲學的專有名詞,指天地万物的根源和宇宙的發展規律或原始動力;第二個“道”字,是言説的意思。“常道”即恒常之道,就是宇宙的本原與規律之道。全句意謂可以言説之道就不是恒常之道,“常道”無法完全用語言解釋清楚,衹能用心體悟。 ②名可

名，非常名：第一個“名”和第三個“名”字是名词，指稱“道”之名，第二個“名”字是動詞，是稱謂的意思。 ③無名天地之始，有名萬物之母：歷來有兩種標點法：一種爲“無，名天地之始；有，名萬物之母”；另一種爲“無名，天地之始；有名，萬物之母”。嚴遵、王弼等人以“無名”、“有名”作解，影響深遠。王安石等人則以“無”、“有”作解，將“無”和“有”理解爲“道”的兩種表現形式。 ④無欲：没有欲念，虚空。妙：奥妙。王弼解爲“空虚可以觀其始物之妙”，意謂從無欲虚空的角度才能體悟“道”的深奥玄妙。有欲：實有。徼：邊界，邊際。王弼解爲“故常有欲可以觀其終物之徼也”，意謂從實有的角度衹能探求“道”的邊際。“常無欲以觀其妙，常有欲以觀其徼”，歷來也有兩種標點法，一種爲“常無欲，以觀其妙；常有欲，以觀其徼”；另一種爲“常無，欲以觀其妙；常有，欲以觀其徼”。王弼本、帛書本以“無欲”、“有欲”作解，王安石、蘇轍等人則以“無”、“有”作解。 ⑤帛書本作“兩者同出，異名同胃（謂）”。此兩者：有與無，天地之始與萬物之母。以“無名”、“有名”作解者認爲“此兩者”指“無名”和“有名”。 ⑥玄：幽昧深远。⑦衆妙之門：一切變化的總門，指“道”。

第二章

本章通過分析事物相輔相成、對立轉化的規律性特徵，説明“處無爲之事，行不言之教”和“功成而弗居”的道理。

天下皆知美之爲美，斯惡已①；皆知善之爲善，斯不善已。故有無相生，難易相成，長短相較，高下相傾②，音聲相和，前後相隨。是以聖人處無爲之事③，行不言之教④；萬物作焉而不辭⑤，生而不有，爲而不恃，功成而弗居⑥。夫唯弗居，是以不去⑦。

【注釋】

①斯：此。惡：醜。已：通“矣”。 ②較：河上本作“形”，帛書甲、乙本作“刑”。傾：帛書本作“盈”。 ③無爲：顺其自然，不肆意妄爲。“無爲”是老子政治思想的核心，“無爲”並不是什麼都不做，而是指君主不肆意用煩苛的法令攪擾人民，不爲所欲爲，最終達到“無爲而無不爲”的狀態。 ④不言之教：不發號施令，而是潛移默化地引導。 ⑤不辭：別本作“不爲始”。辭，倡導。⑥有：據爲己有。恃：自恃己能。居：自我誇耀。 ⑦去：失敗，泯滅。

第 八 章

本章以水喻爲人之道。老子認爲，最好的德性像水一樣，水最顯著的特性是柔，並且願意停留在卑下的地方；水最大的作用是滋潤萬物而不與相爭，這種無私的精神，接近於道。

上善若水①。水善利萬物而不爭，處衆人之所惡，故幾於道②。居善地，心善淵，與善仁，言善信，正善治，事善能，動善時③。夫唯不爭，故無尤④。

【注釋】

①上善：最好的德性，亦比喻道的最高境界。　②幾：近。此句意謂，水雖然善利萬物而處卑下，但還是"有"，而道則是"無"，所以說水衹是近於道之善而已。　③善：善於。淵：深邃沉靜。與：指和別人交往。正：同"政"。治：清靜安定。時：把握時機。　④尤：過失，怨咎。

第二十五章

本章描述了"道"的產生與運行規律，以及"道"之名稱的由來，通過人與道、與天地的關係強調了人的主體性地位，最後提出"道法自然"這一體現老子哲學基本精神的重要命題。

有物混成①，先天地生。寂兮寥兮②，獨立不改③，周行而不殆④，可以爲天下母⑤。吾不知其名，字之曰道⑥，強爲之名曰大。大曰逝⑦，逝曰遠⑧，遠曰反⑨。故道大，天大，地大，王亦大。域中有四大，而王居其一焉。人法地，地法天，天法道，道法自然⑩。

【注釋】

①物：指"道"。混成：渾然而成，指"道"混沌無形的狀態。　②寂：無聲。寥：無形。　③ 獨立不改：指"道"的絕對性和永存性。　④周行：循环運行。殆：懈怠，引申爲停止。周行而不殆：指"道"無所不至、周而復始的特性。⑤母：根本。　⑥字之：給它起名字。　⑦大：廣大，形容"道"沒有邊際，無所不包。曰：而。逝：行進。大曰逝：指"道"廣大而周流不息。　⑧遠：伸展遙遠。　⑨反：同"返"，指回歸原點。　⑩法：效法，學習。自然：本來的樣子。

道法自然,指“道”純任自然,本來如此。

第四十四章

本章針對世人追名逐利奮不顧身的現象,提出一系列的問題,提醒人們看清貪欲的危害,珍愛生命,最後指出了知足、知止的重要性。

名與身孰親?身與貨孰多①?得與亡孰病②?是故甚愛必大費③,多藏必厚亡④。知足不辱,知止不殆⑤,可以長久。

【注釋】

①多:重。　②得:指得到名利。亡:指失去生命。　③甚愛必大費:過於愛名必定要付出很大的耗費。　④多藏必厚亡:豐厚的藏貨必定會招致慘重的損失。　⑤止:適可而止。殆:危險。

第七十八章

本章以水爲例,説明以柔克剛的道理。老子的“柔弱”並非軟弱無力,而是柔韌,是生命力的體現,所以能無堅不摧。

天下莫柔弱於水,而攻堅強者莫之能勝①,以其無以易之②。弱之勝強,柔之勝剛,天下莫不知,莫能行。

是以聖人云:“受國之垢③,是謂社稷主④;受國不祥,是爲天下王。”正言若反⑤。

【注釋】

①之:代指水。莫之能勝:即莫能勝之。　②無以:沒有什麼。易:代替。③垢:屈辱。　④社:土神。稷:穀神。由於歷代王朝建立時都要立社壇稷廟祭祀神靈,因此社稷就成了國家的代名詞。　⑤正言若反:正面的話好像反話一樣。

【復習與思考】

1. 解釋下列劃綫詞語

常有欲以觀其徼　玄之又玄　是以不去　心善淵　與善仁　動善時

有物混成　周行而不殆　逝曰遠　道法自然　多藏必厚亡　知止不殆　正言若反

2. 思考題

(1) 認識“道”在老子思想中的地位。

(2) 如何理解老子的“無爲”?

(3) “道法自然”給我們什麽樣的啟示?

3. 翻譯文中“上善若水”至“故無尤”一段。

（編注者：蕭海燕）

【自測題】

學　而

本文選自中華書局一九八〇年版“十三經注疏”本《論語注疏》卷一。

《論語》是記載孔子及其弟子言語行事的著作，是儒家的重要經典。

孔子(前551—前479年)，名丘，字仲尼，魯國人。中國偉大的思想家和教育家，儒家學派的創始人。其生平事跡詳見《史記·孔子世家》。

關於《論語》的成書，班固《漢書·藝文志》說：“《論語》者，孔子應答弟子時人及弟子相與言而接聞於夫子之語也。當時弟子各有所記。夫子既卒，門人相與輯而論篹，故謂之《論語》。”可知此書是由孔子弟子在孔子去世後集體編纂而成，並且一開始就叫《論語》。

秦始皇焚書坑儒，包括《論語》在内的儒家經典遭受空前浩劫。西漢時期，《論語》有三種本子流傳，其中兩種是口頭傳授的，即魯人口頭傳授的《魯論語》二十篇，齊人口頭傳授的《齊論語》二十二篇，另外還有從孔子故宅夾壁中發現的《古論語》二十一篇。西漢末年，漢成帝的師傅張禹以《魯論語》爲依據，參照《齊論語》，整合爲一部《論語》，稱爲《張侯論》。東漢末年，鄭玄又以《張侯論》爲依據，參考《齊論語》和《古論語》，作《論語注》。於是《論語》基本定型，一直流傳到今天。現存《論語》共二十篇，四百九十二章，其中記錄孔子與弟子及時人談論之語約四百四十四章，記孔門弟子相互談論之語四十八章。《論語》中各篇都是截取第一章的前二三個字命名的。

《論語》篇幅雖然不長，但涉及範圍很廣，内容十分豐富。論學、論政、論立身處世與行爲規範，都言簡意賅，深刻透闢。而其核心就是“仁”的思想，孔子及門人推崇的孝悌、忠恕、禮義、中庸、誠信等諸多美德，都以仁爲核心。孔子豐富的仁學思想，對中華傳統文化的形成和發展，對中華民族道德倫理的培育，起到了重大影響。《論語》中的許多思想至今仍然具有生命力，值得繼承和發揚。

對於《論語》，歷代學者都有注釋。鄭玄之後的注本，以曹魏時何晏《論語集解》最爲有名。何注集漢魏舊注而成，影響很大。南朝時有皇侃《論語義疏》，宋代學者邢昺爲《論語》作疏，朱熹爲《論語》作集注。清代學者劉寶楠、劉恭冕父子的《論語正義》，近人程樹德的《論語集釋》和楊樹達的《論語疏證》，都是重要的注釋之作。今人楊伯峻的《論語譯注》較爲流行，可以參考。

近年，江西南昌西漢海昏侯墓出土了失傳一千八百年之久的竹簡《齊論語》，它與《古論語》、《魯論語》最大的區別就是多出了《知道》、《問王》兩篇。目前該簡正在釋讀過程中，值得學術界期待。

《學而》是《論語》第一篇，共十六章，內容涉及學習、節用以及仁、孝、信等諸多方面。其中"吾日三省吾身"、"節用而愛人，使民以時"、"禮之用，和爲貴"等名言流傳不衰。

子曰①："學而時習之②，不亦說乎③？有朋自遠方來④，不亦樂乎⑤？人不知而不慍⑥，不亦君子乎⑦？"

【注釋】

①子：孔子。《論語》中"子曰"的"子"，都是指孔子。古代對於有地位、有學問的男子，一般尊稱爲子。　②學：指學習西周以來的禮、樂、詩、書等典籍及其文化內容。時：按照一定時間。習：演習，復習，練習。　③說：通"悅"。　④有朋：古本作"友朋"。同門曰朋，也指志同道合的人。　⑤樂：高興。悅在內心，樂則見於外。　⑥人不知：別人不瞭解自己。慍（yùn）：惱怒，怨恨。　⑦君子：有德的人。也指有地位的人。

有子曰①："其爲人也孝弟②，而好犯上者③，鮮矣④；不好犯上，而好作亂者，未之有也。君子務本⑤，本立而道生⑥。孝弟也者，其爲仁之本與⑦？"

【注釋】

①有子：孔子的學生。姓有，名若。在《論語》中，孔子的學生大多稱字，只有

曾參、有若等幾個人稱“子”，有學者據此認爲《論語》的實際撰著者爲曾參和有若的弟子。　②孝：善事父母曰孝，子女以孝順的態度侍奉父母。弟：同“悌(tì)”，善事兄長曰弟，即弟弟以恭敬的態度對待兄長。孝、弟是儒家特別提倡的兩個基本道德規範。　③犯：冒犯、干犯。上：地位高的人。　④鮮(xiǎn)：少。　⑤務：致力於。本：根本。　⑥道：仁道。孔子提倡的仁道，既是指以仁爲核心的整個道德思想體系，也包括實際生活中的具體表現。　⑦爲仁之本：以孝悌作爲仁的根本。古代的“仁”與“人”字通，爲仁之本即做人的根本。與：古“歟”字，語氣詞。用於疑問、感歎。

子曰：“巧言令色①，鮮矣仁。”

【注釋】

①巧言令色：巧和令意思接近，都是美好的意思，這裏指美麗動聽的語言及和顏悦色的樣子。

曾子曰①：“吾日三省吾身②。爲人謀而不忠乎③？與朋友交而不信乎④？傳不習乎⑤？”

【注釋】

①曾子：孔子的學生。姓曾，名參(shēn)，字子輿，生於前五〇五年，魯國人，是鄫國貴族的後代。以孝道出名，據説《孝經》是他撰寫的。　②三：表示經常，多次，不是衹指三次。省(xǐng)：檢查、反省。　③忠：指對人應當盡心竭力。　④信：誠實、誠信。　⑤傳：受之於師謂之傳，老師傳授給自己的。

子曰：“道千乘之國①，敬事而信②，節用而愛人③，使民以時④。”

【注釋】

①道：通“導”，引導，治理。千乘之國：軍力較強的諸侯國。乘(shèng)，古代軍隊的作戰單位組合。每乘基本配備爲：四匹馬拉的兵車一輛，車上甲士三人，車下步卒七十二人，後勤人員二十五人，共計一百人。　②敬：恭敬謹慎的態度。　③人：人群。這裏指管理國家的士大夫以上各個階層的人。　④時：農時。

子曰:"弟子入則孝①,出則悌②,謹而信③,汎愛衆而親仁④,行有餘力⑤,則以學文⑥。"

【注釋】

①弟子:爲人弟和爲人子且年紀較小的人。入:進入,指進到父親住處,也可理解爲在家。古時父子分别住在不同的居處,學習則在外舍。 ②出則悌:外出學習要用悌道對待年長者。出,與"入"相對而言。 ③謹:恭謹。 ④汎:同"泛",廣泛。仁:仁人,有仁德之人。 ⑤行有餘力:有閒暇時間。 ⑥文:指詩、書、禮、樂等文化知識和文獻。

子夏曰①:"賢賢易色②;事父母,能竭其力;事君,能致其身③;與朋友交,言而有信。雖曰未學,吾必謂之學矣。"

【注釋】

①子夏:孔子的學生。姓卜,名商,字子夏,生於前五〇七年。孔子死後,他在魏國傳佈孔子之學。 ②賢賢易色:用尊重賢德來代替愛好女色。 ③致:獻納,奉獻。

子曰:"君子不重則不威①,學則不固②。主忠信③。無友不如己者④。過,則勿憚改⑤。"

【注釋】

①重:莊重,自重。 ②固:固陋,閉塞見聞少。 ③主忠信:以忠信爲主。 ④無:毋,不要。如:類似。 ⑤過:過錯,過失。憚(dàn):害怕,畏懼。

曾子曰:"慎終追遠①,民德歸厚矣。"

【注釋】

①終:人死爲終,這裏指父母的去世。遠:指祖先。

子禽問於子貢曰①:"夫子至於是邦也②,必聞其政,求之與,抑與之與③?"子貢曰:"夫子溫、良、恭、儉、讓以得之④。夫子之求之也,其諸異乎人之求之與⑤?"

【注釋】

①子禽:姓陳,名亢,字子禽。鄭玄注《論語》認爲他是孔子的學生,但《史記·仲尼弟子列傳》未稱此人爲孔子弟子。子貢:孔子的學生。姓端木,名賜,字子貢,衛國人,生於前五二〇年。子貢善辯,又善於經商。　②夫子:對人的敬稱,春秋時期凡是做過大夫的人都可以稱爲夫子。孔子曾擔任過魯國的司寇,他的學生們尊稱他爲"夫子"。《論語》中所說的"夫子",都是孔子的學生對他的稱呼。後世沿襲用以稱呼老師。邦:指當時的諸侯國。　③抑:還是。表示選擇。　④溫:溫順。良:善良。恭:恭敬。儉:儉樸。讓:謙讓。　⑤其諸:大概,或者,表示揣測的語氣詞。

子曰:"父在,觀其志①;父沒,觀其行②;三年無改於父之道③,可謂孝矣。"

【注釋】

①其:他的。指兒子。　②行(xìng):行爲舉止,也可理解爲德行操守。③三年:指一段較長的時期,不一定僅指三年的時間。道:指善良美好的言行和操守。

有子曰:"禮之用①,和爲貴②。先王之道③,斯爲美④。小大由之,有所不行。知和而和,不以禮節之⑤,亦不可行也。"

【注釋】

①禮:周代的典章制度,及日常之禮儀、禮節等社會道德規範。　②和:調和,和諧,中和。　③先王:指堯、舜、禹、湯、文、武等古代聖明帝王。道:指治世之道。　④斯:此,指禮,也指和。　⑤節:節制。

有子曰:"信近於義①,言可復也②;恭近於禮,遠恥辱也③;因不失其親④,亦可宗也⑤。"

【注釋】

①近:接近,符合。義:指思想和行爲符合"禮"的標準。　②復:猶"履",實踐。　③遠:遠離。　④因:通"姻",姻親。一說作"依靠"解。　⑤宗:榜樣,宗主、宗敬,或指可靠。

子曰:"君子食無求飽,居無求安,敏於事而慎於言,就有道而正焉①,可謂好學也已。"

【注釋】

①就:接近。有道:指有道德的人。正:匡正。

子貢曰:"貧而無諂①,富而無驕,何如?"子曰:"可也。未若貧而樂②,富而好禮者也。"子貢曰:"《詩》云:'如切如磋!如琢如磨'③,其斯之謂與?"子曰:"賜也④!始可與言《詩》已矣,告諸往而知來者⑤。"

【注釋】

①諂(chǎn):巴結、奉承。　②貧而樂:一作"貧而樂道"。　③"如切"句:語見《詩經·衛風·淇澳》(澳,原文作奥),指對骨、象牙、玉、石等四種不同材料採用切、磋、琢、磨的方法進行加工,使之成材成器。泛指對學習精益求精,深入探討。　④賜:子貢名。孔子對學生都稱其名。　⑤諸:"之於"的合音。往:過去的事情。來:未來的事情。

子曰:"不患人之不己知①,患不知人也。"

【注釋】

①患:憂慮。人:他人,别人。

【復習與思考】

1. 找出課文中的通假字和名詞作動詞使用的例子。
2. 從課文中分析君子人格所包含的內容。
3. 如何理解儒家的學習思想?

(編注者:鄧瑞全)

【自測題】

逍 遙 遊

本文選自中華書局一九六一年版“新編諸子集成”中的郭慶藩《莊子集釋》內篇第一。

《莊子》爲莊子及其後學所作，是先秦道家思想的代表作。

莊子，名周，字子休，戰國中期蒙（一説安徽蒙城，一説河南商丘）人，與梁惠王、齊宣王、楚威王同時，曾任蒙漆園吏，無意政治，一生困頓。

《莊子》全書三十三篇，七萬多字，分爲“內篇”、“外篇”、“雜篇”三部分，“內篇”七篇，“外篇”十五篇，“雜篇”十一篇。一般認爲，“內篇”《逍遙遊》、《齊物論》、《養生主》、《人間世》、《德充符》、《大宗師》、《應帝王》是莊子本人所作，“外篇”和“雜篇”是莊子及其後學所作。三部分的思想傾向基本一致，反映了戰國時期莊子學派的思想。唐玄宗开元二十五年（737年），《莊子》被封爲《南華真經》，成爲道教的重要經典。

司馬遷評價莊子之學“無所不窺，然其要本歸於老子之言”。莊子繼承並發揮了老子的宇宙論、政治思想、人生哲學、養生思想等，是老子之後道家最重要的代表人物。和老子一樣，莊子亦以“道”爲其思想體系的最高概念。莊子之“道”最大的特點也是自然和無爲。“道”落實到人生層面，莊子崇尚“無爲而治”的治國理念和“安時而處順”的人生哲學，主張擺脱物累、追求逍遥无待的精神自由。莊子的思想對魏晉玄學和佛教禪宗的哲學思辨、歷代浪漫主義文學風格、古代文人的人生態度等都産生了極爲深遠的影響。

自魏晉南北朝以來，《莊子》注家輩出，流傳最廣、影響最大的當屬郭象的《莊子注》。据《漢書・藝文志》記載，《莊子》五十二篇，今本《莊子》三十三篇乃郭象删定而成。郭象的《莊子注》因其較高的理論水準受到歷代學者的推崇，隋唐以後廣爲流傳，逐漸成爲定本。其他注本如成玄英《南華真經疏》、褚伯秀《南華真經義海纂微》、陳鼓應《莊子今注今譯》等，均可供參考。

《逍遥遊》是《莊子》的第一篇，以其氣勢磅礴的文章、極其豐富的想象力和對精神自由的執著追求，歷來受到文人學者的喜愛。莊子意在説明，世上萬物紛紜，都不能真正地逍遥，而是皆“有所待”，都要依賴外在的客觀條件。莊子所追求的是精神的絕對自由，這也是其哲學思想的核心。

北冥有魚①，其名爲鯤②。鯤之大，不知其幾千里也。化而爲鳥，其名爲鵬③。鵬之背，不知其幾千里也；怒而飛④，其翼若垂天之雲⑤。是鳥也，海運則將徙於南冥⑥。南冥者，天池也⑦。

【注釋】

①北冥：北海。冥，同“溟”，大海。　②鯤：本指魚子或小魚，此處指傳説中的大魚。　③鵬：古“鳳”字，指傳説中的神鳥。　④怒：振奮，奮起，這裏形容鼓動翅膀。　⑤垂天：天邊。垂，同“陲”，邊際。　⑥海運：海動。古人有“六月海動”的説法，其時必有大風，海水湧動，聲聞數里。　⑦天池：天然形成的大池。

《齊諧》者①，志怪者也②。《諧》之言曰：“鵬之徙於南冥也，水擊三千里，摶扶摇而上者九萬里，去以六月息者也③。”野馬也④，塵埃也，生物之以息相吹也⑤。天之蒼蒼，其正色邪⑥？其遠而無所至極邪⑦？其視下也，亦若是則已矣。

【注釋】

①《齊諧》：書名，多記怪異之事，已佚。　②志：同“誌”，記載。　③擊：同“激”。摶：拍擊。一作搏，拍拊。扶摇：風名，一種從地面盤旋上升的飈風。六月息：即“六月海動”時的大風。息：氣息，這裏指風。　④野馬：比喻遊氣浮動如野馬奔騰，這裏指春天野外林莽沼澤中蒸騰的霧氣。　⑤生物：謂空中活動之物。以息相吹：由風相吹而動。　⑥蒼蒼：青灰色。正色：本來的顔色。⑦極：到達。無所至極：指無法達到盡頭。邪：同“耶”。

且夫水之積也不厚①，則其負大舟也無力②。覆杯水於坳堂之上③，則芥爲之舟④；置杯焉則膠⑤，水淺而舟大也。風之積也不厚，則其負大翼也無力。故九萬里，則風斯在下矣，而後乃今培風⑥；背負青天而莫之夭閼者⑦，而後乃今將圖南⑧。

【注釋】

①且夫：表示遞進的連詞。　②負：承載。　③覆：傾倒。坳堂：堂上凹陷低窪之處。　④芥：小草。　⑤膠：黏着，指船擱淺。　⑥而後乃今：即“乃今而後”之倒文。培：憑藉。　⑦莫之夭閼(è)：無所窒礙。夭，折。閼，塞。⑧圖南：謀劃南行。

蜩與學鳩笑之曰：“我決起而飛，槍榆枋，時則不至而控於地而已矣，奚以之九萬里而南爲①？”適莽蒼者②，三飡而反③，腹猶果然④；適百里者，宿舂糧⑤；適千里者，三月聚糧⑥。之二蟲又何知！

【注釋】

①蜩(tiáo)：蟬。學鳩：本作“鷽(xué)鳩”，山鵲。決起：一躍而起。決，同“赽”，迅疾貌。槍：名詞動用，如投槍之擲出，形容小鳥快而短的飛行。一作“搶”，撞，碰到。枋(fāng)：檀木。控：投，落。奚以之九萬里而南爲：奚，何。以，用。爲，疑問語氣詞。南爲，指飛往南冥。　②適：去，到。莽蒼：指蒼茫的郊野。　③飡：同“餐”。反：同“返”。　④果然：飽的樣子。　⑤宿舂(chōng)糧：指出發的前一晚搗米準備糧食。　⑥三月聚糧：準備三個月的糧食。

小知不及大知①，小年不及大年②。奚以知其然也？朝菌不知晦朔③，蟪蛄不知春秋④，此小年也。楚之南有冥靈者⑤，以五百歲爲春，五百歲爲秋；上古有大椿者，以八千歲爲春，八千歲爲秋。而彭祖乃今以久特聞⑥，衆人匹之⑦，不亦悲乎！

【注釋】

①知：同“智”。及：比，此處引申爲“理解”。　②年：壽命。小年、大年：即短壽、長壽。　③朝菌：一種朝生暮死的菌類植物。晦：月末。朔：月初。一

說,晦指夜,朔指旦。 ④蟪蛄(huì gū):寒蟬,春生夏死,夏生秋死,生存不足一年。 ⑤冥靈:冥海靈龜。 ⑥彭祖:傳說中的長壽人物,曾爲堯臣,封於彭城,歷舜、夏、商三代,壽命各家記聞不一,或說七百歲,或說八百歲。乃今:現今。以久特聞:因長壽而著名。 ⑦匹:相比。

湯之問棘也是已①。窮髮之北有冥海者②,天池也。有魚焉,其廣數千里,未有知其修者③,其名爲鯤。有鳥焉,其名爲鵬。背若太山,翼若垂天之雲,摶扶搖羊角而上者九萬里④,絕雲氣⑤,負青天,然後圖南,且適南冥也。斥鴳笑之曰⑥:'彼且奚適也?我騰躍而上,不過數仞而下⑦,翱翔蓬蒿之間,此亦飛之至也⑧。而彼且奚適也?'"此小大之辯也⑨。

【注釋】

①湯:商朝開國帝王成湯。棘:即夏棘,相傳爲商朝大夫,商湯曾以他爲師。是已:猶言"是也",表示贊同語氣。 ②窮髮:不毛之地,指上古傳說中的北極荒遠地帶。髮,指草木。 ③修:長。 ④羊角:風名,其風旋轉而上,形似羊角。 ⑤絕:穿越,穿透。 ⑥斥鴳(yàn):據清郭慶藩《莊子集釋》,"斥"通"尺",斥鴳猶小雀。一說,斥指小池澤,斥鴳指小澤中的雀。 ⑦仞:古代度量單位。一仞約爲七尺或八尺。 ⑧至:極限。 ⑨辯:同"辨",區別。

故夫知效一官,行比一鄉,德合一君,而徵一國者①,其自視也亦若此矣②。而宋榮子猶然笑之③。且舉世而譽之而不加勸④,舉世而非之而不加沮⑤,定乎內外之分⑥,辯乎榮辱之境⑦,斯已矣。彼其於世未數數然也⑧。雖然,猶有未樹也⑨。夫列子御風而行⑩,泠然善也⑪,旬有五日而後反⑫。彼於致福者⑬,未數數然也。此雖免乎行,猶有所待者也⑭。若夫乘天地之正⑮,而御六氣之辯⑯,以遊無窮者⑰,彼且惡乎待哉!故曰,至人無己,神人無功,聖人無名⑱。……

【注釋】

①知,同"智",智慧。效:效力,引申作"勝任"解。比:合。合:符合,投合。而:古與"能"字音近義同,作能力、才能解。徵:取信於一國。 ②其自視也亦

若此矣:“其”指上述三種人,“此”指上文蜩鳩、斥鴳囿於一隅而沾沾自喜。 ③宋榮子:即宋鈃,先秦思想家。猶然:笑貌,舒適自得的樣子。 ④舉世:全社會。勸:奮勉,激勵。 ⑤沮:沮喪。 ⑥内:指内在修養。外:指身外之物。分:界限。 ⑦境:境界。 ⑧數數然:汲汲追求之狀,迫切的樣子。 ⑨樹:樹立。未樹,未達之意。 ⑩ 列子:名禦寇,戰國初期鄭國人,相傳其曾得風仙之道,能乘風而行。 ⑪泠(líng)然:輕妙的樣子。善,指御風技術高超。 ⑫旬有五日:十五天。有,通“又”。 ⑬致福:求福。 ⑭有所待:有所依憑。 ⑮若夫:至於。乘:順應。天地之正:指天地法則,即自然規律。 ⑯六氣:即陰、陽、風、雨、晦、明六種氣象。辯:同“變”。 ⑰無窮:指時空的無始無終、無邊無際。 ⑱至人無己,神人無功,聖人無名:至人、神人、聖人是體道者。無己,沒有偏執的我見。無功,功成事遂而不居。無名,超脱功名的束縛。

【復習與思考】

1. 解釋下列詞語

鯤鵬　齊諧　怒而飛　垂天　摶扶摇　野馬　正色　膠　培風　天閼　圖南　決起　莽蒼　果然　小年　大年　窮髮　絶雲　知效　猶然　内外之分　數數然　有所待　天地之正　六氣之辯　無己　無功　無名

2. 思考題

(1) 莊子的人生理想是什麽?

(2) 怎樣才能算真正的“逍遥”?

3. 翻譯:“若夫乘天地之正,而御六氣之辯,以遊無窮者,彼且惡乎待哉! 故曰:至人無己,神人無功,聖人無名。”

(編注者:蕭海燕)

【自測題】

梁 惠 王 上

本篇選自中華書局一九八三年版《四書章句集注》點校本《孟子集注》卷一。

《孟子》是記錄戰國中期著名思想家孟子及其弟子言行的著述，爲儒家經典著作之一。

孟子（約前372—前289年），孔子之後儒家學派最重要的代表人物之一。名軻，鄒國（今山東鄒城）人。畢生致力於教育和遊學，晚年得弟子萬章等協助，撰成《孟子》一書。事詳《孟子》及《史記》卷七四本傳。

《孟子》全書七篇，篇名依次爲《梁惠王》、《公孫丑》、《滕文公》、《離婁》、《萬章》、《告子》、《盡心》，並依内容共分爲二百六十章。篇名是摘取每篇首章中的前幾個字，並無特定含義。章與章之間，在内容與邏輯上亦無密切聯繫。至於篇目的排列順序，趙岐《孟子篇叙》認爲其始於“仁義”、終於“盡心”，應該是有深意的。

《孟子》一書全面系統地反映了孟子及其學派的思想學説和政治主張。主要有三個方面：一是性善論。這是孟子政治學説的理論基礎。孟子確認，人有一種先驗的向善之性，“人性之善也，猶水之就下也；人無有不善，水無有不下”（《告子上》）。人性之所以善，是因爲人生來就有善端，“惻隱之心，仁之端也；羞惡之心，義之端也；辭讓之心，禮之端也；是非之心，智之端也。人之有是四端，猶其有四體也”（《公孫丑上》）。“惻隱之心”，就是同情心；“羞惡之心”，就是他人有善心善行，自己感覺不如，便産生自羞自惡，此謂“知恥”；“辭讓之心”，亦稱“恭敬之心”，就是人與人接觸時懂得如何尊老愛幼，如何尊重别人，依禮行事；“是非之心”，就是正義感，或稱“良知”。“四心”是仁、義、禮、智這四種高尚道德的肇端，故稱“四端”。而人性之所以會有不善,則主要是由於外界的影響及主觀上不願意向善等原因造成的。爲了使人的善性能夠得到保存和擴充,孟子還提出了“養心”、“寡欲”、“存心”、“思誠”、“自反”、“不動心”、“求其放心”、“養浩然之氣”等一整套修身養性的辦法。二是理想人格。孟子進一步發揮儒家追求理想人格的思想,認爲“人皆可以爲堯舜”(《告子下》),並特別推崇“富貴不能淫,貧賤不能移,威武不能屈”的“大丈夫”精神(《滕文公下》)。其理想人格的思想基礎就是爲了“義”敢於犧牲,“生亦我所欲也,義亦我所欲也,二者不可得兼,舍生而取義者也”(《告子上》)。此外,《孟子》中還有部分内容涉及對楊朱的“爲我”、墨子的“兼愛”以及許行的“並耕”等思想的批判。三是“仁政”、“王道”的政治主張。孟子生活在一個社會大變動的時代,他主張用改良的手段來推進社會變革,認爲統治者衹有實行仁政、王道,才能達到統一天下的目的。實行仁政的關鍵在於“保民”,而保民的基礎則是“制民之産”,即讓老百姓擁有一定的財産,以求得其對國家社會的“恒心”。孟子的仁政思想突出了“民”的地位,所謂“民爲貴,社稷次之,君爲輕”(《盡心下》),具有鮮明的民本色彩。孟子還發揮了孔子君臣關係相對論的觀點,肯定臣下和人民具有反抗暴君的權利,所謂“君之視臣如手足,則臣視君如腹心;君之視臣如犬馬,則臣視君如國人;君之視臣如土芥,則臣視君如寇讎”(《離婁下》)。

《孟子》成書之後即開始流傳。東漢趙岐爲《孟子》作注時,將每篇析爲上、下兩卷。在《孟子題辭》中,他還曾把孟子尊爲“亞聖”,並提到西漢文帝設置《孟子》的“傳記博士”之事。但一直到唐代,孟子其人其書的地位都不是很高。從北宋開始,《孟子》由子書升格爲經書,成爲儒家“十三經”之一。《孟子》一書注本較多,較重要的有《十三經注疏》中的《孟子注疏》(東漢趙岐注、北宋孫奭疏)、南宋朱熹《四書章句集注》中的《孟子集注》、清代焦循的《孟子正義》,以及今人楊伯峻的《孟子譯注》等。

本篇選文比較全面地反映了孟子所提出的關於“仁政”、“王道”的政治主張。

孟子見梁惠王①。王曰:“叟不遠千里而來②,亦將有以利吾國乎③?”孟子對曰:“王何必曰利? 亦有仁義而已矣④。王曰‘何以利吾國'? 大夫曰'何以利吾家⑤'? 士庶人曰'何以利吾身⑥'? 上下交征利而國危矣⑦。萬乘之國弒其君者⑧,必千乘之家;千乘之國弒其君者,必百乘之家。萬取千焉,千取百焉,不爲不多矣。苟爲後義而先利,不奪不饜⑨。未有仁而遺其親者也⑩,未有義而後其君者也。王亦曰仁義而已矣,何必曰利?"

【注釋】

①梁惠王:即魏惠王,名罃,前三六九年至前三一九年在位,惠是其謚號。魏惠王因畏秦兵,於前三六二年自安邑(今山西夏縣西北)遷都大梁(今河南開封),故魏又稱"梁"。王本是天子的稱號。周顯王二十五年(前344年)"逢澤之會",魏罃始自立爲王。前三三六年,梁惠王卑禮厚幣招賢,孟軻至梁。 ②叟:老年男子。 ③利:指富國強兵之類。 ④亦:這裏是"僅"的意思。 ⑤大夫:官名。夏、商、周三代官制,王室及諸侯國國君之下,有卿、大夫和士三個等級,大夫亦分上、中、下三個等級。 ⑥士:官名。分爲上、中、下三個等級,其位次於大夫。庶人:泛指無官爵的平民百姓。 ⑦交:互相。征:求取。 ⑧弒:古代以下殺上、以卑殺尊叫弒。 ⑨奪:篡奪。饜(yàn):滿足。 ⑩遺:遺棄、拋棄。

孟子見梁惠王,王立於沼上①,顧鴻鴈麋鹿②,曰:"賢者亦樂此乎?"孟子對曰:"賢者而後樂此,不賢者雖有此,不樂也。《詩》云③:'經始靈臺④,經之營之⑤,庶民攻之⑥,不日成之。經始勿亟⑦,庶民子來⑧。王在靈囿⑨,麀鹿攸伏⑩,麀鹿濯濯⑪,白鳥鶴鶴⑫。王在靈沼,於牣魚躍⑬。'文王以民力爲臺爲沼。而民歡樂之,謂其臺曰靈臺,謂其沼曰靈沼,樂其有麋鹿魚鼈。古之人與民偕樂,故能樂也。《湯誓》曰⑭:'時日害喪⑮? 予及女偕亡⑯。'民欲與之偕亡,雖有臺池鳥獸,豈能獨樂哉?"

【注釋】

①沼:水池。 ②顧:觀望。鴻:較大的雁。麋:較大的鹿。鴻鴈麋鹿並提,以見禽獸衆多。 ③《詩》:即《詩經》,此处所引詩句見《詩經·大雅·靈臺》第一、二章,歌頌周文王建造靈臺,享受苑囿之樂。 ④經:測量。靈臺:臺名,故址在今陝西西安西北。舊說文王所造,因百姓通力協作,很快落成。靈有

善意，詩人以文王有善德，故曰“靈臺”。下文“靈囿”、“靈沼”同。　⑤營：籌劃。　⑥庶民：衆民。攻：建造。　⑦亟：急，迫切。　⑧子來：像兒子爲父親做事那樣不召自來。　⑨囿：蓄養禽獸的園林。　⑩ 麀（yōu）鹿：母鹿。攸：在上古文獻裏用法與“所”同。伏：臥。“攸伏”是説（母鹿）安於它原來所在的地方，没有被驚動。　⑪濯濯：肥胖而有光澤的樣子。　⑫鶴鶴：（羽毛）潔白的樣子。　⑬於（wū）：讚歎詞，用在句首。牣（rèn）：充滿。　⑭《湯誓》：《尚書》篇名，記載的是商湯討伐夏桀時的誓師之詞。　⑮時：是，這個。害（hé）：通“曷”，何時。喪：滅亡。　⑯女（rǔ）：通“汝”，你。

梁惠王曰：“寡人之於國也①，盡心焉耳矣。河内凶②，則移其民於河東③，移其粟於河内。河東凶亦然。察鄰國之政，無如寡人之用心者。鄰國之民不加少④，寡人之民不加多⑤，何也？”孟子對曰：“王好戰，請以戰喻。填然鼓之⑥，兵刃既接⑦，棄甲曳兵而走⑧。或百步而後止，或五十步而後止。以五十步笑百步，則何如？”曰：“不可，直不百步耳⑨，是亦走也。”曰：“王如知此，則無望民之多於鄰國也。不違農時，穀不可勝食也⑩；數罟不入洿池⑪，魚鼈不可勝食也；斧斤以時入山林⑫，材木不可勝用也。穀與魚鼈不可勝食，材木不可勝用，是使民養生喪死無憾也⑬。養生喪死無憾，王道之始也⑭。五畝之宅，樹之以桑，五十者可以衣帛矣；雞豚狗彘之畜⑮，無失其時，七十者可以食肉矣；百畝之田，勿奪其時，數口之家可以無飢矣；謹庠序之教⑯，申之以孝悌之義，頒白者不負戴於道路矣⑰。七十者衣帛食肉，黎民不飢不寒，然而不王者⑱，未之有也。狗彘食人食而不知檢⑲，塗有餓莩而不知發⑳；人死，則曰‘非我也，歲也’，是何異於刺人而殺之，曰‘非我也，兵也’？王無罪歲，斯天下之民至焉㉑。”

【注釋】

①寡人：寡德之人，古代王侯或士大夫自謙之詞。　②河内：魏地，即黄河中游北岸的土地，在今河南濟源一帶。凶：年成不好。　③河東：魏地。即黄河中游東岸的土地，在今山西西南部。　④加少：減少。加，表示程度上的進一步發展。　⑤加多：增多。　⑥填然：鼓聲咚咚狀。鼓：擊鼓。古時擊鼓進

兵,鳴金收兵。 ⑦兵:兵器。刃:本指刀口,這裏指代鋒利的武器。既:已經。⑧甲:鎧甲。曳:拖着。走:古代慢走稱步,快走稱趨,比趨更快稱走。這裏是逃跑之意。 ⑨直:衹是,不過。 ⑩勝(shēng):盡。 ⑪數罟(cù gǔ):細網。數,細密。罟,網的通稱。古代規定漁網網眼密度不得小於四寸,這一措施主要是爲了保留江河湖泊中的魚種。洿(wū):低窪的地方。這裏引申爲深。⑫"斧斤"句:斤,斧頭。時,這裏指草木凋零的季節。《禮記·王制》:"草木零落,然後入山林。" ⑬養生:養活生者。喪死:安葬死者。憾:不滿,怨恨。⑭王道:儒家的社會政治理想,其核心是君主以所謂仁義治天下,與憑藉武力、刑罰等進行統治的霸道對立。 ⑮豚(tún):小豬。彘(zhì):豬。雞豚狗彘泛指家禽、家畜。 ⑯謹:謹慎地從事。庠(xiáng)序:古代鄉學之名。據傳説夏代稱"校",商代稱"序",周代稱"庠",這裏泛指學校。 ⑰頒白:通"斑白",鬢髮半白。負:用背背東西。戴:用頭頂東西。 ⑱王(wàng):成就王業,以仁政統一天下。 ⑲檢:制約,約束。 ⑳塗:通"途",道路。莩(piǎo):通"殍",餓死的人。發:打開。這裏指開倉發放存糧以賑濟飢民。 ㉑斯:則。

梁惠王曰:"寡人願安承教①。"孟子對曰:"殺人以梃與刃②,有以異乎?"曰:"無以異也。""以刃與政,有以異乎?"曰:"無以異也。"曰:"庖有肥肉③,廄有肥馬④,民有飢色,野有餓莩,此率獸而食人也。獸相食,且人惡之⑤。爲民父母,行政不免於率獸而食人。惡在其爲民父母也⑥?仲尼曰:'始作俑者⑦,其無後乎!'爲其象人而用之也。如之何其使斯民飢而死也?"

【注釋】

①安:樂意。承:接受。 ②梃(tǐng):木棒。 ③庖:廚房。 ④廄:馬棚。 ⑤惡(wù):討厭,憎恨。 ⑥惡(wū)在:何在。 ⑦俑:古代陪葬用的偶人,一般爲木製或土製。

梁惠王曰:"晉國①,天下莫強焉,叟之所知也。及寡人之身,東敗於齊,長子死焉②;西喪地於秦七百里③;南辱於楚④。寡人恥之,願比死者一洒之⑤,如之何則可?"孟子對曰:"地方百里而可以王。王如施仁政於民,省刑罰,薄稅斂,深耕易耨⑥。壯者以暇日修其孝悌忠信,入以事其父兄,出以事其長上,可使制梃以撻秦楚之堅甲利兵矣⑦。彼奪其民時,使不得耕耨以養其父母。父母凍餓,兄弟妻子離散。彼陷溺其民⑧,王往而征之,夫誰與王敵?故曰:'仁者無敵。'王請勿疑!"

【注釋】

①晉國:指魏國。魏從韓、趙、魏三家分晉而來,習慣上仍自稱晉國。②"東敗於齊"句:指魏惠王二十九年(前341年)的馬陵之戰。魏攻韓,韓求救於齊,齊將田忌用軍師孫臏之計,大敗魏軍於馬陵,魏將龐涓自殺,太子申被俘。③"西喪地"句:馬陵之戰後,魏國在與秦國作戰中屢次失敗,衹得將河西和上郡十五縣之地獻給秦國以求和。④南辱於楚:指魏惠王後元十一年(前324年),楚伐魏,破襄陵,取其八邑。⑤比(bì):代替。一:全,都。洒(xǐ):通"洗",洗雪。⑥易:治也。耨(nòu):除草。⑦撻(tà):用鞭棍等打人。⑧陷溺:坑害。謂使人處於困境。

孟子見梁襄王①。出,語人曰②:"望之不似人君,就之而不見所畏焉。卒然問曰③:'天下惡乎定?'吾對曰:'定於一。''孰能一之?'對曰:'不嗜殺人者能一之。''孰能與之④?'對曰:'天下莫不與也。王知夫苗乎?七八月之間旱⑤,則苗槁矣。天油然作雲⑥,沛然下雨⑦,則苗浡然興之矣⑧。其如是,孰能禦之?今夫天下之人牧⑨,未有不嗜殺人者也,如有不嗜殺人者,則天下之民皆引領而望之矣⑩。誠如是也,民歸之,由水之就下⑪,沛然誰能禦之?'"

【注釋】

①梁襄王:梁惠王之子,名嗣。前三一八年至前二九六年在位。②語(yù):告訴。③卒(cù)然:同"猝然",突然。④與:服從,歸附。⑤七八月:這裏用的是周代的曆法,相當於夏曆五六月。⑥油然:雲聚攏的樣子。⑦沛然:充盛的樣子。⑧浡(bó)然:興起的樣子。⑨牧:治理。以牧民養畜,喻人君之治民。人牧即治理百姓之人,指國君。⑩引領:伸長脖子。⑪由:通"猶",猶如,好像。

齊宣王問曰①:"齊桓、晉文之事可得聞乎②?"孟子對曰:"仲尼之徒無道桓、文之事者,是以後世無傳焉。臣未之聞也。無以③,則王乎④?”曰:“德何如,則可以王矣?”曰:“保民而王,莫之能禦也。”曰:“若寡人者,可以保民乎哉?”曰:“可。”曰:“何由知吾可也?”曰:“臣聞之胡齕曰⑤,王坐於堂上,有牽牛而過堂下者,王見之,曰:‘牛何之⑥?’對曰:‘將以釁鐘⑦。’王曰:‘舍之⑧!吾不忍其觳觫⑨,若無罪而就死地⑩。’對曰:‘然則廢釁鐘與?’曰:‘何可廢也?以羊易之⑪!’不識有諸⑫?”曰:“有之。”曰:“是心足以王矣。百姓皆以王爲愛也⑬,臣固知王之不忍也。”王曰:“然,誠有百姓者⑭。齊國雖褊小⑮,吾何愛一牛?即不忍其觳觫,若無罪而就死地,故以羊易之也。”曰:“王無異於百姓之以王爲愛也⑯。以小易大,彼惡知之?王若隱其無罪而就死地⑰,則牛羊何擇焉?”王笑曰:“是誠何心哉?我非愛其財,而易之以羊也,宜乎百姓之謂我愛也。”曰:“無傷也⑱,是乃仁術也,見牛未見羊也。君子之於禽獸也,見其生,不忍見其死;聞其聲,不忍食其肉。是以君子遠庖廚也⑲。”

【注釋】

①齊宣王:戰國時齊國國君。姓田名辟疆,齐威王之子,约前三一九年至前三〇一年在位。曾任孟軻爲卿。　②齊桓:即齊桓公,春秋時齊國國君。姓姜,名小白,齊襄公之弟,前六八五年至前六三三年在位,任管仲爲相,富國強兵,並以“尊王攘夷”爲號召,成爲春秋時期第一個霸主。晉文:晉文公,春秋時晉國國君。姓姬,名重耳,晉獻公次子,前六三六年至前六二八年在位,曾流亡在外十九年,後借秦穆公之力歸晉,任用狐偃、趙衰等治理國家,勢力漸盛,前六三二年在城濮之戰中大敗楚軍,並大會諸侯,一舉成爲霸主。　③以:通“已”,“無以”猶言“不得已”,意謂若一定讓我談一談。　④王(wàng):成就王業,以仁政統一天下。　⑤胡齕(hé):齊宣王的近臣。　⑥之:到,往。　⑦釁(xìn):上古的一種祭禮。當一件新的重要器物移至宗廟開始使用的時候,便要宰殺一件活物行祭。釁鐘即以血塗抹鐘體縫隙,作爲祭禮。　⑧舍:同“捨”。　⑨觳觫(hú sù):疊韻聯綿詞,恐懼的樣子。　⑩ 就:走向。　⑪易:交換。⑫識:知道。　⑬愛:吝惜,吝嗇。　⑭誠:確实,果然。　⑮褊(biǎn):狹小,狹窄,指疆域不大。　⑯無異:不要奇怪。　⑰隱:哀痛,可憐,憐惜。

⑱傷：妨礙，妨害。　⑲君子：泛指有才德之人。遠：使遠離。庖廚：廚房。

王說曰①：“《詩》云②：‘他人有心，予忖度之③。’夫子之謂也。夫我乃行之，反而求之，不得吾心④。夫子言之，於我心有戚戚焉⑤。此心之所以合於王者，何也？”曰：“有復於王者曰⑥：‘吾力足以舉百鈞⑦’，而不足以舉一羽；‘明足以察秋毫之末⑧’，而不見輿薪⑨，則王許之乎⑩？”曰：“否。”“今恩足以及禽獸，而功不至於百姓者，獨何與？然則一羽之不舉，爲不用力焉；輿薪之不見，爲不用明焉；百姓之不見保，爲不用恩焉。故王之不王，不爲也，非不能也。”曰：“不爲者與不能者之形何以異？”曰：“挾太山以超北海⑪，語人曰‘我不能’，是誠不能也。爲長者折枝⑫，語人曰‘我不能’，是不爲也，非不能也。故王之不王，非挾太山以超北海之類也；王之不王，是折枝之類也。老吾老，以及人之老；幼吾幼，以及人之幼。天下可運於掌⑬。《詩》云⑭：‘刑于寡妻⑮，至于兄弟，以御于家邦⑯。’言舉斯心加諸彼而已。故推恩足以保四海，不推恩無以保妻子。古之人所以大過人者無他焉，善推其所爲而已矣。今恩足以及禽獸，而功不至於百姓者，獨何與？權⑰，然後知輕重；度，然後知長短。物皆然，心爲甚。王請度之！抑王興甲兵⑱，危士臣，構怨於諸侯，然後快於心與？”

【注釋】

①說：通“悅”，高興，喜悅。　②《詩》云：此處引文見於《詩經·小雅·巧言》。　③忖度（cǔn duó）：揣測，估量，考慮。　④“夫我”句：我這樣做了，但反過來推究一下，却不知道自己的行爲是出於什麽想法。　⑤戚戚：心動的樣子。　⑥復：報告。　⑦鈞：古代重量單位名，一鈞爲三十斤。　⑧明：視力。察：看清楚。秋毫：秋天鳥獸身上新長出的毛，細而末鋭，常以喻事物之細微者。末：末端。　⑨輿薪：一車柴。　⑩許：同意，相信。　⑪挾（xié）：用胳膊夾着。太山：即泰山。超：跳過，跳越。北海：指渤海。　⑫折枝：枝，通“肢”。折枝謂按摩肢體。一說折枝謂屈身行禮。另有折取樹枝之說，楊伯峻《孟子譯注》採之。皆謂其事簡而易行。　⑬運於掌：即在掌上運轉，言治理天下

之易。 ⑭《詩》云:此處引文見於《詩經·大雅·思齊》。 ⑮刑:同“型”,示範。寡妻:君王對自己妻子的謙稱(正如君王自稱“寡人”一樣)。 ⑯御:治理,統治。家邦:家和國。 ⑰權:本指秤錘,此處用作動詞,即稱東西。⑱抑:連詞,表示選擇,相當於現代漢語的“還是”。興甲兵:甲指鎧甲,兵指武器,興甲兵即發動戰爭。

王曰:“否。吾何快於是?將以求吾所大欲也①。”曰:“王之所大欲可得聞與?”王笑而不言。曰:“爲肥甘不足於口與?輕煖不足於體與?抑爲采色不足視於目與?聲音不足聽於耳與?便嬖不足使令於前與②?王之諸臣皆足以供之,而王豈爲是哉?”曰:“否。吾不爲是也。”曰:“然則王之所大欲可知已。欲辟土地③,朝秦楚④,莅中國而撫四夷也⑤。以若所爲求若所欲⑥,猶緣木而求魚也⑦。”王曰:“若是其甚與?”曰:“殆有甚焉。緣木求魚,雖不得魚,無後災。以若所爲,求若所欲,盡心力而爲之,後必有災。”曰:“可得聞與?”曰:“鄒人與楚人戰,則王以爲孰勝?”曰:“楚人勝。”曰:“然則小固不可以敵大⑧,寡固不可以敵衆,弱固不可以敵彊。海内之地方千里者九,齊集有其一⑨。以一服八⑩,何以異於鄒敵楚哉?蓋亦反其本矣⑪。今王發政施仁,使天下仕者皆欲立於王之朝,耕者皆欲耕於王之野,商賈皆欲藏於王之市,行旅皆欲出於王之塗,天下之欲疾其君者皆欲赴愬於王⑫。其若是,孰能禦之?”

【注釋】

①所大欲:最想得到的東西。 ②便嬖(pián bì):指阿諛逢迎得到君王親近、寵信的近臣。 ③辟(pì):開拓,拓展。 ④朝秦楚:使動用法,使秦楚來朝見。 ⑤莅(lì):臨,這裏指統治。中國:指中原地區。撫:安撫,鎮撫。四夷:指四方的少數民族。 ⑥若:這樣。 ⑦緣:攀緣,攀登。木:樹。⑧固:固然,當然。 ⑨集:會集,湊集。 ⑩ 服:征服。 ⑪蓋(gài):發語詞。反:通“返”,返回,回歸。本:根本。指推行仁政王道。 ⑫疾:痛恨,憎恨。赴:趨往。愬:“訴”的異體字,告訴,訴說。

王曰："吾惛①，不能進於是矣。願夫子輔吾志，明以教我。我雖不敏②，請嘗試之。"曰："無恒産而有恒心者③，惟士爲能④。若民，則無恒産，因無恒心。苟無恒心，放辟，邪侈⑤，無不爲已。及陷於罪，然後從而刑之，是罔民也⑥。焉有仁人在位，罔民而可爲也？是故明君制民之産⑦，必使仰足以事父母，俯足以畜妻子，樂歲終身飽⑧，凶年免於死亡。然後驅而之善，故民之從之也輕⑨。今也制民之産，仰不足以事父母，俯不足以畜妻子，樂歲終身苦，凶年不免於死亡。此惟救死而恐不贍，奚暇治禮義哉⑩？王欲行之，則盍反其本矣。五畝之宅，樹之以桑，五十者可以衣帛矣；雞豚狗彘之畜，無失其時，七十者可以食肉矣；百畝之田，勿奪其時，八口之家可以無飢矣；謹庠序之教⑪，申之以孝悌之義⑫，頒白者不負戴於道路矣。老者衣帛食肉，黎民不飢不寒，然而不王者，未之有也。"

【注釋】

①惛(hūn)：同"昏"，神智不清，思想混亂。　②不敏：古人自謙之詞，相當於"不才"。　③恒産：長期固定的資産，如維持生活的田地、房屋等。恒心：長久不變的意志。特指不因貧困而改變的向善之心。　④士：包括文士和武士。在戰國時期，士憑藉自己的知識和技能爲統治者服務，依附於統治者而生存，屬"無恒産"者。　⑤放：放縱，放蕩。辟(pì)：同"僻"，不實在，行爲不正派。邪：不正。侈：過度，指不守法度，胡作非爲。　⑥罔(wǎng)：同"網"，用作動詞，張網捕捉，有陷害之意。　⑦制：規定。　⑧樂歲：豐年。　⑨輕：容易。⑩奚(xī)：何。暇：空閒時間。　⑪謹：慎重。　⑫申：再三強調。

【復習與思考】

1. 淺論孟子引述《詩》、《書》典籍和前賢觀點的意義。
2. 簡述孟子"仁政"、"王道"的政治主張主要包含哪些內容。
3. 通過其他途徑，簡單瞭解梁惠王的施政情況。

（編注者：趙慶偉）

【自測題】

天　　論

本文選自中華書局一九八八年版“新編諸子集成”本清王先謙《荀子集解》卷十一。

《荀子》，又名《孫卿子》、《荀卿子》，戰國時荀況著。它既是先秦重要的哲學著作，也是重要的散文集。全書基本上都是獨立的專題散文，每篇都有題，概括各篇的内容。書中大部分是荀況本人自撰，其中《大略》、《宥坐》等最後六篇，疑爲門人弟子所記。《漢書・藝文志》著録三十三篇，今傳世二十卷三十二篇。

荀子，名況，又稱荀卿，漢時爲避宣帝諱改稱其爲孫卿，戰國後期趙國猗氏（今山西臨猗南）人，是我國先秦時期著名的思想家、哲學家。他的生卒年月無考，活動年月約爲前二九八年至前二三八年，曾先後到過齊、秦、趙、楚諸國。齊襄王時，荀子曾在齊國稷下學宫講學，三爲祭酒（學宫之長）。在秦國，曾遊説秦昭王及秦相應侯范雎。至趙國，曾與臨武君議兵於趙孝成王前。但秦、趙二國俱不能用。及遊楚國，楚相春申君黄歇任之爲蘭陵（今山東蘭陵西南）令。春申君死，荀子遂廢，因家於蘭陵，著書數萬言而卒，葬於蘭陵。事跡略見於《史記・孟子荀卿列傳》。他的著述，後人名爲《荀子》。

荀子生活的時代，“諸侯異政，百家異説”的局面日漸消亡，建立統一的中央集權制的國家成爲大勢所趨。荀子的思想正反映了這個時代的特點。孔子之後，儒學造詣最深的要數荀子和孟子，但荀子不囿於儒家之説，而是摒棄諸家之短，吸取諸家之長，在批判繼承中建立了自成一派的學説體系。所以，荀子的學説不僅對自春秋以來的學術思想流派作了總結，而且爲中央集權國家統治思想的形成奠定了理論基礎。荀子哲學思想中最精華的部分是重人輕天思想。他認爲“天行有常”，否認天有意志，主張“制天命而用之”，相信人定勝天，並把人對自然的主觀能動作用看作是順應萬物的本性。荀子也公開宣稱人“性惡”。他說人一生下來就有感官上的要求，是“生而好利”，要通過禮義、刑罰加以矯正。他的主張否定了天賦道德，強調後天的改造，與他的自然觀是一致的。在政治觀點上，荀子重視禮治。他認爲禮的作用是區分各類人的界限，規定各種人的等級，制定人們的行爲規範，因此他的禮直接和法相聯繫，他把禮視爲各種法的綱領。荀子禮治的內容是直接爲專制社會統治者服務的。

《荀子》一書的注本，以唐楊倞《荀子注》、清王先謙《荀子集解》、梁啟雄《荀子簡釋》最爲著名。

本篇是《荀子》一書中的名篇。着重表述了荀子的宇宙觀，討論了天與人之關係。首先，指出天是客觀存在的自然界，有它自己的運行規律；其次，論述了“天人相分”；第三，提出了“制天命而用之”的思想。

天行有常①，不爲堯存，不爲桀亡。應之以治則吉，應之以亂則凶②。強本而節用③，則天不能貧；養備而動時④，則天不能病；修道而不貳⑤，則天不能禍。故水旱不能使之飢渴，寒暑不能使之疾，祆怪不能使之凶⑥。本荒而用侈，則天不能使之富；養略而動罕⑦，則天不能使之全；倍道而妄行⑧，則天不能使之吉。故水旱未至而飢，寒暑未薄而疾⑨，祆怪未至而凶。受時與治世同⑩，而殃禍與治世異，不可以怨天，其道然也⑪。故明於天人之分⑫，則可謂至人矣⑬。

【注釋】

①天行：大自然的一切變化。天，自然或自然界。行，運行。常：一定的規律。　②應：對待。治：合理的措施。亂：不合理的措施。　③強本：強調以農業爲生產的本務。亦有加強耕織之說。本，指農耕和蠶桑。　④養備：生產和生活資料很完備。動時：勤勞而適時。　⑤修：當作“循”，遵循。不貳：堅定不移。　⑥祆怪：指自然災害或變異。祆，今作“妖”。　⑦動罕：怠惰。⑧倍：通“背”，違背。　⑨薄：迫近，侵襲。　⑩ 受時：遭遇到的天時。

⑪道：對待天時的措施。　⑫天人之分：自然和人事的分際。自然和人事有關係也有分別，而人可以制馭自然，吉凶由人事決定，而不是由自然決定。⑬至人：最明事理的人。

不爲而成，不求而得，夫是之謂天職①。如是者，雖深，其人不加慮焉②；雖大，不加能焉③；雖精，不加察焉④：夫是之謂不與天爭職⑤。天有其時，地有其財，人有其治，夫是之謂能參⑥。舍其所以參而願其所參⑦，則惑矣⑧。

【注釋】

①天職：自然界的職能。　②深：思慮深遠。其人：指上文的至人。不加慮：不超越自然現象替天別作思慮。　③大：才能廣大。不加能：不超越自然功能替天別有作爲。　④精：識見精明。不加察：不超越自然規律替天別作體察。　⑤不與天爭職：不同自然的功能相競爭。　⑥能參：人們能夠制馭天時、地財而利用它們。　⑦所以參：指人在對自然鬥爭中的努力。願：羨慕，指望。所參：指天時、地財等自然事實。　⑧惑：迷惑，不明事理。

列星隨旋①，日月遞炤②，四時代御③，陰陽大化④，風雨博施⑤，萬物各得其和以生⑥，各得其養以成⑦，不見其事而見其功，夫是之謂神⑧。皆知其所以成，莫知其無形⑨，夫是之謂天。唯聖人爲不求知天⑩。

【注釋】

①列星隨旋：星宿相隨運轉。　②遞炤：交替着照耀大地。炤，同"照"。③四時代御：由春到冬季節循環變更。　④陰陽大化：陰陽二氣相反相成地化生萬物。　⑤博施：普遍地施及萬物。　⑥其和：列星、日月、四時、陰陽、風雨等自然現象互相調和的作用。　⑦養：滋養。　⑧神：神妙。形容萬物變化和生成的"不見其事而見其功"的事實。事：指施行的各種措施。功：指措施的效果。　⑨無形：自然的功能無形跡可尋。　⑩ 不求知天：但修人事以順應自然，而不冥想自然的究竟。

天職既立，天功既成，形具而神生①，好惡、喜怒、哀樂臧焉②，夫是之謂天情③。耳目鼻口形能④,各有接而不相能也⑤,夫是之謂天官⑥。心居中虚,以治五官,夫是之謂天君⑦。財非其類⑧,以養其類⑨,夫是之謂天養。順其類者謂之福,逆其類者謂之禍,夫是之謂天政⑩。暗其天君⑪,亂其天官⑫,棄其天養⑬,逆其天政⑭,背其天情⑮,以喪天功⑯,夫是之謂大凶。聖人清其天君,正其天官,備其天養,順其天政,養其天情,以全其天功。如是,則知其所爲⑰,知其所不爲矣⑱,則天地官而萬物役矣⑲。其行曲治⑳,其養曲適㉑,其生不傷㉒,夫是之謂知天㉓。

【注釋】

①形具而神生:形體具備,精神即隨之而生。形,形體。神,精神。②臧:同“藏”,蘊藏。③天情:自然具有的情性。④耳目鼻口形能:耳目鼻口形體的職能。⑤各有接而不相能:各自的職能有所交接於物,但又不能相互替代。相能,互相替代。⑥天官:指耳、目、鼻、口、形體等,皆人類自然具有的感覺器官。⑦天君:指心是人自然具有的五種感覺器官的主宰。⑧財非其類:財,同“裁”,改造,利用。非其類:與人異類的萬物。其類,指人類。⑨以養其類:養,滋養。其類,指人類自身。⑩天政:自然的規律和法則。⑪暗其天君:昏暗其心。⑫亂其天官:感官的享受與活動無節而過度。⑬棄其天養:不能務本節用,毁棄自然用以養人之物。⑭逆其天政:違反自然對於人類生活的自然制約。⑮背其天情:好惡、喜怒、哀樂等違背自然之情性。⑯以喪天功:喪失自然對於人的一切功能。⑰所爲:指人所能爲與所當爲的事,如上文“清其天君”、“養其天情”等。⑱所不爲:指人所不能爲與不當爲之事,如上文所謂與天爭職及“暗其天君”、“背其天情”等。⑲則天地官而萬物役矣:天地都能爲人類各盡其職,而萬物都能供人役使。官,職守。

⑳其行曲治:在行事方面事事都治理得很好。曲,周遍。㉑其養曲適:在生活方面事事都很適意。㉒生:生命。㉓夫是之謂知天:這才是真正懂得大自然的一切道理。

故大巧在所不爲,大智在所不慮①。所志於天者②,已其見象之可以期者矣③;所志於地者,已其見宜之可以息者矣④;所志於四時者,已其見數之可以事者矣⑤;所志於陰陽者,已其見知之可以治者矣⑥。官人守天而自爲守道也⑦。

【注釋】

①“故大巧”句：即前文“不加能”、“不加慮”之意。在所，猶“有所”。　②志：知。下文三“志”字同。　③已：同“以”，由於，下文三“已”字同。見象：所表現出來的種種自然現象。見，同“現”，下文三“見”字同。期：預期。　④宜：土地宜於生產的各項條件。息：繁殖生長。　⑤數：寒來暑往的時序規律。事：不違時令進行生產。　⑥知：王念孫以爲當作“和”，陰陽調和之意。治：治理政事。　⑦官人：專職人員。守天：研究、掌握自然現象與規律（如上文所說的“象”、“宜”、“數”、“知”等）。自爲：人們自己應做的事。守道：遵循自然規律（如上文說的“可以期”、“可以息”、“可以事”、“可以治”等）。

治亂天邪？曰：日月、星辰、瑞曆①，是禹、桀之所同也，禹以治，桀以亂，治亂非天也。

時邪？曰：繁啟蕃長於春夏②，畜積收臧於秋冬③，是又禹、桀之所同也，禹以治，桀以亂，治亂非時也。

地邪？曰：得地則生，失地則死，是又禹、桀之所同也，禹以治，桀以亂，治亂非地也。《詩》曰：“天作高山④，大王荒之⑤。彼作矣⑥，文王康之⑦。”此之謂也。

【注釋】

①瑞曆：自然的祥瑞現象。曆，曆象，天体運行的現象。　②繁：衆多。啟：萌芽。蕃：茂盛。此句意謂萬物在春夏時蓬勃地生長。　③畜：同“蓄”。　④作：生。高山：指岐山，在今陝西岐山縣東北。　⑤大王：即太王，亦稱古公亶父，是周文王的祖父。荒：廣大，引申爲開闢。　⑥作：始創基業。　⑦康：安居、安定。見《詩經·周頌·天作》。

天不爲人之惡寒也輟冬①，地不爲人之惡遼遠也輟廣，君子不爲小人匈匈也輟行②。天有常道矣③，地有常數矣④，君子有常體矣⑤。君子道其常⑥，而小人計其功⑦。《詩》曰：“禮義之不愆，何恤人之言兮⑧！”此之謂也。

【注釋】

①輟：廢止。　②匈匈：同"洶洶"，喧嘩之聲。行：德行，正義的行爲。③常道：即"天行有常"。　④常數：土地生長萬物皆有一定的規律。⑤常體：一定的行爲準則。　⑥道其常：遵循事物之常理。道，遵行。⑦計其功：計較事物的功利。　⑧"《詩》曰"句：此句是佚詩，原脱"禮義之不愆"五字，今補。愆，差錯。恤，顧慮。

楚王後車千乘①，非知也②；君子啜菽飲水③，非愚也，是節然也④。若夫志意修⑤，德行厚，知慮明，生於今而志乎古，則是其在我者也。故君子敬其在己者⑥，而不慕其在天者，小人錯其在己者，而慕其在天者。君子敬其在己者而不慕其在天者，是以日進也；小人錯其在己者而慕其在天者，是以日退也。故君子之所以日進與小人之所以日退，一也⑦。君子小人之所以相縣者在此耳⑧。

【注釋】

①後車：侍從、護衛之車。乘：一車四馬。　②知：同"智"。下文"知慮"之"知"同。　③啜菽：啜(chuò)，吃。菽，豆類，這裏泛指粗糧。　④節然：適然，偶然。　⑤志：原作"心"，據王念孫説改。　⑥敬：嚴肅對待。⑦一：都是同樣的道理。　⑧縣：同"懸"。

星隊、木鳴①，國人皆恐。曰：是何也？曰：無何也！是天地之變，陰陽之化，物之罕至者也。怪之可也②，而畏之非也。夫日月之有蝕，風雨之不時，怪星之黨見③，是無世而不常有之。上明而政平④，則是雖竝世起⑤，無傷也；上闇而政險⑥，則是雖無一至者，無益也。夫星之隊，木之鳴，是天地之變，陰陽之化，物之罕至者也，怪之可也；而畏之非也。

【注釋】

①隊：同"墜"，墜落。木鳴：指老樹有孔洞通風，發出的怪響。　②怪之：以之爲怪。意動用法。　③黨：同"儻"，偶然。見：同"現"，出現。　④上明：君主明智。政平：政治清明。　⑤竝世起：在同一個時代内全部出現。

⑥上闇而政險:君主昏庸而且政治酷虐。闇,同"暗"。險,酷虐。

物之已至者①,人祆則可畏也②。楛耕傷稼③,耘耨失歲④,政險失民,田薉稼惡⑤,糴貴民飢⑥,道路有死人:夫是之謂人祆。政令不明,舉錯不時⑦,本事不理⑧:夫是之謂人祆。禮義不修,內外無別⑨,男女淫亂,則父子相疑,上下乖離,寇難竝至:夫是之謂人祆。祆是生於亂,三者錯⑩,無安國。其說甚爾⑪,其菑甚慘⑫。勉力不時⑬,則牛馬相生,六畜作祆,可怪也,而不可畏也⑭。傳曰⑮:"萬物之怪,書不說。無用之辯,不急之察⑯,棄而不治。"若夫君臣之義,父子之親,夫婦之別,則日切瑳而不舍也⑰。

【注釋】

①已至者:已見於事實者。　②人祆:祆同"妖",指因人事而發生的怪異現象。　③楛(kǔ)耕:耕田粗惡不精。　④耘耨失歲:當作"枯耕傷歲"。枯,借作"楛"。耘,除草。歲,一年的收成。　⑤薉:同"穢",荒蕪。　⑥糴貴:糧價昂貴。糴(dí),買糧。　⑦舉錯:國家的各種措施。舉,興辦。錯,通"措"。　⑧本事不理:不好好從事農業生產。　⑨內外:指男女,古時以男主外事,女主內事。　⑩錯:交錯發生。　⑪爾:同"邇",切近。　⑫菑:同"災"。　⑬勉力不時:役使人民沒有時限。　⑭不:當作"亦"。　⑮傳:古代文籍的通稱。　⑯不急之察:不急需的考察。　⑰切瑳:即切磋,猶言學習。瑳,同"磋"。

雩而雨①,何也?曰:無何也,猶不雩而雨也。日月食而救之,天旱而雩,卜筮然後決大事②,非以爲得求也③,以文之也④。故君子以爲文,而百姓以爲神。以爲文則吉,以爲神則凶也。

【注釋】

①雩(yú):古代祈雨的一種祭祀。雨:下雨。用如動詞。　②卜筮:上古灼龜甲取兆,以問吉凶曰卜。用蓍草占卦,以問吉凶曰筮,並據此以決定大事。③得求:得其所求。　④文:文飾,掩飾。之:指政治或社會現實需求。

在天者莫明於日月,在地者莫明於水火,在物者莫明於珠玉,在人者莫明於禮義。故日月不高,則光暉不赫[①];水火不積,則暉潤不博[②];珠玉不睹乎外[③],則王公不以爲寶;禮義不加於國家,則功名不白[④]。故人之命在天[⑤],國之命在禮。君人者[⑥],隆禮尊賢而王,重法愛民而霸,好利多詐而危,權謀、傾覆、幽險而盡亡矣[⑦]。

【注釋】

①暉:同"輝"。赫:煊赫,強烈。 ②積:充足。暉:火之光。潤:水之澤。博:廣大,普遍。 ③睹:當作"睹",即明亮、光彩顯露。 ④白:顯赫,顯耀。 ⑤人之命在天:人之命在於正確對待自然。 ⑥君人者:統治者。 ⑦幽險:陰險。盡亡:都會導致亡國。

大天而思之[①],孰與物畜而制之[②]?從天而頌之,孰與制天命而用之[③]?望時而待之,孰與應時而使之[④]?因物而多之,孰與騁能而化之[⑤]?思物而物之,孰與理物而勿失之也[⑥]?願於物之所以生,孰與有物之所以成[⑦]?故錯人而思天,則失萬物之情[⑧]。

【注釋】

①大天:以天爲大,即崇敬、敬畏天。思:仰慕。 ②孰與:何如,哪裏比得上。物畜:把天當作物蓄養。畜,蓄。制:控制,制约。 ③"從天而頌之"句:順從天而頌揚它,何如駕馭自然變化的規律而利用它。 ④"望時而待之"句:望時,盼望、等待天時。應時,順應天時和其自然規律。 ⑤"因物而多之"句:聽任物類自然生長而求其增多,何如發揮人的智慧使其發展變化而增殖。 ⑥"思物而物之"句:空想役使萬物,何如把萬物治理好而不失掉它對於人的功用。第二個"物"字是動詞,指役使萬物;其餘"物"字是名詞,指萬物。 ⑦"願於物之所以生"句:與其指望萬物自然滋長,何如掌握其生長的自然規律而加以培養改造,而促使他們成長。有,通"佑",促進。 ⑧"故錯人而思天"句:放棄人對於自然的作用,而祇是指望天的功能,是不符合萬物生長實際情況的。錯,通"措",放棄。情,本性。

百王之無變,足以爲道貫[①]。一廢一起,應之以貫[②],理貫不亂[③]。不知貫,不知應變,貫之大體未嘗亡也[④]。亂生其差[⑤],治盡其詳⑥。故道之所善,中則可從⑦,畸則不可爲⑧,匿則大惑⑨。水行者表深⑩,表不明則陷;治民者表道⑪,表不明則亂。禮者,表也⑫。非禮,昏世也⑬。昏世,大亂也。故道無不明⑭,外内異表⑮,隱顯有常,民陷乃去⑯。

【注釋】

①"百王之無變"句:百王,歷代帝王。道貫,道的始終一致的原則,即禮。②"一廢一起"句:是説一個朝代的衰敗和興起,都符合這些原則。　③理貫不亂:道理一致,不會產生混亂現象。　④大體:始終一致的基本原則。⑤差:差偏。　⑥詳:周詳。　⑦中:符合道。　⑧畸:認識有偏差。⑨匿:同"慝",邪僻。大惑:嚴重的迷惑。　⑩水行者表深:涉水渡河的人要標明水道深淺。表,標明。下文"表"字爲名詞,標誌。　⑪治民者表道:治理人民的人必須指明道(即上文所謂"道貫"之"道")是什麼。表,指明。下句"表"字爲名詞,指示。　⑫表:標準、原則。此字承上文而來,上文"表"字作名詞時也都含有此意。　⑬昏世:暗無天日的時代。　⑭故道無不明:因爲有了禮作標準,道就沒有不顯明的了。　⑮外内異表:是説判别外表的和内在的行爲標準,各有不同;所以決定行爲的常理,則隱藏於内和表現於外者都是一致的。　⑯民陷乃去:才能使人民免於陷溺於禍患。

萬物爲道一偏①,一物爲萬物一偏。愚者爲一物一偏②,而自以爲知道,無知也。慎子有見於後,無見於先③;老子有見於詘,無見於信④;墨子有見於齊,無見於畸⑤;宋子有見於少,無見於多⑥。有後而無先,則群衆無門⑦;有詘而無信,則貴賤不分⑧;有齊而無畸,則政令不施⑨;有少而無多,則群衆不化⑩。《書》曰:"無有作好,遵王之道;無有作惡,遵王之路⑪。"此之謂也。

【注釋】

①一偏:一部分,一方面。　②一物一偏:只限於一物的一部分。③"慎子有見於後"句:慎子指慎到,戰國中期法家的代表人物之一。此句是説慎到主張法治,認爲人衹要跟在法後面就行了,他不瞭解預告宣導的重要性。④"老子有見於詘"句:詘,同"屈"。信,同"伸"。此句是説老子衹强調柔順、無爲,而不懂得積極有爲的重要性。老子主張以屈爲伸,以柔克剛,所以荀子批評

他“見於詘，無見於信”。　⑤“墨子有見於齊”句：墨子指墨翟，墨家的創始人。此句是說墨子主張平等相愛，卻不懂得尊卑有序的道理。齊，整齊、一致。畸，不齊。　⑥“宋子有見於少”句：宋子指宋鈃，戰國時宋國人。此句是說宋鈃認爲人天生的慾望是很少的，很容易得到滿足，卻不知道人天性是貪婪好利的。⑦“有後而無先”句：如果按慎子的思想去做，在上者無意化導人民，那麼人民想爲善就會無門可入。　⑧“有詘而無信”句：如果按老子的思想去做，則人人委屈不爭，沒有人會進取，那麼貴賤就沒有區別了。　⑨“有齊而無畸”句：如果按墨子那樣講求平等兼愛，那麼人人地位相等，政令也就無由推行。　⑩“有少而無多”句：如果按宋子的理論去做，以爲人天性寡慾，那就不需要教化人民了。　⑪“無有作好”句：語出《尚書·洪範》。作好，有所偏好。作惡，有所偏惡。此句是說不要有所偏好，應當遵循聖王的道路前進；不要有所偏惡，應當遵循聖王的道路前進。

【復習與思考】

1. 思考題

(1) 你如何理解荀子“制天命而用之”的觀點？

(2) 人們常說“人定勝天”，這個觀點是否正確？

2. 課後練習

翻譯“在天者莫明於日月，在地者莫明於水火”一段。

（編注者：韋勇強）

【自測題】

五　蠹

本文選自中華書局一九九八年版“新編諸子集成”本清王先慎《韓非子集解》卷十九。

《韓非子》，又名《韓子》，韓非著。《漢書・藝文志》著録五十五篇，《隋書・經籍志》著録二十卷，篇數、卷數均與今合。《韓非子》是先秦法家的集大成著作。

韓非（前 280？—前 233 年），戰國晚期韓國人，法家思想的集大成者。原爲韓國貴族，與李斯同師荀子。韓非在總結商鞅、申不害、慎到等法家思想的基礎上，又從“道”和“理”的關係上推演荀子的觀點，提出“以法爲主”及法、術、勢三者相結合的政治主張。韓非曾多次向韓王上書，建議變法圖强，均未被採納。於是發憤著書，作《孤憤》、《五蠹》、《内儲説》、《外儲説》、《説林》、《説難》等十餘萬言，全面系統地闡述了他的法治思想，並從以往的政治得失中探索出變弱爲强的道路。秦王嬴政讀後，大爲贊賞，以武力迫使韓國派韓非出使秦國。韓非到秦國後，未獲重用，即遭到李斯等人嫉妒陷害，被迫自殺於獄中。《史記》卷六三有傳。

《韓非子》大都出自韓非手筆，也有少數幾篇，如《初見秦》、《有度》、《存韓》等，由後人增附或他書竄入。《韓非子》中體現韓非政治思想的重要篇章，有《五蠹》、《孤憤》、《内儲説》、《外儲説》、《説林》、《説難》、《顯學》、《六反》、《揚權》、《定法》等。如《五蠹》鼓吹法治，批判儒家復古思想。《顯學》對先秦學派加以臚列，抨擊儒墨所謂“顯學”。《韓非子》一書的核心是强調國君必須行法、執術、恃勢，通過法、術、勢的密切結合，加强君主集權，爲統一的中央集權國家的建立提供理論依據。書中一些政治主張，如提倡法治，宣揚重賞、重罰、重農、重戰，以及對儒墨的“復古”、“法先王”思想的批判等，都有一定的進步意義。但韓非子提出的“君權神授”等理論，也對後世極端的君主專制的形成產生了不少影響。

《韓非子》現存版本衆多，其中重要的有明正統《道藏》本、明趙用賢《管韓合刻》本、清吳鼒仿宋刻本等。清王先慎的《韓非子集解》，由於匯集了清代學者校勘、訓詁等多方面的成果，是目前比較通行的版本。另外，梁啓雄的《韓子淺解》、陳奇猷的《韓非子集釋》等，亦可參考。

在《五蠹》篇中，韓非反對儒墨的“復古”、“法先王”，提出“世異則事異”、“事異則備變”，反映了進步的歷史觀。文中把學者（儒家）、言談者（縱横家）、帶劍者（遊俠）、患御者（逃避兵役者）、工商之民並斥爲“五蠹”，主張國君應該清除“五蠹”，“以法爲教”，“以吏爲師”，重視耕戰，鼓吹法治。

上古之世，人民少而禽獸衆，人民不勝禽獸蟲蛇，有聖人作，構木爲巢以避群害，而民悦之，使王天下，號之曰有巢氏。民食果蓏蜯蛤①，腥臊惡臭而傷害腹胃，民多疾病，有聖人作，鑽燧取火以化腥臊②，而民說之③，使王天下④，號之曰燧人氏。中古之世，天下大水，而鯀、禹決瀆⑤。近古之世，桀、紂暴亂，而湯、武征伐。今有構木鑽燧於夏后氏之世者，必爲鯀、禹笑矣。有決瀆於殷、周之世者，必爲湯、武笑矣。然則今有美堯、舜、湯、武、禹之道於當今之世者，必爲新聖笑矣。是以聖人不期脩古⑥，不法常可⑦，論世之事，因爲之備。宋人有耕者，田中有株⑧，兔走觸株，折頸而死，因釋其耒而守株，冀復得兔，兔不可復得，而身爲宋國笑。今欲以先王之政，治當世之民，皆守株之類也。

【注釋】

①蓏（luǒ）：草木植物的果實。蜯蛤（bàng gé）：蜯與蛤。兩種軟體動物，外有介殼，棲淺海沙中，肉可食。長者叫蜯，圓者叫蛤。《呂氏春秋·精通》：“月望則蜯蛤實，群陰盈；月晦則蜯蛤虚，群陰虧。”　②燧：取火的器具。　③說：同“悦”，喜悦。　④王（wàng）：統治。　⑤瀆（dú）：水渠，泛指江河。　⑥脩古：遵行古道。　⑦常可：成規。　⑧株：露出地表的樹根。

古者丈夫不耕，草木之實足食也；婦人不織，禽獸之皮足衣也。不事力而養足①，人民少而財有餘，故民不爭。是以厚賞不行，重罰不用，而民自治。今人有五子不爲多，子又有五子，大父未死而有二十五孫②，是以人民衆而貨財寡，事力勞而供養薄，故民爭；雖倍賞累罰而不免於亂。

【注釋】

①事力：用力。　②大父：祖父。

堯之王天下也，茅茨不翦①，采椽不斲②，糲粢之食③，藜藿之羹④，冬日麑裘⑤，夏日葛衣⑥，雖監門之服養⑦，不虧於此矣。禹之王天下也，身執耒臿以爲民先，股無胈⑧，脛不生毛⑨，雖臣虜之勞不苦於此矣⑩。以是言之，夫古之讓天子者，是去監門之養而離臣虜之勞也，古傳天下而不足多也⑪。今之縣令，一日身死，子孫累世絜駕⑫，故人重之。是以人之於讓也，輕辭古之天子，難去今之縣令者，薄厚之實異也。夫山居而谷汲者，膢臘而相遺以水⑬；澤居苦水者，買庸而決竇⑭。故饑歲之春，幼弟不饟⑮；穰歲之秋⑯，疏客必食。非疏骨肉愛過客也，多少之實異也。是以古之易財，非仁也，財多也；今之爭奪，非鄙也，財寡也。輕辭天子，非高也，勢薄也；爭土橐⑰，非下也，權重也。故聖人議多少、論薄厚爲之政。故罰薄不爲慈，誅嚴不爲戾⑱，稱俗而行也。故事因於世，而備適於事。

【注釋】

①茅茨：茅草蓋的屋頂。代指茅屋。　②采椽：用櫟木、柞木做的支撐屋瓦的圓木。《史記·太史公自序》："堂高三尺，土階三等，茅茨不翦，采椽不刮。"司馬貞《索隱》引韋昭曰："采椽，櫟榱也。"《漢書·藝文志》："茅屋采椽，是以貴儉。"顔師古注："采，柞木也。"斲：砍，削。　③糲粢：粗糙的飯食。　④藜藿：粗劣的飯菜。　⑤麑（ní）裘：鹿皮製作的皮衣。　⑥葛衣：葛布衣服。⑦監門：守門的小吏。《周禮·地官·司門》："祭祀之牛牲繫焉，監門養之。"服養：衣食。　⑧股：大腿。胈：腿毛。《莊子·在宥》："昔者黄帝始以仁義攖人

之心，堯舜於是乎股無胈，脛無毛，以養天下之形。” ⑨脛：小腿。 ⑩臣虜：奴隸。 ⑪多：稱贊。 ⑫絜駕：乘車而不徒行。 ⑬膢（lóu）臘：膢和臘，兩種祭名。祭祀後可以飲酒食肉。 ⑭庸：傭工。 ⑮饟：餽贈。 ⑯穰歲：豐年。 ⑰土橐：王先慎說“土”當作“士”，“士”與“仕”通，“橐”與“託”通，“士橐”即“仕託”，《韓非子·外儲說左上》：“晉國之辭仕託者國之錘。”又云：“晉國之辭仕託慕叔向者，國之錘矣。”據此，則“士橐”意爲做官依附權勢。 ⑱戾：罪過。

古者文王處豐、鎬之間，地方百里，行仁義而懷西戎①，遂王天下。徐偃王處漢東②，地方五百里，行仁義，割地而朝者三十有六國，荆文王恐其害己也，舉兵伐徐，遂滅之。故文王行仁義而王天下，偃王行仁義而喪其國，是仁義用於古不用於今也。故曰：世異則事異。當舜之時，有苗不服，禹將伐之，舜曰：“不可。上德不厚而行武，非道也。”乃修教三年，執干戚舞③，有苗乃服。共工之戰，鐵銛短者及乎敵④，鎧甲不堅者傷乎體，是干戚用於古不用於今也。故曰：事異則備變。上古競於道德，中世逐於智謀，當今爭於氣力。齊將攻魯，魯使子貢說之，齊人曰：“子言非不辯也，吾所欲者土地也，非斯言所謂也。”遂舉兵伐魯，去門十里以爲界。故偃王仁義而徐亡，子貢辯智而魯削⑤。以是言之，夫仁義辯智，非所以持國也⑥。去偃王之仁，息子貢之智，循徐、魯之力，使敵萬乘⑦，則齊、荆之欲不得行於二國矣。

【注釋】

①懷：安撫。 ②徐偃王：徐國國君，好行仁義，各地來朝者“三十六國”，遂僭稱“王”，爲楚文王（一說周穆王）所忌，率兵滅徐。 ③干戚：盾和斧。④鐵銛（xiān）：利器。及：被擊中。 ⑤削：弱。 ⑥持國：治理國家。⑦萬乘：擁有兵車萬輛的大國。《韓非子·孤憤》：“萬乘之患，大臣太重。千乘之患，左右太信。此人主之所公患也。”

夫古今異俗，新故異備，如欲以寬緩之政治急世之民，猶無轡策而御馯馬，此不知之患也。今儒、墨皆稱先王兼愛天下，則視民如父母。何以明其然也？曰："司寇行刑[①]，君爲之不舉樂；聞死刑之報，君爲流涕。"此所舉先王也。夫以君臣爲如父子則必治，推是言之，是無亂父子也。人之情性，莫先於父母，父母皆見愛而未必治也，君雖厚愛矣，奚遽不亂[②]！今先王之愛民，不過父母之愛子，子未必不亂也，則民奚遽治哉！且夫以法行刑而君爲之流涕，此以效仁，非以爲治也。夫垂泣不欲刑者仁也，然而不可不刑者法也。先王勝其法不聽其泣，則仁之不可以爲治亦明矣。且民者固服於勢，寡能懷於義。仲尼，天下聖人也，修行明道以遊海內，海內說其仁，美其義，而爲服役者七十人，蓋貴仁者寡，能義者難也。故以天下之大，而爲服役者七十人，而仁義者一人。魯哀公，下主也，南面君國[③]，境內之民莫敢不臣。民者固服於勢，勢誠易以服人，故仲尼反爲臣，而哀公顧爲君[④]。仲尼非懷其義，服其勢也。故以義則仲尼不服於哀公，乘勢則哀公臣仲尼。今學者之說人主也，不乘必勝之勢，而務行仁義，則可以王，是求人主之必及仲尼，而以世之凡民皆如列徒，此必不得之數也。

【注釋】

①司寇：官名，職掌刑獄、監察等事。　②奚：何。遽：遂，就。　③南面：古代以坐北朝南爲尊位，故天子、諸侯朝見群臣，皆面向南方而坐。君國：治理國家。　④顧：反而。

今有不才之子，父母怒之弗爲改，鄉人譙之弗爲動[①]，師長教之弗爲變。夫以父母之愛，鄉人之行，師長之智，三美加焉，而終不動其脛毛，不改；州部之吏[②]，操官兵、推公法而求索姦人，然後恐懼，變其節，易其行矣。故父母之愛不足以教子，必待州部之嚴刑者，民固驕於愛、聽於威矣。故十仞之城[③]，樓季弗能踰者[④]，峭也[⑤]；千仞之山，跛牂易牧者[⑥]，夷也[⑦]。故明王峭其法而嚴其刑也。布帛尋常[⑧]，庸人不釋；鑠金百溢[⑨]，盜跖不掇[⑩]。不必害則不釋尋常，必害手則不掇百溢，故明主必其誅也。是以賞莫如厚而信，使民利之；罰莫如重而必，使民畏之；法莫如一而固，使民知之。故主施賞不遷[11]，行誅無赦。譽輔其賞，毀隨其罰，則賢不肖俱盡其力矣。

【注釋】

①譙(qiào)：責備。《史記·樊噲列傳》："譙讓項羽。"《索隱》："譙，責也。" ②州部：古代基層地方行政單位。 ③仞：古代長度單位。《說文》："仞，伸臂一尋八尺也。" ④樓季：戰國魏善於騰躍的勇士。 ⑤峭：陡直。 ⑥跛牂(zāng)：跛足的母羊。 ⑦夷：平坦。 ⑧尋常：八尺爲尋，倍尺爲常。 ⑨鑠金：熔化的金屬。溢：通"鎰"，古代重量單位，合二十兩(一說二十四兩)。 ⑩盜跖：傳説是春秋時期奴隸起義領袖，後用以代指盜賊。掇(duō)：拾取。 ⑪遷：改變。

今則不然，以其有功也爵之，而卑其士官也[1]；以其耕作也賞之，而少其家業也；以其不收也外之[2]，而高其輕世也；以其犯禁也罪之，而多其有勇也。毀譽、賞罰之所加者相與悖繆也[3]，故法禁壞而民愈亂。今兄弟被侵必攻者廉也[4]，知友被辱隨仇者貞也[5]，廉貞之行成，而君上之法犯矣。人主尊貞廉之行，而忘犯禁之罪，故民程於勇而吏不能勝也[6]。不事力而衣食則謂之能，不戰功而尊則謂之賢，賢能之行成而兵弱而地荒矣。人主説賢能之行，而忘兵弱地荒之禍，則私行立而公利滅矣。

【注釋】

①士官：猶言作官。士，通"仕"。 ②不收：不積聚。外：疏遠。 ③悖繆：自相矛盾。 ④廉：剛直。 ⑤隨：追。 ⑥程：衡量。

儒以文亂法，俠以武犯禁，而人主兼禮之，此所以亂也。夫離法者罪[1]，而諸先生以文學取[2]，犯禁者誅，而群俠以私劍養。故法之所非，君之所取，吏之所誅，上之所養也。法趣上下[3]，四相反也[4]，而無所定，雖有十黄帝不能治也。故行仁義者非所譽，譽之則害功；工文學者非所用，用之則亂法。楚之有直躬[5]，其父竊羊而謁之吏。令尹曰："殺之！"以爲直於君而曲於父，報而罪之⑥。以是觀之，夫君之直臣，父之暴子也。魯人從君戰，三戰三北⑦。仲尼問其故，對曰：“吾有老父，身死，莫之養也。”仲尼以爲孝，舉而上之⑧。以是觀之，夫父之孝子，君之背臣也。故令尹誅而楚姦不上聞，仲尼賞而魯民易降北。上下之利若是其異也，而人主兼舉匹夫之行，而求致社稷之福，必不幾矣⑨。

【注釋】

①離：違背。　②取：受到任用。　③趣：通“取”。上下：君上和法吏。④四相反：即上文所説“法之所非”與“君之所取”，“上之所養”與“吏之所誅”四者，兩兩相反。　⑤直躬：以直道立身，後即以“直躬”代指其人。《論語・子路》：“吾黨有直躬者，其父攘羊，而子證之。”何晏《集解》引孔安國曰：“直躬，直身而行也。”　⑥令尹：春秋戰國時期楚國職掌軍政大權的長官。報：判決。罪：治罪。　⑦北：敗逃。　⑧舉：贊賞。　⑨幾：接近，引申爲達到目標。

古者蒼頡之作書也，自環者謂之私①，背私謂之公②。公私之相背也，乃蒼頡固以知之矣。今以爲同利者，不察之患也。然則爲匹夫計者，莫如脩行義而習文學③。行義脩則見信④，見信則受事，文學習則爲明師，爲明師則顯榮，此匹夫之美也。然則無功而受事，無爵而顯榮，有政如此，則國必亂，主必危矣。故不相容之事不兩立也：斬敵者受賞，而高慈惠之行⑤；拔城者受爵禄，而信廉愛之説；堅甲厲兵以備難，而美薦紳之飾⑥；富國以農，距敵恃卒，而貴文學之士；廢敬上畏法之民，而養遊俠私劍之屬。舉行如此，治强不可得也。國平養儒俠，難至用介士⑦，所利非所用，所用非所利。是故服事者簡其業⑧，而游學者日衆，是世之所以亂也。

【注釋】

①私：古字形爲“厶”，象向内環繞之形，表示爲自己打算。　②公：上爲八，表示向背，下爲厶，與厶相背即爲公。　③行義：道義。　④見：被。⑤高：推崇。　⑥薦：通“搢”，插。紳：束衣的大帶。古代官員插笏於紳，故稱搢紳。此處“薦紳之飾”指儒者的裝束。　⑦介士：甲士。　⑧簡：怠慢。

且世之所謂賢者，貞信之行也；所謂智者，微妙之言也。微妙之言,上智之所難知也。今爲衆人法,而以上智之所難知,則民無從識之矣。故糟糠不飽者不務粱肉①,短褐不完者不待文繡②。夫治世之事,急者不得,則緩者非所務也。今所治之政,民閒之事,夫婦所明知者不用,而慕上知之論,則其於治反矣。故微妙之言,非民務也。若夫賢良貞信之行者③,必將貴不欺之士,貴不欺之士者,亦無不欺之術也。布衣相與交,無富厚以相利,無威勢以相懼也;故求不欺之士。今人主處制人之勢,有一國之厚,重賞嚴誅,得操其柄,以修明術之所燭④,雖有田常、子罕之臣⑤,不敢欺也,奚待於不欺之士!今貞信之士不盈於十,而境内之官以百數,必任貞信之士,則人不足官,人不足官,則治者寡而亂者衆矣。故明主之道,一法而不求智⑥,固術而不慕信⑦,故法不敗而羣官無姦詐矣。

【注釋】

①糟糠:酒渣和米糠,代指粗劣的食物。粱肉:精米和肉食,代指美味佳餚。 ②短(shù)褐:粗布衣服,貧民所服。短,通“裋”,粗布衣服。文繡:繡有花紋的衣服。 ③賢:崇尚。良:顧廣圻謂是衍文。 ④燭:明察,洞察。 ⑤田常:即田成子,本名恒,漢朝避文帝諱,改稱田常,春秋末期齊國大夫,曾弒齊簡公,立齊平公,自任相國,專掌齊國之政。子罕:皇喜,子姓,戴氏,名喜,字子罕,戰國中期宋國權臣,廢宋桓侯自立,史稱“戴氏取宋”。 ⑥一:專一,專用。 ⑦固:加固,加強。

今人主之於言也,説其辯而不求其當焉①;其用於行也,美其聲而不責其功焉。是以天下之衆,其談言者務爲辯而不周於用②,故舉先王言仁義者盈廷,而政不免於亂,行身者競於爲高而不合於功,故智士退處巖穴,歸禄不受,而兵不免於弱,政不免於亂,此其故何也?民之所譽,上之所禮,亂國之術也。今境内之民皆言治,藏商、管之法者家有之③,而國愈貧,言耕者衆,執耒者寡也;境内皆言兵,藏孫、吴之書者家有之④,而兵愈弱,言戰者多,被甲者少也。故明主用其力不聽其言,賞其功必禁無用,故民盡死力以從其上。

【注釋】

①說：同"悦"，喜愛。　②周：適合。《韓非子·難二》："宫室器械周於資用。"　③商、管：商鞅、管仲。　④孫、吴：孫武、吴起。

夫耕之用力也勞，而民爲之者，曰："可得以富也。"戰之爲事也危，而民爲之者，曰："可得以貴也。"今修文學，習言談，則無耕之勞而有富之實，無戰之危而有貴之尊，則人孰不爲也！是以百人事智而一人用力。事智者衆則法敗，用力者寡則國貧，此世之所以亂也。故明主之國，無書簡之文①，以法爲教，無先王之語，以吏爲師，無私劍之捍②，以斬首爲勇。是境内之民，其言談者必軌於法，動作者歸之於功，爲勇者盡之於軍。是故無事則國富，有事則兵強，此之謂王資。既畜王資而承敵國之釁③，超五帝、侔三王者④，必此法也。今則不然，士民縱恣於内，言談者爲勢於外，外内稱惡，以待強敵，不亦殆乎！

【注釋】

①書簡：簡册記載，此指儒家經典。　②捍：通"悍"，勇猛。　③畜：通"蓄"，積聚。承：通"乘"，趁着。釁(xìn)：通"舋"，間隙，引申爲破綻。　④侔：相等。

故群臣之言外事者，非有分於從衡之黨①，則有仇讐之忠②，而借力於國也。從者合衆弱以攻一強也，而衡者事一強以攻衆弱也，皆非所以持國也。今人臣之言衡者皆曰："不事大則遇敵受禍矣。"事大未必有實③，則舉圖而委④，效璽而請兵矣⑤。獻圖則地削，效璽則名卑；地削則國削，名卑則政亂矣。事大爲衡，未見其利也，而亡地亂政矣。人臣之言從者，皆曰："不救小而伐大則失天下，失天下則國危，國危而主卑。"救小未必有實，則起兵而敵大矣。救小未必能存，而交大未必不有疏⑥，有疏則爲強國制矣。出兵則軍敗，退守則城拔。救小爲從，未見其利，而亡地敗軍矣。

是故事強則以外權士官於内[7]，救小則以内重求利於外[8]。國利未立，封土厚祿至矣，主上雖卑，人臣尊矣，國地雖削，私家富矣。事成則以權長重[9]，事敗則以富退處。人主之聽説於其臣，事未成則爵祿已尊矣；事敗而弗誅，則游説之士，孰不爲用矰繳之説而儌倖其後[10]？故破國亡主以聽言談者之浮説，此其故何也？是人君不明乎公私之利，不察當否之言，而誅罰不必其後也。皆曰："外事，大可以王，小可以安。"夫王者能攻人者也，而安則不可攻也。强則能攻人者也，治則不可攻也。治强不可責於外，内政之有也。今不行法術於内，而事智於外，則不至於治强矣。

【注釋】

①從衡：即縱横，指合縱連横，戰國時期縱横家宣揚的兩種不同的外交和軍事方略。　②忠：通"衷"，内心。　③實：實惠。"事大未必有實"謂事奉大國未必能得到實惠。一説此句及下文"救小未必有實"之"未"皆衍文。④圖：地圖，此指國土。委：捨棄。　⑤效：授予。璽：璽印。　⑥交：當作"敵"。　⑦外權：外國的權臣。士官：做官。士，通"仕"。　⑧内重：國内的强臣。　⑨權：權勢。長：增長。重：重用。　⑩矰繳(zēng zhuó)：繫有絲繩用來射取飛鳥的短箭。矰，短箭。繳，繫在箭上的絲繩。此指獵取功名富貴。

鄙諺曰："長袖善舞，多錢善賈。"此言多資之易爲工也[1]。故治强易爲謀，弱亂難爲計。故用於秦者，十變而謀希失[2]，用於燕者，一變而計希得。非用於秦者必智，用於燕者必愚也，蓋治亂之資異也。故周去秦爲從，期年而舉[3]，衛離魏爲衡，半歲而亡。是周滅於從，衛亡於衡也。使周、衛緩其從衡之計，而嚴其境内之治[4]，明其法禁，必其賞罰[5]，盡其地力以多其積，致其民死以堅其城守，天下得其地則其利少，攻其國則其傷大，萬乘之國莫敢自頓於堅城之下[6]，而使强敵裁其弊也[7]，此必不亡之術也。舍必不亡之術而道必滅之事，治國者之過也。智困於内而政亂於外，則亡不可振也。民之政計[8]，皆就安利如辟危窮[9]。今爲之攻戰，進則死於敵，退則死於誅，則危矣。棄私家之事而必汗馬之勞，家困而上弗論，則窮矣。窮危之所在也，民安得勿避？故事私門而完解舍⑩，解舍完則遠戰，遠戰則安。行貨賂而襲當塗者則求得⑪，求得則私安，私安則利之所在，安得勿就？是以公民少而私人衆矣。

【注釋】

①資：條件。工：通“功”。　②希：通“稀”。　③期(jī)年：一整年。舉：被攻克。　④嚴：嚴厲。　⑤必：確切。　⑥頓：駐紮。　⑦裁：制。　⑧政計：通常的打算。政，通“正”。　⑨就：趨往。如：通“而”。辟：“避”的本字。　⑩私門：權貴。解舍：免除徭役。　⑪襲：依附。當塗者：當權的人。求得：慾望得到滿足。

夫明王治國之政，使其商工游食之民少而名卑，以寡趣本務而趨末作①。今世近習之請行則官爵可買②，官爵可買則商工不卑也矣，姦財貨賈得用於市，則商人不少矣。聚斂倍農而致尊過耕戰之士，則耿介之士寡而高價之民多矣③。是故亂國之俗，其學者則稱先王之道以籍仁義④，盛容服而飾辯説，以疑當世之法而貳人主之心⑤。其言古者⑥，爲設詐稱⑦，借於外力，以成其私，而遺社稷之利⑧。其帶劍者，聚徒屬，立節操，以顯其名，而犯五官之禁⑨。其患御者⑩，積於私門，盡貨賂，而用重人之謁⑪，退汗馬之勞。其商工之民，修治苦窳之器⑫，聚弗靡之財⑬，蓄積待時，而侔農夫之利⑭。此五者，邦之蠹也。人主不除此五蠹之民，不養耿介之士，則海內雖有破亡之國，削滅之朝，亦勿怪矣。

【注釋】

①以：因爲。趣：通“趨”，趨往。本務：農耕。末作：工商業。　②近習：國君親信的人。　③高價：《文選・廣絕交論》李善注引作“商賈”，文意較佳。一説“高價之民”即地位尊貴的商賈。　④籍：通“藉”，憑藉。　⑤貳：疑。《爾雅・釋詁》：“貳，疑也。”　⑥古：當作“談”。　⑦設：籌畫。詐稱：謊言。　⑧遺：遺棄。　⑨五官：指司徒、司馬、司空、司士、司寇。五官之禁，泛指國家的禁令。　⑩患御者：擔心被徵召入伍爲國守禦的人，即上文“遠戰求安”者。　⑪重人：重臣。謁(yè)：請托。　⑫苦窳(yǔ)之器：粗劣的器物。　⑬弗：通“費”。費靡，奢侈，奢靡。　⑭侔：通“牟”，牟取。

【復習與思考】

1. 解釋下列字詞

使王天下　布帛尋常　重而必　一而固　少其家業　不務粱肉　耿介之士

2. 思考題

(1) 簡述並評論韓非子的歷史發展觀。

(2) 韓非子是如何批評儒、墨之道不可行的?

(3) 何爲“五蠹”? 你是如何看待的?

(編注者:張固也)

【自測題】

天　問

本文選自中華書局一九八三年版宋洪興祖《楚辭補注》第三。

“楚辭”指興起於戰國時期，以屈原爲代表所創作的詩歌樣式。西漢劉向整理古文獻，把屈原、宋玉以至漢人的同類作品彙編成集，稱爲《楚辭》。《楚辭》突破《詩經》四言的古老格調，吸取楚國民間歌謠的藝術特點，句法參差錯落，聲調有濃郁的南國風味，是一種新形式的韻文，具有鮮明的楚國地方色彩。魯迅《漢文學史綱要》評價説：“較之於《詩》，則其言甚長，其思甚幻，其文甚麗，其旨甚明，憑心而言，不遵矩度。”屈原以詩言志，從歷史和現實生活中廣泛搜求創作原料，大凡楚國的山川草木，政情民俗，祖宗行事，神靈信仰，以及戰國時代流傳的先民神話，思想學説等，無不有所反映。因而《楚辭》不但給古代文學開了新生面，也爲研究先秦歷史提供了豐富資料。屈原以後，作者踵起，但大抵辭藻勝過内容。

屈原，名平，字原，楚國貴族。生活於楚宣王三十年至楚頃襄王二十一年（前 340—前 278 年）前後，處於楚國由盛變衰的時期。曾任三閭大夫、左徒，史稱“博聞強志，明於治亂，嫻於辭令”，政治上有“美政思想”，主張改革、任用賢才、聯齊抗秦，一度受重用，但遭讒臣陷害，一再遭放逐，而彷徨山澤，憂國憂君，因以詩寫心，寄悲憤於吟詠。今存《離騷》、《天問》、《九歌》、《九章》等詩賦二十多篇。後見懷王入秦囚死，楚國日益亂危，於秦軍攻破楚郢都後，自沉汨羅江以殉國。其傳記見《史記》卷八四。

今存最早注本爲東漢王逸《楚辭章句》，宋洪興祖爲之作《補注》，合刊行世。以後校釋者有上百種，比較有名者，有宋朱熹《楚辭集注》、清蔣驥《山帶閣注楚辭》等。現代學者游國恩主編《天問纂義》，匯集歷代學者關於《天問》的注釋考證，並作出自己的考評，是最佳參考讀本。

《天問》是《楚辭》中著名史詩。全詩共提出一百七十八個問題,涉及自然與歷史,大膽思考歷史與人事變遷。詩中歷史與神話錯雜,保存了豐富史料,有些已由甲骨文證實。

曰遂古之初①,誰傳道之②?上下未形③,何由考之?冥昭瞢闇④,誰能極之⑤?馮翼惟像⑥,何以識之?……

不任汩鴻⑦,師何以尚之⑧?僉曰何憂⑨?何不課而行之⑩?鴟龜曳銜⑪,鮌何聽焉⑫?順欲成功,帝何刑焉⑬?永遏在羽山⑭,夫何三年不施⑮?

伯禹愎鮌⑯,夫何以變化⑰?纂就前緒⑱,遂成考功⑲,何續初繼業,而厥謀不同⑳?洪泉極深㉑,何以寘之㉒?地方九則㉓,何以墳之㉔?河海應龍,何盡何歷㉕?鮌何所營㉖,禹何所成?……

【注釋】

①遂:通"邃",遠。 ②道:言,傳説。 ③上下:天地。 ④冥:幽暗。昭:明朗。冥昭指黑夜白天。瞢(méng):模糊不明。闇:通"暗"。 ⑤極:窮盡。 ⑥馮:同"憑",滿。翼:盛。馮翼,氤氲浮動貌。惟:祇有。像:混沌之氣,有像無形。 ⑦"不任"句:任,勝任。汩(gǔ),治水。鴻,大,指大水,洪水。全句謂鮌不勝任治水。 ⑧師:衆,衆人。尚:推舉。 ⑨僉(qiān):皆。 ⑩課:試。行:任用。 ⑪鴟(chī)龜:一種龜,又稱旋龜,鳥首鱉尾,鳴聲如鴟。曳:拖。銜:口含。曳銜,指鴟龜在泥中相續而行,前龜曳其尾,後龜銜其尾,相互銜接而行。 ⑫鮌何聽焉:鮌,禹的父親,堯先命他治理洪水,他採取筑堤堵水的辦法,結果不成功。聽,聽從,指鮌受鴟龜曳的啟發,採取了筑堤治水的辦法。此句是問鮌爲何聽取這種方法。 ⑬"順欲"句:意謂鮌順着自己的意慾來治水,終會有成功之日,堯帝爲何對他施刑。 ⑭遏:止,指流放不准返回。羽山:傳説中的山名,在東海中。 ⑮"夫何"句:三年,虚數,指長久。施,行罪。全句意謂堯對鮌的殺頭之刑爲何長久不加施行。 ⑯伯禹:即禹,夏朝的創立者,鮌之子。禹曾受封爲夏伯,故稱伯禹。愎鮌:愎,一本作腹,當作腹,形近而誤。腹鮌,即腹於鮌,指禹爲鮌所生。 ⑰何以變化:意謂禹何以能有變化而與鮌不同。傳説鮌爲人愚狠,而禹卻能變化而有聖德。 ⑱纂就前緒:意謂禹繼承其父之業而能完成之。纂,通"纘",繼承。就,完成。緒,功業。 ⑲遂成:完成。考:父親。功:事功,指治水之事。 ⑳謀:策

略,指禹治水的方略。　㉑洪:洪水。泉:水源。　㉒寘:同“填”,填塞。㉓地:大地。方:古代認爲天圓地方。一説方同“旁”,廣大。則:表則,土地立表則爲界,九則指禹治水時“封崇九山”,作爲九州的標記。一説九則指九等,禹把黄河、長江流域的土地物産分爲九等。　㉔墳:區分。指禹區分九州物産爲九等。　㉕“河海應龍”句:據《楚辭補注》,有的版本作“應龍何畫,河海何歷”,游國恩認爲此説詞義較明。今作“河海應龍,何盡何歷”,當是錯簡倒亂。河海,游國恩認爲當是一種神物,與應龍相似。應龍,有翼之龍,傳説大禹治水時,有應龍以尾畫地,水泉即爲流通。盡,游國恩認爲是畫字之誤。畫,指謀劃。歷,經歷。㉖營:經營,指治水的謀劃。

禹之力獻功①,降省下土四方②,焉得彼嵞山女③,而通之於台桑④?閔妃匹合⑤,厥身是繼⑥,胡維嗜不同味⑦,而快鼌飽⑧?

啟代益作后⑨,卒然離蠥⑩,何啟惟憂⑪,而能拘是達⑫?皆歸射鞠⑬,而無害厥躬⑭,何后益作革⑮,而禹播降⑯?啟棘賓商⑰,《九辯》、《九歌》⑱,何勤子屠母⑲,而死分竟地⑳?

【注釋】

①力:勤力,勉力。獻:獻進。功:治水之功。　②降:下。省:察。降省,指到各地視察治水情況。下土四方:一本無“四方”二字,一本作“下土方”,朱熹以爲四字衍文,下土方,即《詩經·商頌·長發》中的“禹敷下土方”。下土、下土方、下土四方,都指天下四方。　③嵞山:地名,或説是國名,又作塗山,具體地址舊説不一,以在會稽(今浙江紹興)者爲最有名。嵞山女,諸侯嵞山氏之女,或説即嵞山女。　④通之:與嵞山女行夫婦之事。台桑:地名,具體地址不詳,相傳在塗山西南,一作田野桑間的平地,男女私會之地。全句意謂禹勤勞治水而有成功,又視察四方各地,哪有時間娶嵞山女,行夫婦之事。　⑤閔:同“憫”,擔憂。妃:配偶。匹:配。合:完,完婚。　⑥厥身是繼:意謂禹擔心沒有配偶而結婚,是想使自己獲得子嗣。厥,其,指禹。繼,繼嗣,子嗣。　⑦胡:何。嗜:好。味:口味。　⑧快:厭,滿足。鼌飽:比喻片時滿足。鼌,通“朝”,早晨。相傳禹結婚四日便離去,嵞山氏生子也不問。全句意謂禹既爲後嗣計而與嵞山女通婚,又爲何嗜好口味與衆不同,不與嵞山女久處,而僅求一朝之快即離去。⑨啟:禹之子,相傳爲嵞山女所生。益:一作伯益,禹準備將帝位禪讓給益,但禹死後君位即被啟奪去。作:爲。后:君主。　⑩卒然:倉猝,突然。離:遭,遇。

蠥(niè):災禍,指禹之子啟與益爭奪帝位之事。　⑪何啟惟憂:意謂啟也因益與之爭帝位而有憂。惟,通“罹”,遭受。“罹憂”與上句的“離蠥”,意思相同。⑫拘:拘押,囚禁。達:逃脱。拘是達,應是“達是拘”的倒裝句,指逃脱拘囚。傳説啟欲取代益而爲君主,但被益拘捕,啟則從囚禁中逃脱出來,並率軍攻益。⑬皆歸射鞫(jū):意謂益的士兵與啟作戰時,不愿戰斗,自動將武器送給對方。歸,饋送。射,弓矢。鞫,通“鞠”,蹋鞠,用以訓練士兵的器具,引申也指武器。⑭躬:身體。　⑮后:君主。作:通“祚”,國祚,即國運、國命。革:更改,革除。⑯播:延續。降:下,指後嗣向後延續。此句意謂爲何益在位時間很短就被革命,而禹之子啟稱帝卻能後嗣綿延長久。　⑰啟棘賓商:意謂啟當上君主之後,急於去見天帝作客(或説獻上嬪婦美人)。棘,通“亟”,急,急於。賓,賓客,亦可通“嬪”,嬪婦,美人。商,通“上”,指天帝,或以爲“商”即“帝”之誤字。　⑱《九辯》、《九歌》:樂曲名。傳説啟向天帝獻上三嬪(三位美人),得到《九辯》、《九歌》而回。　⑲勤子:指禹之子啟。禹勤勞治水,故其子啟稱爲勤子。屠:害。母:啟之母塗山女。相傳禹治水時化爲黄熊,塗山女見而羞愧,化爲石,石破裂而生啟,故稱屠母。　⑳死:游國恩認爲通“屍”,指啟母的屍體。分:分裂,破碎。竟地:四散於地。此句意謂爲何禹的勤子啟害死其母,並使其母體破碎而四散於地。

帝降夷羿①,革孽夏民②,胡射夫河伯③,而妻彼雒嬪④?馮珧利決⑤,封狶是射⑥,何獻蒸肉之膏,而后帝不若⑦?浞娶純狐⑧,眩妻爰謀⑨,何羿之射革⑩,而交吞揆之⑪?……

惟澆在戶⑫,何求于嫂⑬?何少康逐犬,而顛隕厥首⑭?女歧縫裳,而館同爰止⑮,何顛易厥首,而親以逢殆⑯?

【注釋】

①帝:天帝。降:降下,下生。夷:東夷。羿(yì):人名,傳説爲東夷有窮氏首領,與傳説中堯時射日的羿,並非一人。　②革:革除。孽(niè):禍害。夏民:夏國之民。傳説夷羿殺死夏朝帝王相,篡奪其國,禍害夏民。　③河伯:水神,傳説河伯化爲白龍出游,被羿射瞎左眼。或説河伯是掌管祭祀黄河的諸侯,羿射殺河伯,奪取其妻有雒氏。　④妻:娶以爲妻。雒嬪:雒水女神,相傳羿曾夢中娶她。或説是指諸侯河伯之妻有雒氏。　⑤馮:滿,指引滿弓箭。珧(yáo):一種貝殼,用來裝飾寶弓。利:靈活,便利。決:通“玦”,鉤弦器,射手用以鉤住弓

弦以發射箭矢。　⑥封:長,大。狶(xī):野豬。　⑦“何獻”句:膏,肉之肥美部分。后帝,天帝。若,順。“不若”指不保佑。此句意謂爲何夷羿獻上封狶肥美之肉,而天帝卻不順其意而保佑他,使他很快滅亡。　⑧浞(zhuó):寒浞,善造讒言,先爲伯明氏拋棄,羿收養他,又趁羿耽於田獵,將羿殺而烹之,自立爲君。純狐:羿之妻。　⑨眩妻爰謀:意謂寒浞迷戀純狐,於是二人謀劃殺羿。眩,惑。爰,乃。　⑩革:皮革,指用皮革製成的盔甲,傳説羿能射穿七層皮甲。⑪而交吞揆之:意謂爲何羿本領那樣大,卻做了人家的口中餐。交,俱。吞,吞下。相傳羿死後被寒浞等人烹食。揆,通“葵”,菜名。　⑫澆:又作奡(ào),寒浞和羿妻純狐所生的兒子,傳説他的力氣很大,能陸地行舟。戶:門。⑬何求于嫂:意謂澆至其嫂之門,佯有所求,因與其嫂淫亂。嫂,澆的嫂子。⑭“何少康”句:少康,夏王相的兒子。逐犬,打獵時放犬逐獸。相被澆殺死後,少康趁狩獵時襲殺澆。顛隕,落,掉。厥,指澆。全句意謂少康在打獵時放犬逐獸襲殺澆,爲什麽澆會中計掉了腦袋。　⑮“女歧”句:女歧,澆的嫂子。縫裳,女歧爲澆縫製衣裳。館同爰止,即“止於同舍”,指澆和女歧同屋而宿。此句意謂澆趁女歧爲他縫裳之機,進其房與之通姦。　⑯“何顛易”句:顛易厥首,意謂少康派人至女歧家夜襲澆,錯把女歧的頭當作澆頭砍掉。顛,倒。易,調換。親,親人,指女歧是澆的親人。逢,遇。殆,危亡。此句意謂爲何澆有罪行而其親人嫂子女歧卻被人砍了頭,遭遇危難。

湯謀易旅①,何以厚之②? 覆舟斟尋③,何道取之④? 桀伐蒙山⑤,何所得焉⑥? 妹嬉何肆⑦,湯何殛焉⑧?

……

【注釋】

①湯謀易旅:意謂少康謀劃整治軍隊,以求滅澆而恢復夏朝。湯,商朝的創始人。朱熹以爲湯爲“康”的誤字,即指少康。易旅,整頓治理軍隊。　②何以厚之:意謂少康靠什么增強了自己的勢力。厚,強大。　③覆舟:指澆覆斟尋之舟。傳説夏王相在羿時逃到商丘,依靠夏的同姓諸侯國斟灌、斟尋二國,寒浞滅羿後,派澆滅斟灌,又伐斟尋,大戰於濰,覆其舟而滅之,殺夏王相。當時相娶有仍氏之女爲后,稱爲后緡,她逃回母國後生下少康。後來少康又逃到有虞氏之國,長大後任其國庖正,有田一成(十里九百夫之田),有衆一旅(五百人),開始行德謀求復國。　④何道取之:意謂少康靠什么辦法取得成功。　⑤桀:名履癸,夏朝末代君主。傳説桀伐蒙山之國有施氏,有施氏獻上美女妹嬉。後來商湯

把妺嬉和桀一起流放到南巢。⑥何所得焉:此句嘲諷桀伐蒙山得到一個妺嬉,卻因此亡國,他究竟得到了什麽。⑦妺嬉何肆:意謂妺嬉究竟如何使桀放縱的。肆,放縱,放肆。⑧湯何殛焉:意謂湯爲何要誅殺桀與妺嬉。殛(jí),誅殺。

【復習與思考】

1. 利用課外時間自學《天問》全篇,並簡述其所述歷史時段中的疑問。
2.《天問》中的神話傳説與後世所記述的上古歷史是什麽關係?
3. 理解《天問》對於中國歷史觀念和神話研究的意義。

(編注者:郝潤華)

【自測題】

通論一　古代漢語基礎知識(文字 音韻)

一、文字

(一) 六書

“六書”是古代學者根據漢字的形體結構和使用情況,加以分析、歸納而得出的關於漢字構造的系統理論。東漢許慎在《説文解字叙》中具體地爲“六書”下了定義,並舉例字。經過歷代文字學家的總結補充修正,“六書”發展成爲一套完整的理論,人們稱之爲“六書説”。“六書説”的概括性很强,基本上反映了漢字的構造特點,絶大多數漢字都可以用六書理論來分析。

1. 象形

《説文解字叙》:“象形者,畫成其物,隨體詰詘,日月是也。”

象是描摹,形是事物的形體。詰詘(jí qū),彎曲。“畫成其物,隨體詰詘”的意思是:畫成事物的樣子,筆劃隨事物的外形而彎曲。

象形字所表示的是有一定外形的具體名物,有形可象。字形與意義在形體上同一。如甲骨文中“日”字像太陽,“月”字像月形。又如:

山　甲三六四二　父丁觚　説文·山部

牛　乙三三二八　昌鼎　説文·牛部

眉　拾一四·三　寏鼎　説文·眉部

瓜　令狐君壺　説文·瓜部

象形字又分爲兩種:一是獨體象形,即象形字由一個單純的符號構成,没有陪襯性的輔助成分。比如:山、牛。二是合體象形,即象形字中除了字義指向部分以外,還添加陪襯性的輔助成分。這種輔助的成分可以

是字，也可以是非字的符號。比如：眉、瓜。

象形是最基本的造字方法，也爲指事、會意、形聲字創造了條件，其他的造字方法也多以象形爲基礎。象形是一種最簡單的造字法，很難表示抽象的或没有具體形象的概念，存在很大局限。

2. 指事

《説文解字叙》："指事者，視而可識，察而可見[①]，上下是也。"

看上去可以認識，仔細觀察就能辨別出意義，即爲指事字。指事字常表示局部的或相對的概念，往往是在象形字上加上抽象的標識符號，指明所表示的意義範圍。指事字在漢字中數量最少。例如：

上　後上八·七　牆盤　説文·上部古文

下　甲六三六　長由盉　説文·上部古文　説文或體

中　甲三九八　頌鼎　説文·丨部

寸　説文·寸部

刃　前四·五一·一　説文·刃部

指事字又可分爲兩類：一是獨體指事，即純粹用指事符號。如：上、下、中、一、二、三、亖(四)。二是合體指事，即在象形的基礎上增加指事的符號。如：寸、刃。合體指事字與合體象形字的區別在於：合體指事字中用來指事的符號既不是字，也不象形；而合體象形字中的輔助成分可以是字，也可以是符號，而且均是象形的。

3. 會意

《説文解字叙》："會意者，比類合誼，以見指撝，武信是也。"

比，組合。類，某一類屬的字。誼，即"義"。指撝，指向，意向，"撝"同"揮"，即意之所指。全句是説，會意是把兩個或兩個以上表示事類的字組合在一起會合其意義，從中體現造字者的意之所指，"武"、"信"就是這樣。

武，甲三九四〇、説文·戈部，會合"戈"和"止"兩個字而成。"戈"代表武器，"止"即"趾"的初文，表示拿起武器行動，本義是征伐示威。

信，㝬叔鼎、説文·言部，《説文》："誠也。从人、从言，會意。㐰，古文从言省。"取意人説話要誠實可信。

---

① "可見"，段玉裁《説文解字注》本作"見意"。

又如:休　前五・二六・三　楊鼎

牧　珠七五八　小臣䢅簋　説文・攴部

及　前六・六二・七　保卣　説文・又部

涉　粹一一七八　車涉觚

會意字和指事字都以象形爲基礎,其區别是:指事字是獨體字,會意字是合體字。王筠説:"會意者,合數字以成一字之意也。指事,或兩體或三體,皆不成字,即其中有成字者,而仍有不成字者。"

會意字靈活地組合了象形字與指事字,緩解了前兩種造字方式在表示抽象意義上的困難,因此數量上也大大多於象形字和指事字。但是會意字仍不表音,還不能完全適應有聲語言發展的需求。

4. 形聲

《説文解字叙》:"形聲者,以事爲名,取譬相成,江河是也。"

"事"指不同類的事物,"名"指形符(意符),譬指音符。所謂形聲字,即根據詞所反映的事物,取一個字作爲形符(意符),再取一個表示讀音的字作聲符,二者相結合而成字,"江"、"河"即是這樣。

形聲字由形符與聲符兩個部分構成。形符表示意義類屬,聲符表示讀音。分析形聲字常用"从某,某聲"這一術語。从某,是説它的形符;某聲,是説它的聲符。如:江,从水,工聲;河,从水,可聲。需要注意的是,形符所表示的是形聲字所屬的意義範疇,是比較模糊的,不確切的,並不等於詞義本身。在聲符方面,古今語音的演變,使得聲符在今天的表音性不强。但要知道,在造字之初所选取的聲符和這個詞的讀音一定是相同或接近的,否則便起不到表音的作用。

形聲字有三種特殊情況:(1) 省形字:爲了書寫方便或構形美觀,將形符省去一部分。如:寐,《説文》:"卧也,从㝱省,未聲。"弒,《説文》:"臣殺君也。《易》曰:'臣弒其君。'从殺省,式聲。"(2) 省聲字:爲了書寫方便或構形美觀,將聲符省去一部分。如:夜( ),《説文》:"舍也,天下休舍也。从夕,亦省聲。"恬,《説文》:"安也。从心,甛(甜)省聲。"(3) 亦聲字:也叫會意兼形聲字。即構形的字符在意義上有聯繫,是會意字;同時其中的一個字符還有表音的作用,充當聲符,所以又是形聲字。如:娶,《説文》:"取婦也。从女,取亦聲。"仲,《説文》:"仲,中也。从人、中,中亦聲。"

形聲字既可以表意又可以表音,無論是具體的物象還是抽象的概念,都可以用形聲字來表示,所以形聲字是漢字中最先進最能產的造字方式。形聲字的出現標志漢字進入了表意兼表音的時代。形聲字在漢字發展中所占的比重越來越大。甲骨文中的形聲字占百分之二十左右,在《說文》中占到百分之八十以上,現存漢字中形聲字大約占到百分之九十。

5. 轉注

《說文解字敘》:"轉注者,建類一首,同意相受,考老是也。"

許慎給轉注所下的定義很模糊,"類"和"首"所指不明。因此後人對轉注的解釋衆說紛紜,分歧很大。清代的《說文》學家有三種代表性的觀點:一是"部首說",以江聲爲代表;二是"互訓說",以戴震、段玉裁爲代表;三是"引申說",以朱駿聲爲代表。江聲認爲"建類一首"是指《說文》部首,《說文》在每一部首下都說"凡某之屬皆從",即"同意相受"。戴震認爲轉注就是互訓(轉相爲注,互相爲訓),《說文》說"考,老也",又說"老,考也",這就是互訓,也即轉注。朱駿聲說"轉注者,體不改造,引意相受;令長是也",他不但修改了許慎的定義,而且更換了例字。他認爲當古人從某一本義引申出另一意義時,不另造一字,那就是轉注,他認爲令長不是假借,而是引申,所以舉爲轉注的例字。

三家的分歧主要表現在轉注是造字之法還是用字之法。"部首說"主張轉注是造字之法,"互訓說"和"引申說"則認爲轉注是用字之法,不是造字之法。一般認爲,不論是造字法還是用字法,轉注字的形體結構肯定超不出象形、指事、會意、形聲這四種結構範圍。關於轉注的問題,還有待進一步探討。

6. 假借

《說文解字敘》:"假借者,本無其字,依聲託事,令長是也。"

意思是說,語言中的某個詞本來没有對應的字,借用一個已有的同音字去表示,"令"、"長"就是這樣。

許慎關於假借的定義是不錯的,但是所舉的兩個例子卻有問題。許慎認爲縣令的"令"和號令的"令"是兩個不同的詞,長幼的"長"和長遠的"長"也是不同的詞,用號令的"令"去記録縣令的"令"和用長遠的"長"去記録長幼的"長",都屬於假借。其實,這是一個詞的不同引申義的關係。

詞義的引申,字形不變,本義和引申義之間存在相關性。而假借字和本字,衹是讀音相同,意義上没有任何聯繫。

漢字中的一些意義抽象的字或虚詞往往用假借的方法。例如:

東,甲骨文作,象囊橐之形,爲“橐”的本字,假借爲東方之“東”。

其,甲骨文作,本義簸箕,假借爲虚詞。

來,甲骨文作,本象小麥之形,是“麥”的古字,假借爲來往的“來”。

假借字不增加漢字的數量而解決了詞的書寫記録問題,是漢字向表音方向發展的重要表現,在甲骨文中假借字就很常見了。在文字比較少的階段,使用假借字可以及時將語言中的新詞記錄下來,但是如果一個字所承擔的詞義過多的話,勢必又給交際帶來麻煩,因此假借的方法逐漸被淘汰。

（二）古今字、通假字、異體字、繁簡字

漢字的歷史悠久,使用人數衆多,因此在發展過程中許多漢字出現了兩種以上的形體。歷史上漢字的字際關係主要有古今字、通假字、異體字和繁簡字,這些都對我們閱讀古籍造成了困難。

1. 古今字

古今字是前代記録多詞或多義的通用字與後來爲了區别而另造的分化字的合稱。一個漢字除了記録詞的本義,有時還要表示引申義和假借義。表詞功能擴大以後,爲了區别不同的用法,就以原字爲基礎造出新字,來分擔某些義項。原字和新字是爲記録同一個詞(義項)先後用的不同的字,這就形成了一對古今字。一般來説,古字兼表多個詞或義項,今字分擔的衹是古字所記録的詞或義項中的一部分。古字與今字不能畫等號。

産生古今字的一種情况是爲了區分詞的本義與引申義。此時可以爲本義另造新字。如《吕氏春秋·察今》:“澭水暴益。”句中“益”是漫出之義,是其本義。後來另造“溢”字表示本義,而古字“益”用於表示增益等引申義。“益”與“溢”是古今字的關係。也可以爲引申義另造新字。《左傳·桓公十三年》:“宋多責賂於鄭。”句中“責”是索求之意,這是本義。從此本義引申出債務之義,後世另造一“債”字來表示。“責”與“債”成爲一對古今字。

産生古今字的另一種情況是爲了區分詞的本義與假借義。此時也有爲本義另取新字的。如《詩經·商頌·玄鳥》:“殷受命咸宜,百禄是何。”甲骨文中“何”字象人荷戈之形,“何”的本義是負擔,假借爲代詞,其本義遂另借“荷”字表示。這裏“何”與“荷”是古今字。也可以爲假借義另造新字。如“舍”的本義爲房舍,假借爲放棄之義。後世另造“捨”字來表示假借義,古字“舍”仍然表示本義。“舍”與“捨”遂成古今字的關係。

把握古今字要從三個方面入手:一是古今字中的古字與今字有着造字相承的關係,二者是歷時的。二是在語音上古字與今字相同或相近。三是在意義上古字與今字存在聯繫,或是本義與引申義的關係,或是本義與假借義的關係。

2. 通假字

通假字是指古人在書寫時所使用的與本字音同或音近的替代字。如《史記·秦始皇本紀》:“公何不蚤告我?乃至於此!”句中“蚤”是“早”的通假字。通假字與“六書”中的假借字有所不同,其區别在於:“六書”中的假借是本無其字,借用已有的字去記録語言中的新詞;通假是本有其字,衹是在書寫時由於各種原因没有寫本字,而使用了替代字。因此,“六書”中的假借可以看作是“造字假借”,而通假則是“用字假借”。

通假字的出現是由於漢字具有表音的作用,借字與本字字音相同或相近,因此在通過字音傳達字義這一點上通假字與本字的功能是相同的。我們理解、辨别通假字,都要從字音入手,“因聲求義”。判斷兩個字是否具有通假的關係,最根本的也是要看它們是否音同或音近。在字義上,本字與借字没有必然的聯繫。比如:“蚤”通“早”,二者僅僅是音同,字義上没有關係。又如“矢”通“屎”,又通“誓”。

需要注意的是,這裏講的字音一般是指上古音,不能拿後世的語音去比對。因爲古今之間語音有變化,而通假字産生的時代較早,往往是在先秦兩漢時代。通假字在先秦兩漢文獻中相當普遍,漢以後逐漸減少,唐宋以後人們出於仿古的原因衹沿用而不創造通假字。

3. 異體字

一般説來,一個字應該衹有一種寫法,但是由於漢字的造字方法多樣,加之時代、地域等方面的原因,同一個詞往往会造出多個不同形體的漢字來記録，這便産生了異體字。異體字即字形不同而意義和讀音完全相同的兩個或兩個以上的字。異體字與古今字或通假字的區别在於異體字僅僅是字形不同，而讀音和意義完全相同，因此異體字在表詞的功能上是没有差别的。在應用層面，多數異體字有所謂正俗的差别，不是任何条件下都可以隨意替换使用的。

異體字主要有以下幾種情況：

(1) 會意字與形聲字的不同。如：泪—淚，岩—巖，拿—拏。

(2) 形聲字改换意符。如：敕—勅，歎—嘆，綺—袴。

(3) 形聲字改换聲符。如：綫—線，袴—褲，猿—猨，烟—煙，蝯—蚓。

(4) 變换各成分的位置或寫法。如：慚—慙，群—羣，鵝—鵞—䳘，花—苍。

異體字衹是字形上的不同，在意義和讀音上完全相同，因此讀音或意義衹要有一點不同，便不能視爲異體字。例如"雕"、"彫"、"凋"三字，從它們的意符可以看出，三者本來是不同的字。"雕"从"隹"，本來是鳥名，但也用爲"雕刻"之義。"彫"从"彡(shān)"，是須毛及飾畫的花紋的意思，彫琢、繪飾是它的本義。"凋"从"仌(bīng)"，草本凋零是它的本義。這三字雖然都从"周"得聲，但本義不同，雖然有互相通用的情況，但不能視爲異體字。其他如遊與游、修與脩也是這樣的情況。

4. 繁簡字

繁簡字是繁體字與簡體字的合稱。漢字總體沿着"簡易律"的方向發展。漢字的發展也是一個不斷簡化同時不斷規範的過程。早在甲骨文、金文中，漢字就有繁體與簡體的區别。秦代用小篆統一文字，即在大篆的基礎之上省改，大量吸收了古文字中的簡體。隸變之後，漢字形體更加簡化。楷書的形成也産生了許多簡體。北魏時代，"亂"字已寫作"乱"。宋元以來，簡體字更是在小説戲曲等民間文學中普遍流傳。現在我們使用的簡化字，絶大部分是歷代相傳而來的。但由於古書大部分是用繁體字書寫刊印的，所以我們要讀懂古書，首先就得識字，即認識繁體字。

現今通行的簡化字是1986年重新發佈的《簡化字總表》所規定的。漢字簡化的方法主要有以下幾種：

(1) 簡化偏旁。如：燈—灯，機—机，憐—怜，竊—窃。

(2) 删減偏旁。如:務—务,條—条,習—习,雖—虽。

(3) 草書楷化。如:書—书,東—东,門—门,長—长。

(4) 採用古字。如:雲—云(古今字),捨—舍(古今字),禮—礼(古異體字),棄—弃(古異體字),讎—仇(古通用字)。

(5) 同音替代。如:穀—谷,醜—丑,後—后,餘—余,徵—征,麵—面。

(6) 符號替代。如:義—义,衛—卫,聖—圣,鄧—邓,風—风,趙—赵。

(7) 另造新字。如:竈—灶,舊—旧,體—体,驚—惊。

大多數繁體字與簡化字是一一對應的關係,二者衹有形體的不同,意義完全相同。但也有一批簡化字,屬於多繁對一簡的情況,即原來意義不同的繁體字採用同一個簡化字形,不同繁體字的意義都包含在同一個簡化字中。這雖然是少數情況,却最複雜,需要我們特別留意。例如:

当—當相～ 噹叮～　尽—盡窮～ 儘～量　坛—壇花～ 罎酒～　干—干～戈 幹枝～ 乾～濕　系—系～統 係關～ 繫聯～　台—台～鑒 臺平～ 檯～案 颱～風　后—后皇～ 後先～　征—征～伐 徵～求　余—余我 餘剩～　发—發～現 髮頭～　面—面顔～ 麵～粉

二、音韻

研究漢語各個歷史時期的聲、韻、調系統及其發展規律的科學即音韻學,它以漢語的歷代語音爲研究對象,通過分析歸納不同歷史時期的漢語音系以解釋歷史語音現象、説明古今語音的變化,進而論證漢語語音的發展規律。

兩千多年來漢語的語音演變,大致可以分爲四個時期。第一是上古音時期,即周秦兩漢的語音系統;第二是中古音時期,即魏晉唐宋間的語音系統;第三是近代音時期,即元明清時代的語音系統;第四是現代音時期,即以北京音爲標準音的普通話語音系統。

(一) 中古的語音系統

1. 中古的聲母系統

唐末守温和尚總結出了漢語的聲母系統,並將它們用一些漢字來表示,稱作字母。如用漢字“不”來代表聲母 b,“明”代表聲母 m。凡聲母是 b 的字,就稱之爲“不”母字;凡聲母是 m 的字,就稱之爲“明”母字。守温一共總結出了三十個字母。到了宋代,學者們根據當時的語音,增加了六個字母,並改换了一些代表漢字,仍稱之爲守温三十六字母。這三十六字母反映了唐宋之間漢語的聲母系統。

中古三十六字母表

七音		全清	次清	全濁	次濁
脣音	重脣(雙脣)	幫[p]	滂[p‘]	並[b]	明[m]
	輕脣(脣齒)	非[f]	敷[f‘]	奉[v]	微[ɱ]
舌音	舌頭(舌尖中)	端[t]	透[t‘]	定[d]	泥[n]
	舌上(舌面前)	知[ȶ]	徹[ȶ‘]	澄[ȡ]	娘[ȵ]
齒音	齒頭(舌尖前)	精[ts]	清[ts‘]	從[dz]	
		心[s]		邪[z]	
	正齒(舌面前)	照[tɕ]	穿[tɕ‘]	牀[dʑ]	
		審[ɕ]		禪[ʑ]	
牙音(舌根)		見[k]	溪[k‘]	群[g]	疑[ŋ]
喉音	(零聲母)	影[Ø]			
	(舌根)	曉[x]		匣[ɣ]	
	(舌面中、半元音)				喻[j]
半舌音(舌尖中)					來[l]
半齒音(舌面前)					日[ɽ]

2. 中古的韻母系統

北宋真宗大中祥符元年(1008 年),陳彭年等人奉詔對《切韻》進行修訂,改名爲《大宋重修廣韻》,簡稱《廣韻》。此書共分二百零六韻,收字二萬六千一百九十四個。從《切韻》至《廣韻》時間上雖然過去了四百年,但在語音系統上,《切韻》和《廣韻》的語音系統基本上是一致的。《廣韻》的二百零六韻還存在四聲分别,而真正的韻母是不要區别聲調的,所以從二百零六韻中可以歸納出一百四十二個韻母。這基本反映了中古時期的韻母系統。

中古韻母依韻尾不同,可以分爲陰聲韻、陽聲韻和入聲韻。無韻尾或以元音收尾的韻母叫作陰聲韻,如[a][ai];以鼻音[m][n][ŋ]收尾的韻母叫陽聲韻,如[am][an][aŋ];以清塞音[p][t][k]收尾的韻母叫入聲韻。《廣韻》中的二百零六韻又被歸納爲十六攝。所謂"摄",是將韻尾相同、主要元音相近的韻歸並的組合,它是有關"韻"的概念中最大的一個。這十六摄是:通、江、止、遇、蟹、臻、山、效、果、假、宕、梗、曾、流、深、咸。

《廣韻》音系在宋代已經與口語產生了脱節,韻書所載已經不能反映口語事實,給韻書的使用帶來不便。金哀宗正大六年(1229年),王文郁編成《平水新刊韻略》一書,分爲一百零六韻,這就是所謂"平水韻"。平水韻後來廣爲流行,作格律詩押韻都要依據平水韻,參王力《古代漢語》第四册附録二《詩韻常用字表》。

3. 中古的聲調系統

《廣韻》所反映的中古音有四個聲調:平聲、上聲、去聲、入聲。與現代漢語相比,平聲不分陰陽,存在入聲。而現代漢語平聲分陰陽,入聲消失。關於中古音的聲調,祇能從調類上知道它是分爲平上去入四類,《康熙字典》等古代字書有"分四聲法":"平聲平道莫低昂,上聲高呼猛烈强,去聲分明哀遠道,入聲短促急收藏。"這祇是籠統的發聲方法,至於其四聲具體的調值則不太清楚。

(二) 上古的語音系統

相對於中古音研究,上古音研究困難重重。一是因爲時代久遠,二是因爲材料有限。研究上古音所依據的材料主要是《詩經》的用韻系統和《説文解字》的諧聲系統,此外還有其他的一些韻文韻腳、通假異文、古注注音、聲訓等。

1. 上古三十二聲母

上古音聲母研究是以中古音聲母爲基礎的。清代學者錢大昕提出"古無輕唇音"、"古無舌上音",章太炎提出"娘日歸泥",黄侃提出"照二歸精、照三歸端",曾運乾提出"喻三歸匣"、"喻四歸定"。綜合前人的研究,以中古聲母爲基礎,就可以歸納出上古音的聲母。當然,不同的人觀點不同,結果也不同。黄侃歸爲十九個,王力歸爲三十二個。現在一般採用王力的説法。

上古三十二聲母表

<table>
<tr><th>七音</th><th>全清</th><th>次清</th><th>全濁</th><th>次濁</th></tr>
<tr><td>脣音</td><td>幫</td><td>滂</td><td>並</td><td>明</td></tr>
<tr><td rowspan="2">舌音</td><td>端</td><td>透</td><td>定
余(喻四)</td><td>泥</td></tr>
<tr><td>章(照三)
書(審三)</td><td>昌(穿三)</td><td>船(牀三)
禪</td><td></td></tr>
<tr><td rowspan="2">齒音</td><td>精
心</td><td>清</td><td>從
邪</td><td></td></tr>
<tr><td>莊(照二)
山(審二)</td><td>初(穿二)</td><td>崇(牀二)</td><td></td></tr>
<tr><td>牙音</td><td>見</td><td>溪</td><td>群</td><td>疑</td></tr>
<tr><td rowspan="2">喉音</td><td>影</td><td></td><td></td><td></td></tr>
<tr><td>曉</td><td></td><td>匣(喻三)</td><td></td></tr>
<tr><td>半舌</td><td></td><td></td><td></td><td>來</td></tr>
<tr><td>半齒</td><td></td><td></td><td></td><td>日</td></tr>
</table>

2. 上古音的韻部系統

通過清代以及近代以來學者的努力,我們對上古音的韻部有了一定的瞭解。現今較多採用的是王力的分類體系,他將上古音韻部分爲三十部。根據主要元音的不同,分成十一類。根據韻尾的不同,分成陰聲韻、入聲韻和陽聲韻,三者之間存在對應關係。

上古三十韻部

	陰聲韻	入聲韻	陽聲韻
第一類	之[ə]	職[ək]	蒸[əŋ]
第二類	幽[u]	覺[uk]	冬[uŋ]
第三類	宵[o]	藥[ok]	
第四類	侯[ɔ]	屋[ɔk]	東[ɔŋ]
第五類	魚[ɑ]	鐸[ɑk]	陽[ɑŋ]
第六類	支[e]	錫[ek]	耕[eŋ]

續表

	陰聲韻	入聲韻	陽聲韻
第七類	歌[ɑi]	月[ɑt]	元[ɑn]
第八類	脂[ei]	質[et]	真[en]
第九類	微[əi]	物[ət]	文[ən]
第十類		緝[əp]	侵[əm]
第十一類		葉[ɑp]	談[ɑm]

上古音韻部研究中常提到疊韻、對轉、旁轉、通轉四種關係。疊韻指兩個字韻部完全相同。對轉是指同一類的韻部，主要元音相同，衹是韻尾有陰陽入的不同，它們之間可以互相轉化。旁轉是指主要元音相近，韻尾相同的韻部可以相互轉化。旁轉之後再對轉，稱旁對轉。通轉是指不同類的韻部，主要元音相同，而韻尾不同，可以相互轉化。明白這些對於研究同源詞、通假字、古音的流變等具有重要意義。

3. 上古的聲調系統

上古的聲調研究相對韻部來説，要更加困難，因此仍停留在假説階段。王力認爲上古有“兩聲四調”。兩聲指舒聲、促聲。四調指舒聲又分平聲、上聲；促聲又分長入、短入。所謂長入，即中古的去聲。在上古的語音材料中，去聲和入聲經常通押，諧聲中去聲、入聲字經常相諧。王力根據這些語言事實推定上古去聲讀長入，來解釋上古去入二聲關係緊密的現象。

（三）從中古音到現代音的演變

學習音韻學，一定要樹立發展變化的觀念。明代陳第説：“時有古今，地有南北，字有更革，音有轉移，亦勢所必至。”（《毛詩古音考・自序》）從上古音到中古音、近代音，再到現代音，漢語音韻在不斷演變，這種演變是有一定規律的。以中古音到現代音的演變爲例，在聲母方面，一是全濁聲母清化，二是非、敷、奉三母合流爲唇齒音 f，三是精組、見組分化出新的舌面音 j、q、x，四是知、照二組合流爲捲舌音 zh、ch、sh，五是零聲母大量增加。在韻母方面，一是二呼四等變爲四呼，二是相近韻母大量合併，三是閉口韻尾[-m]變爲[-n]，四是入聲韻尾[-p][-t][-k]消失，入聲韻與陰聲韻合併。在聲調方面，一是平分陰陽，即中古平聲分化爲陰平和陽平兩個調類；二是濁上變去，即中古爲全濁聲母的上聲字變爲去聲；三是入派三聲,即中古的入聲字,現代分入平聲(陰平、陽平)、上聲、去聲中,入聲消失。

(四) 古代的注音方法

古書中的注音方法主要有譬況、讀若、直音、變調和反切。譬況是描寫某字發音的情貌和方法,如《淮南子・地形》:"其地宜黍,多旄犀。"高誘注:"旄讀綢繆之繆,急氣言乃得之。"讀若是用一個近似的字音來注音,如《説文》:"珣,讀若宣。"直音是用一個同音字來注音,如《方言》:"所以刺船謂之篙。"郭璞注:"篙,音高。"變調是用聲母韻母相同而聲調不同的字來注音,另外標明被注字的聲調。如《字彙》:"佒,鴦去聲。"

反切又稱"反"、"切"、"翻"、"反語",自東漢末年出現,沿用至清末,是古代最主要的注音方法。反切的基本原理是:用兩個字來爲一個字注音,前一個字代表聲母,後一個字代表韻母和聲調。前一個稱作反切上字,後一個稱作反切下字,反切上字和下字合稱"切語",被注音的字稱作被切字。反切上字和被切字是雙聲的關係,反切下字和被切字是疊韻的關係。反切的基本原理可以概括爲"上字取聲,下字取韻及調"。例如:

冬,都宗切。d(ū)+(z)ōng=dōng

勸,去願切。q(ù)+(y)uàn=quàn

如前所述,語音是不斷變化發展的。反切在創制初期及其以後的一定時期内是能够起到準確標音的作用的。隨着語音的發展變化,一部分切語和被切字的讀音則不一致了。唐宋的反切到了明清有的就不符合實際,因此明清時不斷有人對反切用字進行改良,以使切語與實際讀音相合。當然,古今音的變化大多是有規律可循的,因此古書中的反切,多數可以根據語音演變規律推出現代讀音。

今天我們讀古書,遇到不認識的字,可以查今人所編的《漢語大字典》、《辭源》等工具書。如果一定要根據反切來推導現代讀音,一方面要有音韻學知識,此外還需要借助《韻鏡》等古代韻圖或者《方言调查字表》,採用"横推直看"的辦法來按圖索解,具體方法可以參看王力《漢語音韻》第六章《等韻》。

(編撰者:王永吉)

第二單元　秦漢文選

秦始皇本紀

本文選自中華書局一九五九年版《史記》卷六。

《史記》是中國第一部紀傳體通史，西漢司馬遷撰。共一百三十卷。

司馬遷(前 145 年—前 86 年?)，字子長，左馮翊夏陽(今陜西韓城南)人。其父司馬談博學多識，漢武帝建元(前 140—前 135 年)、元封(前 110—前 105 年)間任太史令，曾有意撰寫一部通史而未果，遺命司馬遷繼承己志。司馬遷幼時隨父移居長安，十歲開始學習古文，後從大儒董仲舒學習《春秋》，從孔安國學習《古文尚書》。二十歲後遊歷名勝古跡，探訪名山大川，搜集遺文軼事，考察風俗民情。他初仕郎中，元封三年(前 108 年)繼任太史令，得以遍讀皇家藏書。太初元年(前 104 年)，他着手編撰《史記》。天漢三年(前 98 年)，司馬遷因替投降匈奴的李陵申辯而下獄，遭受腐刑。出獄後任中書令，忍辱發憤，著成《史記》。生平事跡詳見《史記・太史公自序》和《漢書・司馬遷傳》。

《史記》原稱《太史公書》，兩漢間又稱《太史公》、《太史公記》，東漢後期《史記》成爲專稱。全書由本紀、表、書、世家、列傳五部分構成，共一百三十卷，五十二萬六千五百字。記事上起傳説中的黄帝，下迄漢武帝太初年間，涉及前後約三千年的歷史。司馬遷遵循詳近略遠原則，對三代的歷史記載簡略，戰國、秦、漢的歷史則叙述甚詳。其中，十二篇"本紀"大體上依朝代次序記述歷代統治者的世系和朝政大事，以事系年，是全書的總綱。十篇"表" 按年代、地區把重要的事件和人物用表格簡明地加以記録。年代久遠的用"世表"，年代較近、時序分明的則用"年表"或"月表"。八篇"書"用來記述禮、樂、律、曆、天文、封禪、河渠、平準等文化、政治、經濟、地理方面的制度和情況。三十篇"世家"分别記述周代各主要諸侯國興衰存亡的歷史和漢初重要的外戚、功臣、諸侯王的事跡。七十篇“列傳”分爲單傳、合傳和類傳，記述歷代名賢顯宦和社會各群體代表性人物的生平事跡以及周邊政權、族群的情況。五個部分各有側重，又相互補充，以帝王爲中心，以人物爲主體。司馬遷開創的這種以紀、傳爲主體、並輔以表、志的紀傳體史書體例，成爲後世官方編撰史書的主流體裁。從《漢書》到《明史》，雖然個別部分名目有變化，門類或有或無，但均未超越《史記》的體例範圍。

《史記》取材廣泛，内容豐富。司馬遷徵引諸如《尚書》、《左傳》、《國語》、《戰國策》以及諸子百家之書等大量的文獻資料，還把自己幾十年遊歷期間搜集的材料融入書中，保存了不少珍貴史料。《史記》體大思精，立意高遠。司馬遷修史，意在“究天人之際，通古今之變，成一家之言”（《史記·太史公自序》），通過對自然現象和社會事相的分析，探討天道、人道及其相互關係，總結人類社會的活動，推究治亂之源。司馬遷具有卓越的史識、進步的史觀、高尚的史德、優秀的史才。他敏鋭地注意到最具時代特點的社會現象，設立《循吏》、《酷吏》、《游俠》、《刺客》、《儒林》、《日者》、《龜策》等類傳，揭示出時代風尚的變化。他還設立本紀或世家記述項羽、陳涉、孔子等深刻影響歷史發展的人物的生平事跡。在政治、軍事活動之外，他注意到文化制度和經濟活動的重要性，設立八“書”和《貨殖列傳》詳加記載。他視野開闊，在突出中原華夏族歷史活動的同時，也分别記述了匈奴、南越、東越、朝鮮、西南夷、大宛等周邊政權和族群的歷史。他秉筆直書，大膽揭露漢代的社會陰暗面和政治弊端。《史記》文筆生動，議論精彩，“善序事理，辨而不華，質而不俚，其文直，其事核，不虚美，不隱惡，故謂之實錄”（《漢書·司馬遷傳》），被魯迅譽爲“史家之絕唱，無韻之離騷”（《漢文學史綱要》）。《史記》既是史學名著，又是文學名著。

司馬遷去世不久，《史記》就“十篇缺，有錄無書”。後來不斷有人加以續補，但除褚少孫續補的文字尚可辨識外，其他多已混入正文。

歷史上爲《史記》作注比較有名的是南朝宋裴駰《史記集解》八十卷、唐司馬貞《史記索隱》三十卷、唐張守節《史記正義》三十卷，習稱“《史記》三家注”，是研讀《史記》的重要參考文獻。日本學者瀧川資言彙集中、日衆家之説編成《史記會注考證》，水澤利忠補編《史記會注考證校補》，頗有價值。

《秦始皇本紀》以編年的形式，以秦始皇、秦二世的生平事跡爲主綫，記載秦統一六國的過程、統一後的施政措施和秦朝覆亡的歷史。本篇節選與秦始皇有關的部分内容。

秦始皇帝者，秦莊襄王子也①。莊襄王爲秦質子於趙②，見吕不韋姬③，悦而取之，生始皇。以秦昭王四十八年正月生於邯鄲。及生，名爲政，姓趙氏④。年十三歲，莊襄王死，政代立爲秦王。當是之時，秦地已并巴、蜀、漢中，越宛有郢⑤，置南郡矣；北收上郡以東，有河東、太原、上黨郡⑥；東至滎陽，滅二周，置三川郡⑦。吕不韋爲相，封十萬戶⑧，號曰文信侯。招致賓客遊士，欲以并天下。李斯爲舍人⑨。蒙驁、王齮、麃公等爲將軍⑩。王年少，初即位，委國事大臣。

【注釋】

①秦莊襄王：戰國時秦國國君。秦昭王之孫，孝文王中子。本名子異(一稱異人)，後爲孝文王寵姬華陽夫人的繼嗣。因華陽夫人爲楚人，故改其名爲子楚。②質子：春秋戰國時期，兩國相交，爲表示信任，互派國君的兒孫或重臣居留在對方國内爲人質；國君兒孫作爲人質，稱爲“質子”。　③吕不韋：衛國濮陽(今河南濮陽西南)人。曾爲陽翟(今河南禹州)大商人，因謀立秦莊襄王有功，被任爲秦丞相，封文信侯。嬴政即位後，尊其爲相國。他輔佐嬴政統一六國，後因嫪毐事免官，前二三五年被迫服毒自殺。姬：本爲婦人美稱，周末始稱妾爲姬。④姓趙氏：上古貴族有姓有氏。姓是族號，氏乃姓之分支。秦人嬴姓，其族人造父被周繆王封於趙城，故以趙爲氏。　⑤越：越過。宛(yuān)：原爲韓邑，在今河南南陽。有：佔領。郢(yǐng)：原爲楚國都城，在今湖北荆州西北紀南城。⑥上郡：戰國魏文侯置，秦時郡治膚施，在今陝西榆林東南。河東、太原、上黨：皆秦郡名。河東郡治安邑，在今山西夏縣西北。太原郡治晉陽，在今山西太原西南。上黨郡治壺關，在今山西長治北。　⑦滎陽：秦縣名，在今河南滎陽東北。二周：東周末，周考王(？—前426年)封其弟揭於王城(今河南洛陽瀍水西)，稱河南公，即西周桓公，其封地稱西周。前三六七年，西周威公卒，少子根在趙、韓兩國支援下在鞏(今河南鞏義西南)獨立，稱東周君。二周先後於前二五六年和前二四九年爲秦所滅。三川郡：秦郡名，郡治在今河南洛陽東。因境内有黄河、

洛水、伊水，故稱三川郡。　⑧封十萬戶：古時天子分土地給諸侯叫“封”。後來國君按照臣僚功勞大小賞賜土地，叫“封地”。封地大小多以封地上繳納賦稅的戶數計算，封十萬戶指封地上有十萬繳納賦稅的民戶。　⑨舍人：戰國時，貴族或顯宦之家均養有門客，代其謀劃，接待賓客，處理事務。門客中與主人親近的叫舍人。　⑩蒙驁：齊國人，蒙恬祖父。王齮（yǐ）：又名王齕（hé）。麃（biāo）公：史失其名，因封於麃（今河南洛川東南）而有此稱。

晉陽反①，元年，將軍蒙驁擊定之。二年，麃公將卒攻卷②，斬首三萬。三年，蒙驁攻韓，取十三城。王齮死。十月，將軍蒙驁攻魏氏暘、有詭③。歲大饑。四年，拔暘、有詭。三月，軍罷。秦質子歸自趙，趙太子出歸國。十月庚寅，蝗蟲從東方來，蔽天。天下疫。百姓內粟千石，拜爵一級。五年，將軍驁攻魏，定酸棗、燕、虛、長平、雍丘、山陽城④，皆拔之，取二十城。初置東郡⑤。冬雷。六年，韓、魏、趙、衛、楚共擊秦，取壽陵⑥。秦出兵，五國兵罷。拔衛，迫東郡，其君角率其支屬徙居野王⑦，阻其山以保魏之河內⑧。七年，彗星先出東方，見北方，五月見西方。將軍驁死。以攻龍、孤、慶都，還兵攻汲⑨。彗星復見西方，十六日。夏太后死⑩。八年，王弟長安君成蟜將軍擊趙，反，死屯留，軍吏皆斬死，遷其民於臨洮⑪。將軍壁死，卒屯留、蒲鶮反，戮其屍⑫。河魚大上，輕車重馬東就食。

【注釋】

①晉陽：邑名，在今山西太原西南。戰國時屬趙，前二四七年被秦攻取。②卷（quān）：魏邑，在今河南原陽西南。　③暘（chàng）、有詭：魏國的兩個城邑，今地不詳。　④“定酸棗”句：酸棗等城邑，皆魏邑。酸棗在今河南延津西南，燕在今延津東北，虛在今延津東，長平在今河南西華東北，雍丘在今河南杞縣，山陽城在今河南焦作東。　⑤東郡：秦郡名，在今河南濮陽西南。⑥壽陵：邑名。《史記正義》引徐廣云：“在常山。”原屬趙國，爲趙壽侯所起之陵。⑦野王：邑名，原屬韓，在今河南沁陽，前二六二年被秦攻取。　⑧河內：古地名，春秋戰國時指今河南省黄河以北地區。　⑨龍、孤、慶都：城邑名。龍在今河北曲陽西南，孤在今河北唐縣北，慶都在今河北唐縣東。汲：城邑名，在今河南

衛輝。　⑩夏太后：莊襄王母親。　⑪成蟜（jiǎo）：長安君名，長安君爲其封號。屯留：邑名，原屬韓，在今山西屯留。臨洮：秦縣名，在今甘肅岷縣。⑫“將軍壁死”句：將軍成蟜謀反未成，死於壁壘之中，而在屯留、蒲鶮參與叛亂的士卒雖死，也被戮屍。蒲鶮（hú），地名。今地不詳。這幾句文義難解，歷來衆說紛紜，此據三家注。

嫪毐封爲長信侯①。予之山陽地，令毐居之。宮室、車馬、衣服、苑囿、馳獵，恣毐。事無小大皆決於毐。又以河西太原郡更爲毐國②。九年，彗星見，或竟天③。攻魏垣、蒲陽④。四月，上宿雍⑤。己酉，王冠，帶劍⑥。長信侯毐作亂而覺，矯王御璽及太后璽以發縣卒及衛卒、官騎、戎翟君公、舍人⑦，將欲攻蘄年宮爲亂。王知之，令相國昌平君、昌文君發卒攻毐⑧。戰咸陽，斬首數百，皆拜爵，及宦者皆在戰中，亦拜爵一級。毐等敗走。即令國中：有生得毐，賜錢百萬；殺之，五十萬。盡得毐等。衛尉竭、內史肆、佐弋竭、中大夫令齊等二十人皆梟首⑨，車裂以徇，滅其宗。及其舍人，輕者爲鬼薪⑩。及奪爵遷蜀四千餘家，家房陵。（四）[是]月寒凍，有死者。楊端和攻衍氏。彗星見西方，又見北方，從斗以南八十日⑪。十年，相國呂不韋坐嫪毐免。桓齮爲將軍。齊、趙來置酒。齊人茅焦說秦王曰：“秦方以天下爲事，而大王有遷母太后之名⑫，恐諸侯聞之，由此倍秦也。”秦王乃迎太后於雍而入咸陽，復居甘泉宮。

【注釋】

①嫪毐（lào ǎi）：戰國末秦人，本爲呂不韋舍人，冒充宦官入宮，受始皇母趙太后寵幸，權傾一時。　②河西太原郡：《史記集解》引徐廣曰：“河，一作‘汾’。”“河西”，當是“汾西”傳寫之訛。汾西太原郡，即太原郡汾水以西部分。③彗星：據研究，此指哈雷彗星。或竟天：有時橫貫整個天空。古人迷信，以爲彗星出現，國家將有災變不祥之事，故鄭重記錄天象。　④垣、蒲陽：均爲魏邑。垣在今山西垣曲東南。蒲陽在今山西隰縣。　⑤雍：秦舊都，在今陝西鳳翔南。此指雍蘄年宮。　⑥冠：冠禮。古時男子年滿二十行“冠禮”，戴上簪髮的冠，表示已經成年；且依禮佩劍，以壯威儀。帶劍：佩劍，表示威儀。秦王嬴政行

冠禮時已二十二歲。古人凡不在二十歲生辰那天舉行冠禮儀式的,稱爲“變禮”。變即變通的意思。行冠禮意味着秦王嬴政開始獨立掌權。　⑦縣:古稱帝王所居之地,即王畿。縣卒指駐守京師的部隊。翟:同“狄”。　⑧昌平君、昌文君:皆是封號,姓名不詳。昌平君本是楚公子,相於秦。後遷居郢。項燕反秦,立爲荆王。　⑨衛尉:宫廷衛隊長官。内史:掌管京師地區的行政首長。佐弋(yì):掌管國君射獵的副長官。中大夫令:中大夫的主管官員。梟首:斬首並懸掛於木上示衆。　⑩鬼薪:秦刑罰之一,爲宗廟砍柴,刑期三年。　⑪從斗以南八十日:徘徊在北斗星以南有八十天之久。　⑫母太后:嬴政生母趙姬。嫪毐之亂後,嬴政軟禁生母於雍地。

大索,逐客。李斯上書説,乃止逐客令。李斯因説秦王,請先取韓以恐他國,於是使斯下韓。韓王患之,與韓非謀弱秦。大梁人尉繚來①,説秦王曰:“以秦之彊,諸侯譬如郡縣之君,臣但恐諸侯合從,翕而出不意②,此乃智伯、夫差、湣王之所以亡也。願大王毋愛財物,賂其豪臣,以亂其謀,不過亡三十萬金,則諸侯可盡。”秦王從其計,見尉繚亢禮③,衣服食飲與繚同。繚曰:“秦王爲人,蜂準,長目,摯鳥膺④,豺聲,少恩而虎狼心,居約易出人下,得志亦輕食人⑤。我布衣,然見我常身自下我。誠使秦王得志於天下,天下皆爲虜矣。不可與久遊。”乃亡去。秦王覺,固止,以爲秦國尉,卒用其計策。而李斯用事。

【注釋】

①尉繚(liáo):大梁(今河南開封)人,名繚,姓氏不詳。入秦爲尉,史稱尉繚。著有《尉繚子》傳世。　②翕(xī):快速,聚集。指六國聯合。出不意:出其不意地攻打秦國。　③亢禮:對等相待之禮。亢,通“抗”,對等。　④摯鳥膺:胸部像鷙鳥一樣突起。摯,通“鷙”,猛禽。膺,胸。　⑤居約:指窮困不得志的時候。食人:傷害人。食,同“噬”。

十一年,王翦、桓齮、楊端和攻鄴①,取九城。王翦攻閼與、橑楊②,皆并爲一軍。翦將十八日,軍歸,斗食以下③,什推二人從軍。取鄴安陽④,桓齮將。十二年,文信侯不韋死,竊葬。其舍人臨者⑤，晉人也，逐出之；秦人六百石以上，奪爵⑥，遷；五百石以下不臨，遷，勿奪爵。自今以來，操國事不道如嫪毐、不韋者籍其門⑦，視此。秋，復嫪毐舍人遷蜀者⑧。當是之時，天下大旱六月，至八月乃雨。

【注釋】

①鄴（yè）：都邑名，屬魏。在今河北臨漳西南。　②閼與（yù yǔ）：邑名，戰國時屬韓，後屬趙。在今山西和順西北。橑（lǎo）楊：邑名，在今山西左權。③斗食：秦制，下級官吏俸祿不滿百石的，每月或計日給與口糧，用斗計算，因而以“斗食”代指下級官吏。　④安陽：邑名，在今河南安陽西南。　⑤臨者：前去弔喪的人。　⑥六百石：秦第八級爵俸祿，相當於郡丞、萬戶以上縣令。⑦籍：編入徒役簿册。籍其門，即將其全家都編入徒隸簿册。　⑧復：免。

十三年，桓齮攻趙平陽①，殺趙將扈輒，斬首十萬。王之河南。正月，彗星見東方。十月，桓齮攻趙。十四年，攻趙軍於平陽，取宜安②，破之，殺其將軍。桓齮定平陽、武城③。韓非使秦，秦用李斯謀，留非，非死雲陽④。韓王請爲臣。十五年，大興兵，一軍至鄴，一軍至太原，取狼孟⑤。地動。十六年九月，發卒受地韓南陽假守騰⑥。初令男子書年⑦。魏獻地於秦。秦置麗邑⑧。十七年，内史騰攻韓，得韓王安，盡納其地，以其地爲郡，命曰潁川。地動。華陽太后卒。民大饑。

【注釋】

①平陽：邑名，在今河北臨漳西南。　②宜安：邑名，在今河北藁城西南。③武城：趙邑，在今山東武成西北。　④雲陽：秦縣名，在今陝西淳化西北。⑤狼孟：縣名，在今山西陽曲。　⑥南陽：地區名，約當今河南西南部一帶，戰國時分屬楚國和韓國。假：代理、暫署。騰：即下文中的“内史騰”，姓氏不詳。⑦書年：登記年齡。　⑧麗邑：又作“驪邑”，秦縣名，在今陝西臨潼東。

十八年，大興兵攻趙，王翦將上地①，下井陘②，端和將河内，羌瘣伐趙③，端和圍邯鄲城。十九年，王翦、羌瘣盡定取趙地東陽④，得趙王。引兵欲攻燕，屯中山⑤。秦王之邯鄲，諸嘗與王生趙時母家有仇怨,皆阬之。秦王還,從太原、上郡歸。始皇帝母太后崩。趙公子嘉率其宗數百人之代⑥,自立爲代王,東與燕合兵,軍上谷⑦。大饑。

二十年,燕太子丹患秦兵至國,恐,使荆軻刺秦王⑧。秦王覺之,體解軻以徇,而使王翦、辛勝攻燕。燕、代發兵擊秦軍,秦軍破燕易水之西。二十一年,王賁攻(薊)[荆]。乃益發卒詣王翦軍,遂破燕太子軍,取燕薊城,得太子丹之首。燕王東收遼東而王之⑨。王翦謝病老歸。新鄭反。昌平君徙於郢⑩。大雨雪,深二尺五寸。

【注釋】

①上地:地名,在今陝西綏德一帶。一說上地即上黨,在今山西長治北。 ②井陘(xíng):秦縣名,在今河北井陘。 ③羌瘣(huì):秦將。 ④東陽:古地區名,相當於今河北太行山以東地區。 ⑤中山:地名,在今河北定州一帶。 ⑥代:古國名,在今河北蔚縣。前四七六年爲趙所滅。 ⑦上谷:燕郡名,治沮陽,在今河北懷來東南。 ⑧荆軻(? —前 227 年):戰國時衛國人,事跡詳見《史記・刺客列傳》。 ⑨遼東:燕郡名,治襄平,在今遼寧遼陽。 ⑩郢:指壽春(今安徽壽縣),前二四一年楚考烈王遷都於此,命名曰郢。

二十二年,王賁攻魏,引河溝灌大梁,大梁城壞,其王請降,盡取其地。二十三年,秦王復召王翦,彊起之,使將擊荆。取陳以南至平輿①,虜荆王②。秦王遊至郢陳③。荆將項燕立昌平君爲荆王④,反秦於淮南。二十四年,王翦、蒙武攻荆,破荆軍,昌平君死,項燕遂自殺。二十五年,大興兵,使王賁將,攻燕遼東,得燕王喜。還攻代,虜代王嘉。王翦遂定荆江南地;降越君⑤,置會稽郡。五月,天下大酺⑥。

【注釋】

①陳:縣名。在今河南淮陽。平輿,縣名,在今河南平輿北。 ②荆王:指楚王負芻。爲避莊襄王諱,稱楚爲荆。 ③郢陳:即陳縣。因楚遷都陳時改其名曰郢,故稱郢陳。 ④項燕(? —前 224 年):下相(今江蘇宿遷西南)人,楚國將領。 ⑤越君:越族君長。楚威王滅越國,其餘族未降者自稱君長。

⑥酺（pú）：聚會飲酒。秦律規定：不許三人以上無故飲酒，違者罰金。秦既滅韓、趙、魏、燕、楚五國，下令特許國中臣民聚飲，以示慶賀。

二十六年，齊王建與其相后勝發兵守其西界，不通秦。秦使將軍王賁從燕南攻齊，得齊王建。

秦初并天下，令丞相、御史曰①："異日韓王納地效璽，請爲藩臣，已而倍約，與趙、魏合從畔秦，故興兵誅之，虜其王。寡人以爲善，庶幾息兵革。趙王使其相李牧來約盟②，故歸其質子。已而倍盟，反我太原，故興兵誅之，得其王。趙公子嘉乃自立爲代王，故舉兵擊滅之。魏王始約服入秦，已而與韓、趙謀襲秦，秦兵吏誅，遂破之。荆王獻青陽以西③，已而畔約，擊我南郡，故發兵誅，得其王，遂定其荆地。燕王昏亂，其太子丹乃陰令荆軻爲賊，兵吏誅，滅其國。齊王用后勝計，絕秦使，欲爲亂，兵吏誅，虜其王，平齊地。寡人以眇眇之身，興兵誅暴亂，賴宗廟之靈，六王咸伏其辜，天下大定。今名號不更，無以稱成功，傳後世。其議帝號。"丞相綰、御史大夫劫、廷尉斯等皆曰④："昔者五帝地方千里，其外侯服夷服諸侯或朝或否⑤，天子不能制。今陛下興義兵，誅殘賊，平定天下，海内爲郡縣，法令由一統，自上古以來未嘗有，五帝所不及。臣等謹與博士議曰⑥：'古有天皇，有地皇，有泰皇，泰皇最貴。'臣等昧死上尊號，王爲'泰皇'。命爲'制'，令爲'詔'，天子自稱曰'朕'。"王曰："去'泰'，著'皇'，采上古'帝'位號，號曰'皇帝'。他如議。"制曰："可。"追尊莊襄王爲太上皇。制曰："朕聞太古有號毋謚，中古有號，死而以行爲謚⑦。如此，則子議父，臣議君也，甚無謂，朕弗取焉。自今已來，除謚法。朕爲始皇帝。後世以計數，二世三世至于萬世，傳之無窮。"

【注釋】

①御史：即御史大夫。輔佐丞相，掌監察百官，兼管重要文書圖籍。

②李牧（？一前 229 年）：戰國時趙將。長期駐守趙國邊境，曾打敗東胡、林胡、匈奴等。趙王遷三年（前 233 年），率兵反攻秦，大敗秦軍，封武安君。後因趙王中

秦反間計，被殺。　③青陽：縣名，在今湖南長沙一帶。　④綰（wǎn）：王綰。劫：馮劫。廷尉：官名，掌管刑法，爲九卿之一。斯：李斯。　⑤侯服夷服：周制，天子直轄之地稱王畿，方圓千里。王畿之外爲天子藩屬，由近及遠，每隔五百里爲一服，共分九服。九服即侯服、甸服、男服、采服、衛服、蠻服、夷服、鎮服、藩服。此處以侯服、夷服概括各服，泛指藩屬。　⑥博士：官名。掌管圖書典籍，爲備皇帝顧問之官。　⑦中古：秦時以西周爲中古，西周以前的時代爲太古。謚（shì）：古代帝王、貴族、大臣及有一定地位或影響的人死後，官方或民間根據其生前行爲給予一種帶有褒貶意義的稱號，叫謚。這一制度始於周，秦廢，漢代復行，延續至清末。

始皇推終始五德之傳①，以爲周得火德，秦代周德，從所不勝。方今水德之始，改年始，朝賀皆自十月朔。衣服、旄旌、節旗皆上黑②。數以六爲紀③，符、法冠皆六寸④，而輿六尺，六尺爲步，乘六馬。更名河曰德水，以爲水德之始。剛毅戾深，事皆決於法，刻削毋仁恩和義，然後合五德之數⑤。於是急法，久者不赦。

【注釋】

①終始五德之傳：戰國時鄒衍等人解釋人事和王朝興衰的一種理論。五德，指金、木、水、火、土五行之德。古人常以五行相生相尅的關係，來説明宇宙萬物的起源和變化，鄒衍等進而以此解釋人事，認爲歷代王朝各代表一德，它們遵循五行相尅的原則興衰更替，這樣終而復始地迴轉相承，即爲五德之傳。傳，依次輪轉。　②旄旌：用牦牛尾作竿飾的旗。上黑：崇尚黑色。按五行説，黑色象徵水，秦爲水德，故尚黑。上，通"尚"。　③數以六爲紀：一切計量單位均以六爲標準。據《尚書正義·洪範》和《禮記正義·月令》解釋，五行各有生數和成數之别。"天一生水於北"，所以水的生數爲一。"地六成水於北，與天一併"，所以水的成數爲六。"水生數一，成數六。但言六者，亦舉其成數"。水尅火序數爲六，故秦尊六。　④符：朝廷用以傳達命令、調兵遣將的憑證。法冠：本是楚王之冠，秦滅楚，以其君之冠賜御史，所以秦代御史戴此冠。　⑤合五德之數：符合五德的定規。秦爲水德，水爲陰，陰主刑殺，所以秦要以刑殺爲威。這是秦始皇爲主刑殺而尋找的理論依據。

丞相綰等言："諸侯初破，燕、齊、荆地遠，不爲置王，毋以填之①。請立諸子，唯上幸許。”始皇下其議於群臣，群臣皆以爲便。廷尉李斯議曰：“周文、武所封子弟同姓甚衆，然後屬疏遠，相攻擊如仇讎②，諸侯更相誅伐，周天子弗能禁止。今海内賴陛下神靈一統，皆爲郡縣，諸子功臣以公賦税重賞賜之，甚足易制。天下無異意，則安寧之術也。置諸侯不便。”始皇曰：“天下共苦戰鬬不休，以有侯王。賴宗廟，天下初定，又復立國，是樹兵也，而求其寧息，豈不難哉！廷尉議是。”

【注釋】

①填（zhèn）：通“鎮”，鎮服。　②仇讎（chóu）：相互仇視敵對。

分天下以爲三十六郡①，郡置守、尉、監②。更名民曰“黔首”③。大酺。收天下兵④，聚之咸陽，銷以爲鍾鐻⑤，金人十二，重各千石⑥，置廷宫中。一法度、衡石、丈尺，車同軌，書同文字。地東至海暨朝鮮，西至臨洮、羌中⑦，南至北嚮戶⑧，北據河爲塞，並陰山至遼東⑨。徙天下豪富於咸陽十二萬戶。諸廟及章臺、上林皆在渭南⑩。秦每破諸侯，寫放其宫室⑪，作之咸陽北阪上，南臨渭，自雍門以東至涇、渭⑫，殿屋複道周閣相屬⑬。所得諸侯美人、鍾鼓，以充入之。

【注釋】

①三十六郡：裴駰《史記集解》所列三十六郡爲：“三川、河東、南陽、南郡、九江、鄣郡、會稽、潁川、碭郡、泗水、薛郡、東郡、琅邪、齊郡、上谷、漁陽、右北平、遼西、遼東、代郡、鉅鹿、邯鄲、上黨、太原、雲中、九原、鴈門、上郡、隴西、北地、漢中、巴郡、蜀郡、黔中、長沙凡三十五，與内史爲三十六郡。”隨着秦逐漸拓展疆域，郡也不斷增設。先後究竟設立多少郡，説法不一，計有四十郡説、四十二郡説、四十六郡説和四十八郡説等。　②守、尉、監：郡一級三個長官。守：郡守，一郡的最高行政長官。尉：郡尉，輔佐郡守，掌軍事。監：監御史，負責監察。　③黔首：黔，黑色。秦尚黑色，當時平民慣用黑布包頭，故稱黔首。一説，由於勞動人民常在太陽下勞作，臉曬得黝黑，所以稱爲黔首。　④兵：兵器。　⑤鍾鐻（jù）：鍾，樂器，祭祀或宴享時用。鐻，像鍾一樣的樂器。　⑥石（dàn，一説讀shí）：重量單位。四鈞爲石，一鈞三十斤，一石一百二十斤。　⑦羌中：羌人聚

居區，今青海東部、甘肅西南部、四川西北部一帶。　⑧北嚮戶：又稱北戶，古地名，指漢日南郡，今越南中部一帶。當地居民往往向北開門戶以避免陽光直射，故名。一說泛指今五嶺以南地區。　⑨並（bàng）：通“傍”，沿着。陰山：山脈名，今內蒙古河套以北、大漠以南諸山的統稱。　⑩章臺：秦宮名，在今陝西西安長安故城西南隅。上林：秦苑名，在今陝西西安市長安區、周至縣、戶縣界。　⑪寫：模寫。放（fǎng）：通“倣”，模倣。　⑫雍門：地名，在今陝西高陵境內。　⑬複道：連接殿閣的上下兩重通道，上層通道稱天橋。相屬（zhǔ）：互相連通。

二十七年，始皇巡隴西、北地①，出雞頭山②，過回中焉③。作信宮渭南④，已，更命信宮爲極廟，象天極。自極廟道通酈山，作甘泉前殿。築甬道⑤，自咸陽屬之。是歲，賜爵一級。治馳道⑥。

【注釋】

①隴西：秦郡名，在今甘肅臨洮南。北地：秦郡名，在今甘肅慶陽西南。②雞頭山：一指今甘肅平涼西的崆峒山；一指甘肅成縣的雞頭山。此處應指前者。　③回中：秦宮名，在今陝西隴縣西北。　④信宮：宮名，即長信宮。《史記索隱》曰：“爲宮廟象天極，故曰極廟。”天極即北極星。　⑤甬道：兩旁築有牆的夾道。　⑥馳道：寬闊的行車大道。道寬五十步，高出地面。路中間三丈寬的部分，專供皇帝的車行駛，兩側種樹爲界。

二十八年，始皇東行郡縣，上鄒嶧山①。立石，與魯諸儒生議，刻石頌秦德，議封禪、望祭山川之事②。乃遂上泰山，立石，封，祠祀。下，風雨暴至，休於樹下，因封其樹爲五大夫③。禪梁父。刻所立石，其辭曰：

皇帝臨位，作制明法，臣下脩飭。二十有六年，初并天下，罔不賓服。親巡遠方黎民，登茲泰山，周覽東極。從臣思迹，本原事業，祗誦功德。治道運行，諸產得宜，皆有法式。大義休明，垂于後世，順承勿革。皇帝躬聖，既平天下，不懈於治。夙興夜寐，建設長利，專隆教誨。訓經宣達，遠近畢理，咸承聖志。貴賤分明，男女禮順，慎遵職事。昭隔內外，靡不清淨，施于後嗣。化及無窮，遵奉遺詔，永承重戒。

於是乃並勃海以東,過黄、腄④,窮成山⑤,登之罘⑥,立石頌秦德焉而去。

【注釋】

①鄒嶧山:又名鄒山、嶧山,在今山東鄒城東南。 ②封禪(shàn):古代帝王爲彰顯政績而祭告天地以示受命於天的典禮。封是祭天,禪是祭地。古人認爲泰山是天下最高的山,所以要登泰山築壇祭天,然後再到山下的小山梁父山辟基祭地,即所謂"封泰山,禪梁父"。 ③五大夫:爵位名,秦二十等爵的第九級。 ④黄:秦縣名,在今山東龍口東。腄(chuí):秦縣名,在今山東福山南。⑤成山:山名,即今山東榮成東北成山角。 ⑥之罘(fú):島名,即今山東煙臺西北的芝罘島。

南登琅邪①,大樂之,留三月。乃徙黔首三萬戶琅邪臺下②,復十二歲。作琅邪臺,立石刻,頌秦德,明得意。曰:

維二十八年,皇帝作始。端平法度,萬物之紀。以明人事,合同父子。聖智仁義,顯白道理。東撫東土③,以省卒士。事已大畢,乃臨于海。皇帝之功,勤勞本事。上農除末,黔首是富。普天之下,摶心揖志④。器械一量,同書文字。日月所照,舟輿所載。皆終其命,莫不得意。應時動事,是維皇帝。匡飭異俗,陵水經地⑤。憂恤黔首,朝夕不懈。除疑定法,咸知所辟。方伯分職,諸治經易。舉錯必當,莫不如畫。皇帝之明,臨察四方。尊卑貴賤,不踰次行。姦邪不容,皆務貞良。細大盡力,莫敢怠荒。遠邇辟隱,專務肅莊。端直敦忠,事業有常。皇帝之德,存定四極。誅亂除害,興利致福。節事以時,諸產繁殖。黔首安寧,不用兵革。六親相保,終無寇賊。驩欣奉教,盡知法式。六合之內,皇帝之土。西涉流沙⑥,南盡北戶。東有東海,北過大夏⑦。人迹所至,無不臣者。功蓋五帝,澤及牛馬。莫不受德,各安其宇。

維秦王兼有天下,立名爲皇帝,乃撫東土,至于琅邪。列侯武城侯王離、列侯通武侯王賁、倫侯建成侯趙亥、倫侯昌武侯成、倫侯武信侯馮毋擇、丞相隗林、丞相王綰、卿李斯、卿王戊、五大夫趙嬰、五大夫楊樛從⑧，與議於海上。曰："古之帝者，地不過千里，諸侯各守其封域，或朝或否，相侵暴亂，殘伐不止，猶刻金石，以自爲紀。古之五帝三王，知教不同，法度不明，假威鬼神，以欺遠方，實不稱名，故不久長。其身未歿，諸侯倍叛，法令不行。今皇帝并一海內，以爲郡縣，天下和平。昭明宗廟，體道行德，尊號大成。群臣相與誦皇帝功德，刻于金石，以爲表經。"

【注釋】

①琅邪(láng yá)：山名，在今山東膠南。　②琅邪臺：有三說：一說在琅邪海濱有座山，形狀像臺；一說越王勾踐曾在琅邪起臺觀；一說秦始皇在琅邪山上起層臺，叫琅邪臺。　③東土：此指原屬六國的地區。　④摶(zhuān)：同"專"，集中。揖(jí)：通"輯"，會集。　⑤陵水經地：如山陵之水流經平地。⑥流沙：流沙澤，後稱居延澤，在今內蒙古額濟納旗西北。　⑦大夏：即晉陽，在今山西太原西南。　⑧列侯：爵位名，秦二十等爵中的最高一級。倫侯：秦封爵的一種，位低於列侯，只有封號，沒有封邑。

既已，齊人徐市等上書①，言海中有三神山，名曰蓬萊、方丈、瀛洲，僊人居之。請得齋戒，與童男女求之。於是遣徐市發童男女數千人，入海求僊人。

始皇還，過彭城②，齋戒禱祠，欲出周鼎泗水③。使千人沒水求之，弗得。乃西南渡淮水，之衡山、南郡④。浮江，至湘山祠⑤。逢大風，幾不得渡。上問博士曰："湘君何神？"博士對曰："聞之，堯女，舜之妻，而葬此。"於是始皇大怒，使刑徒三千人皆伐湘山樹，赭其山⑥。上自南郡由武關歸⑦。

【注釋】

①徐市(fú)：一作"徐福"，齊國方士。　②彭城：地名，在今江蘇徐州。③鼎：原是古代盛食物的器皿，後來成爲禮器。相傳夏禹鑄九個大鼎，象徵九州，用以代表全國的統治權，稱爲國之重寶。傳說秦昭襄王向周強索九鼎，移置咸陽時有一鼎飛入泗水，所以秦始皇想從泗水中把這一鼎打撈出來。泗水：古水名，源出今山東泗水東之蒙山南麓，經彭城注入淮河。　④衡山：秦郡名，治邾，在

今湖北黄岡西北。　⑤湘山：一名君山，又名洞庭山，在今湖南岳陽西洞庭湖中。相傳堯的兩個女兒娥皇、女英，同時嫁給舜爲妃。後舜外出巡視，死在蒼梧，她們趕到湘山，聞舜死訊，血淚斑斑，死後葬於湘山。山的南面有敬奉二妃神的廟，即湘山祠。　⑥赭（zhě）：使呈紅褐色。湘山土質紅色，砍光山上的樹木，便露出赭色山體。　⑦武關：關名，在今陝西丹鳳東南。

二十九年，始皇東游。至陽武博狼沙中①，爲盜所驚②。求弗得，乃令天下大索十日。登之罘，刻石。其辭曰：

維二十九年，時在中春，陽和方起③。皇帝東游，巡登之罘，臨照于海。從臣嘉觀，原念休烈，追誦本始。大聖作治，建定法度，顯箸綱紀。外教諸侯，光施文惠，明以義理。六國回辟，貪戾無厭，虐殺不已。皇帝哀衆，遂發討師，奮揚武德。義誅信行，威燀旁達，莫不賓服。烹滅彊暴，振救黔首，周定四極。普施明法，經緯天下，永爲儀則。大矣哉！宇縣之中④，承順聖意。群臣誦功，請刻于石，表垂于常式。

其東觀曰：

維二十九年，皇帝春游，覽省遠方。逮于海隅，遂登之罘，昭臨朝陽⑤。觀望廣麗，從臣咸念，原道至明。聖法初興，清理疆內，外誅暴彊。武威旁暢，振動四極，禽滅六王。闡并天下，甾害絶息，永偃戎兵。皇帝明德，經理宇內，視聽不怠。作立大義，昭設備器，咸有章旗⑥。職臣遵分，各知所行，事無嫌疑。黔首改化，遠邇同度，臨古絶尤⑦。常職既定，後嗣循業，長承聖治。群臣嘉德，祗誦聖烈，請刻之罘。

旋，遂之琅邪，道上黨入。

【注釋】

①陽武：秦縣名，在今河南原陽東南。博狼（làng）沙：地名，一作“博浪沙”，在今河南原陽南。　②爲盜所驚：指張良募大力士在博狼沙椎擊秦始皇誤中副車事。　③陽和：春氣。　④宇縣：天下。宇，宇宙。縣，赤縣。　⑤昭臨：觀覽。　⑥昭設備器，咸有章旗：明確完備地設置了各種儀仗器具，各級官員也都有相應的印綬和旗幟。章旗：印綬和旗幟。　⑦臨：“覽”意。尤：突出。絶尤：絶無這樣突出的功業。

三十年,無事。三十一年十二月,更名臘曰“嘉平”①。賜黔首里六石米②,二羊。始皇爲微行咸陽,與武士四人俱,夜出逢盜蘭池,見窘,武士擊殺盜。關中大索二十日③。米石千六百。

【注釋】

①臘:原爲祭名,周以臘作爲十二月的代詞。秦始皇求神仙,聽到當時一首歌謠中有“帝若學之臘嘉平”一句,改臘即十二月曰“嘉平”。 ②里:古代居民聚居的地方,一般以二十五戶爲一里。另有五十戶或一百戶爲一里的說法。③關中:古地區名。秦都咸陽,西漢都長安,均位於函谷關以西,散關以東,武關以北,蕭關以南,處四關之中,所以這一地區稱關中。

三十二年,始皇之碣石①,使燕人盧生求羨門、高誓②。刻碣石門。壞城郭,決通隄防。其辭曰:

> 遂興師旅,誅戮無道,爲逆滅息。武殄暴逆,文復無罪③,庶心咸服。惠論功勞,賞及牛馬,恩肥土域。皇帝奮威,德并諸侯,初一泰平。墮壞城郭,決通川防,夷去險阻。地勢既定,黎庶無繇,天下咸撫。男樂其疇,女修其業,事各有序。惠被諸產,久並來田,莫不安所。群臣誦烈,請刻此石,垂著儀矩。

因使韓終、侯公、石生求仙人不死之藥。始皇巡北邊,從上郡入。燕人盧生使入海還,以鬼神事,因奏錄圖書,曰“亡秦者胡也”。始皇乃使將軍蒙恬發兵三十萬人北擊胡,略取河南地④。

【注釋】

①碣石:山名,在今河北昌黎北。 ②羨門、高誓:傳說爲碣石山上的兩個仙人。 ③文:法令條文。復:通“覆”,庇護。 ④河南地:秦地名,約當今寧夏靈武以北至內蒙古杭錦後旗以南的河套西部地區。

三十三年,發諸嘗逋亡人、贅壻、賈人略取陸梁地①,爲桂林、象郡、南海②,以適遣戍③。西北斥逐匈奴。自榆中並河以東④,屬之陰山,以爲(三)[四]十四縣,城河上爲塞。又使蒙恬渡河取高闕、(陶)[陽]山、北假中⑤,築亭障以逐戎人。徙謫,實之初縣⑥。禁不得祠。明星出西方⑦。三十四年,適治獄吏不直者,築長城及南越地[8]。

【注釋】

①發:謫發。逋亡人:因逃避兵役、勞役而獲罪的人。贅壻:貧民把兒子典押給人爲奴稱“贅子”,過期不贖,主家爲其娶妻,稱爲“贅壻”,但仍舊爲奴。陸梁地:泛指五嶺以南地區。五嶺以南之人多處山陸,其性強梁,故曰陸梁。②桂林、象郡、南海:秦開拓嶺南之地所置新郡。桂林郡治中留,在今廣西桂平西南。象郡治臨塵,在今廣西崇左;一説治象林,在今越南維川南茶橋。南海郡治番禺,在今廣東廣州。 ③適:同“謫”,官吏因罪被降職或流放。 ④榆中:古地名,在今甘肅榆中。 ⑤高闕:古地名,在今內蒙古杭錦後旗東北。陽山:陰山最西一段,即今內蒙古的狼山。北假:地區名,指今內蒙古河套以北、陰山以南夾山帶河地區。 ⑥初縣:新設置的縣。 ⑦明星:即彗星。⑧南越地:五嶺以南的桂林、象郡、南海郡,原爲古越人聚居地。

始皇置酒咸陽宮,博士七十人前爲壽。僕射周青臣進頌曰[1]:“他時秦地不過千里,賴陛下神靈明聖,平定海內,放逐蠻夷,日月所照,莫不賓服。以諸侯爲郡縣,人人自安樂,無戰爭之患,傳之萬世。自上古不及陛下威德。”始皇悦。博士齊人淳于越進曰:“臣聞殷周之王千餘歲,封子弟功臣,自爲枝輔。今陛下有海內,而子弟爲匹夫,卒有田常、六卿之臣[2],無輔拂[3],何以相救哉? 事不師古而能長久者,非所聞也。今青臣又面諛以重陛下之過,非忠臣。”始皇下其議。丞相李斯曰:“五帝不相復,三代不相襲,各以治,非其相反,時變異也。今陛下創大業,建萬世之功,固非愚儒所知。且越言乃三代之事,何足法也? 異時諸侯並爭,厚招游學。今天下已定,法令出一,百姓當家則力農工[4],士則學習法令辟禁[5]。今諸生不師今而學古,以非當世,惑亂黔首。丞相臣斯昧死言:古者天下散亂,莫之能一,是以諸侯並作,語皆道古以害今,飾虛言以亂實,人善其所私學,以非上之所建立。今皇帝并有天下,別黑白而定一尊。私學而相與非法教,人聞令下,則各以其學議之,入則心非,出則巷議,夸主以爲名,異取以爲高[6],率群下以造謗。如此弗禁，則主勢降乎上，黨與成乎下。禁之便。臣請史官非秦記皆燒之。非博士官所職，天下敢有藏《詩》、《書》、百家語者，悉詣守、尉雜燒之。有敢偶語《詩》、《書》者棄市⑦。以古非今者族。吏見知不舉者與同罪。令下三十日不燒，黥爲城旦⑧。所不去者，醫藥、卜筮、種樹之書。若欲有學法令，以吏爲師。"制曰："可。"

【注釋】

①僕射（yè）：秦官名。僕，主持。古代重武，主持督課射禮的官員叫僕射。此處指諸博士的長官。　②田常：春秋末年齊國大夫陳恆，謚成子，他殺齊簡公而立平公，到戰國初其後代奪齊國君位。六卿：指春秋末年晉國大夫韓、趙、魏、范、中行、知六家。這六家勢力強大，後來范、中行、知三家先亡，韓、趙、魏三家瓜分了晉國。　③輔拂（bì）：輔弼，輔佐。拂，通"弼"。　④當家：此指成家立業。　⑤辟（bì）禁：指法令中規定所應避免和禁止的事項。辟，通"避"。⑥異取：異趣，猶言標新立異。取，通"趣"。　⑦偶語：相互談論。棄市：在鬧市中執行死刑，暴屍街頭。　⑧黥：古代刑罰。在犯人臉上刺字，然後塗上墨，所以又稱墨刑。城旦：秦代刑罰之一。把罪犯遣送到邊境地區，白天守衛邊境，晚上築長城，刑期四年。

三十五年，除道，道九原抵雲陽①，塹山堙谷，直通之。於是始皇以爲："咸陽人多，先王之宮廷小。吾聞周文王都豐，武王都鎬，豐、鎬之間，帝王之都也②。"乃營作朝宮渭南上林苑中。先作前殿阿房③，東西五百步，南北五十丈，上可以坐萬人，下可以建五丈旗。周馳爲閣道，自殿下直抵南山④。表南山之顛以爲闕⑤。爲複道，自阿房渡渭，屬之咸陽，以象天極閣道絕漢抵營室也⑥。阿房宮未成；成，欲更擇令名名之。作宮阿房，故天下謂之阿房宮。隱宮徒刑者七十餘萬人⑦，乃分作阿房宮，或作麗山。發北山石椁，乃寫蜀、荊地材皆至⑧。關中計宮三百，關外四百餘。於是立石東海上朐界中⑨，以爲秦東門。因徙三萬家麗邑，五萬家雲陽，皆復不事十歲⑩。

【注釋】

①九原：秦郡名，在今內蒙古包頭西。雲陽：秦縣名，在今陝西淳化西北。②豐鎬：在今陝西西安西南灃河兩岸，豐在西，鎬在東。　③阿房（ē páng）：宫名。阿，近。房，通“旁”。阿房宫建在咸陽宫附近，未定名，故俗稱阿房宫。遺址在今陝西西安市長安區王寺街道，尚存殿基夯土臺址，東西廣約兩公里。④南山：終南山。　⑤闕：古代宫殿或陵墓前的門形高大建築。　⑥“自阿房”句：意謂把地上的阿房宫比作天上的閣道星，渭水比作銀河，咸陽比作營室星。藉助複道跨越渭水將阿房宫與京城咸陽連接起來，藉以象徵天空中閣道星横渡銀河抵達營室星的情景。天極：天球北極，即北辰，今稱北極星。古人以爲天極象徵帝王所居的中宫。閣道：古星名，指仙后座內的六顆星，古人認爲是溝通銀河兩岸的天橋。漢：銀河。營室：即營室星，二十八宿之一的室宿。此處象徵正在營建的阿房宫。　⑦隱宫：即宫刑，又稱腐刑。閹割男子生殖器的一種酷刑。因受刑後要在陰暗的屋子裏休養一百天，所以叫隱宫。一說當從《雲夢秦簡》作“隱官”，指收容受肉刑以後、因立功又被赦免的罪人的機構。徒：服勞役者。刑：刑徒。　⑧寫：通“瀉”，指水路運輸。　⑨立石東海上朐（qú）界中：指在東海郡朐縣境內立碑。東海，秦郡名，在今山東郯城北。朐，秦縣名，在今江蘇連雲港西南。　⑩復：免除賦税勞役。

盧生說始皇曰：“臣等求芝奇藥仙者常弗遇，類物有害之者①。方中②，人主時爲微行以辟惡鬼，惡鬼辟，真人至③。人主所居而人臣知之，則害於神。真人者，入水不濡，入火不爇，陵雲氣，與天地久長。今上治天下，未能恬倓④。願上所居宫毋令人知，然後不死之藥殆可得也。”於是始皇曰：“吾慕真人，自謂‘真人’，不稱‘朕’。”乃令咸陽之旁二百里內宫觀二百七十，複道、甬道相連，帷帳、鍾鼓、美人充之，各案署不移徙⑤。行所幸，有言其處者，罪死。始皇帝幸梁山宫⑥，從山上見丞相車騎衆，弗善也。中人或告丞相，丞相後損車騎。始皇怒曰：“此中人泄吾語。”案問莫服。當是時，詔捕諸時在旁者，皆殺之。自是後莫知行之所在。聽事，群臣受決事，悉於咸陽宫。

【注釋】

①類：類似，好像。 ②方：指仙方及方術之書。 ③真人：道家所稱存養本性的得道之人。此指仙人。 ④恬倓（tán）：即恬淡，清靜無欲。 ⑤各案署不移徙：各按部署，不得遷移。 ⑥梁山宮：秦行宮，在今陝西乾縣。

侯生、盧生相與謀曰："始皇爲人，天性剛戾自用，起諸侯，并天下，意得欲從①，以爲自古莫及己。專任獄吏，獄吏得親幸。博士雖七十人，特備員弗用。丞相諸大臣皆受成事，倚辨於上②。上樂以刑殺爲威，天下畏罪持祿，莫敢盡忠。上不聞過而日驕，下懾伏謾欺以取容③。秦法：不得兼方④；不驗，輒死。然候星氣者至三百人，皆良士，畏忌諱諛，不敢端言其過。天下之事無小大皆決於上，上至以衡石量書，日夜有呈⑤，不中呈不得休息。貪於權勢至如此，未可爲求仙藥。"於是乃亡去。始皇聞亡，乃大怒曰："吾前收天下書，不中用者盡去之。悉召文學方術士甚衆，欲以興太平，方士欲練以求奇藥⑥。今聞韓衆去不報，徐市等費以巨萬計，終不得藥，徒姦利相告日聞。盧生等吾尊賜之甚厚，今乃誹謗我，以重吾不德也。諸生在咸陽者，吾使人廉問⑦，或爲訞言以亂黔首。"於是使御史悉案問諸生。諸生傳相告引，乃自除。犯禁者四百六十餘人，皆阬之咸陽，使天下知之，以懲後。益發謫徙邊。始皇長子扶蘇諫曰："天下初定，遠方黔首未集⑧，諸生皆誦法孔子，今上皆重法繩之，臣恐天下不安。唯上察之。"始皇怒，使扶蘇北監蒙恬於上郡。

【注釋】

①從（zòng）：義同"縱"，放縱。 ②倚辨於上：靠皇上辦事。辨，通"辦"。 ③懾（shè）伏：畏罪屈從。謾欺：說假話。取容：求得以容身於朝廷。 ④兼方：兼用兩種或兩種以上的方術。 ⑤呈：通"程"，定限，定額。 ⑥欲練以求：《集解》引徐廣曰"一云：'欲以練求'"。練，通"煉"，熔煉。 ⑦廉問：私下察問。 ⑧集：通"輯"，安定。

三十六年，熒惑守心①。有墜星下東郡，至地爲石，黔首或刻其石曰“始皇帝死而地分”。始皇聞之，遣御史逐問，莫服，盡取石旁居人誅之，因燔銷其石。始皇不樂，使博士爲《仙真人詩》，及行所游天下，傳令樂人謌弦之。秋，使者從關東夜過華陰平舒道②，有人持璧遮使者曰：“爲吾遺滈池君③。”因言曰：“今年祖龍死④。”使者問其故，因忽不見，置其璧去。使者奉璧具以聞。始皇默然良久，曰：“山鬼固不過知一歲事也。”退言曰：“祖龍者，人之先也。”使御府視璧，乃二十八年行渡江所沈璧也。於是始皇卜之，卦得游徙吉。遷北河、榆中三萬家⑤。拜爵一級。

【注釋】

①熒惑守心：熒惑星運行至心宿星區。熒惑即火星，由於其亮度和視運動方向變幻不定，使人眩惑，故名。心，二十八宿之一的心宿，也叫商星，由天蠍座內的三顆星組成。古人迷信，認爲心宿的三顆星分別象徵天子、太子和庶子，而熒惑則是妖星，所以當火星運行到心宿所在的星區，則預示將有災禍降臨到帝王身上。 ②平舒：地名，在今陝西華陰西北。 ③滈池君：滈池的水神。滈，一作“鎬”。滈池故址在今陝西西安西南南豐鎬村、北豐鎬村西北窪地一帶，是滈水的源頭。唐後滈池乾涸，滈水遂絕。秦自稱以水德統治天下，所以用水神滈池君借指秦始皇。 ④祖龍：指秦始皇。祖即始。龍：人君之象。 ⑤北河：地名，在今內蒙古河套東北一帶。榆中：地名，在今陝西榆林。秦始皇徙民三萬家以應卜卦。

三十七年十月癸丑，始皇出游。左丞相斯從，右丞相去疾守。少子胡亥愛慕請從，上許之。十一月，行至雲夢①，望祀虞舜於九疑山②。浮江下，觀籍柯，渡海渚③。過丹陽④，至錢唐⑤。臨浙江⑥，水波惡，乃西百二十里從狹中渡。上會稽⑦，祭大禹，望于南海，而立石刻頌秦德。其文曰：

皇帝休烈，平一宇內，德惠脩長。三十有七年，親巡天下，周覽遠方。遂登會稽，宣省習俗，黔首齋莊。群臣誦功，本原事迹，追首高明。秦聖臨國，始定刑名，顯陳舊章。初平法式，審別職任，以立恒常。六王專倍，貪戾慠猛，率衆自彊。暴虐恣行，負力而驕，數動甲兵。陰通閒使，以事合從，行爲辟方。內飾詐謀，外來侵邊，遂起禍殃。義威誅之，殄熄暴悖，亂賊滅亡。聖德廣密，六合之中，被澤無疆。皇帝并宇，兼聽萬事，遠近畢清。運理群物，考驗事實，各載其名。貴賤並通，善否陳前，靡有隱情。飾省宣義，有子而嫁，倍死不貞。防隔內外，禁止淫泆，男女絜誠。夫爲寄豭⑧，殺之無罪，男秉義程。妻爲逃嫁⑨，子不得母，咸化廉清。大治濯俗，天下承風，蒙被休經。皆遵度軌，和安敦勉，莫不順令。黔首脩絜，人樂同則，嘉保太平。後敬奉法，常治無極，輿舟不傾。從臣誦烈，請刻此石，光垂休銘。

【注釋】

①雲夢：泛指春秋戰國時楚王的游獵區，大致包括今江漢平原及東、西、北一部分丘陵地帶。當時該地區湖泊、沼澤密布。 ②望祀：遥祭。九疑：一作"九嶷"，又名蒼梧山，在今湖南寧遠南。 ③籍柯：未詳。一說指長江中的礁石群。海渚："海"疑爲"江"之誤。江渚，又名牛渚，即采石磯，在今安徽馬鞍山長江東岸，爲牛渚山突出江中而成。一說爲長江中的沙洲。 ④丹陽：秦縣名，在今安徽當塗東北。 ⑤錢唐：秦縣名，在今浙江杭州。 ⑥浙江：古代对今錢塘江及其上游地区的總稱。 ⑦會稽：山名，在今浙江紹興東南。傳說大禹死於會稽。 ⑧寄豭（jiā）：把公豬送到養母豬的人家，讓母豬交配得孕，叫寄豭。此處指有婦之夫與人通姦。豭，公豬。 ⑨逃嫁：妻子拋棄自己的丈夫，而逃嫁他人，前夫的兒子不得再認她爲母親。

還過吳①，從江乘渡②。並海上，北至琅邪。方士徐市等入海求神藥，數歲不得，費多，恐譴，乃詐曰："蓬萊藥可得，然常爲大鮫魚所苦，故不得至，願請善射與俱，見則以連弩射之。"始皇夢與海神戰，如人狀。問占夢，博士曰："水神不可見，以大魚蛟龍爲候③。今上禱祠備謹，而有此惡神，當除去，而善神可致。"乃令入海者齎捕巨魚具，而自以連弩候大魚出射之。自琅邪北至榮成山④，弗見。至之罘，見巨魚，射殺一魚。遂並海西。

【注釋】

①吳：秦縣名，在今江蘇蘇州。　②江乘（shèng）：秦縣名，在今江蘇句容北。　③候：徵候，象徵。　④榮成山：即成山。

至平原津而病①。始皇惡言死，群臣莫敢言死事。上病益甚，乃爲璽書賜公子扶蘇曰："與喪，會咸陽而葬。"書已封，在中車府令趙高行符璽事所②，未授使者。七月丙寅，始皇崩於沙丘平臺③。丞相斯爲上崩在外，恐諸公子及天下有變，乃祕之，不發喪。棺載轀涼車中④，故幸宦者參乘，所至上食。百官奏事如故，宦者輒從轀涼車中可其奏事。獨子胡亥、趙高及所幸宦者五六人知上死。趙高故嘗教胡亥書及獄律令法事，胡亥私幸之。高乃與公子胡亥、丞相斯陰謀破去始皇所封書賜公子扶蘇者，而更詐爲丞相斯受始皇遺詔沙丘，立子胡亥爲太子。更爲書賜公子扶蘇、蒙恬，數以罪，(其)賜死。語具在《李斯傳》中。行，遂從井陘抵九原。會暑，上轀車臭，乃詔從官令車載一石鮑魚⑤，以亂其臭。

【注釋】

①平原津：平原縣境内的黄河渡口。平原，秦縣名，在今山東平原南。②車府令：秦官名，掌管皇帝的車輛。趙高是宦官，又稱"中人"，故稱中車府令。行符璽事：兼管皇帝符璽印章等事務。　③沙丘平臺：沙丘行宫的平臺。沙丘宫在今河北平鄉東北。　④轀（wēn）涼車：一種既可封閉嚴密又可通風的臥息車。轀：通"溫"。因爲秦始皇棺載溫涼車，以後遂專指喪車。　⑤鮑魚：濕的鹹魚，氣味腥臭。

行從直道至咸陽①，發喪。太子胡亥襲位，爲二世皇帝。九月，葬始皇酈山。始皇初即位，穿治酈山，及并天下，天下徒送詣七十餘萬人，穿三泉②，下銅而致椁，宫觀、百官、奇器、珍怪徙臧滿之③。令匠作機弩矢，有所穿近者輒射之。以水銀爲百川江河大海，機相灌輸，上具天文，下具地理④。以人魚膏爲燭⑤，度不滅者久之。二世曰："先帝後宫，非有子者，出焉不宜。"皆令從死，死者甚衆。葬既已下，或言工匠爲機，臧皆知之，臧重即泄。大事畢，已臧，閉中羡⑥，下外羡門，盡閉工匠臧者，無復出者。樹草木以象山。……

【注釋】

①直道：古道路名。秦始皇三十五年（前 212 年）命蒙恬主持修建，北起九原，南至雲陽，是連接關中平原與河套地區的主要通道。由於道路較直，故名。　②三泉：三重之泉，言地下至深之處。　③宫觀百官：指陪葬用的陶製宫殿模型與朝廷百官造型的陶俑。臧：通"藏"。　④天文：天空中日月星辰的分佈情況。地理：地面上山川湖海郡縣城郭的分佈狀況。此指墓室内穹壁和地表的圖案。　⑤人魚膏：鯢油。人魚，即鯢，俗稱娃娃魚。膏，脂肪。一説人魚即儒艮，哺乳類動物。哺乳時，以前肢抱幼仔，頭部和胸部均露出水面，宛如人在游泳，故有"人魚"之稱。　⑥羡（yán）：通"埏"。墓中神道，有内、中、外三道門。

【復習與思考】

1. 思考題

(1) 試結合秦始皇三十七年會稽刻石分析秦朝社會風俗。

(2) 列舉秦朝實施的對後世產生影響的統治措施。

2. 翻譯秦始皇三十四年李斯上言"五帝不相復"至"以吏爲師"一段。

（編注者：胡秋銀）

【自測題】

六國年表

本文選中華書局一九五九年版《史記》卷一五。

表，是《史記》體例中本紀、世家、書、表、列傳“五體”的重要組成部分之一，在《史記》全書中起到了提綱挈領的作用。它用簡明表格，概括排列複雜的歷史事實。在記述更爲廣泛的史事方面，史表完全可以起到紀傳書志所不能起的作用。因此，它既是本紀、列傳的重要補充，也是《史記》在先秦譜牒體例基礎上的發展。

《史記》十表是司馬遷精心構撰之作，既體現詳今略古，又注重史表中經與緯的關係，如記述夏商周的《三代世表》、記述春秋歷史的《十二諸侯年表》、記述戰國歷史的《六國年表》，也有記述楚漢相爭時期的《秦楚之際月表》等。此外，諸如《建元以來王子侯者年表》、《漢興以來將相名臣年表》的編撰，更是史表在新時代的靈活應用。它既反映時代變遷、戰爭進程，又能反映人物關係、制度演變，涵蓋了廣闊的社會層面。《史記》十表爲後世史書中史表的編撰，提供了啟迪。唐代史學家劉知幾在《史通・雜說上》中稱讚司馬遷所創的史表，說它使“雖燕越萬里，而於徑寸之內，犬牙可接；雖昭穆九代，而於方寸之中，雁行有叙”。南宋史學家鄭樵在他的《通志・總序》中則肯定“《史記》一書，功在十表，猶衣裳之有冠冕，木水之有本原”。

《六國年表》爲《史記》之卷十五，其時間斷限，上起周元王元年，下訖秦二世滅亡，表名“六國”，實譜八國。第一欄周，尊天下共主。第二欄秦，列於六國之前。日食災異載於秦表而不載於周表，其義即以秦係天下存亡，褒美秦統一之業。小國附屬於宗主國，蜀與義渠附於秦表，鄭附於韓表，代、中山附於趙表，魯、蔡、莒、吳、越、絳、曲沃附於魏表。表末略附秦朝大事。因周、秦均不在“六國”數中，故謂“六國年表”。

本篇爲《六國年表》的序言，由周王室东遷言及秦的發展、列國形勢和秦的统一，以說明作表之意。我們從年表本身也可窺見史表形制之一斑。

太史公讀《秦記》①，至犬戎敗幽王，周東徙洛邑②，秦襄公始封爲諸侯③，作西畤用事上帝④，僭端見矣⑤。《禮》曰：“天子祭天地，諸侯祭其域内名山大川⑥。”今秦雜戎、翟之俗⑦，先暴戾，後仁義⑧，位在藩臣而臚於郊祀⑨，君子懼焉。及文公踰隴⑩，攘夷狄，尊陳寶⑪，營岐、雍之間，而穆公脩政，東竟至河⑫，則與齊桓、晉文中國侯伯侔矣⑬。是後陪臣執政⑭，大夫世禄⑮，六卿擅晉權⑯，征伐會盟⑰，威重於諸侯⑱。及田常殺簡公而相齊國⑲，諸侯晏然弗討，海内爭於戰功矣。三國終之卒分晉⑳，田和亦滅齊而有之㉑，六國之盛自此始。務在彊兵并敵㉒，謀詐用而從衡短長之說起㉓。矯稱蠭出㉔，誓盟不信，雖置質剖符猶不能約束也㉕。秦始小國僻遠，諸夏賓之㉖，比於戎、翟，至獻公之後常雄諸侯㉗。論秦之德義不如魯衛之暴戾者，量秦之兵不如三晉之彊也，然卒并天下，非必險固便形埶利也㉘，蓋若天所助焉。

【注釋】

①太史公：司馬遷自稱。《秦記》：記載秦國歷史的書，即秦國之史記。 ②東徙：向東遷移。洛邑：即雒邑，在今河南洛陽一帶。 ③“秦襄公”句：周平王從鎬京東遷洛邑的過程中，秦襄公因護送有功，被周王室封爲諸侯。 ④作：建造。畤（zhì）：用以祭祀天地五帝的祭壇。事上帝：祭祀西方之神白帝。 ⑤僭端：僭越禮制端倪。見：同“現”。 ⑥《禮》：《禮記》。此句意謂《禮記》規定了天子與諸侯各自祭祀的對象，祇有天子才可祭祀天地五帝。 ⑦雜：混入，摻雜。翟：同“狄”。 ⑧先暴戾，後仁義：把暴虐放在前面，把仁義放在後邊。 ⑨藩：諸侯國。臚：通“旅”，祭名，用作動詞。郊祀：天子在郊外祭祀天地。 ⑩隴：隴山，在甘肅一帶。 ⑪攘：驅除。夷狄：泛指華夏族以外的民族。陳寶：神名。 ⑫竟：同“境”。 ⑬侔：齊等，相當。 ⑭陪臣：列國之臣。即諸侯國中的大夫對天子自稱陪臣。 ⑮世禄：世代享有爵禄。 ⑯六卿：此指春秋末年晉國的魏、趙、韓、知、范、中行六家貴族。擅：獨攬。 ⑰征伐會盟：戰爭與外交。

⑱威：權力，權威。 ⑲“及田常”句：前四八一年，齊國大臣田常殺死齊簡公，擁立齊平公並擔任相國，從此齊國由田氏專權。 ⑳三國：魏、趙、韓。此句言三家分晉。 ㉑有：佔有。此句言田氏代齊。 ㉒務：緊要的事情。并：兼併。 ㉓縱橫短長之說：指縱橫家。 ㉔矯稱：詐稱。 ㉕置質：安置人質。剖符：將信符一分爲二，各執一半，以示爲信。 ㉖諸夏：指周朝分封的諸侯國，這裏指中原六國。賓：通“擯”，排斥。 ㉗雄：稱雄。 ㉘便形：地勢有利。埶：通“勢”。利：便利。

或曰：“東方物所始生，西方物之成孰”①。夫作事者必於東南②，收功實者常於西北③。故禹興於西羌，湯起於亳，周之王也以豐、鎬伐殷，秦之帝用雍州興，漢之興自蜀漢④。

【注釋】

①孰：同“熟”。 ②作事：開創事業。 ③收功實：指最後完成帝業，獲得成功。 ④“故禹”句：此五例爲“收功實者常於西北”之論據。西羌，西漢時對羌的泛稱。

秦既得意①，燒天下《詩》、《書》，諸侯史記尤甚，爲其有所刺譏也②。《詩》、《書》所以復見者，多藏人家；而史記獨藏周室，以故滅。惜哉，惜哉！獨有《秦記》，又不載日月，其文略不具③。然戰國之權變亦有可頗采者④，何必上古。秦取天下多暴，然世異變，成功大⑤。傳曰：“法後王”⑥，何也？以其近己而俗變相類⑦，議卑而易行也⑧。學者牽於所聞⑨，見秦在帝位日淺，不察其終始，因舉而笑之⑩，不敢道⑪，此與以耳食無異⑫。悲夫！

【注釋】

①得意：得志，此指兼併六國，統一天下。 ②刺譏：譏諷，指責。 ③具：全，完備。 ④權變：通權達變。 ⑤成功：功效。 ⑥法：效法。 ⑦相類：相近，相似。 ⑧易行：容易實施。 ⑨牽：拘泥。 ⑩舉：皆。 ⑪道：稱道，稱讚。 ⑫耳食：用耳朵吃東西，喻指不加思考，輕信傳聞。

余於是因《秦記》①，踵《春秋》之後②，起周元王，表六國時事③，訖二世，凡二百七十年④，著諸所聞興壞之端⑤。後有君子，以覽觀焉。

【注釋】

①因：憑藉，依據。　②踵：繼，跟着。　③表：動詞，表述，以表格的形式記述。　④二世：指秦二世胡亥。凡：共。　⑤興壞：盛衰。端：事、緣由。

周	秦	魏	韓	趙	楚	燕	齊
周元王元年（公元前476年）	秦厲共公元年	（魏獻子）衛出公輒後元年	（韓宣子）	（趙簡子）四十二	楚惠王章十三年吳伐我。	燕獻公十七年	齊平公鶩五年
（中略）							
（周顯王）十三（前356）	（秦孝公）六	（魏惠王）十五魯、衛、宋鄭侯來。	（韩昭侯）三	（趙成侯）十九與燕會阿［河］。與齊、宋會平陸。	（楚宣王良夫）十四	（燕文公）六	（齊威王因［齊］）二十三與趙會平陸。
十四（前355）	七與魏王會杜平。	十六與秦孝公會杜平。侵宋黄池，宋復取之。	四	二十	十五	七	二十四與魏會田於郊。
十五（前354）	八與魏戰元里，斬首七千，取少梁。	十七與秦戰元里，秦取我少梁。	五	二十一魏圍我邯鄲。	十六	八	二十五

續表

周	秦	魏	韓	趙	楚	燕	齊
十六 (前353)	九	十八 邯鄲降。齊敗我桂陵。	六 伐東周，取陵觀、廩丘。	二十二 魏拔邯鄲。	十七	九	二十六 敗魏桂陵。
十七 (前352)	十 衛公孫鞅爲大良造，伐安邑，降之。	十九 諸侯圍我襄陵。築長城，塞固陽。	七	二十三	十八 魯康公元年。	十	二十七
十八 (前351)	十一 城商塞。衛鞅圍固陽，降之。	二十 歸趙邯鄲。	八 申不害相。	二十四 魏歸邯鄲，與魏盟漳水上。	十九	十一	二十八
十九 (前350)	十二 初聚小邑爲三十一縣。令爲田開阡陌。	二十一 與秦遇彤。	九	二十五	二十	十二	二十九
二十 (前349)	十三 初爲縣，有秩史。	二十二	十 韓姬弑其君悼公。	趙肅侯元年。	二十一	十三	三十
二十一 (前348)	十四 初爲賦。	二十三	十一 昭侯如秦。	二	二十二	十四	三十一
二十二 (前347)	十五	二十四	十二	三 公子范襲邯鄲，不勝，死。	二十三	十五	三十二

續表

周	秦	魏	韓	趙	楚	燕	齊
二十三 (前 346)	十六	二十五	十三	四	二十四	十六	三十三 殺其大夫牟辛。
二十四 (前 345)	十七	二十六	十四	五	二十五	十七	三十四
二十五 (前 344) 諸侯會。	十八	二十七 丹封名會。丹,魏大臣。	十五	六	二十六	十八	三十五 田忌襲齊,不勝。
二十六 (前 343) 致伯秦	十九 城武城。從東方牡丘來歸。天子致伯。	二十八	十六	七	二十七 魯景公偃元年。	十九	三十六
二十七 (前 342)	二十 諸侯畢賀。會諸侯于澤。朝天子。	二十九 中山君爲相。	十七	八	二十八	二十	齊宣王辟彊元年
二十八 (前 341)	二十一 馬生人。	三十 齊虜我太子申,殺將軍龐涓。	十八	九	二十九	二十一	二 敗魏馬陵。田忌、田嬰、田肦將,孫子爲師。
二十九 (前 340)	二十二 封大良造商鞅。	三十一 秦商君伐我,虜我公子卬。	十九	十	三十	二十二	三 與趙會,伐魏。

續表

周	秦	魏	韓	趙	楚	燕	齊
三十（前 339）	二十三 與晉戰岸門。	三十二 公子赫爲太子。	二十	十一	楚威王熊商元年	二十三	四
三十一（前 338）	二十四 (秦)大荔圍合陽。孝公薨。商君反，死彤地。	三十三 衛鞅亡歸我，我恐，弗內。	二十一	十二	二	二十四	五
三十二（前 337）	秦惠文王元年 楚、韓、趙、蜀人來。	三十四	二十二 申不害卒。	十三	三	二十五	六

（下略）

本表製作參考：

【1】司馬遷：《史記》（點校本二十四史精裝版第 2 册），中華書局 2013 年版。

【2】周予同主編：《中國歷史文選》（上册），上海古籍出版社 1979 年版。

【復習與思考】

1. 解釋下列劃綫詞語

西畤　臚於郊祀　從衡短長　置質剖符　諸夏賓之　以耳食無異　興壞之端

2. 思考題

(1) 認識“表”在《史記》中的作用和地位。

(2) 作爲史學家，司馬遷在文中認爲秦國最終兼併六國完成統一的原因是什麼？

（編注者：王春陽）

【自測題】

孔子世家

本篇選自《史記》卷四七，系統記載了我國偉大的思想家、教育家和政治活動家，以及儒家學派創始人——孔子的生平事跡、言論及其各方面成就，是關於孔子最早的一篇傳記文字，也是研究孔子生平和思想的重要文獻。它是司馬遷根據《論語》、《左傳》、《禮記》等文獻中有關孔子的事跡和言行編撰而成的。

"世家"本是《史記》記載公侯事跡的一種特殊體例，孔子出身爲士，家道沒落，之所以歸入"世家"，應該是司馬遷對孔子播揚文化之功的充分肯定，我們不應簡單地視之爲司馬遷尊孔崇儒的證據。後人尊孔子爲"素王"、"至聖先師"，司馬遷顯然也是從這一角度看待孔子的。正如本篇末司馬遷所云："孔子布衣，傳十餘世，學者宗之。自天子王侯，中國言六藝者折中於夫子，可謂至聖矣！"在西漢時期儒學興盛的背景下，司馬遷不僅高度讚揚了孔子的德行和學問，而且以嚴謹的史家態度，充分肯定了孔子的文化影響力及其歷史地位。

孔子生魯昌平鄉陬邑①。其先宋人也②，曰孔防叔。防叔生伯夏，伯夏生叔梁紇。紇與顏氏女野合而生孔子③，禱於尼丘得孔子④。魯襄公二十二年而孔子生⑤。生而首上圩頂⑥，故因名曰丘云。字仲尼，姓孔氏。

【注釋】

①魯：諸侯國名。西周初封，姬姓，都於曲阜（今山東曲阜）。昌平鄉：鄉名。因昌平山而得名，在今山東曲阜東南。陬（zōu）邑：邑名。在今山東曲阜東南的鄒城。　②宋：諸侯國名。西周初封，子姓，都於商丘（今河南商丘南）。

③叔梁紇(hé):孔子的父親。名紇,字梁,排行叔,陬邑大夫。顏氏女:名徵在。野合:主要有二說:一說野合即男女私通;一說叔梁紇年老而徵在少艾,二人年齡相差懸殊,此種婚姻在當時不合禮儀,故謂野合。　④禱:祈禱,向神祈告求子。尼丘:山名。在今山東曲阜鄒城之闕里。　⑤魯襄公:名午,魯成公之子,前五七二年至前五四二年在位。魯襄公二十二年:即前五五一年。　⑥圩(wéi)頂:形容頭頂四周高而中間低。圩,水田四周的土埂。

丘生而叔梁紇死,葬於防山①。防山在魯東,由是孔子疑其父墓處,母諱之也。孔子爲兒嬉戲,常陳俎豆,設禮容②。孔子母死,乃殯五父之衢③,蓋其慎也。郰人輓父之母誨孔子父墓④,然後往合葬於防焉。

孔子要絰,季氏饗士⑤,孔子與往。陽虎絀曰⑥:"季氏饗士,非敢饗子也。"孔子由是退。

【注釋】

①防山:山名。又名筆架山,在今山東曲阜東二十里。　②俎(zǔ)豆:盛放食物的祭器。俎,方形盛器。豆,圓形高足的盤。設禮容:設,擺放、演習。禮容,禮儀法度。　③殯:停柩,屍體裝斂入棺而未下葬。五父之衢:魯城内的街道。五父,街名。　④郰:同"陬",陬邑。輓父:人名。《禮記·檀弓上》作"曼父"。誨:告知。　⑤要絰(dié):古喪服,束於腰間的麻帶。要,通"腰"。季氏:指當時執政的季武子,名宿,謚武,魯國大夫,自前五六一年至前五三五年執掌國政。饗(xiǎng):宴請。　⑥陽虎:名虎,字貨,亦稱"陽貨",時爲季孫氏家臣。絀(chù):貶斥,斥退。

孔子年十七,魯大夫孟釐子病且死,誡其嗣懿子曰:"孔丘,聖人之後,滅於宋①。其祖弗父何始有宋而嗣讓厲公②。及正考父佐戴、武、宣公③,三命茲益恭④,故鼎銘云:'一命而僂,再命而傴,三命而俯,循牆而走,亦莫敢余侮。饘於是,粥於是,以餬余口⑤。'其恭如是。吾聞聖人之後,雖不當世,必有達者。今孔丘年少好禮,其達者歟?吾即沒,若必師之⑥。"及釐子卒,懿子與魯人南宮敬叔往學禮焉。是歲,季武子卒,平子代立。⑦

【注釋】

①孟釐(xī)子:亦作“孟僖子”,名貜,氏仲孫。嗣:嫡長子,繼承人。懿子:名何忌,亦稱“孟懿子”,魯國大夫。聖人之後:聖人或指商湯。孔子是宋國始祖微子啟之後,微子啟乃商紂王之庶弟,故云。滅於宋:據《集解》引杜預曰:“孔子六世祖孔父嘉爲宋華督所殺,其子奔魯也。” ②“其祖”句:孔子十世祖弗父何爲宋湣公之嫡長子,依禮法當爲宋國嗣君,但他讓位給弟弟,即後來的宋厲公。 ③正考父:弗父何的曾孫,孔子七世祖。佐:輔佐。戴:指宋戴公,前七九九年至前七六六年在位。武:宋武公,名司空,宋戴公之子,前七六五年至前七四八年在位。宣公:宋宣公,名力,宋武公之子,前七四七年至前七二九年在位。 ④三命:一命爲士,再命爲大夫,三命爲卿。三命兹益恭:意指正考父職位越提升,爲人愈加謙恭。 ⑤鼎銘:此指正考父廟之鼎銘文。僂(lǚ):曲背。表示恭敬。傴(yǔ):曲背。彎曲度比“僂”大,表示更恭敬。俯:曲身。彎曲度比“傴”大,表示愈加恭敬。走:疾趨。莫敢侮余:沒有人敢侮辱我。饘(zhān):稠粥。粥:稀粥。是:指代鼎。“故鼎銘”句:鼎銘内記載,正考父隨着職位提升,愈加恭敬。人們不敢欺侮他。他每日用此鼎進餐,以此糊口。 ⑥當世:當政。達:賢達。即:倘若。沒(mò):同“歿”,去世。若:爾、你。 ⑦南宫敬叔:名説(yuè),氏南宫,謚敬,叔排行,孟釐子之子,孟懿子之弟,魯國大夫。平子:即魯國大夫季平子,名意如,謚平,季武子之孫,前五一九年至前五〇五年執掌國政。

孔子貧且賤。及長,嘗爲季氏史,料量平①;嘗爲司職吏而畜蕃息。由是爲司空②。已而去魯,斥乎齊,逐乎宋、衛,困於陳、蔡之閒,於是反魯③。孔子長九尺有六寸,人皆謂之“長人”而異之。魯復善待,由是反魯。

魯南宫敬叔言魯君曰:“請與孔子適周④。”魯君與之一乘車,兩馬,一豎子俱⑤,適周問禮,蓋見老子云。辭去,而老子送之曰:“吾聞富貴者送人以財,仁人者送人以言。吾不能富貴,竊仁人之號,送子以言,曰:‘聰明深察而近於死者,好議人者也。博辯廣大危其身者,發人之惡者也。爲人子者毋以有己,爲人臣者毋以有己⑥。’”孔子自周反於魯,弟子稍益進焉⑦。

【注釋】

①季氏史:《索隱》云:“有本作委吏。”當是。委吏是管理糧倉的官吏。料量平:料量,統計稱量。平,公正、準確。 ②司職吏:掌管牲畜的官吏。蕃息:繁殖、生長。司空:掌管建築工程、器械製造的官員。 ③斥:排斥,驅逐。齊:諸侯國名,西周初封,姜姓,都於營丘,改稱臨淄(今山東淄博東北)。衛:諸侯國名。西周初封,姬姓,春秋時期都於楚丘(今河南滑縣)。陳:諸侯國名。西周初封,嬀姓,都於宛丘(今河南淮陽)。蔡:諸侯國名。西周初封,姬姓,都於上蔡(今河南上蔡西南),後屢次遷都。反:通“返”,返回。 ④魯君:當指魯國國君魯昭公。名裯,魯襄公之子,前五四二年至前五一〇年在位。適:往、到。周:朝代名。此指周王室所在地雒邑。 ⑤乘(shèng):一車四馬爲一乘。豎子:僮僕。俱:同行。 ⑥老子:春秋時思想家,道家學派的創始人。其人生平事跡,說法不一,或指李耳,字聃(dān),楚國苦縣人,任周王室管理藏書的史官。毋以有己:不要有自己,指捨身忘己。 ⑦弟子稍益進:弟子逐漸多起來。

是時也,晉平公淫,六卿擅權,東伐諸侯①;楚靈王兵彊,陵轢中國②;齊大而近於魯。魯小弱,附於楚則晉怒,附於晉則楚來伐。不備於齊,齊師侵魯③。

魯昭公之二十年,而孔子蓋年三十矣。齊景公與晏嬰來適魯④,景公問孔子曰:“昔秦穆公國小處辟,其霸何也⑤?”對曰:“秦,國雖小,其志大;處雖辟,行中正。身舉五羖,爵之大夫,起纍紲之中⑥,與語三日,授之以政。以此取之,雖王可也,其霸小矣。”景公說⑦。

【注釋】

①晉:諸侯國名。西周初封,姬姓,春秋後期都於新絳(今山西新絳西南)。晉平公:名彪,晉悼公之子,前五五七年至前五三二年在位。六卿:指執掌晉國國政的魏氏、趙氏、韓氏、范氏、中行氏、知氏六家世卿。東伐諸侯:晉平公元年(前557年)、十年(前548年),晉軍兩次東進攻伐齊國。 ②楚:諸侯國名。芈姓,周成王時受封子爵,春秋後期都於郢(今湖北荆州西北紀南城)。楚靈王:名圍,後改名虔,楚共王之子,前五四〇年至前五二九年在位。陵轢(lì):同“淩轢”,欺壓,干犯。中國:此指中原地區。 ③附:依附,親附。備:完備,周全。
④魯昭公之二十年:即前五二二年。齊景公:名杵臼,齊靈公之子,齊莊公之弟,

前五四七年至前四九〇年在位。晏嬰：名嬰，字平仲，春秋齊夷維（今山東高密）人。歷仕齊靈公、齊莊公、齊景公三朝，以節儉力行，名顯諸侯，卒於前五〇〇年。今有後人撰輯的《晏子春秋》傳世。　⑤秦：諸侯國名。嬴姓，原是遊牧部族，被周平王正式封爲諸侯，春秋時都於雍（今陝西鳳翔南）。秦穆公：或作“秦繆公”，氏趙，名任好，前六五九年至前六二一年在位。曾任用百里奚、蹇叔、由余爲謀臣，擊敗晉國，俘晉惠公，滅梁國、芮國、滑國，向西攻滅十二國，稱霸西戎。辟：通“僻”。霸：以武力稱雄一方。　⑥身舉：親自舉薦。五羖（gǔ）：指五羖大夫百里奚。百里奚原爲虞國人，晉攻虞，爲晉所俘，作爲陪嫁臣隨秦穆公夫人入秦，後逃離秦國，在宛地被楚國人捉住，秦穆公以其賢，用五張羊皮把他贖回，任爲大夫，故云五羖大夫。羖，黑色公羊。纍紲（léi xiè）：同“縲絏”，綁人用的繩索，引申爲囚禁。　⑦以此取之：猶言“從此來看”。王（wàng）：指用仁義之道統治天下，與“霸”相對。說（yuè）：通“悦”。

孔子年三十五，而季平子與郈昭伯以鬭雞故得罪魯昭公①，昭公率師擊平子，平子與孟氏、叔孫氏三家共攻昭公，昭公師敗，奔於齊，齊處昭公乾侯②。其後頃之，魯亂。孔子適齊，爲高昭子家臣，欲以通乎景公③。與齊太師語樂，聞《韶》音，學之，三月不知肉味，齊人稱之④。

【注釋】

①“而季平子”句：據《左傳》，昭公二十五年（前 517 年），季平子與郈昭伯鬭雞結仇，郈昭伯勸魯昭公討伐季平子。郈（hòu）：邑名，在今山東東平。郈昭伯：名惡，亦稱“郈孫”，魯國大夫。　②孟氏、叔孫氏：孟氏，即孟孫氏，亦稱仲孫氏，魯桓公之子仲慶父的後裔。叔孫氏，魯桓公之子叔牙的後裔。季孫氏、孟孫氏、叔孫氏係魯桓公三個兒子的後裔，執掌魯國國政的三家貴族，其中以季孫氏勢力最大。處：安置。乾侯：晉邑名，在今河北成安東南。　③頃之：不久。高昭子：氏高，名張，謚昭，齊國大夫，其時執掌齊國國政。家臣：春秋時期卿大夫的私家臣僚。通：達，接近。　④太師：官名。又作“大師”，樂官之長。《韶》：古樂曲名。相傳爲舜所作。稱：稱道，讚揚。

景公問政孔子，孔子曰：“君君，臣臣，父父，子子。”景公曰：“善哉！信如君不君，臣不臣，父不父，子不子，雖有粟，吾豈得而食諸①!”他日又復問政於孔子,孔子曰:“政在節財。”景公説,將欲以尼谿田封孔子②。晏嬰進曰:“夫儒者滑稽而不可軌法;倨傲自順,不可以爲下;崇喪遂哀,破産厚葬,不可以爲俗③;遊説乞貸,不可以爲國。自大賢之息,周室既衰,禮樂缺有閒④。今孔子盛容飾,繁登降之禮、趨詳之節,累世不能殫其學,當年不能究其禮⑤。君欲用之以移齊俗,非所以先細民也⑥。”後,景公敬見孔子,不問其禮。異日,景公止孔子曰:“奉子以季氏,吾不能。”以季、孟之閒待之⑦。齊大夫欲害孔子,孔子聞之。景公曰:“吾老矣,弗能用也。”孔子遂行,反乎魯。

【注釋】

①信:真的,果真。諸:“之於”的合音。 ②尼谿:齊地名。所在不詳。 ③滑(gǔ)稽:能言善辯。軌法:遵守法規。自順:自以爲是。遂:放縱,任情。 ④大賢:指周文王、周武王、周公等。息:通“熄”,滅。有閒:指有一段時間了。 ⑤盛容飾:意指修飾儀容、考究服飾的禮節。登降:尊卑,上下。趨詳之節:彎腰小步快走的禮節。殫(dān):竭盡,窮盡。當年:一生,終身。⑥先:先導,引導。細民:小民,百姓。 ⑦異日:他日。止:挽留。奉:侍奉,對待。以季、孟之閒待之:《論語集解》引孔安國曰:“魯三卿,季氏爲上卿,最貴;孟氏爲下卿,不用事。言待之以二者之閒也。”

孔子年四十二,魯昭公卒於乾侯,定公立。定公立五年,夏,季平子卒,桓子嗣立①。季桓子穿井得土缶②,中若羊,問仲尼云“得狗”。仲尼曰:“以丘所聞,羊也。丘聞之,木石之怪夔、罔閬③,水之怪龍、罔象④,土之怪羵羊⑤。”

【注釋】

①定公:即魯定公,名宋,魯襄公之子,魯昭公之弟,前五〇九年至前四九五年在位。定公立五年:即前五〇五年。桓子:即魯國大夫季桓子,名斯,謚桓,前五〇一年至前四九二年執掌國政。嗣立:指季桓子繼承父親的官爵。 ②缶(fǒu):口小腹大的盛器。 ③木石:樹木石頭,此指山林。夔(kuí):神獸名。傳説似龍形,祇有一足。罔閬(làng):也作“罔兩”、“魍魎”、“蝄蜽”,傳説中的山林精怪。 ④罔象:也作“罔像”,傳話中的水怪。 ⑤羵羊:傳説中的土怪。

……

桓子嬖臣曰仲梁懷，與陽虎有隙。陽虎欲逐懷，公山不狃止之①。其秋，懷益驕，陽虎執懷。桓子怒，陽虎因囚桓子，與盟而醳之②。陽虎由此益輕季氏。季氏亦僭於公室，陪臣執國政③，是以魯自大夫以下皆僭離於正道。故孔子不仕，退而脩詩、書、禮、樂，弟子彌衆，至自遠方，莫不受業焉。

定公八年④，公山不狃不得意於季氏，因陽虎爲亂，欲廢三桓之適，更立其庶孽陽虎素所善者⑤，遂執季桓子。桓子詐之，得脫。定公九年，陽虎不勝，奔於齊。是時孔子年五十。

【注釋】

①嬖(bì)臣：即男寵。嬖，寵倖。仲梁懷：氏仲梁，名懷，季氏家臣。隙：裂痕，過節。公山不狃(niǔ)：氏公山，名不狃(又作"弗擾")，魯國大夫，時任季氏封邑費宰。　②執：拘捕。醳：通"釋"，釋放。　③陪臣：此指卿大夫。④定公八年：即前五〇二年。　⑤因：利用，憑藉。三桓：指季孫氏、孟孫氏、叔孫氏三家。適(dí)：通"嫡"，指正妻所生的長子，爲法定繼承人。庶孽：非正妻所生的諸子。

公山不狃以費畔季氏①，使人召孔子。孔子循道彌久，溫溫無所試②，莫能己用，曰："蓋周文、武起豐、鎬而王，今費雖小，儻庶幾乎③！"欲往。子路不說，止孔子。孔子曰："夫召我者豈徒哉？如用我，其爲東周乎！"然亦卒不行④。

【注釋】

①費(bì)：魯邑名。季氏采邑，在今山東費縣西。畔：通"叛"。　②溫(yùn)溫：也作"蘊蘊"，鬱鬱不得志的樣子。試：任用。　③豐：西周國都。周文王自岐遷都於此，在今陝西西安西南灃河以西。鎬(hào)：西周國都。周武王從豐遷都於此，在今陝西西安西南灃河以東。儻：或許。庶幾：相近，差不多。④子路(前 542—前 480 年)：氏仲，名由，字路，排行季，亦稱"季路"、"仲由"，魯國卞(今山東泗水)人，孔子弟子。曾任季氏宰、衛大夫孔悝宰。死於衛國內亂，以勇力聞名。徒：徒勞，徒然。其：將，將來。爲東周：何晏《論語集解》云："興周道於東方，故曰東周也。"卒：結果，最終。

其後定公以孔子爲中都宰，一年，四方皆則之。由中都宰爲司空，由司空爲大司寇①。

定公十年春，及齊平②。夏，齊大夫黎鉏言於景公曰："魯用孔丘，其勢危齊。"乃使使告魯爲好會，會於夾谷③。魯定公且以乘車好往④。孔子攝相事⑤，曰："臣聞有文事者必有武備，有武事者必有文備。古者諸侯出疆，必具官以從。請具左右司馬⑥。"定公曰："諾。"具左右司馬。會齊侯夾谷，爲壇位，土階三等，以會遇之禮相見，揖讓而登⑦。獻酬之禮畢，齊有司趨而進曰："請奏四方之樂⑧。"景公曰："諾。"於是旍、旄、羽、袯、矛、戟、劍、撥鼓噪而至⑨。孔子趨而進，歷階而登，不盡一等，舉袂而言曰："吾兩君爲好會，夷狄之樂何爲於此！請命有司！"⑩有司卻之，不去，則左右視晏子與景公。景公心怍，麾而去之⑪。有頃，齊有司趨而進曰："請奏宮中之樂。"景公曰："諾。"優倡、侏儒爲戲而前。孔子趨而進，歷階而登，不盡一等，曰："匹夫而營惑諸侯者罪當誅！請命有司！"有司加法焉，手足異處⑫。景公懼而動，知義不若⑬，歸而大恐，告其群臣曰："魯以君子之道輔其君，而子獨以夷狄之道教寡人，使得罪於魯君，爲之柰何？"有司進對曰："君子有過則謝以質，小人有過則謝以文。君若悼之，則謝以質⑭。"於是齊侯乃歸所侵魯之鄆、汶陽、龜陰之田以謝過⑮。

【注釋】

①中都：魯邑名。在今山東汶上西。宰：一邑之长。則：效法。大司寇：主管刑獄、糾察的官員。　②及齊平：與齊國和好。　③黎鉏：人名。生平事跡不詳。《史記・齊太公世家》作"犂鉏"，《左傳・定公十年》作"犂彌"。好會：和好會盟。夾谷：齊地名，在今山東萊蕪南。　④好往：毫無戒備地前往赴會。⑤攝相事：此有二說：一說孔子代行會盟司儀事務；一說孔子代行國相事務。⑥具：配備。司馬：武官名。執掌軍政、軍法。　⑦爲壇位：築土爲高臺，臺上佈列兩國諸侯的席位。壇，土築的高臺。土階三等：壇有三級土階。會遇之禮：指國君相會時的一種簡易禮節。　⑧獻酬：相互敬酒。有司：有關官吏。四方之樂：泛指周邊民族的曲樂，即下文孔子認爲的"夷狄之樂"。　⑨旍（jīng）：同

“旄”。古代一種用五色羽毛裝飾的旗幟。旄(máo):古代用牦牛尾裝飾的旗幟。祓(fú):同“帗”。古代舞者所用的舞具。撥(fá):大盾,用以禦刀矢的戰具。鼓噪:擊鼓呼叫。　⑩歷階:古禮規定,登臺階時每上一級,要等雙足並齊,然後纔能登另一級臺階。若一步一臺階,就叫做“歷階”。孔子因緊急,不顧忌禮節,就歷階而登了。不盡一等:意謂還差一級沒上。舉袂(mèi):意謂抬起手。袂,衣袖。夷狄:古人對四方少數民族的蔑稱。　⑪卻之:令樂隊退下。左右:當指兩國諸侯身邊的官員。晏子:指晏嬰。怍(zuò):慚愧。麾:通“揮”,揮手。⑫優倡、侏儒:表演歌舞、戲謔的藝人,以供貴族玩弄取樂。匹夫:庶民,下人,此指優倡、侏儒。營惑:迷惑。加法:施加刑法。手足異處:手腳分離。　⑬動:震動。知義不若:意識到自己不對。　⑭謝:認錯,道歉。質:此指具體行爲。文:此指巧言文飾。悼:痛心,慚悔。　⑮鄆:邑名,在今山東鄆城東。汶陽:邑名,在今山東泰安西南。龜陰:邑名,在今山東泗水東北。

定公十三年夏①,孔子言於定公曰:“臣無藏甲,大夫毋百雉之城。”使仲由爲季氏宰,將墮三都②。於是叔孫氏先墮郈。季氏將墮費,公山不狃、叔孫輒率費人襲魯。公與三子入于季氏之宫,登武子之臺③。費人攻之,弗克,入及公側。孔子命申句須、樂頎下伐之,費人北④。國人追之,敗諸姑蔑。二子奔齊,遂墮費⑤。將墮成,公斂處父謂孟孫曰⑥:“墮成,齊人必至于北門。且成,孟氏之保鄣⑦,無成是無孟氏也。我將弗墮。”十二月,公圍成,弗克。

【注釋】

①定公十三年:據《左傳》、《公羊傳》、《穀梁傳》和《史記·魯周公世家》,“墮三都”事均在定公十二年,即前四九八年,“三”當係“二”字之誤。　②臣無藏甲:家臣不得私藏武器。甲,兵甲。大夫毋百雉之城:卿大夫的封邑,其城不得超過百雉。雉,計算城牆面積的單位。長三丈高一丈爲一雉。墮(huī):毀壞,拆除。三都:魯國“三桓”宗廟所在的三座采邑。《左傳·莊公二十八年》:“凡邑,有宗廟先君之主曰都,無曰邑。”三都即季孫氏之費都(今山東費縣西),孟孫氏之成都(今山東寧陽東北),叔孫氏之郈都(今山東東平東南)。　③叔孫輒:名輒,字子張,叔孫氏之庶子,魯國大夫。三子:指季孫氏、孟孫氏、叔孫氏。武子:指季武子。　④申句須、樂頎:兩人均爲魯國大夫。下:下臺。北:敗走,敗逃。⑤姑蔑:魯地名。在今山東泗水東。二子:指公山不狃和叔孫輒。　⑥公斂處

父：名陽，氏公斂，字處父，孟孫氏家臣，成邑宰。　⑦保鄣：據以爲守的屏障。

定公十四年，孔子年五十六，由大司寇行攝相事①，有喜色。門人曰："聞君子禍至不懼，福至不喜。"孔子曰："有是言也。不曰'樂其以貴下人'乎？"於是誅魯大夫亂政者少正卯②。與聞國政三月，粥羔豚者弗飾賈，男女行者別於塗，塗不拾遺③，四方之客至乎邑者不求有司，皆予之以歸。

【注釋】

①相：國相，最高行政長官。當時魯國無相職，司馬遷可能沿襲了《荀子》、《晏子春秋》等書的相關記述。　②樂其以貴下人：以居高位而能禮賢下士爲樂。少正卯：氏少正，名卯，或謂少正爲官名。　③與(yù)：參與。粥(yù)：通"鬻"，賣。羔豚：羊、豬。飾賈：加價，虛抬價格。賈，通"價"。塗：通"途"，道路。

齊人聞而懼，曰："孔子爲政必霸，霸則吾地近焉，我之爲先并矣。盍致地焉①？"黎鉏曰："請先嘗沮之，沮之而不可則致地，庸遲乎②！"於是選齊國中女子好者八十人，皆衣文衣而舞《康樂》，文馬三十駟，遺魯君③。陳女樂、文馬於魯城南高門外，季桓子微服往觀再三，將受，乃語魯君爲周道遊④，往觀終日，怠於政事。子路曰："夫子可以行矣。"孔子曰："魯今且郊，如致膰乎大夫⑤，則吾猶可以止。"桓子卒受齊女樂，三日不聽政。郊，又不致膰俎於大夫。孔子遂行，宿乎屯⑥。而師己送⑦，曰："夫子則非罪。"孔子曰："吾歌可夫？"歌曰："彼婦之口，可以出走；彼婦之謁，可以死敗。蓋優哉游哉，維以卒歲⑧！"師己反，桓子曰："孔子亦何言？"師己以實告。桓子喟然歎曰："夫子罪我以群婢故也夫⑨！"

【注釋】

①盍(hé)：何不。致：進獻。　②嘗：試。沮(jǔ)：阻止。庸：豈，難道。　③好：貌美。文衣：指華麗的衣服。《康樂》：舞曲名。文馬：身披彩飾的馬。駟：古時一車駕四匹馬。遺(wèi)：給予，贈送。　④微服：指平民服裝。微，微末，指代平民。語(yù)：告訴。周道遊：猶言"到各處走走"。季桓子不便和魯君直接說去看女樂，故以"周道遊"爲託辭。　⑤郊：祭名。冬至日在南郊祭天。膰

(fán):祭肉。按當時禮制,魯君郊祭之後,應將祭肉分賜大臣,以表示對大臣的尊重。 ⑥屯:魯邑名,在今山東曲阜南。 ⑦師己:魯國樂師,名己。 ⑧"彼婦"句:婦人的口舌能離間君臣,迫使賢臣出走;婦人的讒言,能導致國破人亡;優哉游哉,聊以度日。謁,陳說,進言。 ⑨罪:怪罪。群婢:指齊國女樂。

孔子遂適衛,主於子路妻兄顔濁鄒家①。衛靈公問孔子:"居魯得禄幾何?"對曰:"奉粟六萬。"衛人亦致粟六萬。居頃之,或譖孔子於衛靈公②。靈公使公孫余假一出一入③。孔子恐獲罪焉,居十月,去衛。

將適陳,過匡,顔刻爲仆,以其策指之曰:"昔吾入此,由彼缺也。"④匡人聞之,以爲魯之陽虎。陽虎嘗暴匡人,匡人於是遂止孔子。孔子狀類陽虎,拘焉五日。顔淵後⑤,子曰:"吾以汝爲死矣。"顔淵曰:"子在,回何敢死!"匡人拘孔子益急,弟子懼。孔子曰:"文王既没,文不在兹乎?天之將喪斯文也,後死者不得與於斯文也。天之未喪斯文也,匡人其如予何⑥!"孔子使從者爲甯武子臣於衛⑦,然後得去。

【注釋】

①主:以之爲主人,意謂寓居,客居。顔濁鄒:衛國大夫,亦作"顔讎由"。 ②衛靈公:名元,衛襄公之子,前五三四年至前四九三年在位。奉:通"俸",俸禄。或:有人。譖(zèn):誣陷,中傷。 ③公孫余假:衛國公室子弟,名余假。一出一入:一會兒出去,一會兒進來,指出入頻繁。《索隱》:"以兵仗出入,以脅夫子也。"此有威脅、監視的意圖。 ④匡:邑名,在今河南長垣西南。顔刻:字子驕,孔子弟子。僕:車夫。策:馬鞭。缺:缺口,此指城牆缺口。 ⑤顔淵(前521—前490年):名回,字子淵,孔子最得意的弟子。顔淵後:顔淵落在後面。 ⑥文:此指周朝的禮樂制度和文獻典籍。斯:此,這。後死者:孔子指自己。 ⑦甯武子:名俞,氏甯,謚武,衛國大夫。

去即過蒲。月餘,反乎衛,主蘧伯玉家①。靈公夫人有南子者,使人謂孔子曰:"四方之君子不辱欲與寡君爲兄弟者,必見寡小君。寡小君願見。"②孔子辭謝,不得已而見之。夫人在絺帷中。孔子入門,北面稽首。夫人自帷中再拜,環佩玉聲璆然③。孔子曰:"吾鄉爲弗見,見之禮答焉④。"子路不說。孔子矢之曰:"予所不者,天厭之! 天厭之!"⑤居衛月餘,靈公與夫人同車,宦者雍渠參乘,出,使孔子爲次乘⑥,招摇市過之。孔子曰:"吾未見好德如好色者也。"於是醜之,去衛,過曹⑦。是歲,魯定公卒。

孔子去曹適宋,與弟子習禮大樹下。宋司馬桓魋欲殺孔子⑧,拔其樹。孔子去。弟子曰:"可以速矣。"孔子曰:"天生德於予,桓魋其如予何!"

【注釋】

①蒲:衛邑名,在今河南長垣。蘧(qú)伯玉:氏蘧,名瑗,字伯玉,謚成,衛國大夫。　②南子:宋女,亦稱"釐夫人",衛靈公夫人。不辱:不以爲辱,謙詞。寡君:寡人。寡小君:諸侯對外謙稱自己的妻子爲"寡小君"。　③絺(chī)帷:細葛布織成的帷帳。絺,細葛布。稽(qǐ)首:古代最隆重的一種跪拜禮,拱手至地,叩頭至地。璆(qiú)然:指佩玉相擊聲。　④"吾鄉"句:我此前不想見她,既然見了,祇好以禮相待。鄉:通"向",此前,原本。　⑤矢:通"誓",起誓,發誓。"予所"句:我說的話如果不是真的,讓老天拋棄我。不(fǒu),同"否"。厭,厭棄。　⑥雍渠:亦稱"雍雎"、"癰疽",既是宦官,又是衛靈公的男寵。參乘:亦作"驂乘",本指立於車右,負責警衛,此指同車陪乘。次乘:第二輛車。⑦醜:厭惡。曹:諸侯國名,姬姓,西周初年封,都於陶丘(今山東定陶西南)。⑧司馬:主管軍事的長官。桓魋(tuí):又稱"向魋",氏向,名魋,因是宋桓公的後代,故稱"桓魋"。

孔子適鄭①,與弟子相失,孔子獨立郭東門②。鄭人或謂子貢曰③:"東門有人,其顙似堯④,其項類臯陶⑤,其肩類子産⑥,然自要以下不及禹三寸,纍纍若喪家之狗⑦。"子貢以實告孔子。孔子欣然笑曰:"形狀,末也⑧。而謂似喪家之狗,然哉! 然哉!"

【注釋】

①鄭:諸侯國名。姬姓,周宣王時封,春秋時期都於新鄭(今河南新鄭)。②郭:外城。　③子貢:名賜,氏端木,字子貢(或作"子贛"),亦稱"端木賜",衛國人,孔子弟子。善於辭令。　④顙(sǎng):額頭。　⑤臯陶(yáo):亦稱

“咎繇”，相傳是東夷部族首領。　⑥子產：春秋後期鄭國名臣。名僑，字子產，鄭穆公之孫。　⑦要：同“腰”。纍纍（léi）：不得志的樣子。　⑧末：末節，次要。

孔子遂至陳，主於司城貞子家①。歲餘，吳王夫差伐陳，取三邑而去②。趙鞅伐朝歌③。楚圍蔡，蔡遷於吳④。吳敗越王句踐會稽⑤。

【注釋】

①司城貞子：陳國大夫。又稱“公孫貞子”，公子勝之子，公子勝曾任司城，故因以爲氏，“貞”是謚號。　②吳：諸侯國名。姬姓，據説由周太王長子泰伯所建，初都於梅里（今江蘇錫山），後都於吳（今江蘇蘇州）。至春秋後期闔閭、夫差時鼎盛。夫差：吳國末代國君，闔閭之子。執政前期，吳國曾盛極一時，爭霸中原，後爲越所敗滅國，自殺身亡。前四九五年至前四七三年在位。吳王伐陳，事在前四九四年，但其他文獻均未記載“取三邑”事。　③趙鞅：即趙簡子，晉國六卿之一，前四九七年至前四七五年當政。他曾伐朝歌，擊敗范氏、中行氏，擴大封地，奠定趙國建立的基礎。朝歌：晉邑名。原爲衛國國都，後屬晉地，在今河南淇縣。　④蔡：諸侯國名。周武王時初封，姬姓，都於上蔡（今河南上蔡）。“楚圍蔡”句：蔡國曾助吳破楚。前四九三年，楚國攻蔡，故蔡國請求東遷於吳邑州來（今安徽鳳臺）。　⑤越：諸侯國名。姒姓，相傳爲大禹後裔無餘所建，都於會稽。句踐：越王允常之子，前四九七年至前四六五年在位。前四九四年，吳王夫差大敗越國，越王句踐被圍困於會稽山，幾乎滅國，祇好屈辱求和，臣服於吳。此後句踐重用賢能，臥薪嚐膽，勵精圖治，二十年後，日益強盛的越國最終於前四七三年滅吳，稱霸諸侯。

有隼集於陳廷而死①，楛矢貫之，石砮，矢長尺有咫②。陳湣公使使問仲尼③。仲尼曰：“隼來遠矣，此肅慎之矢也④。昔武王克商，通道九夷百蠻，使各以其方賄來貢，使無忘職業⑤。於是肅慎貢楛矢、石砮，長尺有咫。先王欲昭其令德，以肅慎矢分大姬，配虞胡公而封諸陳⑥。分同姓以珍玉，展親；分異姓以遠方職，使無忘服⑦。故分陳以肅慎矢。”試求之故府⑧，果得之。

【注釋】

①隼(sǔn):一種兇猛的鳥。 ②楛(hù)矢:用楛木製作的箭。貫:貫穿,射穿。石砮(nǔ):石製的箭鏃。咫:古長度單位,合周制八寸。 ③陳湣公:陳國末代國君。亦作“陳滑公”、“陳閔公”,名周,前五〇一年至前四七九年在位。 ④肅慎:古部族名。亦作“息慎”,分佈於今黑龍江、松花江流域。⑤九夷百蠻:泛指中原四裔的部族。《國語》韋昭注云:“九夷,東夷九國也。百蠻,蠻有百邑也。”方賄:方物,地方物產。職業:應盡的義務。 ⑥令德:美德。大姬:周武王長女。虞胡公:陳國開國君主。名滿,嬀姓,相傳爲舜之後裔,周武王滅商後被封於陳。 ⑦展親:盡親親之道,使親者益見其親。職:指職貢,貢品。服:職事,義務。 ⑧府:府庫,倉庫。

孔子居陳三歲,會晉楚爭彊,更伐陳,及吳侵陳,陳常被寇①。孔子曰:“歸與歸與!吾黨之小子狂簡②,進取不忘其初。”於是孔子去陳。

過蒲,會公叔氏以蒲畔③,蒲人止孔子。弟子有公良孺者④,以私車五乘從孔子。其爲人長賢,有勇力,謂曰:“吾昔從夫子遇難於匡,今又遇難於此,命也已。吾與夫子再罹難,寧鬭而死。”鬭甚疾。蒲人懼,謂孔子曰:“苟毋適衛,吾出子。”與之盟,出孔子東門。孔子遂適衛。子貢曰:“盟可負邪⑤?”孔子曰:“要盟也⑥,神不聽。”

【注釋】

①會:適逢。更:更替,輪番。被:遭受。 ②黨:指鄉黨,鄉里。古代地方組織,五百家爲一黨。小子:此指孔子的弟子。狂簡:本指狂妄自大,此指志向遠大,積極上進。 ③公叔氏:即公叔戍,衛國大夫,衛獻公後裔。 ④公良孺:氏公良,名孺(或作“儒”),字子正,陳國人,孔子弟子。 ⑤負:違背。 ⑥要盟:要挾之下訂立的盟約。

衛靈公聞孔子來,喜,郊迎。問曰:“蒲可伐乎?”對曰:“可。”靈公曰:“吾大夫以爲不可。今蒲,衛之所以待晉、楚也,以衛伐之,無乃不可乎①?”孔子曰:“其男子有死之志,婦人有保西河之志②。吾所伐者不過四五人。”靈公曰:“善。”然不伐蒲。

靈公老,怠於政,不用孔子。孔子喟然歎曰:“苟有用我者,朞月而已③,三年有成。”孔子行。

【注釋】

①無乃:恐怕。　②死之志:決死的志氣。西河:地名,約在今河南内黄、浚縣、滑縣一帶。因該地地處黄河西岸,故蒲人稱之爲“西河”。“其男子”句:公叔氏叛亂後,想要將蒲改屬他國,而蒲人堅決反對,故孔子説“其男子有死之志”。　③朞(jī)月:一整年。朞,同“期”。

佛肸爲中牟宰①。趙簡子攻范、中行②,伐中牟。佛肸畔,使人召孔子。孔子欲往。子路曰:“由聞諸夫子,‘其身親爲不善者,君子不入也’。今佛肸親以中牟畔,子欲往,如之何?”孔子曰:“有是言也。不曰堅乎,磨而不磷;不曰白乎,涅而不淄③。我豈匏瓜也哉,焉能繫而不食④?”

【注釋】

①佛肸(bì xì):晉國大夫。中牟:晉邑名。在今河南鶴壁西。　②范:即范氏,姓祁,傳説係陶唐氏後裔,晉國六卿之一。中行:即中行氏,晉荀氏分支,晉國六卿之一。　③“不曰”句:俗話不是説,真正堅硬的東西是磨不爛的;不是说,真正潔白的東西是染不黑的。磷,薄。涅(niè),黑色染料,此謂以黑色染物。淄,通“緇”,黑色。　④“我豈”句:我難道是匏瓜?怎麽能衹掛在那裏,供人看而不能吃?意謂不能光説不做,應以實際行動改變局面。匏(páo)瓜,葫蘆的一種。

孔子擊磬①。有荷蕢而過門者②,曰:“有心哉,擊磬乎!硜硜乎③,莫己知也夫而已矣!”

孔子學鼓琴師襄子,十日不進。師襄子曰:“可以益矣。”④孔子曰:“丘已習其曲矣,未得其數也⑤。”有閒,曰:“已習其數,可以益矣。”孔子曰:“丘未得其志也⑥。”有閒,曰:“已習其志,可以益矣。”孔子曰:“丘未得其爲人也⑦。”有閒,有所穆然深思焉⑧,有所怡然高望而遠志焉。曰:“丘得其爲人,黯然而黑,幾然而長,眼如望羊，如王四國，非文王其誰能爲此也⑨！"師襄子辟席再拜，曰："師蓋云《文王操》也⑩。"

【注釋】

①磬：古代用玉或石製成的樂器。 ②荷：負，背。蕢(kuì)：草編的筐。③硜(kēng)硜：象聲詞。擊磬發出的聲音。 ④鼓：演奏。師襄子：魯國樂師。不進：意指重復練習舊曲，未增加新曲的練習。益：增加，意指增加新曲練習。⑤數：技藝。 ⑥志：志趣，意旨。此謂樂曲的情感意藴。 ⑦爲人：此謂樂曲作者的人品。 ⑧穆然：默然，沉静凝思狀。 ⑨黯然：黝黑貌。幾(qí)：通"頎"，修長。望羊：亦作"望洋"，遠視貌。一説仰視貌。四國：四方，天下。⑩辟席：即避席。辟，通"避"。古人席地而坐，起身離席，表示敬意。《文王操》：古琴曲名。相傳爲周文王所作。

孔子既不得用於衛，將西見趙簡子。至於河而聞竇鳴犢、舜華之死也①，臨河而歎曰："美哉水，洋洋乎！丘之不濟此，命也夫！"②子貢趨而進曰："敢問何謂也？"孔子曰："竇鳴犢，舜華，晉國之賢大夫也。趙簡子未得志之時，須此兩人而後從政；及其已得志，殺之乃從政。丘聞之也，刳胎殺夭則麒麟不至郊，竭澤涸漁則蛟龍不合陰陽，覆巢毁卵則鳳皇不翔③。何則？君子諱傷其類也。夫鳥獸之於不義也尚知辟之④，而況乎丘哉！"乃還息乎陬鄉，作爲《陬操》以哀之⑤。而反乎衛，入主蘧伯玉家。

【注釋】

①河：黄河。竇鳴犢、舜華：生平事跡不詳，皆爲晉國大夫。 ②洋洋：水勢盛大貌，猶言"滔滔"。濟：渡。 ③刳(kū)胎殺夭：剖腹取胎，殺害幼小生靈。竭澤涸漁：抽乾湖澤的水來捕魚。鳳皇：即鳳凰。 ④辟：通"避"。⑤息：止，留。陬鄉：此應是衛國地名，非孔子故鄉。《陬操》：古琴曲名。

他日，靈公問兵陳①。孔子曰："俎豆之事則嘗聞之，軍旅之事未之學也。"明日，與孔子語，見蜚鴈，仰視之，色不在孔子。孔子遂行，復如陳②。

夏，衛靈公卒，立孫輒，是爲衛出公③。六月，趙鞅内太子蒯聵于戚④。陽虎使太子絻，八人衰絰⑤，僞自衛迎者，哭而入，遂居焉。冬，蔡遷于州來。是歲魯哀公三年⑥，而孔子年六十矣。齊助衛圍戚，以衛太子蒯聵在故也。

【注釋】

①兵陳：即兵陣，作戰陣法。陳，通“陣”。　②蜚鴈：即飛雁。蜚，通“飛”。色：神色，神情。如：到、往。　③輒：衛靈公之孫，蒯聵（kuǎi kuì）之子。前四九二年至前四八一年、前四七六年至前四六九年兩度在位。前四九六年，太子蒯聵與靈公夫人南子構惡，欲謀殺南子，事泄出奔，故立蒯聵之子輒（即衛出公）。　④内：通“納”，接納。蒯聵：衛靈公太子。　⑤絻（wèn）：古喪服，脱冠紥髮，用布纏頭。衰絰（cuī dié）：此指喪服。衰，同“縗”，指喪服胸前的麻布。絰，圍在頭上或腰間的麻繩。　⑥州來：吳邑名，在今安徽鳳臺。魯哀公三年：即前四九二年。以上史事，《左傳》記載皆在魯哀公二年。魯哀公：名蔣，魯定公之子，前四九四年至前四六七年在位。

夏，魯桓、釐廟燔①，南宫敬叔救火。孔子在陳，聞之，曰：“災必於桓、釐廟乎？”已而果然②。

秋，季桓子病，輦而見魯城③，喟然歎曰：“昔此國幾興矣，以吾獲罪於孔子，故不興也。”顧謂其嗣康子曰④：“我即死，若必相魯；相魯，必召仲尼。”後數日，桓子卒，康子代立。已葬，欲召仲尼。公之魚曰⑤：“昔吾先君用之不終，終爲諸侯笑。今又用之，不能終，是再爲諸侯笑。”康子曰：“則誰召而可？”曰：“必召冄求⑥。”於是使使召冄求。冄求將行，孔子曰：“魯人召求，非小用之，將大用之也。”是日，孔子曰：“歸乎歸乎！吾黨之小子狂簡，斐然成章，吾不知所以裁之⑦。”子贛知孔子思歸⑧，送冄求，因誡曰“即用，以孔子爲招”云。

【注釋】

①桓：即魯桓公，名軌（或作“允”），前七一一年至前六九四年在位。釐：即魯釐公，名申，前六五九年至前六二七年在位。燔（fán）：着火，焚燒。　②已而：事後，不久。　③輦（niǎn）：由人推挽的車。　④康子：即季康子，名肥，謚康，前四九一年至前四六八年當政。　⑤公之魚：生平事跡不詳，季氏的家

臣。　⑥冄求(前522—前489年):即冉求,亦稱“冉有”、“冉子”,名求,字子有,魯國人,孔子弟子。　⑦斐然成章:此處意謂才華橫溢。斐然,文采繁富貌。章,有條理的花紋。裁:剪裁,調教。　⑧子贛:即子貢。

冄求既去,明年①,孔子自陳遷于蔡。蔡昭公將如吳②,吳召之也。前昭公欺其臣遷州來,後將往,大夫懼復遷,公孫翩射殺昭公③。楚侵蔡。秋,齊景公卒。

明年,孔子自蔡如葉④。葉公問政,孔子曰:“政在來遠附邇。”⑤他日,葉公問孔子於子路,子路不對。孔子聞之,曰:“由,爾何不對曰‘其爲人也,學道不倦,誨人不厭,發憤忘食⑥,樂以忘憂,不知老之將至’云爾。”

【注釋】

①明年:即魯哀公四年,前四九一年。　②蔡昭公:當作“蔡昭侯”,名申,前五一八年至前四九一年在位。　③公孫翩:蔡國大夫。　④葉(shè):楚邑名,在今河南葉縣南。　⑤葉公:氏沈,名諸梁,字子高,楚國大夫。因封地在葉邑,故稱葉公。來遠附邇:使遠人來歸,使近者親附。邇,近。　⑥發憤:勤奮,努力。

去葉,反于蔡。長沮、桀溺耦而耕,孔子以爲隱者,使子路問津焉①。長沮曰:“彼執輿者爲誰②?”子路曰:“爲孔丘。”曰:“是魯孔丘與?”曰:“然。”曰:“是知津矣。”桀溺謂子路曰:“子爲誰?”曰:“爲仲由。”曰:“子,孔丘之徒與?”曰:“然。”桀溺曰:“悠悠者天下皆是也,而誰以易之③?且與其從辟人之士,豈若從辟世之士哉④!”耰而不輟⑤。子路以告孔子,孔子憮然曰⑥:“鳥獸不可與同群。天下有道,丘不與易也。”

【注釋】

①長沮、桀溺:皆隱者名。耦(ǒu):兩人各持一耜並肩而耕。津:渡口。②執輿:指趕車人。輿,車廂、車。　③“悠悠”句:從古至今,天下都是一樣的世態炎涼,又有誰能改變它呢?悠悠,長久,有“從古至今”之義。易,改變。④從:跟隨。辟:通“避”。辟人之士:遠離庸劣者而求賢達者的人。此暗指孔子

周遊列國，擇善而仕。辟世之士：指像自己這樣的隱士。　⑤耰(yōu)：古代平整土地的農具，此處指播種後覆土。　⑥憮(wǔ)然：悵然失意貌。

他日，子路行，遇荷蓧丈人①，曰："子見夫子乎？"丈人曰："四體不勤，五穀不分，孰爲夫子！"植其杖而芸②。子路以告，孔子曰："隱者也。"復往，則亡③。

孔子遷于蔡三歲，吳伐陳。楚救陳，軍于城父④。聞孔子在陳、蔡之閒，楚使人聘孔子。孔子將往拜禮⑤，陳、蔡大夫謀曰："孔子賢者，所刺譏皆中諸侯之疾⑥。今者久留陳、蔡之閒，諸大夫所設行皆非仲尼之意⑦。今楚，大國也，來聘孔子。孔子用於楚，則陳、蔡用事大夫危矣。"於是乃相與發徒役圍孔子於野⑧。不得行，絕糧。從者病，莫能興⑨。孔子講誦弦歌不衰。子路慍見曰："君子亦有窮乎⑩？"孔子曰："君子固窮，小人窮斯濫矣⑪。"

子貢色作⑫。孔子曰："賜，爾以予爲多學而識之者與⑬？"曰："然。非與？"孔子曰："非也。予一以貫之。"

【注釋】

①蓧(diào)：除草用的竹編農具。丈人：老人。　②植：置，立。芸：通"耘"，除草。　③亡(wú)：同"無"，沒有，此指人不見了。　④軍：軍隊駐紮。城父：陳邑名，在今安徽亳州東南。　⑤聘：以財物迎請。拜禮：接受聘禮，前往拜謝。　⑥疾：弊端。　⑦設行：措施，行爲。　⑧相與：共同，一道。徒役：服勞役的人。　⑨興：起。　⑩慍(yùn)：怨恨。窮：困厄，走投無路。⑪"君子"句：君子在困厄之中能固守節操，而小人一到困厄時便會胡作非爲。固，堅守，堅持。斯，則，就。濫，放縱，不能克制自己。　⑫色作：臉色改變，指生氣不高興。　⑬識：通"志"，記憶，記住。

孔子知弟子有慍心，乃召子路而問曰："《詩》云：'匪兕匪虎，率彼曠野①。'吾道非邪？吾何爲於此？"子路曰："意者吾未仁邪？人之不我信也。意者吾未知邪？人之不我行也②。"孔子曰："有是乎③？由，譬使仁者而必信，安有伯夷、叔齊④？使知者而必行，安有王子比干⑤？"

子路出，子貢入見。孔子曰："賜，《詩》云：'匪兕匪虎，率彼曠野。'吾道非邪？吾何爲於此？"子貢曰："夫子之道至大也，故天下莫能容夫子。夫子蓋少貶焉⑥？"孔子曰："賜，良農能稼而不能爲穡，良工能巧而不能爲順⑦。君子能脩其道，綱而紀之，統而理之⑧，而不能爲容。今爾不脩爾道而求爲容。賜，而志不遠矣⑨！"

子貢出，顔回入見。孔子曰："回，《詩》云'匪兕匪虎，率彼曠野'，吾道非邪？吾何爲於此？"顔回曰："夫子之道至大，故天下莫能容。雖然，夫子推而行之，不容何病，不容然後見君子⑩！夫道之不脩也，是吾醜也。夫道既已大脩而不用，是有國者之醜也⑪。不容何病，不容然後見君子！"孔子欣然而笑曰："有是哉顔氏之子！使爾多財，吾爲爾宰⑫。"

【注釋】

①"匪兕"句：語見《詩經·小雅·何草不黄》。匪，通"非"。兕(sì)，獸名，形似犀牛的一種動物。率，循着，沿着。意謂我們又不是動物，爲什麼讓我們在曠野中奔走辛勞？　②意者：莫非是，推測之辭。知：通"智"，智慧。不我行：不奉行我們所倡行的仁道。　③有是乎：有這樣的事嗎？表示質疑。　④譬：譬喻，比方。伯夷、叔齊：商末孤竹國君的兩個兒子，被後人視爲清高守節的楷模。長子伯夷，名允，字公信；次子叔齊，名致，字公達。相傳其父遺命要立叔齊爲繼承人，叔齊讓位給伯夷，伯夷不受，叔齊也不願登位，先後逃到周國。周武王伐紂，兩人曾叩馬諫阻。武王滅商後，他們恥食周粟，逃到首陽山，最後餓死在山裏。　⑤比干：商紂王之叔父，被後人視爲忠直耿介的典範。一説爲紂庶兄。傳説紂淫亂，比干犯顔強諫，紂怒，剖其心而死。比干與箕子、微子被稱爲殷之三仁。　⑥容：容納，接受。蓋：通"盍"，何不。少：稍微。貶：降低。　⑦"良農"句：意謂良農善耕種未必能收穫，良工手巧未必能每順人意。稼，播種。穡(sè)，收穫。順，順遂。　⑧綱：法度。紀：疏理，治理。統：系統，體系。⑨而志不遠：謂子貢的志向不遠大。而，通"爾"。　⑩病：害處，損害。見：通"現"，表現，顯示。"不容"二句：不被世俗所接受又有什麼關係，不接受方能顯出我們是君子。　⑪醜：恥辱，羞愧。有國者：享有國家的人，指當時的諸侯及權臣。　⑫有是哉：猶言"真有你的"，感佩嘆服之辭。宰：管家。

於是使子貢至楚。楚昭王興師迎孔子①,然後得免。

昭王將以書社地七百里封孔子②。楚令尹子西曰③:“王之使使諸侯有如子貢者乎?”曰:“無有。”“王之輔相有如顏回者乎?”曰:“無有。”“王之將率有如子路者乎④?”曰:“無有。”“王之官尹有如宰予者乎⑤?”曰:“無有。”“且楚之祖封於周,號爲子、男五十里⑥。今孔丘述三五之法⑦,明周召之業⑧,王若用之,則楚安得世世堂堂方數千里乎⑨?夫文王在豐,武王在鎬,百里之君卒王天下。今孔丘得據土壤⑩,賢弟子爲佐,非楚之福也。”昭王乃止。其秋,楚昭王卒于城父。

楚狂接輿歌而過孔子⑪,曰:“鳳兮鳳兮,何德之衰!往者不可諫兮,來者猶可追也!已而已而,今之從政者殆而⑫!”孔子下⑬,欲與之言。趨而去,弗得與之言。

於是孔子自楚反乎衛。是歲也,孔子年六十三,而魯哀公六年也。

【注釋】

①楚昭王:名軫,楚平王之子,前五一五年至前四八九年在位。　②書社:《索隱》:“古者二十五家爲里,里則各立社,則書社者,書其社之人名於籍。”也就是把里社的人名登記戶籍。這裏指有戶籍登記的地方。　③令尹:官名。楚國最高軍政長官。子西:名申,亦稱“公子申”,楚平王之子,楚昭王庶兄,前五〇五年至前四七九年任令尹。　④將率:將帥。　⑤官尹:官府中各部門的長官。宰予(前522—前458年):字子我,亦稱“宰我”,魯國人,孔子弟子。長於辭令。　⑥子、男:周初分封諸侯,分公、侯、伯、子、男五等爵位。其中子、男封地各爲五十里。　⑦三五之法:謂三皇五帝治國之法。三皇指天皇、地皇、泰皇,五帝指黃帝、顓頊、帝嚳、唐堯、虞舜。　⑧周召(shào):即周公和召公。周公,名旦,周文王之子,周武王之弟,因采邑在周(今陝西岐山北),故稱“周公”。相傳制禮作樂,創建周朝的典章制度。召公,名奭(shì),采邑在召(今陝西岐山西南),故稱“召公”。周成王時,周公、召公共同輔政,史稱“周召”。　⑨世世:世世代代。堂堂:廣大貌。　⑩土壤:土地,此指封地。　⑪楚狂:楚之狂人。接輿:人名。一說“接輿”非人名,乃是指楚狂迎着輿車高歌而來。　⑫諫:勸止,挽救。追:追補,補救。已而:罷了,算了。殆:危險,腐朽。　⑬下:此指

下車。

其明年，吴與魯會繒，徵百牢①。太宰嚭召季康子②。康子使子貢往，然後得已。

孔子曰："魯、衛之政，兄弟也③。"是時，衛君輒父不得立，在外，諸侯數以爲讓④。而孔子弟子多仕於衛，衛君欲得孔子爲政。子路曰："衛君待子而爲政，子將奚先⑤？"孔子曰："必也正名乎！"子路曰："有是哉，子之迂也⑥！何其正也？"孔子曰："野哉由也⑦！夫名不正則言不順，言不順則事不成，事不成則禮樂不興，禮樂不興則刑罰不中，刑罰不中則民無所錯手足矣⑧。夫君子爲之必可名，言之必可行。君子於其言，無所苟而已矣⑨。"

【注釋】

①繒(zēng)：魯邑名，亦作"曾"、"鄫"，在今山東蘭陵西北。徵：徵收，徵集。牢：指祭祀用的牲畜，一牛、一羊、一豬爲一牢。周制，上公九牢，侯、伯七牢，子、男五牢。吴徵百牢，不合周禮。 ②太宰嚭(pǐ)：氏伯，名嚭，字子余，楚人。逃亡奔吴，以功任吴國太宰。 ③"魯、衛"句：魯是周公之後，衛是康叔之後，周公與康叔是兄弟，所以魯、衛是兄弟之國。 ④讓：責備，譴責。 ⑤奚：何，什麼。 ⑥迂：迂闊，迂腐。 ⑦野：粗野，粗魯。 ⑧中：恰當，指刑罰與罪行相當。錯：通"措"，安放，安置。 ⑨苟：苟且，馬虎。

其明年，冉有爲季氏將師，與齊戰於郎①，克之。季康子曰："子之於軍旅，學之乎？性之乎②？"冉有曰："學之於孔子。"季康子曰："孔子何如人哉？"對曰："用之有名，播之百姓，質諸鬼神而無憾。求之至於此道，雖累千社，夫子不利也③。"康子曰："我欲召之，可乎？"對曰："欲召之，則毋以小人固之④，則可矣。"而衛孔文子將攻太叔⑤，問策於仲尼。仲尼辭不知，退而命載而行⑥，曰："鳥能擇木，木豈能擇鳥乎⑦！"文子固止⑧。會季康子逐公華、公賓、公林，以幣迎孔子⑨，孔子歸魯。

孔子之去魯凡十四歲而反乎魯。

【注釋】

①其明年：據上文所述，當指魯哀公八年（前 487 年），但此年齊、魯無戰事。據《左傳》，冉有克齊戰事在魯哀公十一年。郎：魯邑名，在今山東魚臺東。郎，《左傳·哀公十一年》作“郊”，學界多以“郊”爲是。　②性：天性，天賦。③播：播揚，傳揚。質：質詢。憾：不滿意。千社：此指賞賜的封地。二十五家爲一社，千社即二萬五千家。“用之”等句：意謂孔子如果用兵，必然出師有名，就算告知於百姓，質詢於鬼神，他們也會擁護的。如今我致力於軍事，即便積累至千社封地，孔夫子也不以爲利。　④固：通“錮”，禁錮，束縛。　⑤孔文子：名圉，氏孔，謚文，衛國大夫。太叔：名疾，氏太叔，衛國大夫。　⑥命載而行：意謂打發人備車離開。載，指車輛。《左傳·哀公十一年》作“駕”。　⑦“鳥能”句：孔子用鳥比喻自己，用木比喻諸侯國。　⑧固止：堅決挽留。　⑨逐：《左傳·哀公十一年》孔穎達疏引《史記》作“使”，當是。公華、公賓、公林：季氏的家臣。幣：迎聘的禮物。古人徵聘時常贈以幣帛。

魯哀公問政，對曰：“政在選臣。”季康子問政，曰：“舉直錯諸枉，則枉者直①。”康子患盜②，孔子曰：“苟子之不欲，雖賞之不竊③。”然魯終不能用孔子，孔子亦不求仕。

【注釋】

①“舉直”句：意謂任用好人去管理壞人，壞人就會變好。直，正直。錯，通“措”，安置。枉，曲，邪曲。　②患：憂患，擔心。　③欲：貪欲。賞：獎賞，此指鼓勵。

孔子之時，周室微而禮樂廢，《詩》、《書》缺。追迹三代之禮，序《書傳》①，上紀唐、虞之際，下至秦繆，編次其事②。曰：“夏禮吾能言之，杞不足徵也。殷禮吾能言之，宋不足徵也。足，則吾能徵之矣③。”觀殷、夏所損益④，曰：“後雖百世可知也，以一文一質。周監二代，郁郁乎文哉⑤。吾從周。”故《書傳》、《禮記》自孔氏。

孔子語魯大師⑥：“樂其可知也。始作翕如，縱之純如，皦如，繹如也⑦，以成。”“吾自衛反魯，然後樂正，《雅》、《頌》各得其所⑧。”

【注釋】

①三代:指夏、商、周。序:次第,此指整理編撰。《書傳》:即《尚書》之傳。②唐、虞:指唐堯、虞舜。秦繆:即秦繆公,亦作“秦穆公”。次:排序。　③杞:諸侯國名。西周初年封,姒姓,相傳爲夏禹的後裔,初都於雍丘(今河南杞縣),後遷緣陵(今山東昌樂東南)、淳于(今山東安丘東北)。徵:證實,證明。　④損益:減損和增益,引申爲變化、變遷。　⑤一文一質:指社會風尚文、質循環,一代崇尚文采,一代崇尚質樸。監:通“鑒”,借鑒。二代:指夏、商。郁郁:文化繁盛貌。　⑥魯大(tài)師:即魯太師,魯國樂官之長。大,通“太”。　⑦作:奏,演奏。翕如:熱烈的樣子。如:然,樣子。縱:放縱,放開。純如:音調和諧的樣子。皦如:音節分明的樣子。繹如:相續不絕的樣子。　⑧樂正:指審定樂曲的聲律音調。即下文所云“三百五篇,孔子皆弦歌之,以求合《韶》、《武》、《雅》、《頌》之音”。《雅》、《頌》:《詩經》的兩大類。《雅》分爲《大雅》和《小雅》,《大雅》三十一篇,《小雅》七十四篇,多屬於諸侯朝會或貴族享宴時的宫廷樂歌。《頌》包括《周頌》、《魯頌》和《商頌》,總計四十篇,多屬於歌頌祖先功業的宗廟祭祀樂歌或史詩。此處是指孔子審定聲律音調,規範了《詩經》中《雅》、《頌》部分的配樂,形成正聲雅樂和頌樂,故云“各得其所”。

古者《詩》三千餘篇,及至孔子,去其重,取可施於禮義①,上采契、后稷②,中述殷、周之盛,至幽、厲之缺③,始於衽席④,故曰:“《關雎》之亂以爲《風》始⑤,《鹿鳴》爲《小雅》始⑥,《文王》爲《大雅》始⑦,《清廟》爲《頌》始⑧。”三百五篇,孔子皆弦歌之,以求合《韶》、《武》、《雅》、《頌》之音⑨。禮樂自此可得而述,以備王道,成六藝⑩。

【注釋】

①去:删去。重:重復,重出。義:同“儀”。　②契(xiè):商人的始祖。子姓,母簡狄。后稷:周人的始祖。名棄,姬姓,母姜原。　③幽:即周幽王,名宫涅(或作“湦”),周宣王之子,西周末代君王。前七八一年至前七七一年在位。厲:即周厲王,名胡,周夷王之子。缺:殘缺。此指王道禮樂殘缺。《史記·太史公自序》:“幽、厲之後,王道缺,禮樂衰。”　④衽(rèn)席:本是牀席,這裏代指夫妻之道。《史記·十二諸侯年表序》:“周道缺,詩人本之衽席,《關雎》作。”⑤《關雎》:《詩經》篇名。《詩經》的第一篇,也是《國風》部分的首篇。亂:古代樂

曲的最後一章。“《關雎》之亂”即指《關雎》的末章。但此處文句不通，學界多認爲“之亂”二字是衍文，當删。是。《風》：即《國風》，《詩經》的一部分，是從各地收集的關乎民風民俗的地方歌謡，具體包括《周南》、《召南》、《邶風》、《鄘風》、《衛風》、《王風》、《鄭風》、《齊風》、《魏風》、《唐風》、《秦風》、《陳風》、《檜風》、《曹風》、《豳風》等十五部分，共一百六十篇。　⑥《鹿鳴》：《詩經》篇名。《小雅》的第一篇。　⑦《文王》：《詩經》篇名。《大雅》的第一篇。　⑧《清廟》：《詩經》篇名。《頌》的第一篇。　⑨三百五篇：指《詩經》的總篇數。弦歌：此指審音正聲，爲《詩經》配樂。《韶》：樂曲名。歌頌虞舜的樂曲。《武》：樂曲名。歌頌周武王代商的樂曲。　⑩六藝：即六經，《詩》、《書》、《禮》、《樂》、《易》、《春秋》。

孔子晚而喜《易》，序《彖》、《繫》、《象》、《説卦》、《文言》①。讀《易》，韋編三絕②。曰：“假我數年，若是，我於《易》則彬彬矣③。”

孔子以詩、書、禮、樂教，弟子蓋三千焉，身通六藝者七十有二人④。如顔濁鄒之徒，頗受業者甚衆⑤。

孔子以四教：文，行，忠，信⑥。絕四：毋意，毋必，毋固，毋我⑦。所慎：齊，戰，疾⑧。子罕言利與命與仁⑨。不憤不啓，舉一隅不以三隅反，則弗復也⑩。

【注釋】

①《易》：又稱《易經》，即《周易》。《彖》(tuàn)、《繫》、《象》、《説卦》、《文言》：均是解釋《易經》的《易傳》篇目。《易傳》，司馬遷認爲是孔子所作，包括《彖傳》(上下篇)、《象傳》(上下篇)、《繫辭》(上下篇)、《文言》、《序卦》、《説卦》、《雜卦》，共七種十篇，世稱“十翼”。　②韋編三絕：意謂編聯簡册的繩子多次斷開。這表示孔子讀《易》的遍數極多。韋，有二説：一説指編聯簡册的熟牛皮條；一説“韋”通“緯”，指織物横綫，指横向編簡的繩子。三絕，多次斷開。　③假：借，給與。彬彬：形容文質兼備。　④六藝：禮、樂、射、御、書、數六種科目。⑤“如顔”句：意謂除正式弟子之外，如顔濁鄒這樣，跟隨孔子短暫學習的人非常多。顔濁鄒，即前文提到的子路妻兄，孔子曾寓居其家。頗，稍微。　⑥四教：四種教學内容。文：典籍及文辭。行：道德操行。忠：忠恕之道。信：誠信之道。　⑦絕四：戒絕四種毛病。意：通“臆”，憑空揣度。必：武斷。固：固執。我：自以爲是。　⑧齊(zhāi)：通“齋”，齋戒。　⑨罕：少。　⑩憤：鬱結，指求知而不解的困惑心理。啟：開，啟發。隅：角落，此引申爲“方面”。反：反推，

類推。弗復:不再重復。

其於鄉黨,恂恂似不能言者①。其於宗廟、朝廷,辯辯言②,唯謹爾。朝,與上大夫言,誾誾如也③;與下大夫言,侃侃如也④。

入公門,鞠躬如也⑤。趨進,翼如也⑥。君召使儐,色勃如也⑦。君命召,不俟駕行矣⑧。

魚餒,肉敗,割不正,不食。席不正⑨,不坐。食於有喪者之側,未嘗飽也。

是日哭,則不歌。見齊衰、瞽者,雖童子必變⑩。

【注釋】

①鄉黨:指鄉里。恂(xún)恂:謙恭貌。　②辯辯:明辨事理,言語流暢。《論語·鄉黨》作"便(pián)便"。　③朝:上朝,朝見。誾(yín)誾:中正耿直貌。　④侃侃:和樂貌。　⑤公門:朝堂之門。鞠躬如:曲身的樣子,表示恭謹。　⑥趨進:小步疾行。翼如:動作舒展的樣子,表示恭謹。　⑦儐(bīn):迎送賓客之人。色勃如:面色矜持莊重的樣子。　⑧俟(sì):等,等待。駕:套好車馬。　⑨餒(něi):魚腐爛。割不正:古人分割牲肉有一定的規矩,不合規矩則謂"割不正"。席不正:古人設席位,亦有禮儀規定,不合規定則謂"席不正"。　⑩齊衰(zī cuī):以粗麻布製成並緝邊的一種喪服,五服中僅次於斬衰。此指服齊衰的人。瞽(gǔ):眼盲。變:指顯出哀憫同情的神色。

"三人行,必得我師。""德之不脩,學之不講,聞義不能徙①,不善不能改,是吾憂也。"使人歌,善,則使復之,然後和之②。

子不語:怪,力,亂,神③。

子貢曰:"夫子之文章,可得聞也。夫子言天道與性命,弗可得聞也已。"顏淵喟然歎曰:"仰之彌高,鑽之彌堅④。瞻之在前,忽焉在後。夫子循循然善誘人⑤,博我以文,約我以禮⑥,欲罷不能。既竭我才,如有所立,卓爾。雖欲從之,蔑由也已⑦。"達巷黨人曰:"大哉孔子,博學而無所成名⑧。"子聞之曰:"我何執?執御乎?執射乎?我執御矣⑨。"牢曰:"子云'不試,故藝'⑩。"

【注釋】

①講:研求。徙:改正,從善。　②復:重復,此指再唱一遍。和:跟着唱。　③怪:怪異之事。力:強權和暴力。亂:悖亂之事。神:鬼神之事。　④彌:更加。　⑤循循然:循序漸進的樣子。誘:引導。　⑥約:約束,規範。　⑦“既竭”等句:我已經用盡了才力,夫子之道似乎仍舊高高立於面前。儘管希望能跟隨而入,但還是找不到門路。蔑,無。由,從。　⑧達巷:地名。無所成名:沒有用以成名的專長。　⑨執:掌握。御:駕車。　⑩牢:即孔子弟子子牢。試:任用。藝:技藝,技能。此指掌握多種技能。

魯哀公十四年春,狩大野①。叔孫氏車子鉏商獲獸②,以爲不祥。仲尼視之,曰:“麟也。”取之。曰:“河不出圖,雒不出書,吾已矣夫③!”顔淵死,孔子曰:“天喪予!”及西狩見麟,曰:“吾道窮矣④!”喟然歎曰:“莫知我夫!”子貢曰:“何爲莫知子?”子曰:“不怨天,不尤人,下學而上達⑤,知我者其天乎!”

“不降其志,不辱其身,伯夷、叔齊乎!”謂“柳下惠、少連降志辱身矣⑥”。謂“虞仲、夷逸隱居放言⑦,行中清,廢中權⑧”。“我則異於是,無可無不可。”

【注釋】

①魯哀公十四年:即前四八一年。狩:打獵。大野:澤名。亦名鉅野,在今山東巨野北。　②車子:此爲駕車的人。鉏商:人名。　③“河不”句:《周易·繫辭》有“河出圖,雒出書,聖人則之”之語。“河出圖,雒出書”被視爲帝王聖者受命的祥瑞。此句意謂黄河不再出圖,洛水不再出書,祥瑞不見,我的命運該到頭了。雒,雒水,即洛水。　④“吾道”句:麟在古代被視爲太平瑞獸,麟現於孔子生活的亂世,故哀歎自己的政治主張不可能實現了。或謂麟死,故孔子有“吾道窮矣”的哀歎。　⑤尤:責怪。下學而上達:指下學人事,上達天命。　⑥柳下惠:即魯國大夫展禽,因食邑柳下,謚惠,故稱“柳下惠”,魯僖公時人。少連:東夷人,以善於守孝受到孔子稱讚。　⑦虞仲、夷逸:皆春秋時隱士,身世無考。放言:放縱言論,信口開河。　⑧中(zhòng):符合。清:清白,高潔。廢:棄身不仕。權:權變,權宜。“行中清”句:立身行事合乎純潔清高的準則,棄身不仕合乎亂世中的權變之道。

子曰："弗乎弗乎，君子病沒世而名不稱焉①。吾道不行矣，吾何以自見於後世哉？"乃因史記作《春秋》，上至隱公，下訖哀公十四年，十二公②。據魯，親周，故殷，運之三代③。約其文辭而指博④。故吳、楚之君自稱王，而《春秋》貶之曰"子"；踐土之會實召周天子⑤，而《春秋》諱之曰"天王狩於河陽"⑥：推此類以繩當世。貶損之義，後有王者舉而開之⑦。《春秋》之義行，則天下亂臣賊子懼焉。

孔子在位聽訟，文辭有可與人共者，弗獨有也⑧。至於爲《春秋》，筆則筆，削則削⑨，子夏之徒不能贊一辭⑩。弟子受《春秋》⑪，孔子曰："後世知丘者以《春秋》，而罪丘者亦以《春秋》。"

【注釋】

①弗乎：不行啦。病：憂患，憂慮。沒（mò）世：終身，一輩子。沒，通"歿"。 ②隱公：即魯隱公，名息姑，前七二二年至前七一二年在位。十二公：指魯國的十二個國君。即隱公、桓公、莊公、閔公、僖公、文公、宣公、成公、襄公、昭公、定公、哀公。《春秋》記事起隱公元年（前722年），迄魯哀公十四年（前481年）。 ③"據魯"句：孔子修《春秋》，以魯國史實爲綱（據魯），以周王室爲正統（親周），以商朝爲殷鑒（故殷），貫通夏、殷、周三代更替的歷史。 ④指：通"旨"，思想內容。 ⑤踐土之會：魯僖公二十八年（前632年），晉文公在踐土與諸侯會盟，名義上在此朝見周襄王，實際上是借召見周襄王，以確立其霸主地位。踐土，鄭國地名，在今河南原陽西南。 ⑥天王：即周襄王。河陽：晉邑名，在今河南孟州。 ⑦繩：木工用的墨綫，引申爲衡量、糾正。開：推廣。 ⑧在位：孔子在魯司寇之位。聽訟：審理官司。文辭：此指判詞。與人共：與人商量。獨有：獨斷，專斷。 ⑨筆：用筆書寫，此指記載。削：用刀削除，此指删改。先秦的書寫載體是竹簡、木牘，删改時用刀先刮去竹木上的字，故稱爲"削"。 ⑩子夏：名商，氏卜，字子夏，孔子弟子，晉國溫（今河南溫縣西南）人，一說衛國人。生於前五〇七年。子夏以文學聞名，孔子死後，被魏文侯尊爲師，講學於魏國西河，對儒學的傳播和發揚貢獻甚大。贊：助，引申爲增益、修改。 ⑪"弟子"句：弟子聽孔子講《春秋》。受，受教，受業。

明歲①，子路死於衛。孔子病，子貢請見。孔子方負杖逍遙於門②，曰："賜，汝來何其晚也？"孔子因歎，歌曰："太山壞乎！梁柱摧乎！哲人萎乎③！"因以涕下。謂子貢曰："天下無道久矣，莫能宗予。夏人殯於東階，周人於西階，殷人兩柱閒。昨暮予夢坐奠兩柱之閒，予始殷人也④。"後七日卒。

孔子年七十三，以魯哀公十六年四月己丑卒。

哀公誄之曰⑤："旻天不弔，不慭遺一老⑥，俾屏余一人以在位，煢煢余在疚⑦。嗚呼哀哉！尼父，毋自律⑧！"子貢曰："君其不沒於魯乎⑨！夫子之言曰：'禮失則昏，名失則愆。失志爲昏，失所爲愆⑩。'生不能用，死而誄之，非禮也。稱'余一人'，非名也⑪。"

【注釋】

①明歲：當指魯哀公十五年（前480年）。　②逍遙：閒散貌。　③太山：即泰山。壞：崩塌。摧：折斷。哲人：智慧的人，此喻指自己。萎：枯萎，死亡。"太山"、"梁柱"二句皆起興手法。　④"夏人"句：夏人停靈柩於東邊的臺階，周人停柩於西邊的臺階，殷商人停柩於廳堂的兩棵楹柱之間。昨晚我夢見自己坐在兩柱之間受人祭奠，到頭來我還是殷商人啊。　⑤誄（lěi）：累述死者功德以示哀悼的一種文體。　⑥旻天：泛指天。弔：悼念，憐憫。慭（yìn）：願意。一老：指孔子。"不慭遺一老"，語出《詩經·小雅·十月之交》。　⑦屏：通"摒"，拋棄。余一人：古時天子自謂"余一人"，魯哀公用以自稱。煢（qióng）煢：孤獨無依貌。疚：內心憂苦。　⑧尼父：對孔子的尊稱。毋自律：沒人用禮法來約束自己。毋，通"無"。律，法，意爲約束，規範。　⑨君：國君，指魯哀公。不沒於魯：不能在魯國善終。魯哀公二十七年（前468年），魯哀公果然被三桓所逼，出奔越。翌年死於越。下文所云"失所"，也是暗喻此事。　⑩昏：糊塗。愆（qiān）：罪過。　⑪名：名分。"稱"句：意謂魯哀公稱"余一人"，僭越禮制，不合自己應有的名分。

孔子葬魯城北泗上，弟子皆服三年①。三年心喪畢，相訣而去②，則哭，各復盡哀；或復留。唯子贛廬於冢上③，凡六年，然後去。弟子及魯人往從冢而家者百有餘室，因命曰孔里。魯世世相傳以歲時奉祠孔子冢④，而諸儒亦講禮、鄉飲、大射於孔子冢⑤。孔子冢大一頃。故所居堂、弟子內⑥，後世因廟，藏孔子衣冠、琴、車、書，至于漢二百餘年不絕。高皇帝過魯，以太牢祠焉⑦。諸侯卿相至，常先謁然後從政⑧。

【注釋】

①泗上：泗水之濱。服：服喪。　②心喪：不穿喪服，在心中哀悼。這是古代弟子對老師去世的服喪形式。《禮記·檀弓上》："事師無犯無隱，左右就養無方，服勤至死，心喪三年。"訣：告別。　③廬：廬舍，此用作動詞，意爲築造廬舍。　④歲時：一年四季。奉祠：供奉祭祀。　⑤鄉飲：即鄉飲酒禮，古代爲薦舉選拔優秀人才而舉行的宴飲典禮。大射：爲祭祀而舉行的射禮，係天子之禮。按此上下文意，當指鄉射，爲地方以射選士之禮。　⑥故所居堂：指孔子原先居所的廳堂。弟子內：弟子的居室。　⑦高皇帝：指漢高祖劉邦。太牢：牛、羊、豬三牲齊備的祭祀禮節。　⑧諸侯：此指漢朝所封的諸侯王。卿相：諸侯王國的卿、相。謁：拜謁。

孔子生鯉①，字伯魚。伯魚年五十，先孔子死。

伯魚生伋，字子思，年六十二。嘗困於宋。子思作《中庸》②。

子思生白，字子上，年四十七。子上生求，字子家，年四十五。子家生箕，字子京，年四十六。子京生穿，字子高，年五十一。子高生子慎，年五十七，嘗爲魏相。

子慎生鮒，年五十七，爲陳王涉博士，死於陳下③。

鮒弟子襄，年五十七。嘗爲孝惠皇帝博士，遷爲長沙太守④。長九尺六寸。

子襄生忠，年五十七。忠生武，武生延年及安國。安國爲今皇帝博士，至臨淮太守，蚤卒⑤。安國生卬，卬生驩。

【注釋】

①"孔子"句：《索隱》引《孔子家語》："孔子年十九，娶於宋之并官氏之女，一歲而生伯魚。伯魚之生，魯昭公使人遺之鯉魚。夫子榮君之賜，因以名其子也。"　②子思：名伋（jí），曾爲魯穆公師，著《子思》十二篇，卒於前四〇二年。《中庸》：相傳爲子思所作，後編入《禮記》。南宋時朱熹將其與《大學》、《論語》、《孟子》合編爲"四書"。　③鮒（fù）：字甲，一說字子魚，秦末儒生。陳王涉：即陳勝，字涉，秦陽城（今河南登封東南）人，秦末農民起義領袖，曾自立爲陳王，建

張楚政權。博士:官名。掌典故文獻,以備皇帝諮詢。陳:秦縣名。在今河南淮陽。陳涉的張楚政權建都於此。死於陳下:前二〇八年,陳涉被秦將章邯擊破於陳下。孔鮒可能死於此時。　④孝惠皇帝:即漢惠帝,名盈,漢高祖劉邦之子,前一九四年至前一八八年在位。長沙太守:錢大昕《廿二史考異》卷四:"《漢書·孔光傳》作'長沙太傅'。惠帝時,長沙爲王國,不得有太守,《漢書》云'太傅'是也。"長沙國都城在臨湘,在今湖南長沙。太傅:諸侯王的輔弼官,秩二千石。⑤今皇帝:即漢武帝劉徹。臨淮:郡名,郡治在徐縣(今江蘇泗洪南)。蚤:通"早"。

太史公曰①:《詩》有之:"高山仰止,景行行止②。"雖不能至,然心鄉往之③。余讀孔氏書,想見其爲人。適魯,觀仲尼廟堂、車服、禮器,諸生以時習禮其家,余祗迴留之不能去云④。天下君王至於賢人衆矣,當時則榮,没則已焉。孔子布衣,傳十餘世,學者宗之⑤。自天子王侯,中國言六藝者折中於夫子⑥,可謂至聖矣!

【注釋】

①太史公:即司馬遷。　②"高山"句:語出《詩經·小雅·車舝(xiá)》。大意是"巍峨的高山,令人仰望;寬闊的大路,引領我前行"。此處形容孔子德高如山,行如大道,令人敬仰和遵從。止,之。景行(háng),大路。景,大、廣。③鄉:通"向",嚮往。　④祗迴留之:流連不捨。　⑤布衣:麻布衣。古代平民不得衣錦繡,故借指平民。宗:遵奉。　⑥折中:調和二者,取其中正,無所偏頗。折中於夫子:以孔子的學説爲判斷是非的標準。

【復習與思考】

1. 解釋下列劃綫詞語

趨而進　陵轢中國　温温無所試　舉袂而言　涅而不淄　刳胎殺夭　斐然成章　儒者滑稽而不可軌法　粥羔豚者弗飾賈　纍纍若喪家之狗　舉直錯諸枉　韋編三絶　不憤不啓　恂恂似不能言者　色勃如也　旻天不弔　景行行止

2. 思考題

(1) 結合《孔子世家》的記載,總結孔子的文化成就。

(2) 以本篇人物爲例,嘗試梳理先秦時期人物的姓、氏、名、字。

(3) 對比《孔子世家》與《論語》内容,從《孔子世家》中嘗試找出源自《論語》的句段。

(4) 如何理解“世家”這一體例? 爲什麽司馬遷將孔子的傳記歸入“世家”? 談談你自己的理解。

3. 口頭翻譯文末“太史公曰”一段。

(編注者:張軻風　陸勒)

【自測題】

太史公自序

本文選自中華書局一九五九年版《史記》卷一三〇。

《太史公自序》是《史記》的最後一篇。司馬遷追溯了其家族背景，由傳説時代世序天地的重、黎到世典周史的司馬氏，經過春秋戰國的離散，以迄漢初其父司馬談再爲太史，掌天官，時代治亂的痕跡在家族興衰、個人榮辱中體現，從中我們可以體會到司馬遷所面對的時代責任和家族責任。其中著録了司馬談論述六家要旨的一段文字，他以流派而非個人來劃分諸子的思想，"道家"、"名家"等稱謂爲後來的學術史所採用。之後司馬遷自叙年輕時代遊歷名山大川、隨軍平定西南夷等經歷，把自己效法孔子、祖述周公的志向用對話體表述出來，這一部分主要論述其學術淵源及寫作動機。下邊則綴次全書的目録，每篇加一個簡單的提要，最後綜述一百三十篇的體例。

昔在顓頊，命南正重以司天，北正黎以司地①。唐虞之際，紹重黎之後②，使復典之，至于夏商，故重黎氏世序天地。其在周，程伯休甫其後也。當周宣王時，失其守而爲司馬氏③。司馬氏世典周史。惠襄之閒，司馬氏去周適晉④。晉中軍隨會奔秦，而司馬氏入少梁⑤。

【注釋】

①"昔在顓頊"句：顓頊，五帝之一，黄帝之後，號高陽氏；南正、北正，官名，《國語·楚語》"北正"作"火正"；重、黎，人名。　②紹：接續，承繼。　③"其在周"句：程，周畿内之地。《括地志》："安陵故城，在雍州咸陽東二十一里，周之程邑也。"程伯休甫，曾帥兵征伐徐方。以上事均見《國語·楚語》。　④"惠襄

之閒”句：指周惠王、襄王期閒，連續發生子頽、叔帶兩場內亂。 ⑤“晉中軍”句：晉國有上、中、下三軍，分由六卿指揮，其中中軍地位最高。隨會奔秦，起因是晉國君位繼承引發的內亂，事在秦康公元年（前620年）。少梁：古梁國，秦繆公十八年爲秦所滅，秦康公四年爲晉取，戰國屬魏，秦惠文王八年（前330年）復取之，後文“而少梁更名曰夏陽”在惠文王十一年。少梁故城在今陝西韓城南。

自司馬氏去周適晉，分散，或在衛，或在趙，或在秦。其在衛者，相中山①。在趙者，以傳劍論顯②，蒯聵其後也。在秦者名錯，與張儀爭論，於是惠王使錯將伐蜀，遂拔，因而守之。錯孫靳，事武安君白起。而少梁更名曰夏陽。靳與武安君阬趙長平軍③，還而與之俱賜死杜郵④，葬於華池⑤。靳孫昌，昌爲秦主鐵官，當始皇之時。蒯聵玄孫卬爲武信君將而徇朝歌⑥。諸侯之相王，王卬於殷⑦。漢之伐楚，卬歸漢，以其地爲河內郡⑧。昌生無澤，無澤爲漢市長⑨。無澤生喜，喜爲五大夫⑩，卒，皆葬高門⑪。喜生談，談爲太史公⑫。

太史公學天官於唐都⑬，受《易》於楊何⑭，習道論於黄子⑮。太史公仕於建元、元封之閒⑯，愍學者之不達其意而師悖⑰，乃論六家之要指曰：

【注釋】

①“其在衛”句：指司馬憙。 ②以傳劍論顯：因傳授劍術聞名。或云“傳”作“摶”，意謂因論述摶劍之術而聞名。在趙的司馬氏名凱。 ③阬趙長平軍：即著名的秦、趙長平之戰，以秦將白起坑殺趙軍四十五萬人告終，事在秦昭襄王四十七年（前260年）。 ④杜郵：在今陝西咸陽東。 ⑤華池：在今陝西韓城西南。 ⑥“蒯聵玄孫”句：武信君，武臣，反秦起義軍首領之一，自號“武信君”。徇，掠取，攻佔。朝歌，即殷故都，在今河南淇縣。 ⑦“諸侯之相王”句：前二〇六年項羽分封諸侯，封卬爲殷王，都朝歌。 ⑧河內郡：初爲殷國，高祖二年改爲河內郡，領十八縣，郡治懷縣，在今河南武陟。 ⑨漢市長：漢朝長安有四市，四長、丞均屬左馮翊。 ⑩五大夫：二十等爵的第九位，秦制，漢朝因襲。 ⑪高門：高門原，位於夏陽故城東南，在今陝西韓城西南。 ⑫太史公：太史令，太常的屬官，“公”是尊稱。 ⑬天官：古代天文學。唐都：漢初

方士，曾參與編制《太初曆》。　⑭楊何：字叔元，甾川（今山東淄博）人，學《易》，武帝時徵爲太中大夫。　⑮習道論於黄子：道論，道家學説；黄子，黄生，漢初道家人物，曾與儒生轅固辯論。　⑯建元、元封：均漢武帝年號。建元，前一四〇至前一三五年；元封，前一一〇至前一〇五年。　⑰“愍學者”句：愍，同“憫”，痛惜，憂傷；師悖，“悖”指荒謬之論，師悖即以謬論爲師。全句意謂痛惜學者無法領會諸家學説的要旨而固執謬論。

《易·大傳》①：“天下一致而百慮，同歸而殊塗。”夫陰陽、儒、墨、名、法、道德，此務爲治者也，直所從言之異路，有省不省耳②。嘗竊觀陰陽之術，大祥而衆忌諱，使人拘而多所畏③；然其序四時之大順，不可失也。儒者博而寡要，勞而少功，是以其事難盡從；然其序君臣父子之禮，列夫婦長幼之别，不可易也④。墨者儉而難遵，是以其事不可徧循⑤；然其彊本節用，不可廢也。法家嚴而少恩；然其正君臣上下之分，不可改矣。名家使人儉而善失真⑥；然其正名實，不可不察也。道家使人精神專一，動合無形⑦，贍足萬物⑧。其爲術也，因陰陽之大順，采儒墨之善，撮名法之要⑨，與時遷移，應物變化，立俗施事，無所不宜，指約而易操，事少而功多。儒者則不然。以爲人主天下之儀表也，主倡而臣和，主先而臣隨。如此則主勞而臣逸。至於大道之要，去健羨，絀聰明，釋此而任術⑩。夫神大用則竭，形大勞則敝。形神騷動，欲與天地長久，非所聞也⑪。

【注釋】

①《易·大傳》：《周易·繫辭》。　②“夫陰陽”句：直，衹，衹不過；省，省察。全句意謂諸家都以治世爲目標，衹不過論述的出發點與路徑不同，能照顧的方面不同罷了。　③“大祥”句：祥，吉凶的徵兆。全句意謂誇大災祥使得忌諱衆多，令人拘泥多所畏懼。　④易：改變，更改。　⑤徧：同“遍”。　⑥名家使人儉而善失真：儉，通“檢”，約束，限制；善，容易。此句意謂名家使人遵循法度但是容易違背常情。　⑦動合無形：無形，指“道”。動合無形意謂行動符合客觀規律。　⑧贍足萬物：贍，豐足，充裕。贍足萬物意謂使萬物得到滿足。　⑨撮：採摘。　⑩“至於大道之要”句：健羨，剛強與貪慾；絀，通“黜”，廢棄；聰

明,聰慧明審。老子尚柔,因此主張去除剛強和貪慾;倡導清靜無爲,所以要求統治者不横加干預,而是放任道術自由發展。 ⑪“形神騷動”句:《老子》第七章:“天長地久。天地所以能長且久者,以其不自生,故能长生。”

夫陰陽四時、八位、十二度、二十四節各有教令①,順之者昌,逆之者不死則亡②,未必然也,故曰“使人拘而多畏”。夫春生夏長,秋收冬藏,此天道之大經也③,弗順則無以爲天下綱紀,故曰“四時之大順,不可失也”。

夫儒者以六蓺爲法④。六蓺經傳以千萬數,累世不能通其學,當年不能究其禮⑤,故曰“博而寡要,勞而少功”。若夫列君臣父子之禮,序夫婦長幼之别,雖百家弗能易也。

墨者亦尚堯舜道,言其德行曰:“堂高三尺,土階三等,茅茨不翦,采椽不刮⑥。食土簋,啜土刑⑦,糲粱之食⑧,藜藿之羹⑨。夏日葛衣,冬日鹿裘⑩。”其送死,桐棺三寸⑪,舉音不盡其哀⑫。教喪禮,必以此爲萬民之率。使天下法若此,則尊卑無别也。夫世異時移,事業不必同,故曰“儉而難遵”。要曰彊本節用,則人給家足之道也。此墨子之所長,雖百家弗能廢也。

法家不别親疏,不殊貴賤,一斷於法,則親親尊尊之恩絶矣。可以行一時之計,而不可長用也,故曰“嚴而少恩”。若尊主卑臣,明分職不得相踰越,雖百家弗能改也。

名家苛察繳繞⑬,使人不得反其意,專決於名而失人情,故曰“使人儉而善失真”。若夫控名責實⑭,參伍不失,此不可不察也。

【注釋】

①“夫陰陽”句:四時,即春夏秋冬四季;八位,八卦位;十二度,十二次,中國古人將黄道帶劃分爲十二個部分;二十四節,即二十四節氣。 ②不死則亡:《説文》:“亡,逃也。”段玉裁注:“亡之本義爲逃,今人但謂亡爲死,非也。引申之則謂失爲死,亦謂死爲亡。”亡謂敗亡。 ③經:規律。 ④六蓺:蓺同“藝”。六藝指五禮、六樂、五射、五御、六書、九數。另一種説法指《詩》、《書》、《禮》、《樂》、《易》、《春秋》六經。 ⑤當年:畢生。 ⑥“堂高三尺”句:等,臺階的層

級；茨，用蘆葦、茅草蓋的屋頂；采，柞木，采椽即柞木做的椽，形容節儉。 ⑦“食土簋(guǐ)”句：簋，古代盛食物的器皿；刑：古代盛羹的器物。 ⑧糲粱：“粱”當做“粢”，糲、粢皆指粗糙的穀物，粱是細糧。 ⑨藜藿：藜，草名，又名灰藋、灰菜，嫩葉可食用；藿，豆葉，嫩時可食用。合指粗劣的食物。 ⑩“言其德行曰”等句：所引文句見《韓非子·五蠹》，與此小異。 ⑪桐棺三寸：周禮棺材有多重，庶人之棺四寸，厚度按照等級遞增，外加紋飾。墨子出於節儉的目的主張薄葬。《墨子·節葬下》：“禹東教乎九夷，道死，葬會稽之山。衣衾三領，桐棺三寸。”則“桐棺三寸”是禹制。 ⑫舉音不盡其哀：指哭喪不必過於哀傷。 ⑬繳繞：繳，糾纏。繳繞即煩瑣之意。 ⑭控名責實：控，引；責，求。

道家無爲，又曰無不爲，其實易行，其辭難知①。其術以虛無爲本，以因循爲用②。無成埶，無常形，故能究萬物之情。不爲物先，不爲物後，故能爲萬物主③。有法無法，因時爲業；有度無度，因物與合④。故曰“聖人不朽，時變是守。虛者道之常也，因者君之綱”也⑤。群臣並至，使各自明也⑥。其實中其聲者謂之端，實不中其聲者謂之窾⑦。窾言不聽，姦乃不生，賢不肖自分，白黑乃形。在所欲用耳，何事不成⑧。乃合大道，混混冥冥。光燿天下，復反無名⑨。凡人所生者神也，所託者形也。神大用則竭，形大勞則敝，形神離則死。死者不可復生，離者不可復反，故聖人重之。由是觀之，神者生之本也，形者生之具也。不先定其神，而曰“我有以治天下”，何由哉⑩？

【注釋】

①“道家無爲”句：《老子》三十七章：“道常無爲，而無不爲。侯王若能守之，萬物將自化。化而欲作，吾將鎮之以無名之樸。”無爲並非不爲，而是不妄爲，不做本分外的事情，使得萬物各守其分，因此事少功多，達到“無不爲”的效果。這樣的理論實行起來簡單，論述出來卻並不清晰。 ②其術以虛無爲本，以因循爲用：因循萬事萬物發展的本身規律和自行軌跡。 ③“無成埶”等句：埶，同“勢”。全句大意爲不預設無謂的框架，因此能明察事物本身的狀況；不代替事物行使職責，不滯後於時勢，方能掌控各種力量。 ④“有法無法”句：有時人們覺得道家有法度，有時又會覺得沒有，但這衹是表面現象，其實它衹是根據時勢

和事物本身狀況做出決定而已。 ⑤“故曰”句:《漢書》“朽”作“巧”。聖人、君主最需掌握的不是機巧,而是學會因循。 ⑥“群臣並至”句:君主不妄加干預,群臣便會各盡其力。 ⑦“其實”句:端,正。窾(kuǎn),空。聲,即群臣的建議。和事實相符合的是正確的言論,否則便是空言。 ⑧“窾言不聽”句:大意爲對群臣的建議進行挑揀,使黑白分別,這樣的話便無往不利。 ⑨“乃合大道”句:大意爲如此方符合大道,事少功多,之後不居其功,再次返回混混冥冥的狀態。 ⑩“凡人所生者神也”等句:這幾句論述道家的養生之術,從這個角度論述無爲的合理性。

太史公既掌天官,不治民。有子曰遷。

遷生龍門①,耕牧河山之陽②。年十歲則誦古文③。二十而南遊江、淮,上會稽,探禹穴④,闚九疑⑤,浮於沅、湘⑥;北涉汶、泗⑦,講業齊、魯之都,觀孔子之遺風,鄉射鄒、嶧⑧;戹困鄱、薛、彭城⑨,過梁、楚以歸⑩。於是遷仕爲郎中⑪,奉使西征巴、蜀以南⑫,南略邛、笮、昆明⑬,還報命。

【注釋】

①龍門:在漢夏陽縣,今陝西韓城北。 ②河山之陽:河的北邊、山的南邊稱“陽”。山指龍門山,河指黃河。 ③古文:用秦統一以前文字寫成的書。④“上會稽”句:會稽,山名,地跨今浙江紹興、諸暨等地,相傳禹在此大會諸侯,死於此。山上有穴,民間傳聞禹曾進去過,故名“禹穴”。 ⑤九疑:山名,又名蒼梧山,在今湖南寧遠,相傳舜南巡至此地而死。 ⑥沅、湘:均水名,主體流經今湖南,入洞庭湖。 ⑦汶、泗:均爲水名。汶水出沂山,入濟水;泗水,出東蒙山,在今江蘇入淮河。 ⑧鄉射鄒、嶧:鄉射,據《周禮》記載,州長於春秋兩季以禮會民,在州學校行射禮;另有鄉大夫在貢士以後舉行射禮。鄒,故鄒國,爲楚所滅,漢朝爲縣,屬魯國,在今山東曲阜東南。嶧,山名,在今山東鄒城東南。⑨戹困鄱、薛、彭城:戹,同“厄”。鄱,漢魯國蕃縣,在今山東滕州;薛,魯國薛縣,故薛國,在今山東滕州南;彭城,漢楚國(後更名彭城郡)都城,在今江蘇徐州。⑩梁、楚:皆漢封諸侯國,梁國都睢陽,在今河南商丘南;楚國,都彭城。 ⑪郎中:皇帝侍從,屬郎中令(後更名光祿勳),秩比三百石。 ⑫奉使西征巴、蜀以南:漢武帝元鼎六年(前 111 年)平西南夷,以其地置郡,下文“始建漢家之封”即在次年。巴,漢郡,在今重慶;蜀,漢郡,在今四川。 ⑬南略邛(qióng)、笮

(zuó)、昆明:略,奪取土地,此處指平定。邛,邛都,平定之後所置越巂郡的郡治,在今四川西昌東;筰,筰都,沈黎郡郡治,在今四川漢源東北;昆明,在今云南大理一帶。

是歲天子始建漢家之封①,而太史公留滯周南②,不得與從事,故發憤且卒。而子遷適使反,見父於河洛之閒。太史公執遷手而泣曰:"余先周室之太史也。自上世嘗顯功名於虞夏,典天官事。後世中衰,絕於予乎?汝復爲太史,則續吾祖矣。今天子接千歲之統,封泰山,而余不得從行,是命也夫,命也夫!余死,汝必爲太史;爲太史,無忘吾所欲論著矣。且夫孝始於事親,中於事君,終於立身。揚名於後世,以顯父母,此孝之大者③。夫天下稱誦周公,言其能論歌文武之德,宣周邵之風,達太王王季之思慮,爰及公劉,以尊后稷也④。幽厲之後,王道缺,禮樂衰,孔子脩舊起廢,論《詩》、《書》,作《春秋》,則學者至今則之。自獲麟以來四百有餘歲⑤,而諸侯相兼,史記放絕⑥。今漢興,海內一統,明主賢君忠臣死義之士,余爲太史而弗論載,廢天下之史文,余甚懼焉,汝其念哉!"遷俯首流涕曰:"小子不敏⑦,請悉論先人所次舊聞⑧,弗敢闕。"

卒三歲而遷爲太史令,紬史記石室金匱之書⑨。五年而當太初元年,十一月甲子朔旦冬至,天曆始改⑩,建於明堂⑪,諸神受紀。

【注釋】

①是歲天子始建漢家之封:是歲,武帝元封元年(前 110 年)。封,封禪,在泰山上祭天名封,在梁父山祭地名禪。　②周南:今洛陽一帶,周公、召公分陝而治,陝以西稱召南,以東爲周南,陝在今河南三門峽市。　③"且夫"等句:見《孝經》首章,小異。　④"達太王"句:太王、王季、公劉、后稷,均是周之先祖。爰,發語詞,於是。　⑤自獲麟以來四百有餘歲:獲麟,在魯哀公十四年(前 481 年),孔子《春秋》終於此年,至元封元年(前 110 年)歷三百七十二年。四百有餘歲非確指。　⑥史記:史書的泛稱。　⑦小子:謙稱。　⑧論(lún):編撰。即《論語》之"論"。　⑨紬史記石室金匱之書:紬(chōu),綴集。石室金

匱之書，國家藏書。　⑩“五年”句：太初元年，前一〇四年。漢初沿用秦《顓頊曆》，以亥月（農曆十一月）爲歲首，到這一年，制定《太初曆》，以寅月（農曆正月）爲歲首。　⑪明堂：古代天子宣明政教的地方。

太史公曰[①]：“先人有言：‘自周公卒五百歲而有孔子。孔子卒後至於今五百歲[②]，有能紹明世，正《易傳》，繼《春秋》，本《詩》、《書》、《禮》、《樂》之際？’意在斯乎！意在斯乎！小子何敢讓焉。”

上大夫壺遂曰[③]：“昔孔子何爲而作《春秋》哉？”太史公曰：“余聞董生曰[④]：‘周道衰廢，孔子爲魯司寇[⑤]，諸侯害之，大夫壅之。孔子知言之不用，道之不行也，是非二百四十二年之中[⑥]，以爲天下儀表，貶天子，退諸侯，討大夫，以達王事而已矣。’子曰：‘我欲載之空言，不如見之於行事之深切著明也。’夫《春秋》，上明三王之道，下辨人事之紀，别嫌疑，明是非，定猶豫，善善惡惡，賢賢賤不肖，存亡國，繼絕世，補敝起廢，王道之大者也。《易》著天地陰陽四時五行，故長於變；《禮》經紀人倫，故長於行；《書》記先王之事，故長於政；《詩》記山川谿谷禽獸草木牝牡雌雄[⑦]，故長於風；《樂》樂所以立，故長於和；《春秋》辯是非，故長於治人。是故《禮》以節人，《樂》以發和，《書》以道事，《詩》以達意，《易》以道化，《春秋》以道義。撥亂世反之正，莫近於《春秋》。《春秋》文成數萬[⑧]，其指數千。萬物之散聚皆在《春秋》。《春秋》之中，弒君三十六，亡國五十二[⑨]，諸侯奔走不得保其社稷者不可勝數。察其所以，皆失其本已。故《易》曰‘失之豪釐，差以千里’[⑩]。故曰‘臣弒君，子弒父，非一旦一夕之故也，其漸久矣’[⑪]。故有國者不可以不知《春秋》，前有讒而弗見，後有賊而不知。爲人臣者不可以不知《春秋》，守經事而不知其宜[⑫]，遭變事而不知其權。爲人君父而不通於《春秋》之義者，必蒙首惡之名。爲人臣子而不通於《春秋》之義者，必陷篡弒之誅，死罪之名。其實皆以爲善，爲之不知其義，被之空言而不敢辭[⑬]。夫不通禮義之旨，至於君不君，臣不臣，父不父，子不子。夫君不君則犯[⑭]，臣不臣則誅，父不父則無道，子不子則不孝。此四行者,天下之大過也。以天下之大過予之,則受而弗敢辭。故《春秋》者,禮義之大宗也。夫禮禁未然之前,法施已然之後;法之所爲用者易見,而禮之所爲禁者難知⑮。”

【注釋】

①太史公:自此以下均是司馬遷自稱。　②“自周公卒”句:孔子卒於魯哀公十六年(前479年),至元封元年不過三百七十年。《孟子·公孫丑下》:“五百年必有王者興,其間必有名世者。”此處假託孟子之言,祖述周公、孔子,五百年非確指。　③壺遂:曾與司馬遷共同編纂《太初曆》。　④董生:即董仲舒。　⑤司寇:掌刑獄。　⑥是非二百四十二年之中:自魯隱公元年(前722年)至魯哀公十四年(前481年)共二百四十二年,即《春秋》的終始年份。⑦“《詩》記山川”句:谿,同“溪”;牝牡,牝指雌性(禽兽),牡指雄性。　⑧《春秋》文成數萬:今本《春秋》僅一萬六千餘字。　⑨《春秋》之中,弒君三十六,亡國五十二:據梁玉繩統計,《經》、《傳》合計弒君三十七,亡國四十一。　⑩失之豪釐,差以千里:今本《周易》無此語,在《易緯通卦驗》卷上。　⑪“臣弒君”句:見《周易·坤文言》,文辭稍異。　⑫經事:平常之事。　⑬被之空言:遭受輿論譴責。　⑭犯:被臣下干犯。或云違犯禮義。　⑮“夫禮禁未然之前”句:賈誼《治安策》、《大戴禮記》均有此語,小異。

壺遂曰:“孔子之時,上無明君,下不得任用,故作《春秋》,垂空文以斷禮義,當一王之法①。今夫子上遇明天子②,下得守職,萬事既具,咸各序其宜,夫子所論③,欲以何明?”

太史公曰:“唯唯,否否④,不然。余聞之先人曰:‘伏羲至純厚,作《易》八卦。堯舜之盛,《尚書》載之,禮樂作焉。湯武之隆,詩人歌之。《春秋》采善貶惡,推三代之德,褒周室,非獨刺譏而已也。’漢興以來,至明天子,獲符瑞⑤,封禪⑥,改正朔⑦,易服色,受命於穆清⑧,澤流罔極⑨,海外殊俗,重譯款塞⑩,請來獻見者,不可勝道。臣下百官力誦聖德,猶不能宣盡其意。且士賢能而不用,有國者之恥;主上明聖而德不布聞,有司之過也。且余嘗掌其官,廢明聖盛德不載,滅功臣世家賢大夫之業不述,墮先人所言,罪莫大焉。余所謂述故事,整齊其世傳,非所謂作也⑪,而君比之於《春秋》,謬矣。"

於是論次其文。七年而太史公遭李陵之禍⑫,幽於縲紲⑬。乃喟然而歎曰:"是余之罪也夫!是余之罪也夫!身毀不用矣。"退而深惟曰⑭:"夫《詩》、《書》隱約者⑮,欲遂其志之思也。昔西伯拘羑里⑯,演《周易》;孔子戹陳蔡,作《春秋》;屈原放逐,著《離騷》;左丘失明,厥有《國語》;孫子臏腳⑰,而論兵法;不韋遷蜀,世傳《呂覽》;韓非囚秦,《説難》、《孤憤》⑱;《詩》三百篇,大抵賢聖發憤之所爲作也。此人皆意有所鬱結,不得通其道也,故述往事,思來者。"於是卒述陶唐以來,至于麟止,自黃帝始⑲。

【注釋】

①垂空文以斷禮義,當一王之法:公羊家認爲孔子是"素王",他著《春秋》以明確禮義的標準,但不在其位,故稱"空文"。　②明天子:指漢武帝。　③夫子:對男性的尊稱。　④唯唯:象聲詞,應答之聲,並未表示肯定或否定。否否:不是,表示否定。　⑤獲符瑞:指獲麟、得寶鼎等事。　⑥封禪:在泰山舉行封禪之禮。　⑦改正朔:即改《顓頊曆》爲《太初曆》。　⑧穆清:指天。⑨澤流罔極:罔,無。意謂漢朝的恩德流及很遠。　⑩海外殊俗,重譯款塞:款,叩,到。意謂海外之國經過多重翻譯叩關來朝。　⑪"余所謂"句:述,傳述。《論語·述而》:"述而不作,信而好古。"司馬遷認爲自己衹是傳述舊事,整理世間現有的資料,使其條理明晰,而不是創作。　⑫七年而太史公遭李陵之禍:由太初元年(前104年)至天漢三年(前98年)共七年。李陵降匈奴,在天漢二年。　⑬縲(léi)紲(xiè):指監獄。　⑭深惟:深思。　⑮隱約:言簡意深。　⑯昔西伯拘羑里:西伯,周文王;羑里,在今河南湯陰北。　⑰孫子:孫臏。　⑱《説難》、《孤憤》:《韓非子》篇名。　⑲"於是卒述"句:司馬遷認爲當時關於黃帝的説法不可靠,因此《五帝本紀》雖以黃帝開端,但敘事的正宗自有《尚書》記載的唐堯開始。武帝元狩二年獲麟,太始二年鑄黃金麟趾,因此"至于麟止"有多種解釋。然而司馬遷效仿孔子之意總是確定的。

維昔黃帝①,法天則地,四聖遵序②,各成法度;唐堯遜位,虞舜不台③;厥美帝功④,萬世載之。作《五帝本紀》第一。

維禹之功,九州攸同⑤,光唐虞際,德流苗裔;夏桀淫驕,乃放嗚條。作《夏本紀》第二。

……

維我漢繼五帝末流，接三代統業⑥。周道廢，秦撥去古文⑦，焚滅《詩》、《書》，故明堂石室金匱玉版圖籍散亂⑧。於是漢興，蕭何次律令，韓信申軍法，張蒼爲章程，叔孫通定禮儀，則文學彬彬稍進⑨，《詩》、《書》往往閒出矣。自曹參薦蓋公言黃老，而賈生、鼂錯明申、商，公孫弘以儒顯，百年之閒，天下遺文古事靡不畢集太史公。太史公仍父子相續纂其職⑩。曰："於戲⑪！余維先人嘗掌斯事，顯於唐虞，至于周，復典之，故司馬氏世主天官。至於余乎，欽念哉⑫！欽念哉！"罔羅天下放失舊聞，王迹所興，原始察終，見盛觀衰，論考之行事，略推三代，錄秦漢，上記軒轅，下至于茲，著十二本紀，既科條之矣⑬。並時異世，年差不明，作十表。禮樂損益，律曆改易，兵權山川鬼神，天人之際，承敝通變⑭，作八書。二十八宿環北辰⑮，三十輻共一轂⑯，運行無窮，輔拂股肱之臣配焉⑰，忠信行道，以奉主上，作三十世家。扶義俶儻⑱，不令已失時，立功名於天下，作七十列傳。凡百三十篇，五十二萬六千五百字，爲《太史公書》。序略，以拾遺補蓺⑲，成一家之言，厥協六經異傳，整齊百家雜語，藏之名山⑳，副在京師，俟後世聖人君子。第七十。

太史公曰：余述歷黃帝以來至太初而訖，百三十篇。

【注釋】

①維：語氣詞。　②四聖：指《五帝本紀》中的其他四個上古帝王，顓頊、帝嚳、堯、舜。　③台（yí）：通"怡"，愉悅。　④厥：其。　⑤九州攸同：九州，古代中國設置的九個州。具體名稱説法不一，《尚書・禹貢》中爲冀、兖、青、徐、揚、荆、豫、梁、雍九州。攸，於是。　⑥統業：《漢書・司馬遷傳》作"絕業"，與"末流"相對成文。　⑦撥：廢除。　⑧玉版：刻有文字的玉版。　⑨文學：文學之士。　⑩纂：通"纘"，繼承。　⑪於戲：感歎詞，相當於"嗚呼"。⑫欽：敬重。　⑬既科條之矣：指科分條例。　⑭"禮樂損益"句：兵權即律書，或是衍文。分別指《禮書》、《樂書》、《律書》、《曆書》、《河渠書》、《封禪書》、《天

官書》、《平準書》。　⑮二十八宿環北辰：二十八宿，黄道二十八個恒星；北辰，北極星。　⑯三十輻共（gǒng）一轂（gǔ）：輻，連接車輪中心和輪圈的木頭；轂，車輪中心的圓木，通過輻條與輪圈連接，中間有插軸的圓孔；共，後作"拱"，環繞。⑰拂：通"弼"，輔佐。　⑱扶義俶（tì）儻：扶義，仗義；俶儻，卓異不凡。⑲補蓺：彌補缺漏。　⑳名山：古代帝王藏書的地方，此句常用來比喻不朽的著作。

【復習與思考】

1. 解釋下列詞句

一致而百慮　食土簋　啜土刑　控名責實　是非二百四十二年之中　脩舊起廢

2. 思考題

(1) 司馬遷的學術淵源來自何處？

(2) 司馬遷的思想和司馬談有區别嗎？班固認爲其"先黄老而後六經"，你同意嗎？

(3) 文中最後的目録部分是否贅餘？有何功用？

（編注者：李曉明　李博）

【自測題】

食貨志上

本文選自中華書局一九六二年版《漢書》卷二四。

《漢書》爲東漢班固所著，是中國第一部紀傳體斷代史書。全書包括紀十二篇、表八篇、志十篇、傳七十篇，共一百篇，後人劃分爲一百二十卷。班固，字孟堅，東漢扶風安陵（今陝西咸陽東）人，是史學家班彪的長子，生於東漢光武帝建武八年（32 年），死於永元四年（92 年）。他從小就受到了良好的家庭教育，幼年便善寫文章、詩賦，他熟讀儒家經典，廣泛求學，探究百家學說，有着堅實的學術功底。

班固的父親班彪生平好述作，專心於史籍。東漢初年，不少人續寫司馬遷《史記》，但大多水準低下。班彪很不滿意，便博採遺事異聞，作成“後傳”六十五篇，記載漢武帝太初以後的歷史。班彪去世後，二十三歲的班固繼承父志，在父親的遺稿的基礎上，綴集所聞，撰寫《漢書》。有人向朝廷告發他私撰國史，班固被押解到洛陽。幸得弟弟班超上書明帝說明情況，並得到皇帝召見。明帝最終認定班固無罪，還任命他爲蘭臺令史，掌管圖書。班固撰寫《漢書》得到了皇帝的支持，歷經二十多年，終於在建初年間完成了《漢書》主體部分的寫作。

和帝永元元年（89 年），車騎將軍竇憲出征匈奴，以班固爲中護軍，大敗匈奴。永元四年，竇憲被以謀反的罪名賜死，班固被牽連入獄，最終憂憤死於獄中，時年六十一歲。此時，班固的《漢書》大體已經完成，只有其中的“表”和“天文志”還沒定稿，和帝命其妹班昭參考東觀藏書替他補作，又命其同郡人馬續幫助班昭作成“天文志”，最終完成了《漢書》這一歷史巨著。《漢書》記述了西漢王朝一代的歷史，它的紀傳體斷代模式爲後來各個朝代編寫史書所沿襲。該書記載了上起西漢高祖劉邦，下至王莽敗亡,共十二世,二百三十年的歷史。

《漢書·食貨志》是從《史記·平準書》演變而來,爲《漢書》的“十志”之一,記述了上起遠古神農氏,下至王莽末年的歷代經濟制度,尤詳西漢一朝。《平準書》重點記述工商業政策,《食貨志》則側重記録土地制度和賦稅、貨幣制度。繼班固首創《食貨志》之後,在歷代正史中出現十三篇《食貨志》,爲研究我國經濟制度的因革提供了豐富的資料。

《漢書·食貨志》分爲上、下兩篇,上篇言“食”,下篇言“貨”。上篇叙述了戰國、秦、兩漢的土地制度、賦稅制度以及西漢政府在財政上的政策;而下篇則以錢幣、鹽鐵、商業方面的發展爲重點。本文節録自上篇,記載西漢一代農業生產狀況以及賈誼的《論積貯疏》、晁錯的《論貴粟疏》等重要内容,反映出西漢朝廷重農抑商的經濟思想。

《後漢書·班昭傳》説:“時《漢書》始出,多未能通者。同郡馬融伏於閣下,從昭受讀。”現在通行本爲中華書局用清代王先謙的《漢書補注》本作爲底本,輔助用來校王本的是北宋景祐本(商務印書館影印的百衲本)、明末毛氏汲古閣本、清乾隆武英殿本(簡稱殿本)和同治金陵書局本(簡稱局本)四種本子,分段標點,析出注文,但衹收顔注,不收補注。

漢興,接秦之敝,諸侯並起,民失作業而大饑饉。凡米石五千,人相食,死者過半。高祖乃令民得賣子,就食蜀、漢。天下既定,民亡蓋臧①,自天子不能具醇駟②,而將相或乘牛車。上於是約法省禁,輕田租,什五而稅一,量吏禄,度官用,以賦於民。而山川、園池、市肆租稅之入,自天子以至封君湯沐邑③,皆各爲私奉養,不領於天子之經費④。漕轉關東粟以給中都官,歲不過數十萬石。孝惠、高后之間,衣食滋殖。文帝即位,躬修儉節,思安百姓。時民近戰國,皆背本趨末,賈誼説上曰:

【注釋】

①民亡蓋臧:民衆貧困,無物可以蓋藏。 ②醇駟:醇,同“純”,無雜色。駟,一車四馬。醇駟,指毛色相同,無雜色的四馬。 ③封君湯沐邑:封君,封建時代受有封邑的貴族。湯沐邑,周制,諸侯朝見天子,天子在王畿内賜予封邑,供其住宿和齋戒沐浴之用。後來皇帝、皇后、公主等收取賦稅的私邑也稱湯沐

邑，以其賦稅供湯沐之具。 ④不領於天子之經費：領，入。經，常。各收取其賦稅以自供，不入於國家之倉廩府庫。

《筦子》曰："倉廩實而知禮節。"民不足而可治者，自古及今，未之嘗聞。古之人曰："一夫不耕，或受之飢；一女不織，或受之寒。"生之有時，而用之亡度，則物力必屈。古之治天下，至孅至悉也，故其畜積足恃。今背本而趨末，食者甚衆，是天下之大殘也；淫侈之俗，日日以長，是天下之大賊也①。殘賊公行，莫之或止；大命將泛，莫之振救。生之者甚少而靡之者甚多，天下財產何得不蹶！漢之爲漢幾四十年矣②，公私之積猶可哀痛。失時不雨，民且狼顧；歲惡不入，請賣爵、子③。既聞耳矣，安有爲天下阽危者若是而上不驚者！

【注釋】

①大殘、大賊：殘、賊，皆傷害之意。 ②漢之爲漢幾四十年矣：前二〇六年漢朝建立，至前一七八年賈誼上疏，僅二十八年，非四十年。 ③請賣爵、子：主動要求賣掉爵位、子女。

世之有饑穰①，天之行也，禹、湯被之矣。即不幸有方二三千里之旱，國胡以相恤？卒然邊境有急，數十百萬之衆，國胡以餽之？兵旱相乘，天下大屈，有勇力者聚徒而衡擊，罷夫羸老易子而齩其骨。政治未畢通也，遠方之能疑者並舉而爭起矣②，乃駭而圖之，豈將有及乎！

【注釋】

①饑穰：饑，饑荒，穰，豐收。這裏主要指荒年，有自然災害之年。 ②能疑者：疑，通"擬"。"能疑者"指敢於跟天子比擬，也就是有奪取天下野心的人。

夫積貯者，天下之大命也。苟粟多而財有餘，何爲而不成？以攻則取，以守則固，以戰則勝。懷敵附遠①，何招而不至？今毆民而歸之農②，皆著於本，使天下各食其力，末技遊食之民轉而緣南畝③,則畜積足而人樂其所矣。可以爲富安天下,而直爲此廩廩也④,竊爲陛下惜之!

【注釋】

①懷敵附遠:懷,招徠、懷柔;附,使之歸附。懷柔敵人,使遠方之人前來歸附。 ②毆民:毆同"驅",驅使。 ③南畝:指農田。古人田地多向南開闢,故稱。《詩經·小雅·大田》:"俶載南畝,播厥百穀。" ④廩廩:通"懍",危懼的樣子。

於是上感誼言,始開籍田①,躬耕以勸百姓。鼂錯復説上曰:

聖王在上而民不凍饑者,非能耕而食之,織而衣之也,爲開其資財之道也。故堯、禹有九年之水,湯有七年之旱,而國亡捐瘠者②,以畜積多而備先具也。今海内爲一,土地人民之衆不避湯、禹,加以亡天災數年之水旱,而畜積未及者,何也?地有遺利,民有餘力,生穀之土未盡墾,山澤之利未盡出也,遊食之民未盡歸農也。民貧,則姦邪生。貧生於不足,不足生於不農,不農則不地著③,不地著則離鄉輕家,民如鳥獸,雖有高城深池、嚴法重刑,猶不能禁也。

【注釋】

①籍田:古代天子、諸侯徵用民力耕種的田地,田地所產供宗廟祭祀之用。每年春天,天子或諸侯率百官親耕籍田以勸農,是爲"耕籍"禮。漢初開始行耕籍之禮。 ②捐瘠:捐,遺棄。瘠,瘦病。捐瘠指因災荒被親人拋棄或瘦骨嶙峋者。 ③地著:安於土地。

夫寒之於衣,不待輕暖;饑之於食,不待甘旨;饑寒至身,不顧廉恥。人情,一日不再食則饑,終歲不製衣則寒。夫腹饑不得食,膚寒不得衣,雖慈母不能保其子,君安能以有其民哉①!明主知其然也,故務民於農桑,薄賦斂,廣畜積,以實倉廩,備水旱,故民可得而有也。

民者,在上所以牧之,趨利如水走下,四方亡擇也。夫珠玉金銀，饑不可食，寒不可衣，然而衆貴之者，以上用之故也。其爲物輕微易臧，在於把握，可以周海內而亡饑寒之患[2]。此令臣輕背其主，而民易去其鄉，盜賊有所勸，亡逃者得輕資也。粟米布帛生於地，長於時，聚於力[3]，非可一日成也；數石之重，中人弗勝，不爲姦邪所利，一日弗得而饑寒至。是故明君貴五穀而賤金玉。

【注釋】

①有其民：獲得民心。　②周海內：遍及海內。　③聚於力：投入足夠人力才能有所收穫。王念孫認爲“力”應爲“市”，此備一說。

今農夫五口之家，其服役者不下二人，其能耕者不過百畝，百畝之收不過百石。春耕、夏耘，秋穫、冬藏，伐薪樵，治官府，給繇役；春不得避風塵，夏不得避暑熱，秋不得避陰雨，冬不得避寒凍，四時之間亡日休息；又私自送往迎來，弔死問疾，養孤長幼在其中。勤苦如此，尚復被水旱之災，急政暴賦，賦斂不時，朝令而暮改[1]。當具有者，半賈而賣；亡者，取倍稱之息，於是有賣田宅、鬻子孫以償責者矣！而商賈大者積貯倍息，小者坐列販賣，操其奇贏[2]，日遊都市，乘上之急，所賣必倍。故其男不耕耘，女不蠶織，衣必文采，食必粱肉；亡農夫之苦，有仟佰之得[3]。因其富厚，交通王侯，力過吏勢，以利相傾；千里游遨，冠蓋相望，乘堅策肥，履絲曳縞。此商人所以兼併農人，農人所以流亡者也。

【注釋】

①朝令而暮改：政令頻繁變動，急徵暴斂。　②操其奇（jī）贏：奇、贏都是贏餘之意，利用餘財而蓄積貨物，此處指商人囤積居奇以謀取暴利。　③仟佰：仟，千錢。佰，百錢。另一說認爲仟佰爲“阡陌”，亦能講通。

今法律賤商人，商人已富貴矣；尊農夫，農夫已貧賤矣。故俗之所貴，主之所賤也；吏之所卑，法之所尊也。上下相反，好惡乖迕，而欲國富法立，不可得也。方今之務，莫若使民務農而已矣。欲民務農，在於貴粟；貴粟之道，在於使民以粟爲賞罰。今募天下入粟縣官[①]，得以拜爵，得以除罪。如此，富人有爵，農民有錢，粟有所渫[②]。夫能入粟以受爵，皆有餘者也；取於有餘，以供上用，則貧民之賦可損，所謂損有餘補不足，令出而民利者也。順於民心，所補者三：一曰主用足，二曰民賦少，三曰勸農功。今令民有車騎馬一匹者[③]，復卒三人。車騎者，天下武備也，故爲復卒。神農之教曰："有石城十仞，湯池百步，帶甲百萬，而亡粟，弗能守也。"以是觀之，粟者，王者大用，政之本務。令民入粟受爵至五大夫以上，乃復一人耳，此其與騎馬之功相去遠矣。爵者，上之所擅，出於口而亡窮；粟者，民之所種，生於地而不乏。夫得高爵與免罪，人之所甚欲也。使天下人入粟於邊，以受爵免罪，不過三歲，塞下之粟必多矣。

【注釋】

①縣官：古代稱天子爲縣官，此處指漢政府。　②渫（xiè）：散，流通。③車騎馬：軍馬，裝備齊全的戰馬。

於是文帝從錯之言，令民入粟邊，六百石爵上造，稍增至四千石爲五大夫，萬二千石爲大庶長[①]，各以多少級數爲差。錯復奏言："陛下幸使天下入粟塞下以拜爵，甚大惠也。竊恐塞卒之食不足用，大渫天下粟。邊食足以支五歲，可令入粟郡縣矣；足支一歲以上，可時赦，勿收農民租。如此，德澤加於萬民，民俞勤農[②]。時有軍役，若遭水旱，民不困乏，天下安寧；歲孰且美，則民大富樂矣。"上復從其言，乃下詔賜民十二年租稅之半[③]。明年，遂除民田之租稅。

【注釋】

①上造、五大夫、大庶長：都是爵號，上造爲第二等爵，五大夫爲第九等爵，大庶長第十八等爵。　②俞：通"逾"，更加。　③十二年：指漢文帝前元十二

年(前168年)。

【復習與思考】

1. 解釋下列詞語

湯沐邑　縣官　捐瘠　懷敵附遠　車騎馬

2. 思考題

(1) 賈誼的重農思想表現在哪些方面?

(2) 試述鼂錯的治民理念。

(3) 漢文帝休養生息的措施有哪些?

3. 口頭翻譯文中“今農夫五口之家”至“農人所以流亡者也”一段。

(編注者:高二旺)

【自測題】

藝文志序

本篇節選自《漢書》卷三十《藝文志》的“總序”和諸子略的“小序”部分。《漢書・藝文志》是班固以劉歆的《七略》爲藍本編纂成的我國現存最早的一部圖書目録。《漢書・藝文志》體現了“學在王官”的轉换,爲後世目録學、古籍整理提供了典範,有辨章學術、考鏡源流之功。現代學者顧實《漢書藝文志講疏》、陳國慶《漢書藝文志注釋彙編》、張舜徽《漢書藝文志通釋》等著作,是後世學者研究“漢志”的標誌性學術成就。

昔仲尼没而微言絕①,七十子喪而大義乖②。故《春秋》分爲五③,《詩》分爲四④,《易》有數家之傳⑤。戰國從衡⑥,真僞分爭⑦,諸子之言,紛然殽亂⑧。至秦患之,乃燔滅文章⑨,以愚黔首⑩。

漢興,改秦之敗⑪,大收篇籍,廣開獻書之路⑫。迄孝武世⑬,書缺簡脱⑭,禮壞樂崩⑮,聖上喟然而稱曰⑯:“朕甚閔焉⑰!”於是建藏書之策⑱,置寫書之官⑲。下及諸子傳説,皆充秘府⑳。至成帝時㉑,以書頗散亡,使謁者陳農求遺書於天下㉒。詔光禄大夫劉向校經傳、諸子、詩賦㉓,步兵校尉任宏校兵書㉔,太史令尹咸校數術㉕,侍醫李柱國校方技㉖。每一書已,向輒條其篇目㉗,撮其指意㉘,録而奏之。會向卒,哀帝復使向子侍中奉車都尉歆卒父業㉙。歆於是總群書而奏其《七略》㉚,故有《輯略》㉛,有《六藝略》,有《諸子略》,有《詩賦略》,有《兵書略》,有《術數略》,有《方技略》。今删其要㉜,以備篇籍。

【注釋】

①仲尼:孔子的字。微言:精微要妙的言論。　②七十子:指孔子的七十二位大弟子。此處稱“七十”,乃舉其成數。大義:指儒家要旨。乖:相互背離,不一致。　③《春秋》分爲五:指傳《春秋》的《春秋左氏傳》、《春秋公羊傳》、《春秋穀梁傳》、《春秋鄒氏傳》和《春秋夾氏傳》五家。現僅存前三家。　④《詩》分爲四:指傳《詩經》的魯人毛亨的《毛詩》、齊人轅固的《齊詩》、魯人申培的《魯詩》和燕人韓嬰的《韓詩》四家。　⑤《易》有數家之傳:指傳《易經》的《施氏易》、《孟氏易》、《梁丘氏易》、《京氏易》、《費氏易》和《高氏易》等數家。傳:解釋經義的文字。　⑥從衡:同“縱横”,指縱横家言論。　⑦真僞分爭:各學派自稱本學派是真傳,而攻擊别派爲假。　⑧殽亂:混殽,雜亂。　⑨燔滅文章:指秦始皇三十四年(前 213 年)焚書之事。燔,燒。　⑩黔首:百姓。　⑪改秦之敗:改變秦朝的弊政。　⑫大收篇籍,廣開獻書之路:指漢高祖時命蕭何收秦圖籍及漢惠帝時除挾書之令,廣收天下書之事。　⑬孝武:漢武帝劉徹。⑭簡脱:簡片脱落散亂。　⑮禮壞樂崩:禮、樂指王朝盛世時代社會秩序和道德規範的總稱;崩,崩潰。　⑯喟然:歎息的樣子。　⑰閔:同“憫”。憂慮,惋惜。　⑱建藏書之策:設立藏書的登記簿。　⑲寫書:抄書。當時無印刷,書皆靠手抄以保存和傳播。　⑳秘府:宫廷藏書之處。　㉑成帝:漢成帝劉驁。　㉒謁者:官名,掌進見賓客之事。陳農求遺書:事在漢成帝河平三年(前 26 年)八月。　㉓光禄大夫:官名,掌顧問應對。劉向:西漢文獻學家,曾校閲群書,撰成《别録》,爲我國目録學之祖。　㉔步兵校尉:官名,掌上林苑門屯兵。　㉕太史令:官名,掌天文、曆法、國家文書典籍和編寫史書等事。數術:即術數,指天文、曆法、占卜、五行之類的書。　㉖侍醫:屬太醫令,負責皇帝疾病的治療。方技:古代指醫藥衛生之類的書。　㉗條:條理。在此指整理。　㉘撮:摘取、概括。指:同“旨”。　㉙哀帝:漢哀帝劉欣。侍中奉車都尉:侍中爲加官,因出入禁中,侍奉皇帝,故特親幸。奉車都尉,掌御乘車馬。歆:劉歆,字子駿,後改名秀,字穎叔,劉向之子。繼其父總校群書,撰成《七略》。㉚《七略》:書名,是劉歆總校群書之後所寫的提要式圖書目録。　㉛《輯略》:《七略》的第一部分,是諸書之總要。輯,同“集”。　㉜删其要:删去浮冗,取其指要。

……

儒家者流[①],蓋出於司徒之官[②]。助人君順陰陽、明教化者也③。游文於六經之中④，留意於仁義之際，祖述堯舜⑤，憲章文武⑥，宗師仲尼⑦，以重其言⑧，於道最爲高。孔子曰："如有所譽，其有所試⑨。"唐虞之隆，殷周之盛，仲尼之業，已試之效者也。然惑者既失精微⑩，而辟者又隨時抑揚⑪，違離道本，苟以譁衆取寵。後進循之⑫，是以五經乖析⑬，儒學寖衰⑭，此辟儒之患⑮。

【注釋】

①儒家：尊奉孔子學説的學派。流：流派、學派。　②司徒：官名。掌國家土地、徵發徒役和教化等。　③陰陽：此指儒家所説的陰陽之道，即天地人事自然之道。教化：政教風化，也指教育感化。　④游文：習文。六經：《詩》、《書》、《禮》、《樂》、《易》、《春秋》。　⑤祖述：效法、遵循。　⑥憲章：典章制度。此處用如動詞，即效法。　⑦宗：尊敬。　⑧重：重視，抬高。⑨"如有"句：語出《論語・衛靈公》。意謂我若稱讚某人，是因爲我曾考察過他。⑩精微：指儒家學説的精妙細微之處。　⑪辟者：邪僻不正的人。辟，同"僻"。抑揚：褒貶。　⑫後進：後輩。　⑬乖：背離，違反。此指違反五經的本義。析：分離。此指把經義弄得支離破碎。　⑭寖：同"浸"，漸漸。　⑮辟儒：指見聞淺陋的儒生。辟：同"僻"。

……

道家者流①，蓋出於史官。歷記成敗、存亡、禍福、古今之道，然後知秉要執本②，清虚以自守，卑弱以自持③，此君人南面之術也④。合於堯之克攘⑤，《易》之嗛嗛⑥，一謙而四益⑦，此其所長也。及放者爲之⑧，則欲絶去禮學，兼棄仁義，曰獨任清虚可以爲治⑨。

【注釋】

①道家：以老、莊的自然天道觀爲核心思想的學派。　②秉要執本：抓住要點，掌握根本。　③"清虚"句：道家主張清靜虚無，提倡柔道，認爲弱能勝强，柔能克剛。　④君人：統治人民。君，用如動詞。南面之術：指君主統治人民的方法。　⑤克：能。攘：同"讓"，謙讓。　⑥嗛嗛：謙而又謙，極言謙退。嗛，同"謙"。　⑦一謙而四益：指人能謙退則通達順利，受益良多。四益："天道虧盈而益謙，地道變盈而流謙，鬼神害盈而福謙，人道惡盈而好謙。"(《周易・

謙卦》） ⑧放：放任。 ⑨“則欲”句：指反對仁義禮法，反對學問，純任自然，以清靜虛無爲治國之道。

……

陰陽家者流①，蓋出於羲和之官②。敬順昊天③，歷象日月星辰④，敬授民時⑤，此其所長也。及拘者爲之⑥，則牽於禁忌⑦，泥於小數⑧，舍人事而任鬼神⑨。

【注釋】

①陰陽家：戰國時提倡陰陽五行説的學派。 ②羲和：堯時掌天文曆法的官吏。 ③昊天：廣大的天。昊，大。 ④歷：記載曆法的書。象：觀測天文的儀器。歷、象在此用爲動詞，作記載、觀測講。 ⑤敬：慎。時：天時。 ⑥拘：固執，死板。 ⑦牽：牽制。禁忌：有關吉凶的忌諱。 ⑧泥：拘泥。數：方術。 ⑨任：聽任。

……

法家者流①，蓋出於理官②。信賞必罰，以輔禮制。《易》曰“先王以明罰飭法③”，此其所長也。及刻者爲之④，則無教化，去仁愛，專任刑法而欲以致治，至於殘害至親，傷恩薄厚⑤。

【注釋】

①法家：戰國時提倡以法制爲核心思想的學派。 ②理官：審理獄訟的官，即法官。 ③飭：整頓。 ④刻：刻薄、苛刻。 ⑤薄厚：使仁厚變爲刻薄。

……

名家者流①，蓋出於禮官②。古者名位不同，禮亦異數③。孔子曰：“必也正名乎！名不正則言不順，言不順則事不成④。”此其所長也。及警者爲之⑤，則苟鉤鈲析亂而已⑥。

【注釋】

①名家：戰國時以辯論名實關係爲中心的學派。 ②禮官：古代掌禮儀的官。 ③“古者”句：見《左傳・莊公十八年》“王命諸侯，名位不同，禮亦異數”。

名位：名號和地位。異數：不同等級。　④“孔子曰”句：見《論語·子路》。正名：使名分正。　⑤警（jiào）：揭發、攻擊別人的隱私或短處。　⑥鉤鈲（pī）析亂：鉤取出詭怪的道理、分析得支離破碎以破壞、淆亂名實。鉤，鉤取。鈲，破。

……

墨家者流①，蓋出於清廟之守②。茅屋采椽③，是以貴儉④；養三老五更⑤，是以兼愛⑥；選士大射⑦，是以上賢⑧；宗祀嚴父⑨，是以右鬼⑩；順四時而行，是以非命⑪；以孝視天下⑫，是以上同⑬。此其所長也。及蔽者爲之⑭，見儉之利，因以非禮，推兼愛之意，而不知別親疏。

【注釋】

①墨家：提倡“兼愛”、“非攻”、“尚賢”、“節用”等觀點的學派。春秋戰國之際墨翟所創立。　②清廟：宗廟。宗廟肅然清靜，故稱清廟。守：疑爲“官”字之誤。　③茅屋采椽：以茅草蓋屋，以采爲椽，言其質樸。采，柞木。　④貴儉：以儉爲貴。　⑤三老五更：指年老致仕而經驗豐富的人。　⑥兼愛：墨家學說的核心。主張愛無差別等級，不分厚薄親疏。　⑦選士：相傳周代有選士的制度。《禮記·王制》：“命鄉論秀士，升之司徒，曰選士。”大射：祭祀時的射禮。據說諸侯將有祭祀之事，與群臣射，屢中者參加祭祀，否則不得參與。⑧上賢：尊重賢人。主張國家用人打破等級身份。上，同“尚”。　⑨宗祀：廟祭。　⑩右：尊尚。　⑪非命：不信有吉凶之命，反對天命之說。　⑫視：通“示”。　⑬上同：指與在上者取得一致，然後天下太平。墨子主張上同於鄉長、國君、天子，以至於天。　⑭蔽者：看問題片面的人。

……

從横家者流①，蓋出於行人之官②。孔子曰：“誦《詩》三百，使於四方，不能專對，雖多，亦奚以爲③？”又曰：“使乎，使乎④！”言其當權事制宜⑤，受命而不受辭⑥。此其所長也。及邪人爲之，則上詐諼而棄其信⑦。

【注釋】

①從横家：戰國時以從事政治外交活動爲主的學派。從，同“縱”。　②行

人:官名,有大行人、小行人。掌朝覲聘問之事,類似後世的外交官。 ③"孔子曰"句:見《論語·子路》。意謂人不達於事,誦《詩》雖多,也無所用。專對,獨自應對。 ④"又曰"句:見《論語·憲問》。此爲孔子讚美使者的話。 ⑤權事制宜:權衡事情的利弊而採取適宜的對策。 ⑥受命而不受辭:從國君那裏接受出使的命令,而不接受應對的辭令。 ⑦詐諼(xuān):欺騙,弄虚作假。

……

雜家者流①,蓋出於議官②。兼儒、墨,合名、法,知國體之有此③,見王治之無不貫④。此其所長也。及盪者爲之⑤,則漫羨而無所歸心⑥。

【注釋】

①雜家:戰國末至漢初糅合各家之說的學派。 ②議官:諫議之官。 ③國體之有此:治國之體當有此雜家之說。 ④王治之無不貫:王者之治於百家之道無不貫通。 ⑤盪者:放蕩的人。 ⑥漫羨而無所歸心:博涉而不着要領,使人心沒有歸宿。羨,同"衍"。

……

農家者流①,蓋出於農稷之官②。播百穀,勸耕桑,以足衣食,故八政一曰食③,二曰貨。孔子曰"所重民食④"。此其所長也。及鄙者爲之⑤,以爲無所事聖王⑥,欲使君臣並耕⑦,誖上下之序⑧。

【注釋】

①農家:戰國時提倡農業生產,反映農民思想的學派。 ②農稷之官:周的始祖棄在堯時做稷官,教民耕種,號"后稷",後爲農官的統稱。 ③八政:古代國家施政的八個方面。《尚書·洪範》以"食"、"貨"、"祀"、"司空"、"司徒"、"司寇"、"賓"、"師"爲"八政"。 ④所重民食:見《論語·堯曰》。意謂治理國家,所重視的是人民的吃飯問題。 ⑤鄙者:粗鄙的人。指主張人人親自參加農業勞動,實行君民同耕的人。 ⑥無所事聖王:意謂不必有聖王而天下自治。事,侍奉。 ⑦並耕:同耕。 ⑧誖:擾亂。

……

小說家者流①,蓋出於稗官②。街談巷語,道聽塗說者之所造也。孔子曰:"雖小道,必有可觀者焉,致遠恐泥,是以君子弗爲也③。"然亦弗滅也。閭里小知者之所及④,亦使綴而不忘⑤。如或一言可采,此亦芻蕘狂夫之議也⑥。

【注釋】

①小說家:記錄民間街談巷語,借以考察民情風俗的學派。 ②稗官:負責記述街談巷語的小官。後來用作小說或小說家的代稱。 ③"孔子曰"句:見《論語·子張》。今按,此語爲孔子弟子子夏所言。意謂即使是小技藝,也一定有可取之處,但恐怕它妨礙大事業,所以君子不從事於它。泥,阻滯。 ④閭里小知者之所及:里巷中有小聰明的人所能看到的道理。 ⑤綴:聯綴。⑥芻蕘(chú ráo):割草打柴。泛指平民。狂夫:狂妄愚鈍的人。

……

諸子十家,其可觀者九家而已①。皆起於王道既微,諸侯力政②,時君世主,好惡殊方,是以九家之術蠭出並作,各引一端,崇其所善,以此馳說③,取合諸侯。其言雖殊,辟猶水火④,相滅亦相生也。仁之與義,敬之與和,相反而皆相成也。《易》曰:"天下同歸而殊塗,一致而百慮⑤。"今異家者,各推所長,窮知究慮⑥,以明其指⑦,雖有蔽短⑧,合其要歸⑨,亦六經之支與流裔⑩。使其人遭明王聖主,得其所折中⑪,皆股肱之材已。仲尼有言:"禮失而求諸野⑫。"方今去聖久遠,道術缺廢,無所更索⑬,彼九家者,不猶瘉於野乎⑭?若能修六藝之術⑮,而觀此九家之言,舍短取長,則可以通萬方之略矣。

【注釋】

①諸子十家:指儒、道、陰陽、法、名、墨、縱横、雜、農、小說家。九家:指除小說家外的九家。 ②力政:以武力相征伐。政,同"征"。 ③馳說:遊說。④辟:同"譬"。 ⑤"《易》曰"句:見《周易·繫辭下》。意謂不同的途徑可以達到同一個目的地,不同的考慮可以達成同一個目標。 ⑥窮知究慮:用盡心思。 ⑦指:同"旨",宗旨。 ⑧蔽:蔽塞,對某方面的道理蔽塞不通。⑨要:主要之點。歸:歸宿,目的。 ⑩支與流裔:支派。支,分支。流裔,末流。 ⑪折中:調節過與不及,使合乎中道。 ⑫禮失而求諸野:禮失於都

邑,則於外野求之,亦將有獲。野,指民間。　⑬索:求。　⑭瘉:同"愈",勝。　⑮六藝:即六經。

【復習與思考】

1. 解釋下列劃綫詞語

七十子喪而大義乖　燔滅文章　憲章文武　儒學寖衰　辟儒之患　堯之克攘　鉤鈲析亂　上詐諼而棄其信　致遠恐泥　芻蕘狂夫之議

2. 思考題

(1) 淺析《漢書·藝文志》在中國目錄學中的重要地位。

(2) 簡述先秦諸子十家思想。

3. 參考閱讀《莊子·天下》、《荀子·非十二子》、《史記·太史公自序》中司馬談的"論六家之要指"等篇,嘗試分析各派學術利弊。

4. 口頭翻譯"昔仲尼沒而微言絕"至"今删其要,以備篇籍"一段。

(編注者:孫建偉)

【自測題】

劉 歆 傳

本文節選自《漢書》卷三六,叙述了劉歆的生平事跡,包括其學術源流、仕宦經歷、學術主張和成就。最主要的内容爲經學家劉歆移書責讓太常博士一文。該文論述了周衰以來經典的散佚和整理的過程,包括古文經的重見天日。並激切地批評了今文學家的抱殘守缺、因循守舊、黨同伐異,大聲疾呼立諸古文經於學官的急迫性。此文大體上反映了歷史上今古文經學第一次重要争論。

歆字子駿,少以通《詩》、《書》能屬文召見成帝,待詔宦者署①,爲黄門郎②。河平中,受詔與父向領校祕書,講六藝傳記,諸子、詩賦、數術、方技,無所不究。向死後,歆復爲中壘校尉③。哀帝初即位,大司馬王莽舉歆宗室有材行④,爲侍中、太中大夫⑤,遷騎都尉、奉車光禄大夫⑥,貴幸⑦。復領五經,卒父前業。歆乃集六藝群書,種別爲《七略》⑧。語在《藝文志》。

【注釋】

①待詔:即等待詔命。漢時以才技徵召未有正官者,使之待詔。 ②黄門:官署名。黄門郎,亦作黄門侍郎,給事於黄門之内。秦置,漢因之,爲當時親幸之官。 ③中壘校尉:西漢官名,武帝所置。爲加强京師屯兵所設八校尉之一,秩二千石。掌北軍壘門内外。 ④大司馬:官名。漢武帝時罷太尉所改置。西漢對掌權的外戚,多授予大將軍、驃騎將軍等聯稱,也有不兼將軍號的。王莽(前 45—23 年):字巨君,元城(今河北大名東)人。元帝皇后侄。西漢末,以外戚掌握政權。平帝時爲大司馬。元始五年毒死平帝,自稱攝皇帝。初始元年稱帝,改國號爲新。統治期間屢次改變幣制、官制,恢復五等爵。更始元年,新王

朝在赤眉、緑林軍的打擊下崩潰，王莽被殺。《漢書》有傳。　⑤侍中：官名。秦始置，掌侍從皇帝左右，出入宮廷，應對顧問，爲親幸之官。太中大夫：官名。秦始置，掌議論。　⑥騎都尉：官名，漢武帝元鼎二年初置。奉車光禄大夫：漢武帝時改置，與太中大夫同爲掌論議之官，秩比二千石。　⑦貴幸：位尊且受君王寵信。　⑧《七略》：刘歆撰。爲目録學開基之作。分爲《輯略》、《六藝略》、《諸子略》、《詩賦略》、《兵書略》、《術數略》和《方技略》。

歆及向始皆治《易》，宣帝時，詔向受《穀梁春秋》①，十餘年，大明習。及歆校祕書，見古文《春秋左氏傳》，歆大好之。時丞相史尹咸以能治左氏②，與歆共校經傳。歆略從咸及丞相翟方進受③，質問大義。初《左氏傳》多古字古言，學者傳訓故而已，及歆治《左氏》，引傳文以解經，轉相發明，由是章句義理備焉。歆亦湛靖有謀④，父子俱好古，博見彊志，過絕於人。歆以爲左丘明好惡與聖人同⑤，親見夫子，而公羊、穀梁在七十子後，傳聞之與親見之，其詳略不同。歆數以難向，向不能非間⑥也，然猶自持其《穀梁》義。

【注釋】

①《穀梁春秋》：即《春秋穀梁傳》，傳爲孔子弟子穀梁赤所爲，屬於今文經。　②丞相史：丞相屬官。據《漢舊儀》“丞相府有吏員三百八十二人，内丞相史二十人，秩四百石”。　③翟方進（？—前 7 年）：字子威，西漢汝南上蔡（今河南上蔡西南）人。成帝時，歷任朔方刺史、御史大夫，後爲丞相，封高陵侯。爲政公潔，但是持法深刻，舉奏牧守、九卿，中傷者尤多。任相十年，後來被成帝以“災害並臻，民被飢餓”爲名，迫令自殺。　④湛靖：謂深沉冷靜。　⑤左丘明好惡與聖人同：《論語・公冶長》有“巧言、令色、足恭，左丘明恥之，丘亦恥之”。故言左丘明好惡與聖人同也。　⑥非間：間謂非毁間厠，非間即非難、有異議。

及歆親近，欲建立《左氏春秋》及《毛詩》、《逸禮》、古文《尚書》皆列於學官①。哀帝令歆與五經博士講論其義②，諸博士或不肯置對。歆因移書太常博士③，責讓之曰：

【注釋】

①《逸禮》：指《儀禮》十七篇以外的古文禮經，相傳爲孔子壁中所出，有三十九篇，

今佚。　②五經博士：官名。教授五經的學官，漢武帝建元五年始置。　③太常：漢官名，九卿之一，掌禮樂郊廟社稷事宜。西漢博士屬太常，故稱“太常博士”。

昔唐虞既衰，而三代迭興，聖帝明王，累起相襲，其道甚著。周室既微而禮樂不正，道之難全也如此。是故孔子憂道之不行，歷國應聘。自衛反魯，然後樂正，《雅》、《頌》乃得其所；修《易》，序《書》，制作《春秋》，以紀帝王之道。及夫子沒而微言絕，七十子終而大義乖。重遭戰國，棄籩豆之禮[①]，理軍旅之陳，孔氏之道抑，而孫吳之術興[②]。陵夷至於暴秦，燔經書，殺儒士，設挾書之法，行是古之罪[③]，道術由是遂滅。漢興，去聖帝明王遐遠，仲尼之道又絕，法度無所因襲。時獨有一叔孫通略定禮儀[④]，天下唯有《易》卜，未有它書。至孝惠之世，乃除挾書之律，然公卿大臣絳、灌之屬咸介胄武夫[⑤]，莫以爲意。至孝文皇帝，始使掌故朝錯從伏生受《尚書》[⑥]。《尚書》初出於屋壁，朽折散絕，今其書見在，時師傳讀而已。《詩》始萌牙。天下衆書往往頗出，皆諸子傳說，猶廣立於學官，爲置博士。在漢朝之儒，唯賈生而已[⑦]。至孝武皇帝，然後鄒、魯、梁、趙頗有《詩》、《禮》、《春秋》先師，皆起於建元之間[⑧]。當此之時，一人不能獨盡其經，或爲《雅》，或爲《頌》，相合而成。《泰誓》後得，博士集而讀之。故詔書稱曰：“禮壞樂崩，書缺簡脫，朕甚閔焉。”時漢興已七八十年，離於全經，固已遠矣。

【注釋】

①籩：古代祭祀燕享時用以盛果脯等的竹編食器。豆：古代多用於祭祀用的木製食器。籩豆連稱，代指祭祀。　②孫吳：孫武與吳起，戰國時都以善用兵聞名，故後世多以孫吳並稱。　③行是古之罪：是，肯定。是古，即一切任從古代。指對肯定古代而非議當代者論罪處罰。　④叔孫通：西漢薛（今山東滕州南）人。曾爲秦博士。劉邦稱帝，他採擇古禮，結合秦制，定立朝儀。後爲太子太傅，漢王朝朝制典禮，都由他所定。　⑤絳、灌：西漢絳侯周勃與潁陰侯灌嬰。兩人皆佐漢高祖劉邦，累立軍功，爲一時名將。介胄：披甲戴盔。　⑥掌故：漢代官名。掌禮

樂制度等事。朝錯:即鼂錯(前200—前154年),一作晁錯,西漢潁川(今河南禹州)人。治申商刑名之學。文帝時,以文學爲太常掌故,受太常派遣從伏生受《尚書》。後爲太子家令,稱爲"智囊",屢上書言事,景帝即位,遷爲御史大夫,請削諸侯封地以尊京師。三年正月吳楚七國藉口誅錯起兵反,景帝用袁盎言,斬錯於東市。

⑦賈生:即賈誼(前201—前168年),西漢洛陽人。以年少能通諸家書,文帝召爲博士,遷太中大夫。賈誼在朝中改正朔,易服色,制法度,興禮樂;又數上疏陳政事,言時弊,爲大臣所忌,出爲長沙王太傅,遷梁懷王太傅而卒,年三十三。世稱賈太傅、賈生。　⑧建元:漢武帝年號,當前一四〇至前一三五年。

及魯恭王壞孔子宅,欲以爲宮,而得古文於壞壁之中,《逸禮》有三十九,《書》十六篇。天漢之後,孔安國獻之①,遭巫蠱倉卒之難②,未及施行。及《春秋》左氏丘明所修,皆古文舊書,多者二十餘通,臧於祕府,伏而未發。孝成皇帝閔學殘文缺,稍離其真,乃陳發祕臧,校理舊文,得此三事,以考學官所傳,經或脱簡,傳或間編③。傳問民間,則有魯國桓公、趙國貫公、膠東庸生之遺學與此同④,抑而未施。此乃有識者之所惜閔,士君子之所嗟痛也。往者綴學之士不思廢絕之闕⑤,苟因陋就寡,分文析字,煩言碎辭,學者罷老且不能究其一藝⑥。信口說而背傳記,是末師而非往古,至於國家將有大事,若立辟雍、封禪、巡狩之儀⑦,則幽冥而莫知其原。猶欲保殘守缺,挾恐見破之私意,而無從善服義之公心,或懷妬嫉,不考情實,雷同相從,隨聲是非,抑此三學,以《尚書》爲備⑧,謂左氏爲不傳《春秋》,豈不哀哉!

【注釋】

①天漢:漢武帝年號,當前一〇〇至前九七年。孔安國:西漢人,孔子後裔,以治《尚書》爲武帝博士,官至臨淮太守。天漢之後,孔安國死已久,此句脱一"家"字,當爲"孔安國家獻之"。參見清閻若璩《尚書古文疏證》卷二。　②巫蠱:巫師以邪術禍人爲巫蠱。漢武帝時,方士和神巫多聚京師,女巫出入宮中,教宮人埋木偶祭祀免災。適遇武帝病,江充謂帝祟在巫蠱,因於宮中掘地搜查。充與太子劉據有嫌隙,遂誣稱在太子宮掘得木偶甚多。太子畏懼,起兵捕殺江充,

失敗自殺。史稱“巫蠱之難”或“巫蠱之獄”。詳見《漢書・武帝紀》、《江充傳》。③間(jiàn)編:簡策因編繩腐朽重新編次而錯亂。 ④桓公、貫公、庸生:皆爲西漢治古文經的學者。王先謙《漢書補注》云:貫公傳《左氏春秋》於賈誼,庸生傳《古文尚書》於都尉朝,桓公即桓生,傳《禮》於徐生。 ⑤綴學:承襲前人之學。闕:弊病,過失。 ⑥罷(pí):通“疲”。一藝:此指一經。 ⑦辟(bì)雍:周王朝爲貴族子弟所設的大學。取四周有水,形如璧環爲名。周制大學有五,南爲成均,北爲上庠,東爲東序,西爲瞽宗,中曰辟雍。又作“璧雍”。封禪:帝王祭天地的典禮。在泰山上築土爲壇祭天,報天之功,稱封;在泰山下梁父山上辟場祭地,報地之功,稱禪。巡狩:帝王離開國都到各地巡視、檢查政績。亦作“巡守”。 ⑧備:完備,完整。此批評當時學者認爲《尚書》完帙就衹有二十八篇,不知原本存百篇。

今聖上德通神明,繼統揚業,亦閔文學錯亂,學士若茲,雖昭其情,猶依違謙讓①,樂與士君子同之。故下明詔,試《左氏》可立不,遣近臣奉指銜命②,將以輔弱扶微,與二三君子比意同力,冀得廢遺③。今則不然,深閉固距,而不肯試,猥以不誦絶之④,欲以杜塞餘道,絶滅微學。夫可與樂成,難與慮始,此乃衆庶之所爲耳,非所望士君子也。且此數家之事,皆先帝所親論,今上所考視,其古文舊書,皆有徵驗,外内相應⑤,豈苟而已哉!

【注釋】

①依違:模棱兩可,不偏向一方。 ②銜命:遵奉、接受命令。 ③冀得廢遺:希望將廢遺之經藝重新興立起來。廢遺,指被廢棄遺忘的經典藝術。 ④“猥以”句:猥,假如。假如沒有人誦習它,久之就會廢絶。 ⑤外内:外指民間桓公、貫公、庸生所傳遺學,内謂宫禁中所藏秘籍。

夫禮失求之於野①,古文不猶愈於野乎?往者博士《書》有歐陽,《春秋》公羊,《易》則施、孟②,然孝宣皇帝猶復廣立穀梁《春秋》、梁丘《易》、大小夏侯《尚書》③,義雖相反,猶並置之。何則?與其過而廢之也,寧過而立之④。傳曰:“文武之道未墜於地,在人。賢者志其大者,不賢者志其小者⑤。”今此數家之言,所以兼包大小之義,豈可偏絶哉!若必專己守殘,黨同門,妒道真⑥，違明詔，失聖意，以陷於文吏之議，甚爲二三君子不取也。

【注釋】

①“夫禮”句：禮樂失傳於都邑，則於村野求之，亦將有獲。野，指民間。②施：施讎，漢沛人，字長卿。漢宣帝時博士。從田王孫學《易》，後授《易》於張禹、魯伯，並再傳彭宣、毛莫如等，於是《易》有“施氏之學”。孟：孟喜，西漢東海蘭陵人，字長卿。與施讎、梁丘賀同從田王孫學《易》，各成一家，孟喜傳其學於同郡白光、沛翟牧，故有所謂孟氏之《易》。 ③梁丘《易》：梁丘賀所傳之《易》。梁丘賀，西漢琅邪人，字長翁。從京房、田王孫學《易》。宣帝時，因京房門人得進，官至少府。大小夏侯《尚書》：指西漢學者夏侯勝、夏侯建所傳授的今文《尚書》。夏侯勝，東平人，字長公。西漢初，伏生以《尚書》教濟南張生，夏侯勝之先夏侯都尉又從張生受《尚書》學，傳至夏侯勝，夏侯勝又傳從兄子夏侯建。故今文《尚書》有大小夏侯之學。 ④過：錯謬。 ⑤“文武”等句：志，識，記。全句語出《論語・子張》，言周文王、周武王之道並未失傳，散在人間。賢能者便抓住重要的，不賢能的人衹抓住些末節。 ⑥黨：偏私，偏袒。同門：同一師門之學。妬：同“妒”。道：道藝。

其言甚切，諸儒皆怨恨。是時名儒光祿大夫龔勝以歆移書上疏深自罪責①，願乞骸骨罷。及儒者師丹爲大司空②，亦大怒，奏歆改亂舊章，非毀先帝所立。上曰：“歆欲廣道術，亦何以爲非毀哉？”歆由是忤執政大臣，爲衆儒所訕③，懼誅，求出補吏，爲河內太守④。以宗室不宜典三河，徙守五原⑤，後復轉在涿郡⑥，歷三郡守。數年，以病免官，起家復爲安定屬國都尉⑦。會哀帝崩，王莽持政，莽少與歆俱爲黃門郎，重之，白太后。太后留歆爲右曹太中大夫，遷中壘校尉、羲和、京兆尹⑧，使治明堂辟雍⑨，封紅休侯。典儒林史卜之官，考定律曆，著《三統曆譜》⑩。

初，歆以建平元年改名秀，字穎叔云。及王莽篡位，歆爲國師，後事皆在《莽傳》。

【注釋】

①光祿大夫：秦郎中令的屬官，漢武帝改名爲光祿大夫，沒有固定的職守，相當於顧問。龔勝（前68—11年）：西漢彭城人，字君賓。三舉孝廉，哀帝時，徵爲

諫議大夫。勝居諫官,數上書,論議朝政。王莽秉政,歸隱鄉里,絕食而死。②師丹:字仲公。從匡衡學《詩》。舉孝廉爲郎,官至大司空。哀帝時,外戚專政,因逆帝意,免爲庶人。平帝時復封爲義陽侯。大司空:官名。即御史大夫,主管彈劾、糾察以及掌管圖籍祕書。與丞相、太尉合稱三公。漢成帝綏和元年改爲大司空。　③訕:謗,毀謗。　④河内:漢郡名,治所在今河南武陟西南。轄境相當今河南黄河以北,京廣鐵路以西地區。　⑤五原:漢郡名。治所在九原(今内蒙古包頭西北)。　⑥涿郡:郡名,漢置。治所在涿縣(今河北涿州)。⑦安定屬國都尉:安定,西漢郡名。治所在高平(今寧夏固原)。元狩二年(前121年),渾邪王降漢,部分部衆被安置在安定三水(今寧夏同心東)一帶,並設置屬國都尉管理。爲五屬國之一。　⑧羲和:傳説帝堯時期主管天文之官,王莽更制後改大司農爲羲和,主管全國財政。西漢未詳所職,疑即主管天文曆法,調和四時之官。京兆尹:漢代管轄京兆地區的行政長官,職權相當於郡太守。京兆爲西漢三輔之一。在今陝西西安以東至渭南市華州區之間,下轄十二縣。⑨明堂:古代帝王宣明政教的地方。在此舉行朝會、祭祀、慶賞、選士、養老、教學等大典。　⑩《三統曆譜》:曆譜名。是劉歆根據《太初曆》所作,是我國現存最早的曆法。它系統敘述了《太初曆》的内容,並充實了許多天文學知識,如曆法編制、朔望、月食、五星等的常數的位置和推算方法。

【復習與思考】

1. 解釋下列詞語

《七略》《穀梁春秋》《逸禮》 五經博士 辟雍 籩豆 明堂

2. 思考題

(1) 略述秦漢時期儒學的沉寂與復興、經典的散佚與重見的過程。

(2) 劉歆爲什麽會推崇古文經學?

(3) 該文在哪兩處使用了"互見法",有何意義?

(編注者:李曉明 閆旻)

【自測題】

黨錮列傳

本文選自中華書局一九六五年版點校本《後漢書》卷六七。

《後漢書》一百二十卷，是紀傳體東漢史。帝后紀十卷，列傳八十卷，南朝宋范曄撰。志三十卷，晉司馬彪撰。

范曄(398—445年)，南朝宋史學家。字蔚宗，順陽(今湖北光化，一説今河南淅川)人。出身官僚世家，因出繼給堂伯范弘之爲子，襲封武興縣侯。初任彭城王劉義康的參軍，累遷尚書吏部郎。元嘉九年(432年)，因事觸怒劉義康，外放爲宣城太守。後官至左衛將軍，太子詹事。元嘉二十二年(445年)，被人控告與謀擁立劉義康爲帝，以謀反罪處死。事詳《宋書》卷六九和《南史》卷三三。

范曄在任宣城太守時，開始撰寫《後漢書》。當時距東漢已二百多年，可供參稽的史料尚多。除官史《東觀漢記》外，私家編纂有三國吳謝承《後漢書》、晉薛瑩《後漢記》、司馬彪《續漢書》等十八家。范曄博觀約取，剪裁熔鑄，系統條理，寫成後漢紀傳。其内容多據班固等人的《東觀漢記》及華嶠的《後漢書》，對其他各家也頗有採擇。由於擷取了衆家之長，故各家後漢史書被逐漸淘汰，而范曄《後漢書》則作爲"正史"流傳，與《史記》、《漢書》、《三國志》合稱"四史"。范曄本打算撰寫各志，但因早卒，未能如願。南朝梁時，劉昭取司馬彪《續漢書》的八志三十卷，加以注釋增補，附在范書之後，以相配合，而紀傳仍往往單獨流傳。至北宋，始將范書和司馬彪《續漢書》的八志重新校勘，合刻成今本《後漢書》。

范曄所撰紀傳，長處頗多。一是史料賅詳，取捨得當。綜觀《後漢書》，保留漢代的論著甚多，如《崔寔傳》裏的《政論》，《桓譚傳》裏的《陳政事疏》，《馮衍傳》裏的《説廉丹》、《説鮑永》，《王符傳》裏的《潛夫論》，《仲長統傳》裏的《樂志論》、《昌言》,《張衡傳》裏的《客問》、《上疏陳事》、《請禁圖讖》,《蔡邕傳》裏的《釋誨》、《條陳所宜行者七事》,都是研究東漢社會之政治、經濟、文化的珍貴材料。

二是編寫體例有所創新。范曄以前,已有了以類相從的類傳,《後漢書》比《史記》、《漢書》更注重人物分類,在已有傳例的基礎上,創設《黨錮》、《宦者》、《文苑》、《獨行》、《逸民》、《方術》、《列女》七種類傳,深刻地反映出東漢紛繁的社會,提供了更豐富的歷史資料。如《黨錮》、《獨行》、《逸民》等傳,對崇尚氣節德操的人物,述其行事的倜儻、言論的豪壯,即使今天讀起來仍鏗鏘作響。《列女傳》表彰優秀女子的聰穎才智、嘉言懿行,讀之能體察范曄爲婦女立傳的深旨。

三是擅長文辭表述,筆勢縱放而娓娓動人。范曄在人物形象的刻劃上很成功,《後漢書》中不乏傑出的歷史散文。如寫外戚權貴梁翼的專横、貪贓,用了犀利的筆鋒;寫臧洪意氣慷慨,動人心魄;記叙馮異、陳蕃、蔡文姬、樂羊子妻等,亦見壯采奇情。范曄對所撰自視甚高,認爲序論超邁了前代史家,他在獄中給甥侄寫的一封信中說:"吾雜傳論,皆有精意深旨……諸序論,筆勢縱放,實天下之奇作。其中合者,往往不減《過秦》篇。"這在《王充傳論》、《黨錮列傳》等序論裏,都是有所體現的。

此外,立論持平,褒貶允當,也是《後漢書》的一個長處。《後漢書》也有不足之處。就體例而言,沒有表;又由於范曄早逝,原計劃撰寫的十志無法完成,司馬彪所撰八志尚缺《食貨》、《藝文》、《河渠》等目,都是此書的缺憾。另外,范曄作史,提倡"以意爲主,以文傳意",本無可厚非。可是因爲他完全以世家豪族的政治標準來權衡人物,故不可避免地有所偏頗。

《後漢書》紀傳部分的注釋,最通行的是唐高宗之子李賢組織張大安、劉納言等人所注。志的部分是南朝梁劉昭注。李賢注主要詮釋字句,劉昭注則側重說明或補訂史實。清代學者惠棟有《後漢書補注》,沈欽韓有《後漢書疏證》,錢大昭有《後漢書辨疑》,周壽昌有《後漢書注補正》。王先謙又在前人研究的基礎上,博採諸家成果,撰成《後漢書集解》。

本篇包括序文和"黨人"李膺、杜密、劉祐的傳記。這篇類傳用同情和頌揚的筆調,記載了"黨人"的節烈表現。既凸顯了東漢中後期社會矛盾尖鋭化的一個側面,又展示了傳統士人所重視的氣節和德行。

孔子曰:“性相近也,習相遠也①。”言嗜惡之本同,而遷染之塗異也②。夫刻意則行不肆,牽物則其志流③。是以聖人導人理性,裁抑宕佚④,慎其所與,節其所偏;雖情品萬區⑤,質文異數⑥,至於陶物振俗⑦,其道一也。叔末澆訛⑧,王道陵缺,而猶假仁以效己,憑義以濟功。舉中於理,則強梁褫氣⑨;片言違正,則廝臺解情⑩。蓋前哲之遺塵有足求者。

【注釋】

①“性相近”句:語見《論語·陽貨》。 ②遷染:受習俗影響而改變。塗:道路,引申爲途徑。 ③“夫刻意”句:刻意,克制意欲。肆,放縱。牽物,爲物所牽累。志流,心志流蕩。 ④宕(dàng)佚:放縱而不受約束。佚,放蕩。⑤萬區:千差萬別。區,別。 ⑥質文:質樸和文采。異數:等級不同。⑦陶物:陶冶化育萬物。振俗:振奮而更新風俗。 ⑧叔末:叔在長幼次序伯仲叔季中排行第三,引申爲前後之後。叔末即叔世、末期之意,此指春秋周室衰微、諸侯爭霸的時期。澆訛:浮薄詐僞。 ⑨“舉中”(zhòng)句:中,符合。強梁:強橫的人。褫(chǐ)氣:奪氣,喪失膽氣。此用楚齊“召陵之盟”典故,事詳《左傳·僖公四年》。 ⑩“片言”句:違正,違背事理。廝臺,賤人,指春秋時晉國宦官寺人披。解情,解釋情由。此用“寺人披請見晉文公”典故,事詳《左傳·僖公二十四年》。

霸德既衰,狙詐萌起①,彊者以決勝爲雄,弱者以詐劣受屈。至有畫半策而綰萬金,開一說而錫琛瑞②。或起徒步而仕執珪,解草衣以升卿相③。士之飾巧馳辯,以要能釣利者④,不期而景從矣⑤。自是愛尚相奪,與時回變⑥;其風不可留,其敝不能反⑦。

【注釋】

①“霸德”句:全句指春秋爭霸後的戰國時期。狙詐,詭詐。 ②“至有”句:綰(wān),繫。琛瑞,寶玉。此句意謂遊説之士略獻策謀,或偶有主張,便獲國君豐厚的賞賜。如蘇秦遊説趙王,受賜白璧百雙、黃金百鎰(一鎰合二十兩);虞卿往見趙王,獲賞白璧一雙、黃金百鎰。事詳《史記》和《戰國策》。 ③“或起”句:執珪,本楚國爵名,後世或沿用,而古代功臣多賜珪。謂由平民百姓立刻擢任高官。如莊舄,楚惠王視爲越之鄙細人,仕楚後執珪而富貴;范雎、蔡澤皆以

平民而拔爲卿相。事詳《史記》本傳。　④要(yāo)能:設法求得能名。鈎利:誘而取其利。　⑤景(yǐng)從:緊緊相從,如影隨形。景爲“影”的本字。⑥回變:轉變。　⑦敝:義同“弊”,弊病。反:“返”的古字,返回。

及漢祖仗劍,武夫敦興①。憲令寬賒,文禮簡闊。緒餘四豪之烈②,人懷陵上之心。輕死重氣,怨惠必讎。令行私庭,權移匹庶。任俠之方,成其俗矣。自武帝以後,崇尚儒學,懷經協術③,所在霧會④,至有石渠分爭之論⑤,黨同伐異之說。守文之徒,盛於時矣。至王莽專僞,終於篡國。忠義之流,恥見纓紼⑥,遂乃榮華丘壑,甘足枯槁。雖中興在運⑦,漢德重開,而保身懷方,彌相慕襲,去就之節,重於時矣。逮桓、靈之閒⑧,主荒政繆,國命委於閹寺,士子羞與爲伍。故匹夫抗憤,處士橫議。遂乃激揚名聲,互相題拂⑨,品覈公卿,裁量執政。婞直之風⑩,於斯行矣。夫上好則下必甚,矯枉故直必過⑪,其理然矣。若范滂、張儉之徒⑫,清心忌惡,終陷黨議,不其然乎!

【注釋】

①敦:同“勃”。突然,迅速。　②緒餘:殘餘。四豪:即戰國魏信陵君魏無忌、趙平原君趙勝、楚春申君黄歇、齊孟嘗君田文,史稱四公子。烈:事業,功績。③協術:協,服從。服從其學說。　④霧會:猶雲集。　⑤石渠分爭之論:石渠,未央殿北藏書閣的名稱。西漢宣帝甘露三年(前 51 年),召集諸儒在石渠閣講論五經異同,由太子太傅蕭望之等評議,奏報宣帝親定頒行。　⑥纓紼:冠飾和印綬。借指官職。　⑦中興:指東漢光武帝劉秀重建劉氏王朝。⑧“桓、靈”句:桓,東漢桓帝劉志(146—167 年在位)。靈,東漢靈帝劉宏(167—189 年在位)。桓、靈時期,政治腐敗,爆發黄巾起義,漢朝瀕臨衰亡。　⑨題拂:品評,褒揚。　⑩婞直:倔強,剛直。　⑪“矯枉”句:語出《漢書・諸侯王表》“可謂撟(同‘矯’)枉而過其正矣”,後簡約爲“矯枉過正”。　⑫范滂:字孟博,東漢汝南征羌(今河南漯河東)人。任汝南太守宗資的佐吏,鎮壓豪強,並與太學生結交,反對宦官。桓帝延熹九年(166 年),與李膺同時下獄,次年獲釋。靈帝建寧二年(169 年),又遭逮捕,死於獄中。張儉:字元節,東漢山陽高平(今山東微山西北)人。任山陽東部督郵,奏劾權宦侯覽,沒收其資財,受到太學生敬

仰。建寧二年，大捕“黨人”，他逃亡出塞。獻帝初，復官任衛尉。

初，桓帝爲蠡吾侯，受學於甘陵周福①；及即帝位，擢福爲尚書。時同郡河南尹房植有名當朝，鄉人爲之謠曰：“天下規矩房伯武②，因師獲印周仲進。”二家賓客互相譏揣③，遂各樹朋徒，漸成尤隙④，由是甘陵有南北部。黨人之議，自此始矣。

後汝南太守宗資任功曹范滂，南陽太守成瑨亦委功曹岑晊⑤，二郡又爲謠曰：“汝南太守范孟博，南陽宗資主畫諾⑥。南陽太守岑公孝，弘農成瑨但坐嘯⑦。”因此流言轉入太學，諸生三萬餘人，郭林宗、賈偉節爲其冠⑧，並與李膺、陳蕃、王暢更相褒重⑨。學中語曰：“天下模楷李元禮，不畏強禦陳仲舉，天下俊秀王叔茂。”又渤海公族進階、扶風魏齊卿，並危言深論，不隱豪強，自公卿以下，莫不畏其貶議，屣履到門⑩。

【注釋】

①甘陵：東漢縣名，在今河北清河南。　②規矩：榜樣，典範。　③揣（zhuī）：攻擊。　④尤隙：猶怨隙。嫌隙，不和。　⑤岑晊：字公孝，東漢棘陽（今河南南陽南）人。勸太守成瑨捕殺富商張汎。瑨被捕下獄，晊亡命齊、魯間。後獲赦，屢召不就。黨錮禍起，逃匿而終。　⑥“汝南”句：畫諾，上司簽發同意實施某項事務的命令。此句意謂汝南郡的重要政務，均由范滂決策，實際掌權的是他，南陽人宗資僅簽字畫諾，徒有太守虛名。　⑦“南陽”句：坐嘯，閑坐嘯詠，無所事事。此句意謂南陽郡的重要政務，皆由岑晊一手操持，太守弘農人成瑨整天閑坐嘯詠，形同虛設。　⑧郭林宗：即郭泰。泰字林宗，東漢太原介休（今山西介休）人。時爲太學生首領，有名於世。官府徵召，不就。後歸鄉，諸儒車乘數千輛送行。黨錮事起，他閉門教授，弟子數千。賈偉節：即賈彪。彪字偉節，東漢潁川定陵（今河南舞陽）人。初仕州郡，任新息長。黨錮獄興，勸外戚竇武等救助黨人。終遭黨禁卒於家。冠：位居第一。引申爲首領。　⑨陳蕃：字仲舉，東漢汝南平輿（今河南平輿北）人。桓帝朝，以太尉與李膺等反宦官專權亂政。靈帝朝，官至太傅，封高陽侯，與竇武密謀誅除宦官，事敗被殺。王暢：字叔茂，東漢高平人。陳蕃薦爲南陽太守，倡儉約，抑豪強。後遷司空，以水災罷免。褒重：褒揚，推重。　⑩屣履：穿鞋來不及拔上鞋跟，形容出行急遽。

時河内張成善說風角①，推占當赦，遂教子殺人。李膺爲河南尹，督促收捕。既而逢宥獲免，膺愈懷憤疾，竟案殺之②。初，成以方伎交通宦官，帝亦頗誶其占③。成弟子牢脩因上書誣告膺等養太學遊士，交結諸郡生徒，更相驅馳，共爲部黨，誹訕朝廷④，疑亂風俗。於是天子震怒，班下郡國⑤，逮捕黨人，布告天下，使同忿疾，遂收執膺等。其辭所連及陳寔之徒二百餘人，或有逃遁不獲，皆懸金購募⑥。使者四出，相望於道。明年，尚書霍諝、城門校尉竇武並表爲請⑦，帝意稍解，乃皆赦歸田里，禁錮終身。而黨人之名，猶書王府。

【注釋】

①河内：郡名。西漢置，治所在懷縣（今河南武陟西南）。風角：古代方術的一種形式，占候四方四隅的風，來推測吉凶。　②案：審問。　③誶（suì）：問。　④誹訕：誹謗，譏刺。　⑤班：頒佈。　⑥懸金購募：懸賞緝拿。購，懸賞。　⑦霍諝：字叔智，東漢魏郡鄴縣（今河南臨漳西南）人。累官至廷尉。竇武：字游平，東漢扶風平陵（今陝西咸陽西北）人。女兒爲桓帝皇后。桓帝死，迎立靈帝，任大將軍，封聞喜侯，執掌朝政；聯結太學生，並起用李膺等。建寧元年（168年），與陳蕃密謀誅除宦官，事敗被殺。

自是正直廢放，邪枉熾結。海内希風之流①，遂共相摽搒，指天下名士，爲之稱號：上曰"三君"，次曰"八俊"，次曰"八顧"，次曰"八及"，次曰"八廚"，猶古之"八元"、"八凱"也②。竇武、劉淑、陳蕃爲"三君"③。君者，言一世之所宗也。李膺、荀翌、杜密、王暢、劉祐、魏朗、趙典、朱寓爲"八俊"。俊者，言人之英也。郭林宗、宗慈、巴肅、夏馥、范滂、尹勳、蔡衍、羊陟爲"八顧"。顧者，言能以德行引人者也。張儉、岑晊、劉表、陳翔、孔昱、苑康、檀(敷)[敷]、翟超爲"八及"。及者，言其能導人追宗者也。度尚、張邈、王考、劉儒、胡母班、秦周、蕃嚮④、王章爲"八廚"。廚者，言能以財救人者也。

【注釋】

①希：觀望，看。引申爲仰慕。　②八元：元，非常善良。傳說上古時高辛

氏有後代八人,英明誠懇,稱八元。　八凱:凱,和樂、和善。傳説上古時高陽氏有後代八人,忠厚慈和,稱八凱。　③劉淑:字仲承,東漢河間樂成(今河北獻縣東南)人。初隱居講授。桓帝時應徵召,對策第一。任侍中、虎賁中郎將,疏請罷黜宦官,辭甚切直。靈帝即位後,爲宦官所誣,坐與竇武通謀罪下獄,自殺。④蕃嚮:"蕃"作姓時,音 pí。

又張儉鄉人朱並,承望中常侍侯覽意旨①,上書告儉與同鄉二十四人,别相署號,共爲部黨,圖危社稷。以儉及檀彬、褚鳳、張肅、薛蘭、馮禧、魏玄、徐乾爲"八俊",田林、張隱、劉表、薛郁、王訪、劉祗、宣靖、公緒恭爲"八顧",朱楷、田槃、疎耽、薛敦、宋布、唐龍、嬴咨、宣褒爲"八及",刻石立墠②,共爲部黨,而儉爲之魁。靈帝詔刊章捕儉等③,大長秋曹節因此諷有司奏捕前黨④。故司空虞放、太僕杜密、長樂少府李膺、司隸校尉朱寓、潁川太守巴肅、沛相荀翌、河内太守魏朗、山陽太守翟超、任城相劉儒、太尉掾范滂等百餘人,皆死獄中。餘或先殁不及,或亡命獲免。自此諸爲怨隙者,因相陷害,睚眦之忿⑤,濫入黨中。又州郡承旨,或有未嘗交關⑥,亦離禍毒⑦。其死徙廢禁者,六七百人。

【注釋】

①承望:料想。此有迎合的意思。中常侍:官名。秦、西漢二朝,爲列侯至郎中的加官,隨侍皇帝。至東漢專以宦官充任,執掌傳達詔令、處理文書,事權漸大。初秩千石,後增至比二千石。侯覽:東漢山陽防東(今山東單縣東北)人。桓帝時任中常侍,封高鄉侯。大肆受賄,奪人田屋,放縱僕從,欺淩百姓。私宅十六處,仿效皇宫規制築樓臺池苑。靈帝初被劾,自殺。　②墠(shàn):祭祀的場地。一説通"壇",土築的高臺,古代舉行朝會、盟誓和祭祀等的場所。　③刊章:刊,削。此指削除了舉報人朱並名字的公告。　④大長秋:官名。漢置。侍奉皇后,宦者、士人均可充任,秩二千石。曹節:其人爲宦官。諷:暗示。⑤睚眦(yá zì):發怒瞪眼。　⑥交:交通,交往。關:牽連,涉及。　⑦離:通"罹",遭遇。

熹平五年①,永昌太守曹鸞上書大訟黨人②,言甚方切。帝省奏大怒,即詔司隸、益州檻車收鸞[3],送槐里獄掠殺之[4]。於是又詔州郡,更考黨人門生、故吏、父子、兄弟,其在位者,免官禁錮,爰及五屬[5]。

光和二年[6],上祿長和海上言[7]:"禮,從祖兄弟別居異財,恩義已輕,服屬疎末。而今黨人錮及五族,既乖典訓之文[8],有謬經常之法。"帝覽而悟之,黨錮自從祖以下,皆得解釋。

中平元年[9],黄巾賊起,中常侍吕彊言於帝曰:"黨錮久積,人情多怨。若久不赦宥,輕與張角合謀,爲變滋大,悔之無救。"帝懼其言,乃大赦黨人,誅徙之家皆歸故郡。其後黄巾遂盛,朝野崩離,綱紀文章蕩然矣。

凡黨事始自甘陵、汝南,成於李膺、張儉,海內塗炭,二十餘年;諸所蔓衍,皆天下善士。三君、八俊等三十五人,其名迹存者,並載乎篇。

【注釋】

①熹平五年:當一七六年。熹平,東漢靈帝劉宏的年號(172—178年)。　②永昌:郡名。東漢置,在今雲南保山東北。訟:爲人辨冤。　③司隸:官名。司隸校尉的略稱。兩漢置司隸校尉,負責京輔治安。檻(jiàn)車:有栅欄的車,用於裝載囚犯或野獸。　④槐里:漢縣名,在今陝西興平東南。　⑤五屬:即五族。指喪服分别爲斬衰、齊衰、大功、小功、緦麻的五種親族。　⑥光和二年:當一七九年。光和,靈帝的年號(178—184年)。　⑦上祿:漢縣名,在今甘肅西和東南。　⑧典訓之文:典訓指《康誥》。《左傳·昭公二十年》:"《康誥》曰:'父子兄弟,罪不相及。'"《尚書·康誥》無此文,當是齊大夫苑何忌概括《康誥》文義而言。　⑨中平元年:當一八四年。中平,靈帝的年號(184—189年)。

……

李膺字元禮,潁川襄城人也[1]。祖父脩,安帝時爲太尉。父益,趙國相。膺性簡亢[2],無所交接,唯以同郡荀淑、陳寔爲師友。

初舉孝廉,爲司徒胡廣所辟,舉高第,再遷青州刺史。守令畏威明,多望風棄官。復徵,再遷漁陽太守。尋轉蜀郡太守,以母老乞不之官[③]。轉護烏桓校尉[④]。鮮卑數犯塞，膺常蒙矢石，每破走之，虜甚憚懾。以公事免官，還居綸氏[⑤]，教授常千人。南陽樊陵求爲門徒，膺謝不受。陵後以阿附宦官，致位太尉，爲節(志)者所羞。荀爽嘗就謁膺，因爲其御[⑥]，既還，喜曰："今日乃得御李君矣。"其見慕如此。

【注釋】

①襄城：縣名。秦置，在今河南襄城。　②簡：質樸，平易。　亢：剛直，剛強。　③之官：赴任，到職。　④護烏桓校尉：官名，漢武帝始置，掌内附烏桓事務。烏桓，古族名，爲東胡別支。秦末徙至烏桓山(今内蒙古阿魯科爾沁旗以北)，漢置烏桓校尉統轄其地。　⑤綸氏：漢縣名，在今河南登封西南。　⑥御：駕馭馬車。

永壽二年[①]，鮮卑寇雲中，桓帝聞膺能，乃復徵爲度遼將軍。先是羌虜及疏勒、龜兹，數出攻鈔張掖、酒泉、雲中諸郡[②]，百姓屢被其害。自膺到邊，皆望風懼服，先所掠男女，悉送還塞下。自是之後，聲振遠域。

延熹二年徵[③]，再遷河南尹。時宛陵大姓羊元羣罷北海郡[④]，臧罪狼藉[⑤]，郡舍溷軒有奇巧[⑥]，乃載之以歸。膺表欲按其罪，元羣行賂宦豎，膺反坐輸作左校[⑦]。

【注釋】

①永壽二年：當一五六年。永壽，桓帝的第五個年號(155—158年)。②鈔：強取，搶掠。後作"抄"。　③延熹二年：當一五九年。延熹，桓帝的第六個年號(158—167年)。　④宛陵：漢縣名，在今安徽宣州。　⑤臧：通過不正當途徑獲得財物。後作"贓"。　⑥溷(hùn)軒：廁所。　⑦反坐：反被定罪。　輸作：罰作苦工。左校：官署名。凡大臣犯法，遣送到左校勞作。

初，膺與廷尉馮緄、大司農劉祐等共同心志，糾罰姦倖[①]，緄、祐時亦得罪輸作。司隸校尉應奉上疏理膺等[②]……書奏，乃悉免其刑。

再遷，復拜司隸校尉。時張讓弟朔爲野王令[③]，貪殘無道，至乃殺孕婦，聞膺厲威嚴，懼罪逃還京師，因匿兄讓弟舍④，藏於合柱中。膺知其狀，率將吏卒破柱取朔，付洛陽獄。受辭畢，即殺之。讓訴冤於帝，詔膺入殿，御親臨軒⑤，詰以不先請便加誅辟之意。膺對曰："昔晉文公執衛成公歸于京師，《春秋》是焉⑥。《禮》云公族有罪，雖曰宥之，有司執憲不從⑦。昔仲尼爲魯司寇，七日而誅少正卯⑧。今臣到官已積一旬，私懼以稽留爲愆⑨，不意獲速疾之罪。誠自知釁責⑩，死不旋踵⑪，特乞留五日，剋殄元惡⑫，退就鼎鑊⑬，始生之願也。"帝無復言，顧謂讓曰："此汝弟之罪，司隸何愆？"乃遣出之。自此諸黄門常侍皆鞠躬屏氣，休沐不敢復出宫省⑭。帝怪問其故，並叩頭泣曰："畏李校尉。"

【注釋】

①糾：督察。 ②理：申述。 ③張讓（？—189年）：東漢宦官。穎川（今河南禹州）人。桓帝時爲小黄門；靈帝時遷中常侍，受寵，封列侯。靈帝死，他先發制人，殺死謀誅宦官的大將軍何進。後袁紹舉兵捕殺宦官，他投河自盡。野王：縣名。西漢置，在今河南沁陽。 ④弟舍：房屋。弟，後作"第"。⑤臨軒：軒，殿前堂陛之間。皇帝不坐正殿而至殿前。 ⑥"昔晉"句：歸于京師，謂將衛成公執往周天子之側。是，認爲正確。《春秋·僖公二十八年》："晉人執衛侯，歸之于京師。"《公羊傳》："歸之于者，執之于天子之側者也，罪定不定已可知矣。" ⑦"《禮》云"句：公族，國君的族人。執憲，執法。語見《禮記·文王世子》："公族其有死罪……獄成。有司讞於公其死罪，則曰某之罪在大辟……公曰：宥之。有司又曰：在辟。公又曰：宥之。有司又曰：在辟。及三宥不對，走出，致刑於甸人。" ⑧"昔仲尼"句：司寇，官名。主管刑獄。春秋時，孔子任魯司寇，僅七天，便以"五惡"亂政的罪名誅殺魯大夫少正卯。 ⑨稽留：拖延。愆（qiān）：過失。 ⑩釁責：罪責。 ⑪旋踵：退縮。 ⑫剋殄（tiǎn）：消滅。元惡：首惡。 ⑬鼎鑊（huò）：鑊，大鍋。古代酷刑，用鼎鑊烹人。⑭休沐：官吏休息沐浴。指例行假期。宫省：宫禁。

是時朝廷日亂，綱紀頹阤①，膺獨持風裁②，以聲名自高。士有被其容接者③，名爲登龍門。及遭黨事，當考實膺等④。案經三府⑤，太尉陳蕃卻之。曰："今所考案，皆海内人譽，憂國忠公之臣。此等猶將十世宥也⑥，豈有罪名不章而致收掠者乎⑦？"不肯平署⑧。帝愈怒，遂下膺等於黄門北寺獄⑨。膺等頗引宦官子弟，宦官多懼，請帝以天時宜赦，於是大赦天下。膺免歸鄉里，居陽城山中⑩，天下士大夫皆高尚其道，而汙穢朝廷。

【注釋】

①穨阤（tuí zhì）：崩潰。 ②風裁：高見卓識。 ③容接：接待。 ④考實：審問定案。 ⑤三府：漢代太尉、司徒、司空設立府署，合稱三府。 ⑥猶將十世宥：語見《左傳·襄公二十一年》："夫謀而鮮過、惠訓不倦者，叔向有焉，社稷之固也，猶將十世宥之，以勸能者。"謂叔向爲國家柱石，將免其十代而不加罪。 ⑦章：明顯，顯著。後作"彰"。收掠：拘捕，拷打。 ⑧平署：連署。 ⑨北寺獄：東漢監獄名。屬黄門署，掌監禁審訊大臣。在宫省北面，故名。 ⑩陽城：秦漢縣名。在今河南登封東南。

及陳蕃免太尉，朝野屬意於膺①，荀爽恐其名高致禍，欲令屈節以全亂世，爲書貽曰②："久廢過庭③，不聞善誘④，陟岵瞻望⑤，惟日爲歲⑥。知以直道不容於時，悅山樂水，家于陽城。道近路夷，當即聘問，無狀嬰疾，闕於所仰⑦。頃聞上帝震怒，貶黜鼎臣，人鬼同謀，以爲天子當貞觀二五，利見大人⑧，不謂夷之初旦，明而未融⑨，虹蜺揚煇，棄和取同⑩。方今天地氣閉，大人休否⑪，智者見險，投以遠害⑫。雖匱人望，内合私願。想甚欣然，不爲恨也。願怡神無事，偃息衡門⑬，任其飛沈，與時抑揚。"頃之，帝崩。陳蕃爲太傅，與大將軍竇武共秉朝政，連謀誅諸宦官，故引用天下名士，乃以膺爲長樂少府⑭。及陳、竇之敗，膺等復廢。

【注釋】

①屬（zhǔ）意：衆心所向，歸心。 ②貽（yí）：贈給。 ③過庭：探望父親。語見《論語·季氏》："嘗獨立，鯉趨而過庭。"鯉，孔子之子。 ④善誘：善於教誨、誘導。語見《論語·子罕》："夫子循循然善誘人。" ⑤陟岵（hù）瞻望：比喻思父。語見《詩經·魏風·陟岵》："陟彼岵兮，瞻望父兮。"岵，有草木的山。 ⑥惟日爲歲：比喻對人思念之切。語本《詩經·王風·采葛》："一日不見，如三歲兮。"以上四句，是荀爽用典故表達對李膺的敬仰和思念。 ⑦"道近"句：夷，

平坦。聘問,探訪問候。無狀,無禮。嬰疾,患病。闕,過失。 ⑧"以爲"句:貞觀,指澄清宇宙,恢宏正道。語見《周易·繫辭下》:"天地之道,貞觀者也。"二五,指《周易·乾卦》卦中的九二、九五兩爻,均謂"利見大人"。 ⑨"不謂"句:夷,傷害。融,大亮,朗。《周易·明夷卦》卦形爲"离"下"坤"上,"离"爲日,"坤"爲地,日之初出,其明未朗。《左傳·昭公五年》:"明而未融,其當旦乎?"比喻李膺受到傷害,如日當初旦未朗。 ⑩"虹蜺"句:謂棄君子,同小人。《後漢書》注引《春秋考異郵》曰:"虹蜺出,亂惑棄和。"《論語·子路》:"君子和而不同,小人同而不和。" ⑪"方今"句:休否(pǐ),休廢而否塞,即罷官停職而閉塞不通。《周易·坤文言》:"天地閉,賢人隱。"《周易·否卦》九五爻:"休否,大人吉。" ⑫投以遠害:投,投身,指屈節歸隱。意謂面臨險難,以歸隱來避難。 ⑬衡門:橫木爲門,代指簡陋的居室。 ⑭長樂:漢宮名。故址在陝西西安西北。少府:官名。秦爲九卿之一,東漢時掌管宮中服御諸物。

後張儉事起,收捕鉤黨①,鄉人謂膺曰:"可去矣。"對曰:"事不辭難,罪不逃刑,臣之節也。吾年已六十,死生有命,去將安之?"乃詣詔獄②。考死③,妻子徙邊,門生、故吏及其父兄,並被禁錮。

時侍御史蜀郡景毅子顧爲膺門徒,而未有錄牒,故不及於譴。毅乃慨然曰:"本謂膺賢,遣子師之,豈可以漏奪名籍④,苟安而已!"遂自表免歸,時人義之。

膺子瓚,位至東平相⑤。初,曹操微時,瓚異其才,將沒⑥,謂子宣等曰:"時將亂矣,天下英雄無過曹操。張孟卓與吾善⑦,袁本初汝外親⑧,雖爾勿依,必歸曹氏。"諸子從之,並免於亂世。

【注釋】

①鉤黨:相牽引而結黨的人。 ②詔獄:關押奉詔逮捕的犯人的監獄。 ③考死:拷問死於獄中。考,通"拷"。 ④漏奪:脱漏。名籍:名册。 ⑤東平:漢封國名,治所在無鹽縣(今山東東平東)。 ⑥沒:死,後作"歿"。 ⑦張孟卓:即張邈,時任陳留太守。 ⑧袁本初:即袁紹。外親:家庭中女系的親屬。

杜密字周甫,潁川陽城人也。爲人沈質,少有厲俗志①。爲司徒胡廣所辟，稍遷代郡太守。徵，三遷太山太守、北海相。其宦官子弟爲令長有姦惡者，輒捕案之。行春到高密縣[②]，見鄭玄爲鄉佐[③]，知其異器，即召署郡職，遂遣就學。

後密去官還家，每謁守令，多所陳託。同郡劉勝，亦自蜀郡告歸鄉里，閉門埽軌[④]，無所干及。太守王昱謂密曰："劉季陵清高士，公卿多舉之者。"密知昱激己，對曰："劉勝位爲大夫，見禮上賓，而知善不薦，聞惡無言，隱情惜己，自同寒蟬，此罪人也。今志義力行之賢而密達之[⑤]，違道失節之士而密糾之，使明府賞刑得中[⑥]，令問休揚[⑦]，不亦萬分之一乎？"昱慙服，待之彌厚。

後桓帝徵拜尚書令，遷河南尹，轉太僕。黨事既起，免歸本郡，與李膺俱坐，而名行相次，故時人亦稱"李杜"焉。後太傅陳蕃輔政，復爲太僕。明年，坐黨事被徵，自殺。

【注釋】

①厲：激勵，振奮。　②行春：漢制，太守或相在春季巡行所轄州縣，督促春耕。高密：縣名，在今山東高密西南。　③鄭玄（127—200年）：東漢著名經學家。玄字康成，高密人。鄉佐：按鄭玄時任鄉嗇夫，掌聽訟、收取賦稅。④埽軌：清掃車跡。表示不問世事。埽，通"掃"。　⑤力行：盡力行善。達之：謂使之得志。　⑥明府：明府君的略稱。漢魏以來對州郡長官的稱呼。所居爲府，明爲賢明之意。得中：適中。　⑦令問：好名聲。休：善。

劉祐字伯祖，中山安國人也[①]。安國後別屬博陵。祐初察孝廉[②]，補尚書侍郎，閑練故事[③]，文札強辨，每有奏議，應對無滯，爲僚類所歸[④]。

除任城令[⑤]，兗州舉爲尤異，遷揚州刺史。是時會稽太守梁旻，大將軍冀之從弟也。祐舉奏其罪，旻坐徵。復遷祐河東太守。時屬縣令長率多中官子弟，百姓患之。祐到，黜其權強，平理冤結，政爲三河表[⑥]。

再遷，延熹四年，拜尚書令，又出爲河南尹，轉司隸校尉。時權貴子弟罷州郡還入京師者，每至界首，輒改易輿服，隱匿財寶，威行朝廷。

拜宗正，三轉大司農。時中常侍蘇康、管霸用事於內，遂固天下良田美業⑦，山林湖澤，民庶窮困，州郡累氣⑧。祐移書所在⑨，依科品沒入之⑩。桓帝大怒，論祐輸左校。

【注釋】

①安國：縣名。西漢置，在今河北安國東南。　②察：考察後薦舉爲官。孝廉：漢魏時朝廷選拔人材的科目之一。　③閑練：熟練。閑，通"嫻"。故事：以往的典章制度。　④僚類：同事，同官。歸：向往。　⑤除：授職。任城：漢縣名，在今山東微山西北。　⑥三河：河東、河內、河南。表：表率，標準。⑦固：通"錮"，包攬。　⑧累氣：屏息。　⑨移書：移送文書。　⑩科品：品類，等級。

後得赦出，復歷三卿，輒以疾辭，乞骸骨歸田里①。詔拜中散大夫，遂杜門絕迹。每三公缺，朝廷皆屬意於祐，以譖毀不用②。延篤貽之書曰③："昔太伯三讓，人無德而稱焉④。延陵高揖⑤，華夏仰風。吾子懷蘧氏之可卷⑥，體甯子之如愚⑦，微妙玄通，沖而不盈⑧，蔑三光之明⑨，未暇以天下爲事，何其劭與⑩！"

靈帝初，陳蕃輔政，以祐爲河南尹。及蕃敗，祐黜歸，卒于家。明年，大誅黨人，幸不及禍。

……

【注釋】

①乞骸骨：官吏因年老請求退職，又稱乞骸、乞身。謂使骸骨得以歸葬故鄉。②譖(zèn)毀：說壞話誣陷毁謗別人。　③延篤：字叔堅，東漢犨縣(今河南魯山東南)人。博通經傳及百家言，官至京兆尹。　④"昔太伯"句：太伯，即周太王長子泰伯，將繼承權讓給幼弟季歷。無德，無得，謂無法用語言。《論語·泰伯》："泰伯……三以天下讓，民無得而稱焉。"鄭玄注：太王有疾，太伯因適吳、越採藥，太王薨而不返，季歷爲喪主，一讓也；季歷赴之，不來奔喪，二讓也；終喪之後，遂斷髮文身，三讓也。　⑤延陵：即春秋吳王壽夢幼子季札，又稱延陵季子。壽夢欲立季札，他推辭，壽夢死，兄諸樊欲讓位於他，季札又辭。揖：讓。⑥蘧氏：即春秋衛大夫蘧伯玉。《論語·衛靈公》："君子哉蘧伯玉，邦有道則仕，

邦無道則可卷而懷之。”謂政治黑暗則可將自己的本領收藏起來。　⑦甯子：即春秋衛大夫甯俞，又稱甯武子。《論語·公冶長》：“甯武子邦有道則知，邦無道則愚。”謂政治黑暗則裝傻。　⑧“微妙”句：語見《老子》第十五章：“古之善爲道者，微妙玄通，深不可識。”謂善爲道者細緻深刻而通達，非一般人所能理解。《老子》第四章：“道沖而用之或不盈。”謂道不可見而它的作用無限。　⑨蔑：沒有。三光：日、月、星。　⑩劭：美好。

【復習與思考】

1. 解釋下列詞語

范曄　景從　纓紼　題拂　睚眦　詔獄　乞骸骨

2. 思考題

(1)《後漢書》是一部何種體例的史書？它有哪些特點？

(2) 爲《後漢書》紀傳部分做注釋的著作中，是誰博採諸家成果撰成《後漢書集解》？他是哪個時代的人？

(3) 何謂“類傳”？這種體例是否源於《後漢書》？

（編注者：楊 袒）

【自測題】

術　事

本文選自中華書局一九八六年版王利器撰《新語校注》卷上第二。

陸賈(前240—前170)，楚國人，西漢初年著名的政治家、思想家，曾著有《楚漢春秋》、《陸賈兵法》、《新語》等。陸賈一生經歷了戰國末年、秦和漢，以客卿的身份跟隨劉邦征戰沙場，憑藉力辯之舌，遊走於諸侯間，談判斡旋，謀取利益。歷仕漢高帝、惠帝、文帝三朝。在漢初不同時期，陸賈扮演不同的角色，以博學、智辯享譽當世。清初學者查慎行《得樹樓雜鈔》卷十二稱："陸賈，漢初儒生之有體有用者。觀其絀尉佗以禮義，說高帝以《詩》、《書》，當呂后朝，不汲汲於功名，既能全身遠患，又能以事外之人隱然爲社稷計安全，有曲逆智謀所不逮者。子房已從赤松遊，漢之不奪於諸呂，亦賴有此人也。因其與朱建善，《史記》概以口辯士目之，淺之乎論陸生矣。"

在政治上，陸賈爲漢朝的治國安邦出力甚多。劉邦建立漢帝國初期，在治國之策上崇尚武力，陸賈對此頗爲憂慮，時常規勸劉邦行仁義之政，逆取而順守之。劉邦對此頗爲不屑，罵之："乃公居馬上而得之，安事《詩》、《書》!"陸賈對曰："居馬上得之，寧可以馬上治之乎？且湯、武逆取而以順守之，文武並用，長久之術也。昔者，吳王夫差、智伯極武而亡。秦任刑法不變，卒滅趙氏。鄉使秦已並天下，行仁義，法先圣，陛下安得而有之?"(《史記・酈生陸賈列傳》)對於陸賈的回答，劉邦頗以爲然，命其悉數治國安邦之策。於是乎，陸賈逐篇上奏，匯爲《新語》。陸賈的辯說對漢初政策的制定產生了一定影響，王利器稱"陸賈啟沃之功，不啻若自其口出矣"。劉邦去世後，漢惠帝生性柔弱，呂后專權，呂氏子弟掌控軍政大權，丞相陳平、太尉周勃均採取自保之策，劉氏天下岌岌可危。陸賈找到陳平，論析國家形勢，指出“天下安，注意相，天下危，注意將。將相和調，則士務附。士務附，天下雖有變，即權不分。爲社稷計，在兩君掌握耳”（《史記・酈生陸賈列傳》）。建議陳平與周勃通力協作，扭轉局面。陳平聽從陸賈的建議，最終消滅呂氏諸黨，史稱“誅諸呂，立孝文帝，陸生頗有力焉”。《漢書・酈陸朱劉叔孫傳》亦稱“陸賈位止大夫，致仕諸呂，不受憂責，從容平、勃之間，附會將相以強社稷，身名俱榮，其最優乎”。

陸賈曾兩次出使南越，爲漢廷迎來了邊境的安定。漢高帝初年，對外面臨匈奴的不斷騷擾，内部尚處於動蕩不穩的狀態。而南粤趙佗趁中原戰亂，將南海、桂林諸郡納爲己有，自稱南越王。面對此種情況，漢高祖自然不能置之不理，在無力進行武力征討的情況下，只有派善於辭令的陸賈出使南越。陸賈到達南越後，以大漢使者的身份向趙佗言明利害關係，使南越心悦誠服，“稱臣奉漢約”。呂后專權時期，對南越實行物資禁運政策，南越派使者請求解禁。呂后蠻横霸道，扣押南越使者，導致南越再次反目，拒絕承認漢朝廷，且派兵騷擾長沙。呂后派兵出擊，無甚效果。諸呂被剷除後，漢文帝執政，鑒於陸賈有出使南越的成功經驗，再次派陸賈前去斡旋。經過陸賈艱辛努力及靈活處理，終使南越“去黄屋稱制，令比諸侯，皆如意指”。

與叔孫通相比，陸賈能夠堅持自己的原則，追求儒家的道德修養和道家的清静無爲，同時又是崇尚變通的士人。范欽《新語序》中言“陸生漢初異人也，其人何以異？而稽其言與行，人異甚矣”，“蕭、曹、張、陳輩，均當在其下風矣”。

而陸賈的思想主要體現在《新語》一書，學者們一般認爲其成於漢高帝十一年（前196年），《漢書・高帝紀》把《新語》與蕭何次律令、韓信申軍法、張蒼定章程、叔孫通制禮儀並稱，足見《新語》一書的地位。《新語》由十二篇文章組成，依次爲《道基》、《術事》、《輔政》、《無爲》、《辨惑》、《慎微》、《資質》、《至德》、《懷慮》、《本行》、《明誡》、《思務》。陸賈以政論的形式，縱横捭闔，辨析入微地論析自己對爲君、爲臣之道的看法。王充《論衡》卷二十九《案書》言《新語》“蓋董仲舒相被服焉，皆言君臣政治得失，言可採行，事美足觀。鴻知所言，參貳經傳，雖古聖之言，不能過增”。清代嚴可均《新語叙》亦稱“漢代子書，《新語》最純最早，貴仁義，賤刑威，述

《詩》、《書》、《春秋》、《論語》，紹孟、荀而開賈、董，卓然儒者之言”。

《術事》篇上承《道基》，下啟《輔政》，主要論析爲政之道，諸如應該鑒古知今、述遠考近；強調實用，駁斥貴古賤今；指出古今一轍，重視仁義德行；要善於發現人才，重視人才；君主應做好表率，心胸寬廣，實行仁政。學習該篇，對於研究漢初政治頗有裨益。

善言古者合之於今，能述遠者考之於近①。故說事者上陳五帝之功②，而思之於身③，下列桀、紂之敗④，而戒之於己⑤，則德可以配日月⑥，行可以合神靈⑦，登高及遠⑧，達幽洞冥⑨，聽之無聲，視之無形⑩，世人莫覩其兆⑪，莫知其情⑫，校修五經之本末⑬，道德之真僞⑭，既□其意⑮，而不見其人。

【注釋】

①“善言古者合之於今”句：語出《荀子·性惡》“善言古者必有節於今，善言天者必有徵於人”。言，說。合，適合。述，陳述，記敘。考，審察，察考。
②上陳：往前訴說。五帝：《風俗通義·皇霸·五帝》載：“《易傳》、《禮記》、《春秋》、《國語》、《太史公記》：黄帝、顓頊、帝嚳、帝堯、帝舜，是五帝也。”　③思：考慮、思量。身：原意指身體，此指當今、當下。　④下列：往後陳列。桀、紂：分別是夏朝和商朝最後一位君主，均爲殘暴之主。　⑤戒：警戒、告誡。己：原指自己，此處指代自己的行爲。　⑥德：道德，品行。配：匹配，夠得上。
⑦行：行爲。合：符合。　⑧及：至，達到。　⑨達：到達，通到。洞：貫穿，通達。　⑩聽之無聲，視之無形：此句又見《文子·自然》，其言“老子曰所謂天子者，有天道以立天下也。立天下之道，執一以爲保，反本無爲，虛靜無有，忽怳無際，遠無所止，視之無形，聽之無聲，是謂大道之經”。　⑪覩：見，看見。兆：預兆、徵兆、跡象。　⑫情：實情，情況。　⑬校修：飾修，指校訂整理。五經：即《詩經》、《尚書》、《禮記》、《周易》和《春秋》。本末：原委。　⑭道德：道義，德行。《禮記·曲禮上》：“道德仁義，非禮不成。”此爲儒家道德之說，與老子道德說不同。　⑮□：此爲闕文的標識。下同。

世俗以爲自古而傳之者爲重①，以今之作者爲輕②，淡於所見③，甘於所聞④，惑於外貌⑤，失於中情⑥。聖人不貴寡⑦，而世人賤衆⑧，五穀養性⑨，而棄之於地⑩，珠玉無用⑪，而寶之於身⑫。

聖人不用珠玉而寶其身，故舜棄黄金於嶄巖之山⑬，捐珠玉於五湖之淵⑭，將以杜淫邪之欲⑮，絕琦瑋之情⑯。

【注釋】

①世俗：普通人。傳：流傳。重：珍貴。　②作者：創作。輕：輕賤、普通。　③淡：冷淡，不熱情。見：親眼所見。　④甘：甘願，樂意。聞：聽到。　⑤惑：迷惑。外貌：表面現象。　⑥失：不知，失察。中情：真實的情形。　⑦不貴寡：即貴衆，言指尊重大多數人。　⑧賤衆：即不貴衆，言指追隨權貴。　⑨五穀：泛指各種主要的穀物。但五穀説法不一，比較通行的説法以稻、黍、稷、麥、菽爲五穀。養性：陶冶心性。　⑩棄：扔掉，拋棄。　⑪用：用途、實際作用。　⑫寶：珍愛，珍視。　⑬棄：原指拋棄、丟棄，此處爲藏之而不取。嶄(chán)巖：高峻的山崖。　⑭捐：捨棄，拋棄，此處爲藏之而不取。　⑮杜：杜絕，制止。欲：欲望。　⑯琦瑋：浮華，特異不凡。

道近不必出於久遠①，取其致要而有成②。《春秋》上不及五帝③，下不至三王④，述齊桓、晉文之小善⑤，魯之十二公，至今之爲政⑥，足以知成敗之效⑦，何必於三王？故古人之所行者⑧，亦與今世同。立事者不離道德⑨，調弦者不失宫商⑩，天道調四時⑪，人道治五常⑫，周公與堯、舜合符瑞⑬，二世與桀、紂同禍殃⑭。

【注釋】

①出於久遠：捨近求遠。　②取：選取。致：通“至”，極，盡。要：要點，綱要。致要，關鍵。成：成就，成功。　③及：至，到。　④三王：夏禹、商湯、周武王。《風俗通義·皇霸·三王》曰：“夏禹、殷湯、周武王，是三王也。”　⑤述：記載。齊桓、晉文：即齊桓公、晉文公。善：脩治。　⑥爲政：治國狀況。《吕氏春秋·求人》言“觀於《春秋》，自魯隱公以至哀公，十有二世，其所以得之，所以失之，其術一也”。　⑦知：瞭解、明瞭。效：功效，效果，結果。　⑧所行：舉止行動。　⑨立事：建立功業。　⑩調：彈奏。不失：離不開。宫商：古代音律中的宫音與商音，後人用其泛指音樂。宫、商、角、徵、羽爲我國古代音階中的五音。　⑪天道：自然變化規律。　⑫人道：人類行爲規則。五常：又作五典。一作：父義、母慈、兄友、弟恭、子孝。一作：仁、義、禮、智、信。　⑬符瑞：吉祥的徵兆。葛洪《西京雜記》卷三載：“樊將軍噲問陸賈曰：自古人君皆云受命於天，云有瑞應，豈有是乎？賈應之曰：有之。夫目瞤得酒食，燈火華得錢財，乾鵲噪而

行人至，蜘蛛集而百事喜，小既有徵，大亦宜然。……瑞者，寶也，信也。天以寶爲信，應人之德，故曰瑞應。無天命，無寶信，不可以力取也。” ⑭二世：即秦二世胡亥。

文王生於東夷①，大禹出於西羌②，世殊而地絶③，法合而度同④。故聖賢與道合⑤，愚者與禍同⑥，懷德者應以福⑦，挾惡者報以凶⑧，德薄者位危⑨，去道者身亡⑩，萬世不易法⑪，古今同紀綱⑫。

【注釋】

①“文王”句：“文王”誤，應爲虞舜。東夷，泛指東方民族。《孟子·離婁下》言：“舜生於諸馮，遷於負夏，卒於鳴條，東夷之人也。” ②西羌：羌族的一支，三代以後，多居於河西之地，今甘肅、青海、四川一帶。 ③世殊：時代不同。地絶：地域隔絶。 ④法、度：言指法律、規章制度。 ⑤與道合：與天道、人道符合。 ⑥與禍同：與禍相隨。 ⑦應：感應，應驗。 ⑧報：報應，遭受。 ⑨德薄：德行差。 ⑩去道：抛棄道義。 ⑪不易：不變。 ⑫紀綱：倫理綱紀。

故良馬非獨騏驥①，利劍非惟干將②，美女非獨西施③，忠臣非獨呂望④。今有馬而無王良之御⑤，有劍而無砥礪之功⑥，有女而無芳澤之飾⑦，有士而不遭文王⑧，道術蓄積而不舒⑨，美玉韞匵而深藏⑩。故懷道者須世⑪，抱樸者待工⑫，道爲智者設⑬，馬爲御者良，賢爲聖者用⑭，辯爲智者通⑮，書爲曉者傳⑯，事爲見者明⑰。故制事者因其則⑱，服藥者因其良⑲。書不必起仲尼之門⑳，藥不必出扁鵲之方㉑，合之者善㉒，可以爲法，因世而權行㉓。

【注釋】

①騏驥：即良馬。 ②干將：原指春秋時吳國善於鑄劍的干將，此指古良劍。《荀子·性惡》載：“闔閭之干將、莫邪、鉅闕、辟閭，此皆古之良劍也。” ③西施：又稱西子，春秋時期越國人，中國古代四大美女之一。《淮南子·脩務》言“美人者非必西施之種”。 ④呂望：即姜尚，字子牙，號太公望，因祖上受封

於吕，故又稱吕尚、吕望。周武王尊之爲“尚父”。　⑤王良：爲趙簡子御馬之人，此指爲善於駕馭之士。御：駕馭。　⑥砥礪：磨煉。　⑦芳澤：古代婦女潤髮的芳香油，泛指香氣。飾：裝飾。　⑧遭：遇見，碰到。文王：周文王。⑨道術：治國經世之才。舒：施展、發揮。　⑩韞：收藏。《論語·子罕》：“有美玉於斯，韞匵而藏諸？求善賈而沽諸？”　⑪懷道者：言指胸懷大志者。須：等待。世：世道。　⑫抱樸者：樸，别本作“璞”，原指懷抱寶玉者，此指胸懷大志之人。待：期待。工：原指能工巧匠，此指有作爲的君王。　⑬設：施行，實現。⑭用：效勞。　⑮通：使……通達。　⑯傳：傳播。　⑰明：明白、瞭解。⑱制事者：做事的人。因：依靠，憑藉。則：規則、律令。　⑲良：良方。⑳起：出自。　㉑扁鵲：良醫，春秋戰國時渤海郡鄚人。　㉒合：符合。㉓權行：根據形勢，變通執行。

故性藏於人①，則氣達於天②，纖微浩大③，下學上達④，事以類相從⑤，聲以音相應⑥，道唱而德和⑦，仁立而義興⑧，王者行之於朝廷⑨，疋夫行之於田⑩，治末者調其本⑪，端其影者正其形⑫，養其根者則枝葉茂⑬，志氣調者即道沖⑭。故求遠者不可失於近⑮，治影者不可忘其容⑯，上明而下清⑰，君聖而臣忠。或圖遠而失近⑱，或道塞而路窮⑲。季孫貪顓臾之地⑳，而變起蕭牆之内㉑。夫進取者不可不顧難㉒，謀事者不可不盡忠；故刑立則德散㉓，佞用則忠亡㉔。詩云：“式訛爾心，以蓄萬邦。㉕”言一心化天下㉖，而□□國治㉗，此之謂也。

【注釋】

①性：天性。　②氣：言指精神狀態。　③纖微：言指細小的事物。浩大：規模宏大。　④下學：下學人事。上達：上知天命。《論語·憲問》：“子曰：不怨天，不尤人，下學而上達。”　⑤以類相從：謂按其類别各相歸屬。⑥聲：原指聲調、聲音，此爲言語。應：應和。　⑦唱：宣導，發起。後作“倡”。和：應和、呼應。　⑧義：正義。興：興起，昌盛。　⑨行：推廣，宣揚。⑩疋：古通“匹”。行：實行，實踐。　⑪末：原指枝節、末節，此指商業。調：調整、調節。本：原指根本，此指農業。　⑫端、正：即端正之意。影、形：言指形象。　⑬養：原指護理、調理，此爲發展。茂：原指繁茂，此指興盛、發達。⑭道：大道，自然之道。沖：通“盅”，比喻空虛，廣大。《老子》：“道沖，而用之或不

盈。”　⑮遠:遠大目標。近:眼前形勢。　⑯影:空虛、末節,此指商業。容:真實、根本,此指農業。　⑰明:英明。清:廉潔。　⑱圖:考慮。　⑲塞:堵塞。路窮:難以前行,比喻國家難以治理。　⑳季孫:春秋時魯國大夫季康子。顓臾:春秋時魯國附近的小國。　㉑蕭墻:原指古代宮室内作爲屏障的矮牆,此借指内部。《論語·季氏》:“吾恐季孫之憂,不在顓臾,而在蕭牆之内也。”　㉒顧:考慮。難:危難、危機。　㉓散:衰微。　㉔佞:奸邪。亡:陷害、遭殃。　㉕訛:改變。蓄:養。“式訛爾心,以蓄萬邦”:語出《詩經·小雅·節南山》。　㉖化:教化。　㉗按:此句缺字當爲“民安”二字。

【復習與思考】

1. 解釋下列劃綫的詞

行可以合神靈　失於中情　聖人不用珠玉而寶其身　絕琦瑋之情　取其致要而有成　懷德者應以福　道爲智者設　因世而權行　下學上達

2. 略述陸賈的政治思想和學派傾向。

3. 分析本文的論述技巧。

（編注者:張霞）

【自測題】

要　略

本文選自中華書局一九九八年版何寧撰《淮南子集釋》卷二一。

《淮南子》,子部雜家類著作,漢淮南王劉安撰,凡二十一篇。

劉安(前 179—前 122),西漢宗室,事跡見《漢書》本傳。漢高祖劉邦之孫,淮南厲王劉長之子。長卒,安襲封淮南王。漢文帝詔使爲《離騷賦》,甚重之。天下方術之士,多往歸之。安遂與蘇飛、李尚、左吴、田由、伍被、毛被、晉昌等八人,及諸儒大山、小山之徒,講論道德仁義,著成《淮南子》一書。武帝時心懷異志,欲起兵謀叛,事敗自殺,國除。

《淮南子》本名《淮南鴻烈》,意爲"大明道之言"。本有《内篇》二十一篇論道,《外篇》三十三篇雜説。今所存二十一篇,蓋爲《内篇》,分爲《原道》、《俶真》、《天文》、《墬形》、《時則》、《覽冥》、《精神》、《本經》、《主術》、《繆稱》、《齊俗》、《道應》、《氾論》、《詮言》、《兵略》、《説山》、《説林》、《人閒》、《脩務》、《泰族》、《要略》。劉安撰寫此書意欲"紀綱道德,經緯人事,上考之天,下揆之地,中通諸理",有很高的理論和現實追求。全書以淡泊無爲,蹈虚守静的道家思想爲主,旁及儒、法、陰陽等家,牢籠天地,博及古今,内容龐雜,思想豐富。

《淮南子》一書的主要思想觀點有:一、以道爲本的宇宙觀。《淮南子》崇"道",從天地之理中抽繹出"道",作爲自己理論學説的最高範疇。認爲"道"是宇宙本體,又是萬物的生成變化根源,還是事物運動變化所遵循的根本法則。二、體道無爲的社會歷史觀。從以道爲本的天地之理出發,《淮南子》提出人的生存活動與社會行爲應以"體道"爲根本原則。要在弄清天地之理的基礎上,通過自己順應自然的行爲求得生存與發展。《原道》中所言,“體道者逸而不窮”,“循天者,與道遊者也”,説的都是這個道理。三、往古與後世對比的歷史階段性看法。書中將歷史劃成兩個大的階段,即往古與後世。往古又可稱爲至德之世,後世又可稱爲衰世。《淮南子》對歷史變化方向的看法是矛盾的。作者認爲從道德上看歷史是倒退的,從物質上看歷史是前進的。

《淮南子》版本甚多,東漢有高誘注本和許慎注本;清代有莊逵吉校本,較爲精善。近人劉文典集諸家之精華作《淮南鴻烈集解》,貢獻頗巨;今人何寧《淮南子集釋》,是目前較爲詳贍的注本,中華書局“新編諸子集成”均有標點本,較爲通行易得。

《要略》爲《淮南子》第二十一篇,具有自叙性質,介紹了著書的意義與目的、寫作的原則和方法、語言的風格與特點,並對全書的結構、各卷的次序進行了介紹。通過“略數其要,名其所指,序其微妙,論其大體”,以達到“誠通乎二十篇之論,睹凡得要”的效果。

夫作爲書論者①,所以紀綱道德②,經緯人事,上考之天,下揆之地,中通諸理,雖未能抽引玄妙之中才③,繁然足以觀終始矣④。總要舉凡,而語不剖判純樸⑤,靡散大宗⑥,懼爲人之惽惽然弗能知也⑦,故多爲之辭,博爲之説。又恐人之離本就末也,故言道而不言事,則無以與世浮沉⑧;言事而不言道,則無以與化游息⑨。故著二十篇,有《原道》,有《俶真》,有《天文》,有《墬形》,有《時則》,有《覽冥》,有《精神》,有《本經》,有《主術》,有《繆稱》,有《齊俗》,有《道應》,有《氾論》,有《詮言》,有《兵略》,有《説山》,有《説林》,有《人間》,有《脩務》,有《泰族》也。

【注釋】

①書論:著作。　②紀綱:闡發。　③雖未能抽引玄妙之中才:言未能於玄妙之中提煉本質。才,通“哉”。劉家立《淮南集證》云:“才、哉古字通。”　④繁然:繁複、詳盡的樣子。　⑤純樸:事物的初始狀態。　⑥靡散:分解剖析。大宗:事物的原始本質。　⑦懼爲人之惽惽然弗能知也:俞樾以爲“爲”字爲衍文。何寧《淮南子集釋》以爲“懼”通“則”。全句意謂,則人們糊塗迷茫不能理解。　⑧浮沉:隨波逐流,這裏指與人間世事通融。　⑨化:造化。游息:

與造化相伴通融。

《原道》者，盧牟六合①，混沌萬物，象太一之容②，測窈冥之深，以翔虛無之軫③。託小以苞大④，守約以治廣，使人知先後之禍福，動靜之利害。誠通其志，浩然可以大觀矣。欲一言而寤⑤，則尊天而保真；欲再言而通，則賤物而貴身；欲參言而究，則外物而反情。執其大指，以内洽五藏，瀸濇肌膚⑥，被服法則，而與之終身，所以應待萬方，覽耦百變也⑦。若轉丸掌中，足以自樂也。

《俶真》者，窮逐終始之化，嬴埒有無之精⑧，離別萬物之變，合同死生之形，使人遺物反己，審仁義之間，通同異之理，觀至德之統，知變化之紀，說符玄妙之中，通迴造化之母也⑨。

【注釋】

①盧牟：明察。　②象：描摹。　③軫（zhěn）：通“畛”，境界。　④苞：包。　⑤寤：悟。　⑥瀸濇（jiān sè）：王念孫認爲“濇”當爲“漬”。浸潤。　⑦耦：貫通。　⑧嬴埒（hū）：周密細緻。　⑨通迴：通曉明察。

《天文》者，所以和陰陽之氣，理日月之光，節開塞之時①，列星辰之行，知逆順之變，避忌諱之殃，順時運之應，法五神之常②，使人有以仰天承順，而不亂其常者也。

《地形》者，所以窮南北之脩，極東西之廣，經山陵之形，區川谷之居，明萬物之主，知生類之衆，列山淵之數，規遠近之路，使人通迴周備，不可動以物，不可驚以怪者也。

《時則》者，所以上因天時，下盡地力，據度行當，合諸人則③，形十二節④，以爲法式，終而復始，轉於無極，因循倣依，以知禍福，操舍開塞，各有龍忌⑤，發號施令，以時教期⑥，使君人者，知所以從事。

《覽冥》者，所以言至精之通九天也，至微之淪無形也，純粹之入至清也，昭昭之通冥冥也。乃始攬物引類，覽取撟掇⑦，浸想宵類⑧，物之可以喻意象形者，乃以穿通窘滯⑨，決瀆壅塞，引人之意,繫之無極,乃以明物類之感,同氣之應,陰陽之合,形埒之朕⑩,所以令人遠觀博見者也。

【注釋】

①節:節制、掌握。開塞:開啟和閉塞。春夏生長爲開,秋冬收藏爲塞。 ②五神:東西南北中五方之神,見《淮南子·時則》。 ③合諸人則:與人體結構相合。 ④十二節:即十二月。 ⑤龍忌:鬼神的忌日。 ⑥期:俞樾以爲"期"讀爲"惎(jì)",意爲"教"。 ⑦擿掇:拾取、搜集。 ⑧浸想:仔細思考。宵:通"肖",相似。 ⑨窘滯:阻塞不通。 ⑩形埒(liè):界限。朕:徵兆行跡。

《精神》者,所以原本人之所由生①,而曉寤其形骸九竅,取象與天②,合同其血氣與雷霆風雨,比類其喜怒與晝宵寒暑,竝明審死生之分③,别同異之跡,節動静之機,以反其性命之宗。所以使人愛養其精神,撫静其魂魄,不以物易己,而堅守虛無之宅者也。

《本經》者,所以明大聖之德,通維初之道,埒略衰世古今之變④,以襃先世之隆盛,而貶末世之曲政也。所以使人黜耳目之聰明,精神之感動,樽流遁之觀⑤,節養性之和,分帝王之操,列小大之差者也。

《主術》者,君人之事也。所以因作任督責⑥,使群臣各盡其能也。明攝權操柄,以制羣下,提名責實,考之參伍,所以使人主秉數持要,不妄喜怒也。其數直施而正邪⑦,外私而立公,使百官條通而輻輳⑧,各務其業,人致其功,此主術之明也。

【注釋】

①原本:推究本質。 ②與:如。 ③竝明:王念孫以爲此二字爲衍文。 ④埒略:比較區分。 ⑤樽:同"撙",節制。流遁:逸散。 ⑥因作任督責:王念孫以爲"作"爲衍文。此句意謂因任其臣而督責其功。 ⑦直施:使邪曲變得正直。 ⑧輻輳(fú còu):車輻聚集於車軸,形容人或物聚集。

《繆稱》者,破碎道德之論①,差次仁義之分②,略襍人間之事,總同乎神明之德③。假像取耦④,以相譬喻,斷短爲節,以應小具。

所以曲說攻論⑤，應感而不匱者也。

《齊俗》者，所以一羣生之短脩，同九夷之風氣，通古今之論，貫萬物之理，財制禮義之宜⑥，擘畫人事之終始者也。

《道應》者，攬掇遂事之蹤⑦，追觀往古之跡，察禍福利害之反，考驗乎老莊之術，而以合得失之勢者也。

《氾論》者，所以箴縷縩緣之間⑧，攕揳唲齵之郄也⑨。接徑直施，以推本樸，而兆見得失之變⑩，利病之反，所以使人不妄沒於勢利，不誘惑於事態，有符曮晲⑪，兼稽時勢之變，而與化推移者也。

《詮言》者，所以譬類人事之指，解喻治亂之體也。差擇微言之眇⑫，詮以至理之文，而補縫過失之闕者也。

【注釋】

①破碎：剖析。　②差次：區分次序。　③總同：歸結。　④耦：同"隅"，角落，這裏指個別例子。　⑤曲說攻論：馬宗霍認爲"攻"當作"巧"。巧辯之言。　⑥財：通"裁"。　⑦攬掇：拾取。遂事：往事。　⑧箴縷：箴，同"針"。縷，絲綫。箴縷這裏指縫紉。縩緣(cài shā)：衣物縫紉處的接綫口。⑨攕揳(jiān xiē)：攕，通"櫼"，楔子。攕揳意爲填充。唲齵(wā yú)：不整齊的牙縫。　⑩兆見：預見。　⑪曮晲(yǎn nǐ)：太陽運行的軌道，這裏指天道。⑫差擇：選擇。

《兵略》者，所以明戰勝攻取之數，形機之勢①，詐譎之變，體因循之道，操持後之論也②。所以知戰陣分爭之非道不行也，知攻取堅守之非德不強也。誠明其意，進退左右，無所失擊危③，乘勢以爲資，清靜以爲常，避實就虛，若驅羣羊，此所以言兵者也。

《說山》、《說林》者，所以竅窕穿鑿百事之壅遏④，而通行貫扃萬物之窒塞者也⑤。假譬取象，異類殊形，以領理人之意，解墮結細，說捍摶囷⑥，而以明事埒事者也⑦。

《人閒》者，所以觀禍福之變，察利害之反，鑽脈得失之跡⑧，標舉終始之壇也⑨。分別百事之微，敷陳存亡之機，使人知禍之爲福，亡之爲得，成之爲敗，利之爲害也。誠喻至意，則有以傾側偃仰世俗之間⑩，而無傷乎讒賊螫毒者也。

【注釋】

①形機：形成戰機的態勢。　②持後：道家後發制人的觀點。　③失：王念孫認爲是衍文。擊危：擊，通"係"。危，通"詭"。係詭即違礙。　④竅窕：貫通。　⑤貫扃（jiōng）：貫通。　⑥說捍摶囷：說，通"脫"。捍，王念孫以爲"擇"之誤，意爲釋。摶囷，卷束。"說捍摶囷"指解開疑團。　⑦事埒：事物的徵兆。王念孫以爲下"事"字爲衍文。　⑧鑽脈：鑽研。　⑨壇：通"嬗"，演變。　⑩傾側偃仰：俯仰周旋。

《脩務》者，所以爲人之於道未淹①，味論未深，見其文辭，反之以清靜爲常，恬淡爲本，則懈墮分學②，縱欲適情，欲以偷自佚，而塞於大道也。今夫狂者無憂，聖人亦無憂。聖人無憂，和以德也；狂者無憂，不知禍福也。故通而無爲也，與塞而無爲也同③；其無爲則同，其所以無爲則異。故爲之浮稱流說其所以能聽④，所以使學者孳孳以自幾也⑤。

《泰族》者，横八極，致高崇，上明三光，下和水土，經古今之道，治倫理之序，總萬方之指，而歸之一本，以經緯治道，紀綱王事。乃原心術，理性情，以館清平之靈，澄徹神明之精，以與天和相嬰薄⑥，所以覽五帝三王。懷天氣，抱天心，執中含和，德形於內，以莙凝天地⑦，發起陰陽，序四時，正流方，綏之斯寧⑧，推之斯行，乃以陶冶萬物，遊化群生，唱而和，動而隨，四海之內，一心同歸。故景星見⑨，祥風至⑩，黄龍下⑪，鳳巢列樹，麟止郊野。德不內形，而行其法藉，專用制度，神祇弗應，福祥不歸，四海不賓，兆民弗化。故德形於內，治之大本，此《鴻烈》之《泰族》也。

【注釋】

①淹：深入。　②分學：脱離學習。　③同：王念孫以爲是衍文。④浮稱流說：深入淺出的講解。　⑤孳孳：同"孜孜"。幾：接受。　⑥嬰薄：環繞接近。　⑦莙（jūn）凝：凝結。　⑧斯：則。　⑨景星：一種預兆祥瑞的星。　⑩祥風：和順之風。　⑪黄龍：傳說中一種在太平盛世出現的龍。

凡屬書者，所以窺道開塞，庶後世使知舉錯取舍之宜適①，外與物接而不眩，內有以處神養氣，宴煬至和②，而己自樂所受乎天地者也。故言道而不明終始，則不知所傚依；言終始而不明天地四時，則不知所避諱；言天地四時而不引譬援類，則不知精微；言至精而不原人之神氣，則不知養生之機；原人情而不言大聖之德，則不知五行之差；言帝道而不言君事，則不知小大之衰；言君事而不爲稱喻，則不知動靜之宜；言稱喻而不言俗變，則不知合同大指；已言俗變而不言往事，則不知道德之應；知道德而不知世曲，則無以耦萬方③；知氾論而不知詮言，則無以從容；通書文而不知兵指，則無以應卒④；已知大略而不知譬喻，則無以推明事；知公道而不知人間，則無以應禍福；知人間而不知脩務，則無以使學者勸力。欲強省其辭，覽總其要，弗曲行區入⑤，則不足以窮道德之意。故著書二十篇，則天地之理究矣，人間之事接矣，帝王之道備矣！其言有小有巨，有微有粗，指奏卷異⑥，各有爲語。今專言道，則無不在焉，然而能得本知末者，其唯聖人也。今學者無聖人之才，而不爲詳說，則終身顛頓乎混溟之中⑦，而不知覺寤乎昭明之術矣。

今《易》之《乾》、《坤》，足以窮道通義也，八卦可以識吉凶、知禍福矣，然而伏羲爲之六十四變，周室增以六爻，所以原測淑清之道⑧，而攟逐萬物之祖也⑨。夫五音之數，不過宫、商、角、徵、羽，然而五弦之琴不可鼓也，必有細大駕和⑩，而後可以成曲。今畫龍首，觀者不知其何獸也，具其形，則不疑矣。今謂之道則多，謂之物則少，謂之術則博，謂之事則淺，推之以論，則無可言者，所以爲學者，固欲致之不言而已也。夫道論至深，故多爲之辭以抒其情；萬物至衆，故博爲之說以通其意。辭雖壇卷連漫，絞紛遠緩⑪，所以洮汰滌蕩至意，使之無凝竭底滯，捲握而不散也⑫。夫江河之腐胔，不可勝數，然祭者汲焉，大也。一盃酒白，蠅漬其中，匹夫弗嘗者，小也。誠通乎二十篇之論，睹凡得要，以通九野⑬，徑十門⑭,外天地,捭山川,其於逍遥一世之間,宰匠萬物之形,亦優游矣。若然者,挾日月而不烑⑮,潤萬物而不秏⑯。曼兮洮兮⑰,足以覽矣,藐兮浩兮⑱,曠曠兮,可以游矣。

【注釋】

①庶:希望。錯:通“措”。 ②宴煬:煬,通“蕩”。安詳平易。 ③耦:對,合。 ④卒(cù):突發事件。 ⑤曲行區入:婉轉曲折的敘述。 ⑥指奏:奏,通“趣”。即旨趣。 ⑦顛頓:跌撞。 ⑧原測:探究本原。淑清:清明純淨。 ⑨攟(jùn)逐:追溯,窮追。 ⑩細大:粗細小大。駕和:相應和。⑪壇卷連漫,絞紛遠緩:曲折蔓延,紛繁舒緩。意謂語言曲折而廣博。 ⑫捲握:把握。 ⑬九野:八方和中央。 ⑭十門:八方和上下。 ⑮挾:容納。烑:通“窕”,空隙。 ⑯秏:通“耗”。 ⑰曼兮洮兮:漫茫寬廣。 ⑱藐兮浩兮:藐,通“邈”。空曠廣遠。

文王之時,紂爲天子,賦斂無度,殺戮無止,康梁沉湎①,宫中成市,作爲炮烙之刑,刳諫者,剔孕婦,天下同心而苦之。文王四世纍善②,脩德行義,處岐周之間,地方不過百里,天下二垂歸之③。文王欲以卑弱制强暴,以爲天下去殘除賊而成王道,故太公之謀生焉。

文王業之而不卒④,武王繼文王之業,用太公之謀,悉索薄賦,躬擐甲胄,以伐無道而討不義,誓師牧野,以踐天子之位。天下未定,海内未輯⑤,武王欲昭文王之令德,使夷狄各以其賄來貢,遼遠未能至,故治三年之喪,殯文王於兩楹之間⑥,以俟遠方。武王立三年而崩,成王在襁緥之中,未能用事,蔡叔、管叔輔公子禄父,而欲爲亂。周公繼文王之業,持天子之政,以股肱周室,輔翼成王,懼爭道之不塞,臣下之危上也,故縱馬華山,放牛桃林,敗鼓折枹⑦,搢笏而朝⑧,以寧靜王室,鎮撫諸侯。成王既壯,能從政事,周公受封於魯,以此移風易俗。孔子脩成、康之道,述周公之訓,以教七十子,使服其衣冠,脩其篇籍,故儒者之學生焉。

墨子學儒者之業,受孔子之術,以爲其禮煩擾而不說⑨,厚葬靡財而貧民，服傷生而害事⑩，故背周道而用夏政。禹之時，天下大水，禹身執虆垂⑪，以爲民先，剔河而道九岐⑫，鑿江而通九路，辟五湖而定東海。當此之時，燒不暇撌⑬，濡不給扢⑭，死陵者葬陵，死澤者葬澤，故節財、薄葬、閑服生焉⑮。

【注釋】

①康梁：沉溺於淫樂中。　②四世：指太王、王季、文王、武王四代。③二垂：垂，分。二垂即三分之二。　④業：創始。　⑤輯：安定。　⑥楹：廳堂的前柱。　⑦枹：鼓槌。　⑧搢：插。　⑨說：通“侻（tuó）”，簡易。⑩服傷生：王念孫認爲“服”前脱“久”，應作“久服傷生”，與“厚葬靡財”相對。⑪虆（léi）：土筐。垂：通“臿（chā）”，鐵鍬。　⑫剔：疏通。九岐：岐，通“歧”。九歧即江水的九條分支。　⑬撌（guì）：清除。　⑭扢：擦拭。　⑮閑服：閑，通“簡”。簡服即服喪三月的簡易制度。

齊桓公之時，天子卑弱，諸侯力征，南夷北狄，交伐中國，中國之不絕如綫。齊國之地，東負海而北障河，地狹田少，而民多智巧。桓公憂中國之患，苦夷狄之亂，欲以存亡繼絕，崇天子之位，廣文、武之業，故《管子》之書生焉。齊景公内好聲色，外好狗馬，獵射亡歸①，好色無辯。作爲路寢之臺②，族鑄大鐘③，撞之庭下，郊雉皆呴④，一朝用三千鐘贛⑤，梁丘據、子家噲導於左右⑥，故晏子之諫生焉。

晚世之時，六國諸侯，谿異谷別，水絕山隔，各自治其境内，守其分地，握其權柄，擅其政令。下無方伯，上無天子，力征爭權，勝者爲右，恃連與國，約重致⑦，剖信符，結遠援，以守其國家，持其社稷，故縱横脩短生焉⑧。

申子者，韩昭釐之佐⑨；韓，晉別國也⑩，地墽民險⑪，而介於大國之間，晉國之故禮未滅，韓國之新法重出，先君之令未收，後君之令又下，新故相反，前後相繆，百官背亂，不知所用。故刑名之書生焉。

秦國之俗，貪狼強力⑫，寡義而趨利。可威以刑，而不可化以善;可勸以賞,而不可厲以名。被險而帶河,四塞以爲固,地利形便,畜積殷富。孝公欲以虎狼之勢而吞諸侯,故商鞅之法生焉。

【注釋】

①亡:通"忘"。 ② 路寢:天子諸侯的正室。 ③族:通"簇",聚。 ④呴(gòu):鳴叫。 ⑤贛:賜。 ⑥梁丘據、子家噲:均爲齊景公的佞臣。 ⑦致:通"質",買賣的契券。 ⑧脩短:長短,縱橫家學說。 ⑨韓昭釐:即韓昭侯。 ⑩別國:分離出來的國家。 ⑪墽(qiāo):貧瘠。險:邪惡。 ⑫貪狼:貪婪兇狠。

若劉氏之書,觀天地之象,通古今之事,權事而立制,度形而施宜,原道之心,合三王之風,以儲與扈冶①。玄眇之中,精搖靡覽②,棄其畛挈③,斟其淑靜,以統天下,理萬物,應變化,通殊類,非循一迹之路,守一隅之指,拘繫牽連之物,而不與世推移也。故置之尋常而不塞,布之天下而不窕。

【注釋】

①儲與扈冶:出自《淮南子·俶真》,稱揚而使之光大。 ②精搖:精進。 ③畛挈:挈,通"界"。畛界即界限。

【復習與思考】

1. 找出並解釋文中的通假字。
2. 口頭翻譯"《原道》者"至"足以自樂也"一段。
3. 歸納《要略》中介紹的《淮南子》一書的中心思想。

(編注者:陳冬冬)

【自測題】

戰國策書錄

本文選自一九三六年開明書店版清姚振宗《師石山房叢書》,參校上海古籍出版社一九八五年版《戰國策》該文附錄。

《戰國策》是一部國别體著作,三十三卷,由西漢劉向集錄而成。關於《戰國策》,一般認爲非一人一時所作,大約爲戰國、秦漢間史官、策士所爲。

劉向(約前 77—前 6 年),原名更生,字子政,中年改名向,沛縣(今屬江蘇)人,係西漢宗室。歷經宣帝、元帝、成帝三朝,歷官散騎諫大夫、散騎宗正、光禄大夫、中壘校尉等,爲西漢著名的經學家、文學家、目錄學家。《漢書·楚元王傳》附有劉向傳記。

西漢建立後,統治者重視圖書的徵集和整理,尤其是到了漢成帝時,國家藏書得到極大擴充。這些圖書不僅數量巨大,而且在内容、文字等方面存在不少的錯亂,給圖書的利用帶來一定困擾。在這樣的背景下,就出現了我國歷史上第一次大規模的圖書整理活動。漢成帝河平三年(前 26 年),劉向等人奉詔整理國家藏書。《戰國策》就是劉向整理群書的重要成果之一。

劉向整理後的《戰國策》包括東周策一篇、西周策一篇、秦策五篇、齊策六篇、楚策四篇、趙策四篇、魏策四篇、韓策三篇、燕策三篇、宋衛策一篇、中山策一篇。記載了春秋至楚漢相爭二百四十五年間的史事(參見第一單元《趙武靈王胡服騎射》解題第四段)。戰國時期,各諸侯國間的鬥爭與合作變幻無常,往來諸國的縱横家成爲那個時代的主角。縱横家向所在國家獻出自己的智慧與謀略,或是主張合縱,或是倡導連横,對當時的政治格局產生了重要影響。《戰國策》主要記載了這些縱横家遊説諸侯國君的活動和説辭以及一些相關的史實，反映了戰國時期諸國的政治、軍事、經濟、文化等方面的内容及社會風貌。

在劉向整理前，未有"戰國策"之名，劉向依據其内容是記述戰國縱横家言行活動的文獻，故整理後定名爲《戰國策》。劉向對《戰國策》的整理工作主要包括：匯集異本、合併重複、修訂訛誤、審定篇目、撰寫叙録。叙録介紹圖書作者的生平、内容主旨、價值意義和整理的經過，是對整理对象简要、系統的介紹，對於圖書的認識和利用非常有益。

《戰國策》在史學、文學等方面都有很高的價值。從史學方面説，它是反映戰國時期歷史的重要史料。從文學方面説，它是先秦歷史散文的重要代表。辭采華麗、鋪陳誇張的風格對後世影響很大。其中的不少詞如"百發百中"、"揮汗成雨"等成了成語，這些都充分説明了《戰國策》的歷史文化價值。

劉向整理《戰國策》定爲三十三卷，東漢時，高誘爲其作注，並分爲二十卷。後有部分散佚。至北宋曾鞏訂補重編爲三十三卷。《戰國策》的傳本主要有南宋姚宏本与鮑彪本兩種。姚本依曾本與高注，重作續注。鮑本自作注，元吳師道爲鮑注作補正。清代有嘉慶八年(1803 年)的黄丕烈輯本。該本以姚本爲底本，用吳本以互勘，質量較好。此外，還有同治八年(1869 年)的崇文書局刻本、光緒三年的(1877 年)永康退補齋重刻本等。

上海古籍出版社一九八五年的標點本《戰國策》是當今較好的本子。該本以姚本爲底本，並匯集了鮑彪、吳師道等人的注以及黄丕烈《戰國策札記》，還附有馬王堆漢墓出土的有關帛書，内容全面，使用便利。

今人的注本還有何建章的《戰國策注釋》、諸祖耿的《戰國策集注匯考》、范祥雍的《戰國策箋証》等，均可參照。一九七三年，長沙馬王堆漢墓出土、整理後的帛書《戰國縱横家書》與《戰國策》内容相近，其中有十一篇内容和文字與今本《戰國策》大體相同，亦可參考。

本文原題"劉向書録"。劉向在文中首先對《戰國策》整理的基本情況進行説明，通過叙述西周至秦末的社會變化，闡述了春秋到戰國的轉變，説明了禮儀教化在不同社會階段的地位和作用。劉向在一定程度上肯定了縱横家在社會動蕩時期的表現。但文末強調，道德仁義才是治國安民之本。

本文敘事簡約、語言舒緩，結構嚴謹，語言多用排比句法，也是一篇優秀的散文作品。

護左都水使者光祿大夫臣向言①：所校中《戰國策》書②，中書餘卷，錯亂相糅莒③。又有國別者八篇④，少不足。臣向因國別者，略以時次之，分別不以序者以相補⑤，除復重，得三十三篇。本字多誤脱爲半字，以“趙”爲“肖”，以“齊”爲“立”，如此字者多。中書本號，或曰《國策》，或曰《國事》，或曰《短長》，或曰《事語》，或曰《長書》，或曰《脩書》。臣向以爲戰國時，遊士輔所用之國，爲之策謀，宜爲《戰國策》。其事繼《春秋》以後，訖楚、漢之起，二百四十五年間之事，皆定以殺青⑥，書可繕寫⑦。

【注釋】

①護左都水使者光祿大夫：護左都水使者，官名，漢武帝時置，主管三輔地區的陂池灌溉、河流渠道。光祿大夫，漢武帝時改中大夫爲光祿大夫，掌議論、顧問應對。　②中：此指宮中保存皇家藏書的地方。　③糅莒：混雜陳列。莒，通“旅”，陳列。　④又有國別者八篇：按國家分別編次的八篇。　⑤分別不以序者以相補：將那些錯亂的篇目，按國家分別編次補入。　⑥殺青：古代製作用於書寫的竹簡時，需用火烤竹簡以防蟲，水分從竹片滲出，似人體汗，於是得名“汗青”，亦稱“殺青”。至秦漢之際製作竹簡圖書時，人們先將初稿寫於未去青皮的竹簡，以易删改，待定稿後，再削掉青皮，謄寫於竹白，亦稱爲“杀青”，後有結束、完成之意。　⑦繕寫：繕治傳寫，即抄寫多本。

敘曰：周室自文、武始興，崇道德，隆禮義①，設辟雍、泮宮、庠序之教②，陳禮樂弦歌移風之化。敘人倫，正夫婦，天下莫不曉然。論孝弟之義，惇篤之行③，故仁義之道滿乎天下，卒致之刑錯四十餘年④。遠方慕義，莫不賓服⑤。雅頌歌詠⑥，以思其德。下及康、昭之後⑦，雖有衰德，其綱紀尚明。及春秋時，已四五百載矣，然其餘業遺烈⑧，流而未滅。五伯之起⑨，尊事周室。五伯之後，時君雖無德，人臣輔其君者，若鄭之子產，晉之叔向，齊之晏嬰⑩，挾君輔政，以並立於中國，猶以義相支持，歌說以相感，聘覲以相交⑪，期會以相一⑫，盟誓以相救。天子之命，猶有所行。會享之國，猶有所恥。小國得有所依，百姓得有所息。故孔子曰："能以禮讓爲國乎何有⑬？"周之流化，豈不大哉！及春秋之後，衆賢輔國者既沒，而禮義衰矣。孔子雖論《詩》、《書》，定《禮》、《樂》，王道粲然分明。以匹夫無勢，化之者七十二人而已，皆天下之俊也，時君莫尚之。是以王道遂用不興⑭。故曰："非威不立，非勢不行。"

【注釋】

①道德、禮義：儒家的綱常倫理，禮樂文化。　②辟雍泮宮庠序：辟雍，西周天子所設學校。泮宮，諸侯之學。《禮記・王制》："大學在郊，天子曰辟雍，諸侯曰泮宮。"庠序，鄉校名。《孟子・滕文公上》："夏曰校，商曰序，周曰庠。"　③惇篤：惇，同"敦"，厚；篤，實。　④刑錯：刑罰廢置不用。錯，通"措"。《史記・周本紀》："故成、康之際，天下安寧，刑錯四十餘年不用"　⑤賓服：歸順，臣服。　⑥雅頌歌詠：雅、頌和風，共同組成《詩經》的基本内容。雅頌大多爲歌頌美化王室之詞。　⑦康、昭：康，周康王姬釗，成王子。昭，周昭王姬瑕，康王子。《史記・周本紀》："昭王之時，王道微缺。"　⑧烈：功績。　⑨五伯：伯，一作霸，即五霸。五霸有不同說法，通行說法爲：齊桓公、晉文公、秦穆公、楚莊王、宋襄公。　⑩子產：春秋時鄭國執政，名僑，字子產。叔向：春秋時晉國大夫，姓羊舌氏，名肸，字叔向。晏嬰：春秋時齊景公相，字平仲。三人都是當時著名的政治家。　⑪歌：賦詩言志。說：申說己意。聘：遣使聘問。覲：諸侯朝見天子。　⑫期會以相一：諸侯約期會晤，以求意見一致。　⑬何有：有何困難之意。　⑭王道：中国古代哲学概念。王道是指以道德爲基礎的仁政，與之相對應的是以實力爲基礎的強權在政治的霸道。儒家崇王道而貶霸道，封建统治阶级治國一般兼收並用，是爲"王霸之道"。除王道、霸道外，還有帝道、反道之說。

仲尼既沒之後，田氏取齊①，六卿分晉②，道德大廢，上下失序。至秦孝公，捐禮讓而貴戰爭，棄仁義而用詐譎，苟以取強而已矣。夫篡盜之人③，列爲侯王；詐譎之國，興立爲強。是以傳相放效④，後生師之，遂相吞滅，并大兼小，暴師經歲⑤，流血滿野，父子不相親，兄弟不相安，夫婦離散，莫保其命，湣然道德絶矣⑥。晚世益甚，萬乘之國七⑦，千乘之國五⑧，敵侔爭權⑨，蓋爲戰國⑩。貪饕無恥，競進無厭；國異政教，各自制斷；上無天子，下無方伯⑪；力功爭强，勝者爲右⑫；兵革不休，詐僞並起。當此之時，雖有道德，不得施謀；有設之强⑬，負阻而恃固；連與交質⑭，重約結誓，以守其國。故孟子、孫卿儒術之士⑮，棄捐於世。而遊説權謀之徒，見貴於俗。是以蘇秦、張儀、公孫衍、陳軫、代、厲之屬⑯，生從横短長之説，左右傾側。蘇秦爲從，張儀爲横；横則秦帝，從則楚王；所在國重，所去國輕。

【注釋】

①田氏取齊：周安王十六年（前 386 年），周天子正式承認田和爲齊國國君。②六卿分晉：六卿，六家大夫，春秋晚期，知氏、范氏、中行氏、趙氏、魏氏、韓氏六卿分掌晉國政權。　③簒盜之人：指最後成爲諸侯的趙氏、魏氏、韓氏、田和。④放效：放通“仿”，仿效。　⑤暴師：暴（pù）通“曝”，指軍隊在外，遭受風霜雨露。　⑥湣然：湣，滅絶意。　⑦萬乘之國七：四馬爲乘，擁有萬乘的戰車，言國家强大。指戰國七雄：齊、楚、燕、韓、趙、魏、秦。　⑧千乘之國五：指魯、衛、鄭、宋、中山。　⑨敵侔爭權：侔，相等。敵侔，勢均力敵。爭權，爭奪霸權。⑩蓋：分裂。《爾雅·釋言》：“蓋，割，裂也。”　⑪方伯：一方諸侯之長。《禮記·王制》：“千里之外設方伯。”　⑫力功爭强，勝者爲右：功同“攻”。右，古代以右爲尊。　⑬有設之强：設，意指軍備和要塞之類。　⑭連與交質：與，猶“親”。連與，聯合親近友好的國家。質，抵押品。交質，交换抵押人或物以取信對方。　⑮孫卿：即荀卿，孔子後儒家重要代表人物，主張性惡説，强調禮的社會作用。　⑯蘇秦、張儀、公孫衍、陳軫、代、厲之屬：蘇秦，東周洛陽人，倡導合縱抗秦。張儀，魏人，秦惠王相，倡導連横。公孫衍，魏人，初事秦惠王，因與張儀不合，離秦去魏，張儀死，再入秦，主連横，嘗佩五國相印，爲約長。陳軫，魏人，初事秦，因與張儀不合，離秦去楚。代，蘇代，厲，蘇厲，均爲蘇秦之弟。曾遊説燕、齊、趙、魏等國。

然當此之時，秦國最雄，諸侯方弱。蘇秦結之，時六國爲一，以儐背秦①。秦人恐懼，不敢窺兵於關中②，天下不交兵者，二十有九年。然秦國勢便形利，權謀之士，咸先馳之③。蘇秦初欲横，秦弗用，故東合從。及蘇秦死後，張儀連横，諸侯聽之，西向事秦。是故始皇因四塞之固④，據崤、函之阻⑤，跨隴、蜀之饒，聽衆人之筴，乘六世之烈⑥，以蠶食六國，兼諸侯，並有天下。杖於謀詐之弊⑦，終於信篤之誠，無道德之教，仁義之化，以綴天下之心⑧。任刑罰以爲治，信小術以爲道⑨。遂燔燒詩書，坑殺儒士。上小堯、舜，下邈三王⑩。二世愈甚⑪，惠不下施，情不上達；君臣相疑，骨肉相疏；化道淺薄⑫，綱紀壞敗；民不見義，而懸於不寧⑬。撫天下十四歲，天下大潰，詐僞之弊也。其比王德，豈不遠哉！

【注釋】

①儐：同"擯"，排斥。　②關中：此指"關東"。中，應作"東"。　③咸先馳之：馳，奔投，嚮往。　④因四塞之固：指國境四面險要。《史記·蘇秦列傳》："秦四塞之國，被山帶渭，東有關河，西有漢中，南有巴蜀，北有代馬，此天府也。"　⑤崤、函之阻：崤（xiáo），崤山，在今河南西部。函，函谷關，在今河南靈寶東北。自古爲險要關隘。函谷關東起崤山，故並稱。今有成語"崤函之固"。⑥乘六世之烈：六世，指秦孝公、惠文王、武王、昭王、孝文王、莊襄王。　⑦杖：通"仗"，依靠，憑藉。　⑧綴：連結。　⑨小術：指權術。　⑩邈：通"藐"，蔑視。　⑪二世：指秦二世。　⑫化道：教化之道。　⑬懸於不寧：處於不安之中。

孔子曰："道之以政，齊之以刑，民免而無恥；道之以德，齊之以禮，有恥且格①。"夫使天下有所恥，故化可致也。苟以詐僞偷活取容，自上爲之，何以率下？秦之敗也，不亦宜乎！戰國之時，君德淺薄，爲之謀筴者，不得不因勢而爲資，據時而爲②。故其謀扶急持傾③，爲一切之權④。雖不可以臨國教化，兵革救急之勢也⑤。皆高才秀士，度時君之所能行，出奇筴異智，轉危爲安，運亡爲存，亦可喜，皆可觀。護左都水使者光禄大夫臣向所校《戰國策》書錄。

【注釋】

①"道之以政"句：道，讀爲"導"，意爲引導，開導。政，法制禁令。格，正，來。指人民有羞恥之心，自覺改正錯誤。出自《論語·爲政》。楊伯峻《論語譯注》將

其譯爲:用政法來誘導他們,使用刑罰來整頓他們,人民衹是暫時地免於罪過,卻沒有廉恥之心。如果用道德來誘導他們,使用禮教來整頓他們,人民不但有廉恥之心,而且人心歸附。 ②據時而爲:姚本以爲後有脫字。 ③扶急持傾:解救急難。 ④一切之權:一切,一時權宜。 ⑤勢:謀略。

【復習與思考】

1. 解釋下列劃綫詞語

錯亂相糅莒　皆定以殺青　惇篤之行　歌説以相感　是以傳相放效　暴師經歲　以儐背秦　以綴天下之心　信小術以爲道　爲一切之權

2. 思考題

(1) 簡述《戰國策》的史料價值。

(2) 根據本選文簡述書錄的基本結構。

(3) 簡述劉向對戰國縱横家的看法和態度。

3. 口頭翻譯文中“晚世益甚”至“所去國輕”一段。

(編注者:李志堅)

【自測題】

相　　刺

本文選自中華書局二〇一五年版王利器《鹽鐵論校注》卷五第二十。

《鹽鐵論》是一部主要反映西漢武帝時期社會歷史的重要史書，同時也是重要的文學著作。西漢桓寬編。

桓寬，字次公，汝南（今河南上蔡東南）人，生卒年不詳。治《公羊春秋》，漢宣帝時舉爲郎，後官至廬江（今安徽廬江西南）太守丞。《漢書》桓寬無傳，《漢書》卷三十《藝文志》諸子儒家類和卷六六《公孫劉田王楊蔡陳鄭傳讚》保留有零星記載。

《鹽鐵論》是記載西漢"鹽鐵會議"的基本資料。漢武帝時期，西漢對匈奴的大規模戰爭耗費了大量的社會財富，爲了戰爭的持續和其他需要，漢武帝陸續施行了鹽鐵官營、均輸、平準、酒榷等政策。隨着這些政策的推行，西漢的國庫收入大大增加，財政得到加強。但這些措施實際上屬與民爭利，對民間財富的積累產生了消極作用，人民的負擔日益嚴重，引發了社會騷動，出現了人口的流亡和局部的農民起義。在此背景下，爲解決政府所面臨的各種問題，漢昭帝始元六年（前 81 年）二月，在丞相車千秋的主持下，以維護既定政策的御史大夫桑弘羊等爲一方，以反對現行政策的賢良、文學等爲另一方進行討論。雙方圍繞酒榷、鹽鐵官營等政策的存廢，展開辯論，史稱"鹽鐵會議"。辯論中，賢良、文學雖占上風，但鹽鐵會議後，西漢政府祇是廢除了酒榷，其他政策未做改變。鹽鐵會議本質上不是單純以解決經濟問題爲目的，而是國家治理的"王道"与"霸道"之爭，也可以說是理想主義和現實主義治國理念之爭，同時也包含着霍光、桑弘羊間的政治鬥爭。

《鹽鐵論》爲桓寬在西漢"鹽鐵會議"記錄的基礎上，對辯論雙方所爭論的鹽鐵、平準、均輸、酒榷等的言論，通過梳理條目，並引用《史記》等材料補充而成，保存了“鹽鐵會議”辯論雙方的基本主張。其中，有些文字晦澀難懂。另外，《鹽鐵論》也帶有桓寬個人的思想傾向，本書可以看作他對西漢中期政治得失的論述。從書中記載看，桓寬對雙方的主張似乎都不太滿意，不過從文字表述和《雜論》看，他較爲傾向於賢良、文學一方。

《鹽鐵論》共六十篇，第一至四十一篇，記載雙方的辯論；第四十二至五十九篇，記載會議後的餘談；第六十篇《雜論》爲全書的序。

《鹽鐵論》記載的雙方觀點、認識是西漢中期社會歷史、經濟、思想和學術的發展變化的重要反映，具有重要的歷史價值。《鹽鐵論》同時也具有較高的文學價值。它的論辯藝術、情感與形象相結合的語言風格等，都對後世文學產生了積極影響。

明弘治十四年(1501 年)，涂禎刊刻《鹽鐵論》，爲現存最古刻本。明嘉靖三十二年(1553 年)，張之象爲其作注，此爲現在所見最早注本。清代，張敦仁、王先謙等人對《鹽鐵論》進行了不同程度的校勘、整理。現在比較通行的是王利器的《鹽鐵論校注》，該書一九八三年由天津古籍出版社出版，一九九二年、二〇一五年，中華書局作爲“新編諸子集成”叢書之一再版。王利器《鹽鐵論校注》以張敦仁重刊涂禎刻本爲底本，匯集了前代學者的研究成果。書後附錄有佚文、記事、論人、述書、校本、引書、纂注等。其他如楊樹達《鹽鐵論要釋》、郭沫若《鹽鐵論讀本》、馬非百《鹽鐵論簡注》等均可參考。

《相刺》篇是大夫與文學相互諷刺的記錄。大夫指桑弘羊，文學爲漢代通過文學科目選拔出的儒生。文中，大夫指責文學等往來各地，不從事農業生產，而且也不具備治理國家的能力。文學則諷刺桑弘羊等對國家的治理存在諸多不足。本選文語言流暢，多用歷史、典故爲據，反駁對方。

大夫曰：“古者，經井田①，制廛里②，丈夫治其田疇，女子治其麻枲③，無曠地，無遊人④。故非商工不得食於利末⑤，非良農不得食於收穫，非執政不得食於官爵⑥。今儒者釋耒耜而學不驗之語⑦，曠日彌久，而無益於治，往來浮游⑧，不耕而食，不蠶而衣，巧僞良民，以奪農妨政⑨，此亦當世之所患也。”

【注釋】

①經：劃分。井田：我國西周時期的土地國有制度，由奴隸集體耕種土地。後世多認爲其爲美好的土地制度。　②廛（chán）里：住宅。古代一戶人家所住的房屋叫廛。五家爲鄰，五鄰爲里。　③麻枲（xǐ）：指大麻。麻爲雌株，枲爲雄株。麻爲我國古代主要衣料之一。　④曠：荒廢。遊人：遊手好閑的人。⑤商工：謂自産自銷的手工業者，不是商人和工人。利末：即末利，指工商業。⑥執政：高級官員。官爵：此指俸祿。　⑦釋：放下。耒耜（lěi sì）：古代翻土的農具，後爲農具的總稱。不驗之語：不能用實踐來證明的空話。　⑧浮游：東遊西逛。　⑨妨農奪政：影響農業，妨礙朝政。

文學曰："禹感洪水①，身親其勞，澤行路宿，過門不入。當此之時，簪墮不掇②，冠挂不顧，而暇耕乎？孔子曰：'詩人疾之不能默，丘疾之不能伏③。'是以東西南北七十說而不用④，然後退而修王道，作《春秋》，垂之萬載之後⑤，天下折中焉⑥，豈與匹夫匹婦耕織同哉！《傳》曰：'君子當時不動，而民無觀也⑦。'故非君子莫治小人，非小人無以養君子⑧，不當耕織爲匹夫匹婦也。君子耕而不學，則亂之道也。"

【注釋】

①感：憂慮。　②簪（zān）：用來綰住頭發的一種首飾。掇（duō）：拾起。冠挂：帽子被樹枝挂掉。《淮南子·原道》："禹之趨時也，履遺而弗取，冠掛而弗顧。"與此文異義同。　③"孔子曰"句：詩人，作詩的人。疾，恨。默，沉默。伏，隱藏。《論衡·對作》："孔子曰'詩人疾之不能默，丘疾之不能伏'。"此文未見所出，蓋《論衡》本之《鹽鐵論》。　④七十說：遊説了很多個國君。七十，非實數，表示多次遊説。　⑤垂：流傳。萬載：萬年。　⑥折中：折，判斷。中，恰當。指以《春秋》作爲判斷事物的標準。　⑦"《傳》曰"句：動，包括言、行。觀，觀摩、仿效。　⑧"故非君子"句："野人"、"小人"，都是指勞動人民而言。《孟子·滕文公上》："無君子莫治野人，無野人莫養君子。"

大夫曰："文學言治尚於唐、虞①，言義高於秋天②，有華言矣③，未見其實也④。昔魯穆公之時，公儀爲相⑤，子思、子柳爲之卿⑥，然北削於齊⑦，以泗爲境⑧，南畏楚人，西賓秦國⑨。孟軻居梁，兵折於齊⑩，上將軍死而太子虜⑪，西敗於秦⑫，地奪壤削，亡河內、河外⑬。夫仲尼之門，七十子之徒，去父母，捐室家，負荷而隨孔子，不耕而學，亂乃愈滋。故玉屑滿篋⑭，不爲有寶；詩書負笈⑮，不爲有道。要在安國家⑯，利人民，不苟繁文衆辭而已⑰。”

【注釋】

①尚：超過。　②秋天：秋季的天空。　③華言：華麗的辭句。　④實：事實，效果。　⑤公儀：即公儀休，魯穆公時爲博士，奉法循理，百官自正，使食祿者不得與下民爭利。事見《史記·循吏列傳》。　⑥子思：孔子孫，名伋，字子思。子柳：魯國人，反對不義之財。《禮記·檀弓上》有其事跡。　⑦削：割地。　⑧泗：水名，源出山東泗水之蒙山。　⑨賓：賓服、服從。　⑩兵折於齊：指前三四一年魏齊馬陵之戰，魏軍大敗。　⑪上將軍：即魏將龐涓。太子：即太子申。　⑫西敗於秦：指前三四一年商鞅率秦軍攻魏，前三三〇年秦公孫衍攻魏，前二九〇年秦將白起攻魏，魏割黄河兩岸的土地給秦。　⑬河內、河外：河內，黄河以東、以北，今山西西南和河南西北之地。河外，指黄河以南，今河南西部、黄河以南和陝西南部靠近黄河之地。這裏有些事是在孟子到梁以前就發生的，但都記在孟軻的身上，不是嚴格的史實。《孟子·梁惠王上》：“梁惠王曰：‘及寡人之身，東敗於齊，長子死焉；西喪地於秦七百里；南辱於楚。’”　⑭玉屑：玉石的碎末。篋（qiè）：箱子。　⑮笈：書箱。“滿篋”與“負笈”對文，指所讀的書很多，要用所背的書箱來計算。　⑯要：重要之處。　⑰繁文衆辭：旁徵博引，能說會道。

文學曰：“虞不用百里奚之謀而滅①，秦穆用之以至霸焉。夫不用賢則亡，而不削何可得乎？孟子適梁②，惠王問利，答以仁義。趣舍不合③，是以不用而去，懷寶而無語④。故有粟不食，無益於饑；覩賢不用，無益於削⑤。紂之時，內有微、箕二子⑥，外有膠鬲、棘子⑦，故其不能存。夫言而不用，諫而不聽，雖賢，惡得有益於治也⑧？”

【注釋】

①虞：春秋時諸侯國名，姬姓，在今山西平陸北。百里奚：虞國大夫，晉滅虞，爲晉所俘，作爲陪嫁之臣入秦。後奔楚，爲楚所囚。秦穆公知其賢，用五張黑羊

皮贖回，用爲大夫，爲秦國的東進發展，起了很大作用。 ②適：到達。梁：指魏國。 ③趣舍：即取捨，這裏指政治主張。 ④懷寶：二字上原有“夫”字，據王先謙說删。《論語·陽貨》“懷其寶而迷其邦”，即此文所本。 ⑤無益於削：不能阻止國家削弱，即上文“地奪壤削”。 ⑥微、箕二子：微，微子，名啟。商紂兄，爲紂卿士。紂淫亂，微子數諫不聽，遂至周。周武王滅紂，封於宋，以傳殷後。箕，箕子，名胥余，商紂叔父，爲太師。紂無道，箕子諫不聽，乃披髮佯狂爲奴。武王滅商，封之朝鮮。微子、箕子與比干，被孔子稱爲“三仁”。 ⑦膠鬲：商紂王的大臣，後來投奔周。有成語“膠鬲之困”指士人不在位而處於困難之境。棘子：《列子·湯問》：“殷湯問于夏革。”殷敬順釋文：“革，音棘。夏棘字子棘，爲湯大夫。” ⑧惡（wū）得：怎麽能夠。也：通“耶”。

大夫曰：“橘柚生於江南，而民皆甘之於口①，味同也②；好音生於鄭、衛③，而人皆樂之於耳，聲同也④。越人子臧、戎人由余⑤，待譯而後通⑥，而並顯齊、秦，人之心於善惡同也。故曾子倚山而吟，山鳥下翔⑦；師曠鼓琴⑧，百獸率舞。未有善而不合、誠而不應者也⑨。意未誠與⑩？何故言而不見從⑪，行而不合也？”

【注釋】

①甘之：覺得好吃。 ②味：指人們對味道的感覺。 ③好音：美好的音樂。鄭：春秋時國名，在今河南新鄭一帶。衛：春秋時國名，在今河北南部和河南北部一帶。 ④聲：指人們對聲音的感覺。 ⑤子臧：原作“夷吾”，今據張敦仁說校改。其事不詳。由余：春秋時戎（我國古代西北地區的少數民族）人，後降秦，爲秦謀伐戎之策。 ⑥譯：翻譯，將越人、戎人的話翻譯成當時中原的語言。 ⑦“故曾子”句：曾子，即曾參，孔子學生。性至孝，但仍受其父的懷疑。曾子就走到山裏去，靠着山坡高聲吟唱詩歌，表示其悲傷嘆息。事見《呂氏春秋·必己》高誘註。山鳥下翔，指山裏的鳥聞聲感動，因而飛下來聽。 ⑧師曠：人名。字子野，春秋時晉國樂師。生卒年不詳。以善辨音律著名。相傳他善鼓琴，鼓琴時，有玄鶴十六隻從南方來，引頸而鳴，舒翼而舞。事見《韓非子·十過》。 ⑨誠：真心。 ⑩意：通“抑”，或者。與：同“歟”，文言助詞，表示疑問。 ⑪不見從：不被人所相信。

文學曰：“扁鵲不能治不受鍼藥之疾①，賢聖不能正不食諫諍之君②。故桀有關龍逢而夏亡③，紂有三仁而商滅④，故不患無由余、子臧之論，患無桓、穆之聽耳。是以孔子東西無所遇⑤，屈原放逐於楚國也。故曰：'直道而事人，焉往而不三黜？枉道而事人，何必去父母之邦。'此所以言而不見從，行而不得合者也。"

【注釋】

①扁鵲：古之良醫。不受鍼藥之疾：指不治之症。　②正：糾正。不食：不接受，不聽取。諫諍：直言規勸君主，使其改正錯誤。　③關龍逢(páng)：桀臣。桀作酒池糟丘，爲長夜飲。龍逢力諫，桀不聽，並把他殺害。事見《韓詩外傳》卷四。　④三仁：指微子、箕子、比干三人。《論語・微子》："微子去之，箕子爲之奴，比干諫而死。孔子曰：'殷有三仁焉。'"微子、箕子見上文，比干，爲紂叔父。　⑤遇：原作"適遇"，今據《群書治要》引删"適"字。王先謙曰："《治要》無'適'字。疑'適'、'遇'形近致衍。"楊樹達《鹽鐵論要釋》(科學出版社 1957 版，第 25 頁)認爲，"適"爲定意，無所適遇，言無所定遇。

大夫曰："歌者不期於利聲①，而貴在中節②；論者不期於麗辭③，而務在事實④。善聲而不知轉⑤，未可爲能歌也⑥；善言而不知變⑦，未可謂能說也。持規而非矩，執準而非繩⑧，通一孔⑨，曉一理，而不知權衡，以所不覩不信人，若蟬之不知雪⑩，堅據古文以應當世，猶辰參之錯⑪，膠柱而調瑟⑫，固而難合矣⑬。孔子所以不用於世，而孟軻見賤於諸侯也⑭。"

【注釋】

①期：期望。利聲：嘹亮的聲音。　②中(zhòng)節：符合節拍。　③論者：談論問題的人。麗辭：漂亮的語言。　④務：勉力從事。事實：實事求是，不尚空談。　⑤轉：古代音樂中的專用術語，即轉調的意思。在某調樂曲的中途臨時轉入他調，使樂曲發生變化而變換感情者稱爲轉調。　⑥爲：同"謂"。⑦變：變通。　⑧規、矩：畫圓方的工具。準、繩：水準和繩墨，定平直的工具。這句話是說，規矩準繩四種工具各有各的用途，憑一種來反對另一種，都是偏見。⑨孔：小洞。這裏指一孔之見。　⑩蟬不知雪：蟬生活在夏秋，活不到冬天，所以不知道雪。這裏是比喻那些堅持一孔之見、不知權衡的人。　⑪辰參：星名，屬二十八宿。"辰星"也叫商星，出現在天空的東方，"參星"出現在天空的西

方，兩者不能同時出現，故曰“辰參之錯”。 ⑫膠柱而調瑟：膠，粘着。柱，瑟上用來調弦的短木，用膠把它粘住了，就無法調弦了。一曰“膠柱鼓瑟”，比喻拘泥不知變通。 ⑬固：頑固，固執己見。 ⑭見賤：被輕視。

文學曰：“日月之光，而盲者不能見，雷電之聲①，而聾人不能聞。夫爲不知音者言，若語於瘖聾②，何特蟬之不知重雪耶③？夫以伊尹之智、太公之賢④，而不能開辭於桀、紂⑤，非說者非，聽者過也⑥。是以荆和抱璞而泣血⑦，曰：‘安得良工而剖之！’屈原行吟澤畔⑧，曰：‘安得皋陶而察之！’夫人君莫不欲求賢以自輔，任能以治國，然牽於流說⑨，惑於道諛⑩，是以賢聖蔽掩⑪，而讒佞用事⑫，以此亡國破家，而賢士饑於巖穴也⑬。昔趙高無過人之志⑭，而居萬人之位，是以傾覆秦國而禍殃其宗。盡失其瑟，何膠柱之調也？”

【注釋】

①雷電：王先謙曰：“‘電’無聲，疑‘霆’字之誤。”黄侃曰：“‘雷’、‘電’連類而言。” ②瘖(yīn)：啞。 ③重雪：大雪。 ④伊尹：名伊（另說名摯），古有莘國奴隸，助湯滅夏。湯死後，又輔佐卜丙、仲壬二王。湯孫太甲即位，不遵守湯的傳統，爲伊尹放逐，三年後迎太甲復位。被後世稱爲賢相。太公：指姜尚，字子牙。爲周文王、周武王重用，助周滅商，受封爲齊國。在民間神話體系中，也具有重要影響。 ⑤開辭：陳說。這裏指規勸。 ⑥過：過錯。 ⑦荆和抱璞而泣血：傳說春秋時楚人卞和（又稱荆和）得到一塊沒有剖開的玉石（璞），獻給楚厲王，厲王叫玉工看了，以爲是石頭，楚厲王認爲卞和欺騙了自己，命人砍掉了他的左腳。楚武王即位後，卞和又去獻玉，結果又被砍去右腳。等到文王即位後，卞和抱着璞到荆山中哭了三天三夜，以至淚盡眼睛出血。文王聽說後，命人剖璞，果然是塊寶玉，遂命名曰“和氏璧”。事見《韓非子・和氏》。 ⑧行吟：邊走路邊吟詩。澤畔：湖邊。《楚辭・漁父》：“屈原既放，遊於江潭，行吟澤畔。” ⑨牽：牽制、束縛。流說：流言蜚語。 ⑩道諛：阿諛奉承。 ⑪蔽掩：遮蓋。這裏指被人排擠，得不到任用。 ⑫讒佞：慣於巧言諂媚，說別人壞話的人。 ⑬巖穴：巖洞。這裏指窮鄉僻壤。 ⑭志：古文“識”字。

大夫曰：“所謂文學高第者①，智略能明先王之術，而姿質足以履行其道②。故居則爲人師③,用則爲世法④。今文學言治則稱堯、舜,道行則言孔、墨,授之政則不達⑤,懷古道而不能行,言直而行枉,道是而情非⑥,衣冠有以殊於鄉曲⑦,而實無以異於凡人。諸生所謂中直者⑧,遭時蒙幸⑨,備數適然耳⑩,殆非明舉所謂⑪,固未可與論治也。”

【注釋】

①高第:成績優異。　②姿質:同“資質”,天資,稟賦。這裏指才能、品德。　③居:家居,平常,指不當官的時候。　④用:指在朝當官的時候。法:典範。　⑤不達:不通曉。　⑥情非:情,内心。道是而情非指口是心非。　⑦鄉曲:這裏指住在偏僻鄉村裏的老百姓。　⑧中直:合乎標準而當選。直同“值”。　⑨遭時:遇到時機。蒙幸:受到推舉。幸:原作“率”,據王先謙說校改。楊樹達《鹽鐵論要釋》(科學出版社 1957 版,第 26 頁)認爲,“幸”爲“舉”,係形近而訛。　⑩備數:湊數,充數。適然:偶然,碰巧。　⑪明舉:指漢昭帝詔舉賢良文學。所謂:這裏指詔令中提出的標準和要求,這是說文學不符合選舉條件。

文學曰:“天設三光以照記①,天子立公卿以明治。故曰:公卿者,四海之表儀②,神化之丹青也③。上有輔明主之任,下有遂聖化之事。和陰陽,調四時,安衆庶,育群生,使百姓輯睦④,無怨思之色⑤,四夷順德,無叛逆之憂,此公卿之職,而賢者之所務也。若伊尹、周、召三公之才,太顛、閎夭九卿之人⑥。文學不中聖主之時舉,今之執政,亦未能稱盛德也。”

大夫不說,作色不應也。

【注釋】

①三光:指日、月、星。照記:照耀。　②表儀:即儀表,猶言法則,楷模,榜樣。　③丹青:繪畫所用的紅色和青色顏料,泛指繪畫。這裏引申爲榜樣、表率。　④輯睦:和睦。　⑤怨思:怨恨悲傷。　⑥太顛、閎夭:西周時文王、武王的大臣。九卿:漢太常、郎中令、中大夫令、太僕、大理、大行令、宗正、大司農、少府爲正九卿,中尉、主爵都尉、内史列於九卿。見《漢書・百官公卿表》。

文學曰:“朝無忠臣者政闇①,大夫無直士者位危。任座正言君之過②，文侯改言行，稱爲賢君。袁盎面刺絳侯之驕矜③，卒得其慶。故觸死亡以干主之過者，忠臣也；犯顔以匡公卿之失者，直士也。鄙人不能巷言面違④。方今入穀之教令⑤，張而不施⑥，食禄多非其人，以妨農商工，市井之利，未歸於民，民望不塞也⑦。且夫帝王之道，多隳壞而不修，《詩》云：'濟濟多士⑧。'意者誠任用其計，非苟陳虚言而已。"

【注釋】

①政闇：政治黑暗。闇同"暗"。　②任座：戰國時魏文侯的大夫。魏文侯徵求大家對自己的看法。任座說他是"不肖之君"，文侯不悦。文侯又問翟璜，翟璜說："仁君。"文侯問其原因，翟璜說："君仁，大臣敢直言，任座剛才知道君仁，故敢直言。"文侯很高興，將任座迎爲上賓。事見《吕氏春秋·自知》。　③袁盎：又作"爰盎"，字絲，西漢時楚人，曾獻計讓漢景帝殺晁錯以退吴、楚亂軍。面刺：當面批評。絳侯：即周勃，漢初名將，曾跟隨劉邦起義，食絳八千一百八十户，号絳侯，文帝時爲右丞相。"袁盎面刺絳侯之驕矜"，指漢文帝時，周勃朝見皇帝時表現得很得意。文帝以爲"社稷臣"。袁盎則以爲衹能說是功臣，而不配稱社稷臣。勃知而恨之。後勃被罷相，被告謀反，被捕入獄，宗室諸公莫敢爲言，袁盎又爲周勃爭辯，文帝才釋放了周勃。周勃乃與袁盎結交。見《史記·袁盎晁錯列傳》。　④鄙人：自稱的謙詞。巷言：在街巷中竊竊私議的意思。違：通"韙"(wěi)。本句意謂我們既然不能在閭巷人民中議論執政的是非，又不能當着公卿的面指出其過失。　⑤方今入穀之教令：原作"方今人主穀之教令"，據黃侃說校改。本書《復古》篇亦有"入穀射官"之文。穀，糧食的總稱。入穀之教令，指當時頒行的入穀補官的法令。　⑥施：通"弛"，放松。　⑦望：通"怨"。塞：滿足。　⑧濟濟：衆多。見《詩經·大雅·文王》。

【復習與思考】

1. 解釋下列劃綫詞語

往來浮遊　天下折中焉　詩書負笈　無益於削　惡得有益於治也

待譯而後通　務在事實　固而難合　居則爲人師　張而不施

2. 思考題

(1) 簡述本選文辯論的主要問題。

(2) 根據本選文簡述大夫、文學辯論的出發點。

(3) 簡述本選文辯論的語言特點。

3. 口頭翻譯文中“所謂文學高第者”至“今之執政,亦未能稱盛德也”兩段。

(編注者:李志堅)

【自測題】

藝　增

本篇選自中華書局一九九〇版“新編諸子集成”本黄暉《論衡校釋》卷八。

《論衡》,王充著。《隋書・經籍志》著錄二十九卷,《舊唐書・經籍志》則著錄三十卷,此後書目著錄多爲三十卷。《論衡》是東漢重要的子部著作。

王充(27—約 97 年),字仲任,東漢會稽上虞(今浙江上虞)人。充出身“細族孤門”,青年時遊學洛陽,受業太學,師事扶風班彪,好博覽而不守章句。家貧無書,常遊洛陽市肆,閲所賣書,一見輒能誦憶,遂博通衆流百家之言。後歸鄉里,屏居教授。仕郡爲功曹,以數諫爭不合去。刺史董勤辟爲從事,轉任治中,自免還家。友人同郡謝夷吾上書薦充才學,章帝特詔公車徵,病不行。永元中病卒於家。

王充是著名的唯物論思想家。他認爲天地萬物皆由物質性的元氣自然而然地構成,“天地,含氣之自然也”(《論衡・談天》),“天地合氣,萬物自生,猶夫婦合氣,子自生矣”(《論衡・自然》)。認爲所謂“天人感應”並不真實存在,“夫人不能以行感天,天亦不隨行而應人”(《論衡・明雩》)。還主張神滅無鬼,認爲:“人死血脉竭,竭而精氣滅,滅而形體朽,朽而成灰土,何用爲鬼?”(《論衡・論死》)他推崇司馬遷、揚雄、桓譚等先行者的叛逆求實精神,激烈抨擊當時奉爲國憲的讖緯神學,甚至直接“問孔”、“刺孟”,對傳統儒學和漢代經學進行了針鋒相對的批判。這些都對後世產生了廣泛而深刻的影響。

王充曾自述作“《譏俗》之書”,“《政務》之書”,“《論衡》之書”,“《養性》之書”(《論衡・自紀》),但祇有《論衡》流傳下來。《論衡》作於明帝永平末至章帝建初末十餘年間，全書八十五篇（其中《招致》僅存篇目，故實存八十四篇），二十餘萬言。王充曾自道："《论衡》篇以十数，亦一言也，曰：疾虚妄。"（《論衡・佚文》）著書目的在於"冀悟迷惑之心，使知虚實之分"，"解釋世俗之疑，辯照是非之理"（《論衡・對作》）。《論衡》内容豐富，涉獵深廣。黄暉曾將全書八十五篇分爲六組：一組論性命，包括《本性》、《物勢》等十四篇；二組論天人關係，包括《寒温》、《自然》等二十一篇；三組論人鬼關係及當時禁忌，包括《論死》、《死僞》等十六篇；四組論書傳中關於感應之説違自然之義和虚妄之言，包括《變虚》、《異虚》等二十四篇；五組論程量賢佞才知，包括《答佞》、《程材》等八篇；六組是自序和自傳，包括《對作》、《自紀》等兩篇。

《論衡》初獲蔡邕、王朗之力得以傳世，至《隋書・經籍志》始見著錄。宋仁宗慶曆五年（1045 年）楊文昌"得俗本七，率二十七卷，又得史館本二，各三十卷，改正塗注，凡一萬一千二百五十九字"，楊氏遂作序刊刻，始得善本。此後流傳各本都源於楊刻本，主要有兩個系統：一是由宋慶曆本、乾道本、元至元本到元刊明正德補修本，《累害》不缺一頁。一是由明成化本到通津草堂本，《累害》並缺一頁。《論衡》注釋中，劉盼遂《論衡集解》、黄暉《論衡校釋》二書引證較詳，資料豐富，一九九〇年中華書局以黄暉校釋爲主，補入劉盼遂集解内容，合併二書，收入"新編諸子集成"第一輯，是目前比較通行的版本。此外，吴承仕《論衡校釋》、北京大學歷史系《論衡注釋》、張宗祥《論衡校注》等，亦可參考。

《藝增》是《論衡》第二十七篇。"藝"指經藝，即儒家經書。本篇論述儒家經書"增過其實"的問題，探析了經書虚增過實的種種成例和原因，主要涉及《尚書》、《詩經》、《周易》、《論語》、《春秋》等典籍。雖然本篇論析或非盡是，但對閲讀儒家典籍仍有一定參考價值，而且王充敢於"疾虚妄"，獨抒己見的精神也是值得稱道的。

世俗所患①，患言事增其實，著文垂辭②，辭出溢其真，稱美過其善，進惡沒其罪③。何則？俗人好奇，不奇，言不用也④。故譽人不增其美，則聞者不快其意；毁人不益其惡，則聽者不愜於心。聞一增以爲十，見百益以爲千。使夫純樸之事⑤，十剖百判⑥；審然之語⑦，千反萬畔⑧。墨子哭於練絲⑨，楊子哭於歧道⑩，蓋傷失本，悲離其實也。

蜚流之言，百傳之語，出小人之口，馳閭巷之間，其猶是也。諸子之文，筆墨之疏⑪，人賢所著⑫，妙思所集，宜如其實，猶或增之。儻經藝之言⑬，如其實乎？言審莫過聖人，經藝萬世不易，猶或出溢，增過其實。增過其實，皆有事爲，不妄亂誤以少爲多也。然而必論之者，方言經藝之增與傳語異也。

經增非一，略舉較著，令悅惑之人，觀覽采擇，得以開心通意，曉解覺悟。

【注釋】

①患：犯毛病。 ②垂辭：垂，流傳。垂辭指著書。 ③進：舉出，此有批評之意。沒：淹沒，此爲漫過、超過之意。 ④用：採用。 ⑤純樸：純正樸實。 ⑥剖、判：分開。 ⑦審然：明白無誤。 ⑧畔：通“叛”，違背。 ⑨墨子哭於練絲：《墨子·所染》載：“子墨子言見染絲者而歎曰：‘染於蒼則蒼，染於黃則黃。所入者變，其色亦變；五入必而已則爲五色矣。故染不可不慎也！’” ⑩楊子哭於歧道：楊子指楊朱，戰國魏人，反對儒墨，主張“爲我”、“貴生”、“重己”等。《荀子·王霸》載：“楊朱哭衢塗，曰：‘此夫過舉跬步而覺跌千里者夫！’哀哭之。” ⑪疏：疏通，解釋。筆墨之疏指對經書的解釋。 ⑫人賢：劉盼遂說“人賢”當爲“賢人”，因上文“小人”，下文“聖人”，皆與此相應。 ⑬儻（tǎng）：同“倘”，倘若，如果。經藝：指儒家經書。

《尚書》〔曰〕①：“協和萬國②。”是美堯德致太平之化，化諸夏並及夷狄也。

言協和方外③，可也；言萬國，增之也。

夫唐之與周④，俱治五千里內。周時諸侯千七百九十三國⑤，荒服、戎服、要服及四海之外不粒食之民⑥，若穿胸、儋耳、焦僥、跛踵之輩⑦，并合其數，不能三千⑧。天之所覆，地之所載，盡於三千之中矣。而《尚書》云萬國，褒增過實，以美堯也。欲言堯之德大，所化者衆，諸夏夷狄，莫不雍和，故曰萬國。猶《詩》言“子孫千億”矣⑨,美周宣王之德,能慎天地⑩,天地祚之⑪,子孫衆多,至於千億。言子孫衆多,可也;言千億,增之也。夫子孫雖衆,不能千億,詩人頌美,增益其實。案后稷始受邰封⑫,訖於宣王⑬,宣王以至外族內屬,血脉所連,不能千億。夫“千”與“萬”,數之大名也。“萬”言衆多,故《尚書》言“萬國”,《詩》言“千億”。

【注釋】

①《尚書》:按本篇文例,“《尚書》”後脱“曰”字,據補。　②協和萬國:文見《尚書·堯典》。國:古文《尚書》作“邦”,今文《尚書》作“國”。　③方外:異域,此指中原地方以外邊遠之地。　④唐:指堯所統治區域。《論衡·書虛》:“舜與堯俱帝者也,共五千里之境,同四海之內。”　⑤千七百九十三國:“九”當作“七”,《禮記·王制》:“凡九州千七百七十三國。”　⑥戎服:《尚書·禹貢》記載五服爲甸服、侯服、綏服、要服、荒服,諸書皆不言戎服,蓋王充誤記。不粒食之民:不以穀物爲食的人。　⑦穿胸、儋耳、焦僥、跋踵:古傳説中四遠方國名。穿胸,《淮南子·地形訓》有穿胸民,高誘注:“穿胸,胸前穿孔達背……南方之國名也。”《山海經·海外南經》:“貫胸國……其爲人胸有竅。”貫胸國即穿胸國。儋(dān)耳,黄暉認爲“儋”當作“耴”,初訛爲“耽”,再轉爲“聸”、爲“儋”。《山海經·大荒北經》:“有儋耳之國,任姓,禺號子,食穀。”《山海經·海外北經》:“聶耳之國,在無腸國東,使兩文虎,爲人兩手聶其耳。縣居海中,及水所出入奇物。”王念孫説“耴耳即聶耳”。焦僥,一作僬僥(jiāo yáo)。《山海經·大荒南經》:“有小人,名曰焦僥之國,幾姓,嘉穀是食。”韋昭注:“僬僥,西南蠻之别名也。”跋踵,當作“跂(qǐ)踵”,《山海經·海外北經》:“跂踵國在拘纓東。其爲人大,兩足亦大。一曰大踵。”　⑧能:及。　⑨子孫千億:見《詩經·大雅·假樂》。陳喬樅《魯詩遺説考》:“《毛詩》以《假樂》之詩爲嘉成王。今據《論衡》述詩,以爲美周宣王之德,是《魯詩》之説與毛義異。”　⑩慎:一本作“順”。黄暉認爲“慎”讀作“順”,聲近字通。　⑪祚:賜福,保佑。　⑫后稷(jì):周朝先祖。相傳姜原因履天帝跡而生后稷,初欲棄之,故名曰棄。及長,好耕農,帝堯舉爲農師。有功,遂封於邰,號曰后稷,别姓姬氏。見《史記·周本紀》。邰(tái):古地名,在今陝西武功西南。　⑬訖(qì):通“迄”,至。

《詩》云:“鶴鳴九皐,聲聞于天①。”言鶴鳴九折之澤②,聲猶聞於天,以喻君子修德窮僻,名猶達朝廷也。

〔言〕其聞高遠③,可矣;言其聞於天,增之也。

彼言聲聞於天,見鶴鳴於雲中,從地聽之,度其聲鳴於地④,當復聞於天也。夫鶴鳴雲中,人聞聲仰而視之,目見其形。耳目同力,耳聞其聲,則目見其形矣。然則耳目所聞見,不過十里,使參天之鳴⑤,人不能聞也。何則?天之去人以萬數遠⑥,則目不能見,耳不能聞。今鶴鳴,從下聞之,鶴鳴近也。以從下聞其聲,則謂其鳴於地,當復聞於天,失其實矣。其鶴鳴於雲中,人從下聞之,如鳴於九皋。人無在天上者,何以知其聞於天上也?無以知,意從准況之也⑦。

詩人或時不知,至誠以爲然⑧;或時知,而欲以喻事⑨,故增而甚之。

【注釋】

①“鶴鳴”句:引文見《詩經·小雅·鶴鳴》。九,多,極。皋,沼澤,湖泊。九皋指水澤極深處。 ②折:彎轉、曲折。九折指極曲折深奧。 ③〔言〕其聞高遠:劉盼遂、黄暉皆認爲“其”上當有“言”字。上文“言子孫衆多,可也;言千億,增之也”,下文“言無有孑遺一人不愁痛者。夫旱甚,則有之矣;言無孑遺一人,增之也”,與此文法一律可證。 ④度(duó):推測,計算。 ⑤參天:指高達於天,高出天際。 ⑥以萬數:以萬爲數,漢人常語,即以萬爲單位來計算。王充在《論衡》之《談天》、《說日》等篇里認爲天地相去六萬餘里。 ⑦意:料想。劉盼遂則認爲“意”乃“竟”之誤字。准況:據此推斷,類比。 ⑧至誠:極爲誠懇,誠心誠意。 ⑨喻:說明,使人瞭解。

《詩》曰:“維周黎民,靡有孑遺①。”是謂周宣王之時,遭大旱之災也②。詩人傷旱之甚,民被其害,言無有孑遺一人不愁痛者。

夫旱甚,則有之矣;言無孑遺一人,增之也。

夫周之民,猶今之民也。使今之民也,遭大旱之災,貧羸無蓄積③,扣心思雨④;若其富人穀食饒足者,廩囷不空⑤,口腹不飢,何愁之有?天之旱也,山林之間不枯,猶地之水⑥,丘陵之上不湛也⑦。山林之間,富貴之人,必有遺脫者矣,而言“靡有孑遺”,增益其文，欲言旱甚也。

【注釋】

①“維周”句：引文見《詩經・大雅・雲漢》。“維周”，《毛詩》作“周餘”。靡，無。孑，孤單，單獨。孑遺，獨存，殘留。　②《毛詩正義》卷十八引皇甫謐云：“宣王元年，不藉千畝，虢文公諫而不聽，天下大旱，二年不雨，至六年乃雨。”　③羸（léi）：瘦弱。　④扣：黄暉認爲“扣”讀作“苟”，誠也。或說扣通“叩”，敲擊。扣心即捶胸。　⑤廩（lǐn）：米倉。囷（qūn）：圓形穀倉。　⑥水：指水患。　⑦湛（chén）：通“沉”，淹沒。

《易》曰：“豐其屋，蔀其家，窺其戶，闃其無人也①。”非其無人也，無賢人也。《尚書》曰：“毋曠庶官②。”曠，空；庶，衆也。毋空衆官，置非其人，與空無異，故言空也。

夫不肖者皆懷五常③，才劣不逮④，不成純賢，非狂妄頑嚚身中無一知也⑤。德有大小，材有高下，居官治職，皆欲勉效在官。《尚書》之官，《易》之戶中，猶能有益⑥，如何謂之空而無人？

《詩》曰：“濟濟多士，文王以寧⑦。”此言文王得賢者多，而不肖者少也。今《易》宜言“闃其少人”，《尚書》宜言“無少衆官”。以“少”言之，可也；言空而無人，亦尤甚焉。

五穀之於人也，食之皆飽。稻粱之味，甘而多腴⑧；豆麥雖糲，亦能愈飢⑨。食豆麥者，皆謂糲而不甘，莫謂腹空無所食。竹木之杖，皆能扶病⑩。竹杖之力，弱劣不及木。或操竹杖，皆謂不勁，莫謂手空無把持。夫不肖之臣，豆麥、竹杖之類也。《易》持其具臣在戶⑪，言“無人”者，惡之甚也。《尚書》衆官，亦容小材⑫，而云“無空”者⑬，刺之甚也。

【注釋】

①“《易》曰”句：引文見《周易・豐卦》。豐，大。蔀（bù），蔽。闃（qù），寂靜，空虛。　②毋曠庶官：引文見《尚書・皋陶謨》。毋，《尚書》原作“無”。③五常：或說指仁、義、禮、智、信，或說指父義、母慈、兄友、弟恭、子孝五種倫常道德。　④逮：及，到。　⑤頑嚚（yín）：愚妄奸詐。知：通“智”，此泛指道德才華。　⑥猶能有益：黄暉認爲：“猶，均也。言居官小材，戶中具臣，非狂妄者，

均有益也。” ⑦“《詩》曰”句：引文見《詩經・大雅・文王》。濟濟，形容衆多，陣容盛大。士，此指才能之士。 ⑧腴：油脂。 ⑨愈：勝過。 ⑩扶病：扶持病人。 ⑪《易》持其具臣在戶：劉盼遂認爲“持”字涉上文“把持”字而衍，“其”字因與“具”字形近而衍。此文本是“《易》具臣在戶，言‘無人’者，惡之甚也”。具臣：指備位的官員，即聊以充數，不能有所作爲的官員。 ⑫容：容納，包括。 ⑬無空：即上文所言“毋曠”。

《論語》曰：“大哉！堯之爲君也。蕩蕩乎民無能名焉①。”傳曰：“有年五十擊壤於路者，觀者曰：‘大哉！堯〔之〕德乎！’擊壤者曰：‘吾日出而作，日入而息，鑿井而飲，耕田而食，堯何等力②？”此言蕩蕩無能名之效也。

言蕩蕩，可也；乃欲言民無能名③，增之也。

四海之大，萬民之衆，無能名堯之德者，殆不實也。夫擊壤者曰：“堯何等力？”欲言民無能名也。觀者曰：“大哉！堯之德乎！”此何等民者，猶能知之。實有知之者，云“無”，竟增之。

儒書又言：“堯、舜之民，可比屋而封④。”言其家有君子之行，可皆官也。夫言可封，可也；言比屋，增之也。人年五十爲人父，爲人父而不知君，何以示子⑤？太平之世，家爲君子，人有禮義，父不失禮，子不廢行。夫有行者有知⑥，知君莫如臣，臣賢能知君，能知其君，故能治其民。今不能知堯，何可封官？

年五十擊壤於路，與豎子未成人者爲伍，何等賢者？子路使子羔爲郈宰，孔子以爲不可，未學，無所知也⑦。擊壤者無知，官之如何？

稱堯之蕩蕩，不能述其可比屋而封；言賢者可比屋而封，不能議讓其愚而無知之⑧。夫擊壤者難以言比屋⑨，比屋難以言蕩蕩，二者皆增之。所由起，美堯之德也。

【注釋】

①“《論語》曰”句：引文見《論語・泰伯》。蕩蕩，形容廣遠。名，稱說，說出。 ②“傳曰”句：《太平御览》卷八二二引《論語考比讖》等並見此事。黄暉認爲“堯”

下當有“之”字，下文“大哉！堯之德乎”，即復述此文。且《論衡》之《感虛》、《須頌》亦並有“之”字。　③乃欲言民無能名：黄暉認爲“欲”字於義無取，“言某某，可也；而言某某，增之也”，本書多此文例，故“欲”是因下文“欲言民無能名也”而衍。劉盼遂認爲“欲”字當在上文“此”字下，即“此欲言蕩蕩無能名之效也”。　④“儒書”句：引文見陸賈《新語·無爲》。　⑤示：指示，讓人看。　⑥知：識别，瞭解。　⑦子路使子羔爲郈宰：郈（hòu），古地名。春秋魯國叔孫氏邑，在今山東東平。宰，長官。事見《論語·先進》。　⑧讓：責備。吳承仕認爲“議讓”當是“譏讓”，形近而誤。黄暉認爲“讓”字疑涉“壤”字衍，又因“議”字“言”旁而誤。“不能議”與“不能述”，文正相對。　⑨難：不可。

《尚書》曰：“祖伊諫紂曰：‘今我民罔不欲喪①。’”罔，無也。我天下民無不欲王亡者。

夫言欲王之亡，可也；言無不，增之也。

紂雖惡，民臣蒙恩者非一，而祖伊增語，欲以懼紂也。故曰：“語不益，心不惕；心不惕，行不易②。”增其語，欲以懼之，冀其警悟也。蘇秦説齊王曰③：“臨菑之中，車轂擊，人肩摩，舉袖成幕，連衽成帷，揮汗成雨④。”齊雖熾盛⑤，不能如此。蘇秦增語，激齊王也⑥。祖伊之諫紂，猶蘇秦之説齊王也。

賢聖增文，外有所爲，内未必然。何以明之？夫《武成》之篇，言“武王伐紂，血流浮杵⑦。”助戰者多，故至血流如此。皆欲紂之亡也，土崩瓦解，安肯戰乎？然祖伊之言“民無不欲”，如蘇秦增語⑧。

《武成》言“血流浮杵”，亦太過焉。死者血流，安能浮杵？案武王伐紂於牧之野。河北地高，壤靡不乾燥，兵頓血流⑨，輒燥入土，安得杵浮⑩？且周、殷士卒，皆賫盛糧⑪，（或作乾糧）⑫，無杵臼之事，安得杵而浮之？

言血流杵⑬，欲言誅紂，惟兵頓士傷⑭，故至浮杵。

【注釋】

①今我民罔不欲喪：見《尚書·西伯戡黎》。不，今本《尚書》作“弗”。此篇記述周文王戰勝殷屬國黎國之後，祖伊擔憂殷朝安危，向紂王進諫，指出紂王荒淫

暴虐已造成天怒人怨,國勢危殆,規勸紂王改弦更張,但遭到紂王的拒絕。祖伊:紂王賢臣,商王祖己後裔。 ②惕:憂心戒懼。 ③齊王:指齊宣王田辟疆。 ④“臨菑”句:引文見《戰國策·齊策一》,文字小異。臨菑(zī),齊國國都,以城臨菑水得名。在今山東淄博東北。轂(gǔ),車輪中心有孔可以插軸的部分,泛指車輪或車。擊,碰,接觸。摩,擦,蹭。衽(rèn),衣襟。帷,圍在四周的帳幕。揮,拋灑,甩出。 ⑤熾盛:興旺,繁盛。 ⑥激齊王:據《戰國策·齊策》記載,蘇秦極力稱讚齊國國富民強,是想激勵齊宣王與秦國抗衡。 ⑦血流浮杵:見《尚書·武成》。浮,今本《尚書》作“漂”。 ⑧然祖伊之言“民無不欲”,如蘇秦增語:劉盼遂認爲“此十四字疑衍”。 ⑨頓:傷。 ⑩安得杵浮:“杵浮”疑爲“浮杵”之誤倒。 ⑪賫(jī):攜帶,持。盛:衆多,充足。 ⑫或作乾糧:孫詒讓認爲“此四字當是宋人校語,誤入正文”。 ⑬言血流杵:“杵”上當有“浮”字,上文“血流浮杵”,“《武成》言血流浮杵”諸句可證。 ⑭惟:因爲,由於。“惟”舊本或作“雖”。

《春秋》:“莊公七年①:夏四月辛卯②,夜中,恒星不見,星霣如雨③。”《公羊傳》曰④:“如雨者何?非雨也。非雨則曷爲謂之如雨?不脩《春秋》曰⑤:‘(如)雨星⑥,不及地尺而復⑦。’君子脩之〔曰〕⑧:‘星霣如雨’。”不脩《春秋》者,未脩《春秋》時魯史記,曰:“雨星,不及地尺如復⑨。”君子者,謂孔子也。孔子脩之〔曰〕:“星霣如雨”。如雨者,如雨狀也。山氣爲雲,上不及天,下而爲(雲)雨⑩。(星)星隕不及地⑪,上復在天,故曰如雨。孔子正言也⑫。

夫星霣或時至地,或時不能⑬,尺丈之數難審也。史記言“尺”⑭,亦似太甚矣。夫地有樓臺山陵,安得言“尺”?孔子言“如雨”,得其實矣。孔子作《春秋》,故正言“如雨”。如孔子不作,“不及地尺”之文,遂傳至今。

【注釋】

①莊公:指魯莊公姬同,在位三十二年。莊公七年:即前六八七年。 ②四月辛卯:四月初五日。 ③霣(yǔn):通“隕”,墜落。 ④《公羊傳》:亦稱《春秋公羊傳》、《公羊春秋》,是一部專門解釋《春秋》的典籍,特別注重闡釋《春秋》的“微言大義”,與《左傳》、《穀梁傳》合稱《春秋》三傳,皆列入十三經。作者舊

題是戰國齊人公羊高。　⑤不脩《春秋》：指未經孔子修訂的《春秋》，即魯國原來的編年史書《春秋》。　⑥(如)雨星："如"字衍。《公羊傳》無"如"字，且下文"雨星，不及地尺如復"亦可證。　⑦復：回復，返回。　⑧君子脩之〔曰〕："之"下當脱"曰"字，據《公羊傳·莊公七年》傳文補。下"孔子脩之"句同。　⑨如：而。　⑩下而爲(雲)雨：黄暉認爲"雲"字是衍文。《論衡·感虚》："夫雲出於丘山，降散則爲雨矣"，"雨凝爲雪，皆由雲氣"，與此文意同，可證。　⑪(星)星隕不及地：上"星"字衍。　⑫正：脩正。　⑬能：及，到。　⑭史記：指上文所言"未脩《春秋》時魯史記"。

光武皇帝之時①，郎中汝南賁光上書言②："孝文皇帝時③，居明光宫④，天下斷獄三人⑤。"頌美文帝，陳其效實⑥。光武皇帝曰："孝文時，不居明光宫，斷獄不三人。"積善脩德，美名流之，是以君子惡居下流。

夫賁光上書於漢，漢爲今世，增益功美，猶過其實，況上古帝王久遠，賢人從後褒述，失實離本，獨已多矣。不遭光武論⑦，千世之後，孝文之事，載在經藝之上，人不知其增，居明光宫，斷獄三人，而遂爲實事也⑧。

【注釋】

①光武皇帝：指東漢光武帝劉秀。　②郎中：職官名，漢時掌宫廷侍衛。汝南：郡名。漢高祖二年(前205年)置，郡治在上蔡(今河南上蔡西南)。賁光：人名，事跡不詳。　③孝文皇帝：指漢文帝劉恒。　④明光宫：漢宫殿名。據王楙《野客叢書》卷二一載，漢有兩明光宫，一屬北宫，乃避暑之所。一屬甘泉宫，乃武帝所造以求仙者。　⑤斷獄：審判罪案。　⑥效實：考核成績，這裏指功績。　⑦論：評定。　⑧而：則。

【復習與思考】

1. 試將"世俗所患"至"悲離其實也"翻譯成白話文。
2. 細讀課文，談談你對文中所舉儒家經書"增過其實"諸例的理解。
3. 考察王充其人其學，談談你對王充及其《論衡》的看法。

（編注者：黄覺弘）

【自測題】

謚

本文選自中華書局一九九四年版“新編諸子集成”本陳立《白虎通疏證》卷一。

《白虎通》是《白虎通義》或《白虎通德論》的簡稱。《後漢書·楊終傳》載楊終建議漢章帝召開最高經學會議,説:“宣帝博徵羣儒,論定五經於石渠閣。方今天下少事,學者得成其業,而章句之徒,破壞大體。宜如石渠故事,永爲後世則。”章帝接受了這一建議,《後漢書·孝章帝紀》載建初四年(79年):“於是下太常,將、大夫、博士、議郎、郎官及諸生、諸儒會白虎觀,講議五經同異……帝親稱制臨決,如孝宣甘露、石渠故事。”參加者有賈逵、丁鴻、楊終、班固、李育、樓望等包括今文、古文兩派經學家在内的數十人。《後漢書·儒林傳》:“建初中,大會諸儒於白虎觀,考詳同異,連月乃罷。肅宗親臨稱制,如石渠故事,顧命史臣,著爲《通義》。”《後漢書·班固傳》:“天子會諸儒講論五經,作《白虎通德論》,令固撰集其事。”《白虎通德論》即《白虎通義》。可見《白虎通》是白虎觀會議諸儒“講論五經異同”和章帝“稱制臨決”的最終結果,是一部具有法典性質的著作。班固受詔整理編纂成書,代表的是朝廷認可的正統經學思想。

《白虎通》繼承了董仲舒以來今文經學的神秘主義傾向,運用儒家學説論證了封建統治制度和社會秩序的合理性,强調綱紀倫常,并使之神聖化。《白虎通》結構比较特别,它是選取與政治制度、社會生活密切相關的專題分别加以論述,各爲一篇,而且各篇篇幅不一,長者逾三千言,短者僅百餘言,保留了諸儒“講議五經同異”的會議記録特點。現在流傳的《白虎通》共有四十三個專題,依次爲:爵、號、謚、五祀、社稷、禮樂、封公侯、京師、五行、三軍、誅伐、諫諍、鄉射、致仕、辟雍、災變、耕桑、封禪、巡狩、考黜、王者不臣、蓍龜、聖人、八風、商賈、瑞贄、三正、三教、三綱六紀、情性、壽命、宗族、姓名、天地、日月、四時、衣裳、五刑、五經、嫁娶、紼冕、喪服、崩薨等。由此可見《白虎通》内容幾乎涉及漢代政治制度、社會生活的各個方面,是研究漢代政治、社會、民俗、思想等歷史文化現象的重要參考資料。

元大德九年(1305 年)張楷得劉世常家藏《白虎通》善本,刻印行世,明清以後所傳各本大致源於此。較爲通行的有四庫全書本、盧文弨抱經堂校刻本、四部叢刊本等。清陳立《白虎通疏證》(簡稱《疏證》)是公認最好的《白虎通》注本,中華書局一九九〇年收入"新編諸子集成"第一輯,并附錄了盧文弨《今本四十四篇闕文》、莊述祖《白虎通義考》和劉師培《白虎通義斠補》等八種相關資料,頗便研讀。

《謚》是《白虎通》的第三篇。本篇論述了謚的緣起,帝王、諸侯、卿大夫、后夫人等不同人等的制謚程式和取號謚的方法,對瞭解謚這種特殊的傳統文化有比較重要的參考價值。

謚者①,何也?謚之爲言引也,引列行之迹也②。所以進勸成德,使上務節也。故《禮·郊特牲》曰:"古者生無爵,死無謚。"此言生有爵,死當有謚也。死乃謚之何?《詩》云:"靡不有初,鮮克有終③。"言人行終始不能若一,故據其終始,從可知也。《士冠經》曰:"死而謚今也④。"所以臨葬而謚之何?因衆會,欲顯揚之也。故《春秋》曰:"公之喪至自乾侯⑤。"昭公死于晉乾侯之地,數月歸,至急,當未有謚也。《春秋》曰"丁巳葬","戊午日下側乃克葬⑥",明祖載而有謚也⑦。

右總論謚。

【注釋】

①謚:《說文》:"謚,行之迹也。" ②引列行之迹也:陳立《疏證》:"以謚爲引者,引取伸長之義。言其伸明詳列生前之行,而爲之謚也。" ③"《詩》云"句:引文見《詩經·大雅·蕩》。靡,無,沒有。初,開始。鮮,少。克,能。④"《士冠經》曰"句:《士冠經》宜爲《士冠記》。《儀禮·士冠禮》:"死而謚,今也。古者生無爵,死無謚。"今也,謂當時、今時。 ⑤"故《春秋》曰"句:事見《春秋·

昭公三十二年》。乾（gān）侯，春秋时晉地，地處晉魯邊界。在今河北成安東南。鲁昭公二十五年（前 517 年），鲁国内乱，昭公出亡齐、晋，二十八年（前 514 年）後移居乾侯，直到三十二年（前 510 年）病逝。　⑥“《春秋》曰”句：引文見《春秋·定公十五年》。今《左傳》、《公羊傳》“側”皆作“昃”。《說文》：“昃，日在西方時側也。”側、昃，音義俱通。　⑦祖載：指將葬之際，以柩載車上行祖祭之禮。《白虎通·崩薨》：“祖者，始也。始載於庭也。乘軸車辭祖禰，故名爲祖載也。”

黄帝先黄後帝者何？古者質①，生死同稱。各持行合而言之。美者在上，黄帝始制法度，得道之中，萬世不易，後世雖聖，莫能與同也。後世德與天同，亦得稱帝，不能制作，故不得復稱黄也②。謚或一言，或兩言何？文者以一言爲謚，質者以兩言爲謚。故湯死後稱成湯，以兩言爲謚也。號無質文，謚有質文何？號者，始也，爲本，故不可變也。周已後，用意尤文，以爲本生時號令善，故有善謚，故合言文王武王也。合言之則上其謚，明別善惡，所以勸人爲善，戒人爲惡也。

帝者，天號也③。以爲堯猶謚，顧上世質直④，死後以其名爲號耳。所以謚之爲堯何？爲謚有七十二品。《禮·謚法記》曰：“翼善傳聖謚曰堯⑤，仁聖盛明謚曰舜。慈惠愛民謚曰文，剛強理直謚曰武。”

右論帝王制謚之義。

【注釋】

①質：質樸，純樸。“質”與“文”相對而言，有質樸與文采、質性與文章、内容與形式、本與末之別。《白虎通·三正》：“《尚書大傳》曰：‘王者一質一文，據天地之道。’《禮三正記》曰‘質法天，文法地’也。帝王始起，先質後文者，順天下之道，本末之義，先後之序也。事莫不先有質性，乃後有文章也。”　②黄：蔡邕《獨斷·帝謚》曰：“靖民則法曰黄。”可見黄亦爲美謚。《通典》注：“黄者，中和美色。黄承天德，最盛淳美，故以尊色爲謚也。”陈立《疏證》：“軒轅制法度，得道之中，故稱‘黄’，百王所不能同，故獨美號在‘帝’上也。”　③天號：天子的名號。④顧：不過。　⑤翼：輔助，幫助。

天子崩，大臣至南郊謚之者何？以爲人臣之義，莫不欲褒稱其君，掩惡揚善者也。故之南郊[1]，明不得欺天也。故《曾子問》："孔子曰：'天子崩，臣下之南郊告謚之[2]。'"

右論天子謚南郊。

諸侯薨，世子赴告於天子，天子遣大夫會其葬而謚之何？幼不誄長[3]，賤不誄貴，諸侯相誄，非禮也。臣當受謚於君也。

右論天子謚諸侯。

卿大夫老歸死者有謚何[4]？謚者，所以别尊卑，彰有德也。卿大夫歸無過，猶有禄位，故有謚也。

右論卿大夫老有謚。

【注釋】

①之：至，到。　②"故《曾子問》"句：引文不見今《禮記·曾子問》。今《曾子問》"唯天子稱天以誄之"下鄭玄注："以其無尊焉。《春秋公羊》説，以爲讀誄制謚於南郊，若云受之於天然。"　③誄（lěi）：古時叙述死者生平，表示哀悼（多用於上對下）。　④老歸：年老致仕歸休。

夫人無謚者何？無爵，故無謚[1]。或曰：夫人有謚。夫人一國之母，修閨門之内，則羣下亦化之[2]，故設謚以彰其善惡。《春秋》曰："葬宋共姬[3]。"《傳》曰："稱謚何？賢也[4]。"《傳》曰："哀姜者何？莊公夫人也[5]。"卿大夫妻，命婦也[6]。無謚者何？以賤也。八妾所以無謚何[7]？亦以卑賤，無所能豫，猶士卑小不得有謚也。太子夫人無謚何？本婦人隨夫。太子無謚，其夫人不得有謚也。《士冠經》曰："天子之元子猶士也[8]。"士無謚，知太子亦無謚也。附庸所以無謚何[9]？卑小無爵也。《王制》曰："王者之制禄爵，凡五等。"附庸不在其中。明附庸無爵也。

右論無爵無謚。

【注釋】

①故無謚：陳立《疏證》："案夫人無謚者，謂不别作謚也，但蒙夫謚也。"
②化：感化，教化。　③"《春秋》曰"句：引文見《春秋·襄公三十年》。

④"《傳》曰"句：引文見《公羊傳・襄公三十年》。⑤"《傳》曰"句：引文見《公羊傳・僖公二年》。⑥命婦：古時被賜予封號的婦女，一般爲官員的妻子和母親。⑦八妾：陳立《疏證》："謂左媵、右媵、嫡姪娣也。……諸侯一取九女，嫡之外，則八皆妾也。"姪是妻之兄女，娣是妻之妹。⑧"《士冠經》曰"句：《士冠經》宜作《士冠記》。元子：天子和諸侯的嫡長子。⑨附庸：指附屬或依附於諸侯大國的小國。

后夫人于何所謚之？以爲于朝廷。朝廷本所以治政之處，臣子共審謚，白之于君，然後加之。婦人天夫①，故但白君而已。何以不之南郊也？婦人本無外事，何爲于郊也？《禮・曾子問》曰："唯天子稱天以誄之。"唯者，獨也。明天子獨于南郊耳。

右論謚后夫人。

顯號謚何法②？號法天也，法日也，日未出而明。謚法地也，法月也，月已入有餘光也。是以大行受大名，細行受小名③。行生于己，名生于人。

右論號謚取法。

【注釋】

①天夫：以夫爲天，即夫爲妻綱之意。②顯：顯示，顯揚，此爲取名之意。③細：小。

【復習與思考】

1. 瞭解《白虎通》產生的歷史背景。

2. 請參閱《逸周書・謚法解》、蔡邕《獨斷・帝謚》等資料，進一步瞭解古代謚號文化。

（編注者：黃覺弘）

【自測題】

說文解字叙

本文選自一九六三年中華書局影印陳昌治本《説文解字》卷十五上。

《説文解字》三十卷，是我國語言學史上的不朽之作，其作者爲東漢许慎。許慎，字叔重，汝南召陵（今河南郾城東）人，由郡功曹舉孝廉，後入爲太尉南閣祭酒。曾受學於古文大師賈逵，博學經籍，馬融重之，人稱“五經無雙許叔重”。

漢代經學有今古文之爭，今文家常常望文生義，胡亂說解文字，許慎認爲“文字者，經義之本，王政之始”，爲糾正其不良之風，遂於漢和帝永元十二年（100 年），至漢安帝建光元年（121 年），前後歷時二十一年，撰成《說文解字》（簡稱《說文》）。

《説文》原書爲十四卷，加叙目一卷，凡十五卷。今本《説文》爲宋代徐鉉校定之本，每卷分上下，共三十卷。全書收字九千三百五十三個，重文一千一百六十三個，説解文字十三萬三千四百四十一字。是書首創部首編排法，將九千餘字分於五百四十部之中，每部立一字爲部首以統帥各部之字。五百四十部則是根據漢代陰陽五行家“萬物生於一，畢終於亥”的思想加以排列，將“一”部定爲第一部，“亥”部定爲最後一部，其他各部之間則“據形繫聯”，每部之字根據“以類相從”的原則，將意義相近的字排列在一起。釋義首先分析每部的部首，説明本部之字都跟部首的意義相關；其次，解釋每部之字。釋字時，先解釋字的本義，然後分析字形結構，用“讀若”方法注音，有時還收錄異體或異解（如徵引劉歆、杜林、衛宏、班固等人之説）。每部之末，又注明該部收字數量與重文數目。

雖然《説文》解説中不免有牽强附會，遺漏誤斷之處，然瑕不掩瑜，作爲中國語言學史上第一部系統分析漢字形體、説解字義、辨識聲讀的專著和文獻語言學的奠基之作,《説文》無疑在中國語言學史上具有重大的意義。首先,它對"六書"理論進行了系統闡述,奠定了漢字形體學的基本理論,標誌着中國文字學的正式誕生。其次,確立了文字學的部首系統,保存了篆文、古文、籀文等寫法,成爲探求漢字源頭,釋讀甲骨文、金文、戰國文字,分辨隸、行、真、草的演變軌跡的重要階梯。再次,它保存了漢代及以前的古音古訓,爲漢語訓詁學、詞源學的研究提供了重要的資料。再次,《説文》所開創的編纂體例對後代字書的編纂産生了極大影響。最後,《説文》中保留了大量關於古代社會、自然界、天文曆法、礦産冶煉、植物醫藥、科學技術等方面的資料,對相關領域的研究具有重要的價值。

《説文》書成以後,受到歷代學者的高度重視。鄭玄注經即以之爲據,應劭、晉灼亦間有徵引。此後,吕忱、顧野王、江式、顔之推等皆用力尤深。有清一代,説文之學堪稱發達,研究者成就巨大,尤以《説文》四大家最爲知名,即段玉裁(《説文解字注》)、桂馥(《説文義證》)、王筠(《説文釋例》)、朱駿聲(《説文通訓定聲》),近人丁福保則集衆家之説而成《説文解字詁林》一書。

《説文》現存最早的版本爲唐代寫本,一爲木部殘本(同治二年莫友芝得之於安徽),二爲口部殘本(日本人所藏)。《説文》傳至唐代,李陽冰乃重刊《説文》,然其錯誤遺脱,違失本真。北宋雍熙三年(986年)徐鉉等奉敕校定重刊《説文解字》,世稱"大徐本"。鉉弟徐鍇校勘《説文》,著《説文解字繫傳》,世稱"小徐本"。自二徐本行世後,李氏《説文》本遂微。宋神宗時,王子韶、陸佃奉詔修訂大徐本,然其書不存。宋孝宗時,李燾有《説文解字五音韻譜》三十卷,元代及清初,士子多用此本,今亦不可復見。晚明之際,毛晉依宋本刊刻,即汲古閣本。清嘉慶十四年(1809年),孫星衍據宋本重刻,即平津館本,世稱精善。同治十二年(1873年),陳昌治又根據孫本校訂,改刻爲一篆一行本。至於小徐本,則以清祁寯藻根據顧千里的宋鈔本、汪士鐘所藏宋刻殘本,經過承培元、苗夔等校訂的刻本爲優。今天所見的《説文》是大、小徐修訂後流傳下來的版本。

《説文解字叙》爲許慎所撰,闡述了其書撰作的緣起、取材、編纂體例等。叙文在吸取前人成果的基礎上,從理論上和歷史上,全面論述了漢字的起源、結構特點及其發展演變軌跡,是我國語言文字理論的經典名篇。

古者庖犧氏之王天下也①，仰則觀象於天②，俯則觀法於地③，視鳥獸之文與地之宜④，近取諸身，遠取諸物，於是始作《易》八卦⑤，以垂憲象⑥。及神農氏結繩爲治而統其事⑦，庶業其繁⑧，飾僞萌生⑨。黄帝之史倉頡⑩，見鳥獸蹏迒之迹⑪，知分理之可相别異也⑫，初造書契⑬。“百工以乂，萬品以察，蓋取諸夬⑭。”“夬，揚于王庭。”⑮言文者，宣教明化於王者朝廷，君子所以“施禄及下，居德則忌”也⑯。

【注釋】

①庖犧氏：相傳爲神農以前的古帝王，姓風。因教民製作網罟，佃漁牧畜，豢養犧牲，以充庖廚，故稱“庖犧”。又因具有如日月之光明聖德，又稱“太昊”。王(wàng)：稱王。　②象：現象。　③法：現象。　④文：紋理，這裏指鳥獸的足跡。宜：適當的位置，这裏指山川河流的走向。　⑤《易》八卦：《周易》中的八種卦象，即乾、坤、震、艮、離、坎、兑、巽。　⑥垂：顯示。憲：法。　⑦神農氏：傳説中的太古帝王，因教民稼穡而得其名。治、統：管理。　⑧庶：衆多。⑨飾僞：掩飾作僞。萌生：開始發生。　⑩黄帝：古帝王名，因居住在軒轅之丘，又號“軒轅氏”。倉頡：姓侯岡，名頡，相傳爲黄帝的史官，負責記載史實，受自然萬物形態與變化的啟發而發明了文字。　⑪迒(háng)：野獸的腳印。⑫分理：纹理。　⑬書契：文字。　⑭百工：百官。乂(yì)：治理。萬品：萬物。察：觀察、認識。夬(guài)：《周易》卦名。《周易・夬》：“夬，決也，剛決柔也。”　⑮“夬”句：語出《周易・夬》。孔穎達疏云：“明行決斷之法。夬以剛決柔，施之於人，則是君子決小人也。王庭是百官所在之處，以君子決小人，故可以顯然發揚決斷之事於王者之庭，示公正而無私隱也，故曰‘揚于王庭也’。”王弼注：“夬者，明法決斷之象也。”　⑯“施禄”句：語出《周易・夬》。忌，禁。孔穎達疏云：“威惠兼施，雖復施禄及下，其在身居德，復須明其禁令。”

倉頡之初作書①，蓋依類象形，故謂之文。其後形聲相益，即謂之字。字者，言孳乳而浸多也②。著於竹帛謂之書，書者，如也③。以迄五帝三王之世④，改易殊體⑤。封于泰山者七十有二代⑥，靡有同焉⑦。

【注釋】

①書:文字。　②"字者"句:段玉裁云:"獨體曰文,合體曰字。"孳乳,滋生。浸,漸。　③如:如同事物的樣子,指最初的文字寫出來都如同事物大致的形狀。　④迄:到。五帝:上古時代傳説中的五個帝王,即黄帝、顓頊、帝嚳、堯、舜。三王:夏、商、周三代的帝王,即禹、湯、文王。　⑤殊:異。　⑥"封于"句:七十二代帝王曾在泰山祭祀天地山神,並在石頭上刻寫下不同形態的文字。《史記·封禪書》:"古者封泰山。禪梁父者,七十二家。"桓譚《新論·離事》:"泰山之上有刻石,凡千八百餘處,而可識者七十有二。"　⑦靡:無。

《周禮》:八歲入小學,保氏教國子先以六書①。一曰指事②,指事者,視而可識,察而可見,"上"、"下"是也;二曰象形③,象形者,畫成其物,隨體詰詘④,"日"、"月"是也;三曰形聲⑤,形聲者,以事爲名,取譬相成⑥,"江"、"河"是也;四曰會意⑦,會意者,比類合誼,以見指撝⑧,"武"、"信"是也;五曰轉注⑨,轉注者,建類一首,同意相受⑩,"考"、"老"是也;六曰假借⑪,假借者,本無其字,依聲託事,"令"、"長"是也。及宣王太史籀箸大篆十五篇⑫,與古文或異⑬。至孔子書六經,左丘明述《春秋傳》,皆以古文,厥意可得而説。

【注釋】

①保氏:古代專門負責教育貴族子弟的官員。國子:公卿大夫的子弟。②指事:用象徵性的符號來表示意義的一種造字法。　③象形:描繪事物形狀的一種造字法。　④詰詘:彎曲。　⑤形聲:用表示意義的意符和表示聲音的聲符進行造字的方法。　⑥事:事物的意類。名:字。譬:譬況,指比況字的讀音。段玉裁云:"以事爲名謂半義也,取譬相成謂半聲也。"　⑦會意:用兩個或兩個以上的表意符號,依據事理加以組合,表示出一個新意義的造字法。⑧誼:義。指撝:指向。　⑨轉注:一種用字方法。其含義歷代學者衆説紛紜,大致有形轉、音轉、義轉三類説法。　⑩建類一首:指轉注出來的字與本字屬於同一義類和同一部首。同意相受:指轉注字與本字意義相同。　⑪假借:一種用字方法。一個事物本來沒有文字去記録它,而是借用一個音同或音近的字去表示它。　⑫宣王:周宣王,姓姬,名靖。太史:官名。籀(zhòu):人名。大篆:漢字的一種字體,因爲史籀所作,故又稱"籀文"、"籀書",秦代稱"大篆",以與

"小篆"相區别。十五篇:《漢書·藝文志》載"《史籀》十五篇",班固注云:"周宣王太史作大篆十五篇,建武時亡六篇矣。"西漢末《史籀》十五篇尚存,到班固著《漢書》時,衹剩九篇。　⑬古文:指戰國文字。

其後諸侯力政①,不統於王,惡禮樂之害己,而皆去其典籍,分爲七國,田疇異畮②,車涂異軌,律令異法,衣冠異制,言語異聲,文字異形。秦始皇帝初兼天下③,丞相李斯乃奏同之④,罷其不與秦文合者。斯作《倉頡篇》⑤,中車府令趙高作《爰歷篇》⑥,太史令胡母敬作《博學篇》⑦,皆取史籀大篆,或頗省改⑧,所謂小篆者也⑨。是時秦燒滅經書,滌除舊典,大發隸卒,興役戍,官獄職務繁,初有隸書⑩,以趣約易⑪,而古文由此絶矣。自爾秦書有八體:一曰大篆,二曰小篆,三曰刻符⑫,四曰蟲書⑬,五曰摹印⑭,六曰署書⑮,七曰殳書⑯,八曰隸書。

【注釋】

①力政:即力征,以武力征伐。　②田疇:田地。　③兼:兼併,統一。　④同:使動用法,使……相同。之:除秦國以外,東方六國的文字。　⑤《倉頡篇》:秦朝字書,凡七章,文字多取《史籀篇》,爲學童識字啟蒙讀本。　⑥《爰歷篇》:秦朝字書,凡六章,爲學童識字啟蒙讀本。　⑦《博學篇》:秦朝字書,凡七章,爲學童識字啟蒙讀本。　⑧頗:略微。　⑨小篆:又稱秦篆,後世通稱篆書,爲秦代通行的一種字體,省改大篆而成,今尚有琅邪臺刻石、泰山刻石等殘石存世。　⑩隸書:由篆書簡化演變而成。它把篆書圓轉的筆劃變成方折,以便書寫。始於秦代,普遍使用於漢魏時期。　⑪ 趣:趨向。　⑫刻符:在符節上刻寫的文字。　⑬蟲書:書寫在幡信上的似蟲鳥之形的文字。　⑭摹印:在小篆基礎上稍加變化的一種文字,本用於璽印,後用於一般印章。　⑮署書:官署用於封檢題字的一種字體。　⑯殳(shū)書:古代刻於兵器或觚形物體上的文字。

漢興有艸書①。尉律②:學僮十七已上始試,諷籀書九千字乃得爲吏③。又以八體試之④,郡移太史並課⑤,最者以爲尚書史⑥。書或不正⑦,輒舉劾之⑧。今雖有尉律,不課,小學不修⑨,

莫達其説久矣⑩。孝宣時，召通《倉頡》讀者⑪，張敞從受之。涼州刺史杜業、沛人爰禮、講學大夫秦近，亦能言之。孝平時，徵禮等百餘人，令説文字未央廷中⑫，以禮爲小學元士⑬。黄門侍郎揚雄采以作《訓纂篇》⑭，凡《倉頡》已下十四篇⑮，凡五千三百四十字，羣書所載，略存之矣。

【注釋】

①艸書：爲隸書通行後的草寫體，取其書寫便捷，故名草隸。漢章帝好之，故又稱章草。後漸脱隸書筆意，用筆日趨圓轉，筆劃連屬，多加省簡，遂發展成爲今草。　②尉律：廷尉所掌管的律令。　③諷：背誦。籀：讀書。書：書寫。吏：郡縣的文書吏。　④八體：八種書體。　⑤太史：太史令。並：合併，合起來，指把"諷籀書九千字"與"八體"兩項内容合起來。課：按一定規程檢查、考核。　⑥尚書史：皇帝左右掌管奏章的官員。　⑦書：書寫的文字。　⑧舉劾：檢舉，彈劾。　⑨小學：文字之學。　⑩達：通曉。　⑪讀（dòu）：句中的短暫停頓。古代誦讀文章，較短的停頓叫讀，稍長的停頓叫句。　⑫未央：漢代未央宫。　⑬元士：優異之士。　⑭《訓纂篇》：揚雄仿《倉頡篇》而撰寫的字書，凡三十四章，共二千零四十字，大抵四字爲句，兩句一韻，爲漢代蒙學識字課本。今已亡佚。　⑮十四篇：包括李斯《倉頡篇》、趙高《爰歷篇》、胡母敬《博學篇》、司馬相如《凡將篇》、史游《急就篇》、李長《元尚篇》、揚雄《訓纂篇》，每書又各分爲兩篇，總計爲十四篇。

及亡新居攝①，使大司空甄豐等校文書之部，自以爲應制作②，頗改定古文③。時有六書④：一曰古文，孔子壁中書也⑤；二曰奇字⑥，即古文而異者也；三曰篆書，即小篆，秦始皇帝使下杜人程邈所作也；四曰佐書⑦，即秦隸書；五曰繆篆⑧，所以摹印也；六曰鳥蟲書，所以書幡信也。

【注釋】

①亡新：被滅亡的王莽政權。王莽篡漢稱帝，國號曰"新"。居攝：皇帝年幼不能主持國政，由大臣代居其位，處理政務。　②應制：應皇帝之命。　③頗：略微。　④六書：王莽時代的六種字體，是在秦代八種字體的基礎上減去兩種而成。　⑤壁中書：漢武帝時，魯恭王爲擴充宫殿而拆毁孔子故宅，在夾壁中

發現了戰國寫本典籍，有《尚書》、《禮記》、《論語》、《孝經》等數十篇。　⑥奇字：以古文爲基礎，略加變化而成的一種字體。　⑦佐書：即隸書，隸書書寫簡便，是篆書的輔佐，因此得名。　⑧繆篆：用來摹刻印章的一種篆書書體，是秦書八體之一的"摹印"進一步發展的形式。

壁中書者，魯恭王壞孔子宅而得《禮記》、《尚書》、《春秋》、《論語》、《孝經》。又北平侯張倉獻《春秋左氏傳》，郡國亦往往於山川得鼎彝①，其銘即前代之古文，皆自相似。雖叵復見遠流②，其詳可得略說也。而世人大共非訾③，以爲好奇者也④，故詭更正文⑤，鄉壁虛造不可知之書，變亂常行⑥，以燿於世。諸生競說字解經誼，稱秦之隸書爲倉頡時書，云：父子相傳，何得改易？乃猥曰"馬頭人爲長"⑦，"人持十爲斗"⑧，"虫者屈中也"⑨。廷尉說律⑩，至以字斷法，"苛人受錢"⑪，"苛"之字，止句也⑫。若此者甚衆，皆不合孔氏古文，謬於史籀。俗儒啚夫翫其所習⑬，蔽所希聞⑭，不見通學，未嘗覩字例之條⑮，怪舊埶而善野言⑯，以其所知爲秘妙，究洞聖人之微恉⑰。又見《倉頡篇》中"幼子承詔"，因號古帝之所作也，其辭有神僊之術焉。其迷誤不諭⑱，豈不悖哉⑲！

【注釋】

①郡國：漢代行政區劃，郡隸屬於中央政府，國爲諸侯王所有。鼎彝：古代祭器，上多刻有文字。　②叵：不可。遠流：歷史源流。　③大共：共同。非：責難。訾：詆毀。　④好奇：標新立異。　⑤詭：變。正文：標準字體，即隸書。　⑥常行：通行的書寫準則，這裏指隸書。　⑦猥：苟且，隨便。馬頭人爲長：隸書"長"字結構上部爲"馬"字之頭，下部爲"人"。　⑧人持十爲斗：隸書"斗"字結構左邊似"人"字，右邊爲"十"字。　⑨虫(huǐ)者屈中：隸書"虫"字形體像"中"字彎曲後的樣子，即虺。　⑩說：解釋。　⑪苛：通"呵"，大聲呵斥。苛人受錢：指相關人員呵斥他人而索取錢財。　⑫"苛"之字，止句："苛"的形體被解釋法律的人誤認爲上半部分爲"止"，下半部分爲"句"。　⑬所習：熟悉的事物。　⑭希聞：很少聽過的東西，這裏指正確的文字學常識。⑮字例之條：造字的條例，即六書。　⑯善：意動用法，以……爲善。野言：沒有根據的話。　⑰究：探求。洞：洞察。微恉：精深微妙的意旨。　⑱迷

誤:迷惑,錯誤。諭:明白。　　⑲悖:荒謬。

《書》曰"予欲觀古人之象"①,言必遵修舊文而不穿鑿②。孔子曰:"吾猶及史之闕文,今亡也夫③。"蓋非其不知而不問④,人用己私,是非無正,巧說衺辭⑤,使天下學者疑。蓋文字者,經藝之本,王政之始,前人所以垂後,後人所以識古,故曰"本立而道生"⑥,"知天下之至嘖而不可亂也"⑦。今敘篆文,合以古籀,博采通人,至于小大,信而有證。稽譔其說⑧,將以理羣類,解謬誤,曉學者,達神恉⑨。分別部居⑩,不相雜廁⑪。萬物咸覩,靡不兼載。厥誼不昭⑫,爰明以諭⑬。其偁《易》孟氏⑭,《書》孔氏⑮,《詩》毛氏⑯,《禮》周官,《春秋》左氏,《論語》、《孝經》皆古文也。其於所不知,蓋闕如也⑰。

【注釋】

①"予欲"句:語出《尚書·益稷》。觀,顯示。象,圖案。　　②舊文:前代的典籍和文字。穿鑿:牽強附會。　　③"吾猶"句:語出《論語·衛靈公》。及,追趕上。史,史書。亡:通"無",沒有。　　④非:責備。　　⑤巧說:虛僞的言論。衺辭:怪誕不正的言辭。　　⑥本立而道生:語出《論語·學而》。　　⑦"知天下"句:語出《周易·繫辭上》,《周易·繫辭上》云:"言天下之至賾而不可亞也,言天下之至動而不可亂也。"嘖,通"賾",幽深。　　⑧稽:考證。　　⑨神恉:六書奥妙所在。　　⑩部居:按部歸類。　　⑪雜廁:混雜。　　⑫厥:其,指代文字。昭:清楚,明白。　　⑬爰:於是。明:闡明。以:介詞,用。諭:比喻,這裏指例證。　　⑭《易》孟氏:孟喜所傳的《周易》。　　⑮《書》孔氏:孔安國所傳的《尚書》。　　⑯《詩》毛氏:毛亨所傳的《詩經》。　　⑰闕如:存疑不論。如,詞尾,無實義。

【復習與思考】

1. 解釋下列詞語

六書　形訓　聲訓　義訓

2. 思考題

(1) 象形字與指事字有什麼樣的區別?

(2) 漢字演化的規律有哪些?

(3)《說文解字》與《新華字典》在編纂體例上有何異同?

(編注者:鄭偉)

【自測題】

務　本

本文選自中華書局一九八五年版清汪繼培箋、彭鐸校正《潛夫論箋校正》卷一。

《潛夫論》是一部子部儒家類著作，王符撰，凡十卷三十六篇。

王符，字節信，東漢安定臨涇（今甘肅鎮原）人，東漢中後期思想家、文學家，其生卒年月和事跡已不可詳考。據《後漢書・王符傳》記載，大約生於漢和帝、安帝時，卒於桓帝、靈帝之際，活動年代在黄巾起義前。這一時期各種社會矛盾已日趨嚴重：宦官爭權，外戚奪利，造成政治腐敗黑暗；豪強大族的掠奪，頻繁的自然災害，使得民不聊生。王氏"少好學，有志操，與馬融、竇章、張衡、崔瑗等友善"，但由於"耿介不同於俗"，終身不仕，隱居著書。因"以譏當時失得，不欲章顯其名"，故其著作題爲《潛夫論》。

《潛夫論》一書的內容，主要是討論治國安民之術的政論文，也有少數涉及哲學問題。該書廣泛地批判了東漢後期的社會政治，指出當時政治、經濟、社會風俗等各方面本末倒置、名實相悖的狀況都屬於"衰世之務"，並引用許多歷史典故來警告統治者。王氏在政治思想上，強調任用賢能與民本思想。他將社會動亂的根源歸結爲統治者的昏庸，將勵精圖治的希望寄託在明君和賢臣身上，希望明君選賢舉能，賢臣鞠躬盡瘁，這樣天下就能太平。針對當時權貴通過種種手段壟斷高位，"富者乘其財力，貴者阻其勢要"的情形，王氏鮮明地提出"君子未必富貴，小人未必貧賤"的觀點，要求統治者"論士必定於志行，毀譽必參於效驗"，建議採取考功、明選等措置來選拔人才、改良吏治，表達了中下層士大夫參與政治的要求。王氏有很強的民本思想，曾反復強調"國以民爲基，貴以賤爲本"。又將天命與以民爲本結合起來，提出"天以民爲心，民之所欲，天必從之"，直接繼承了先秦時期《尚書》、《孟子》中的民本思想。此外，在經濟政策上，王氏要求崇本抑末，著重發展農業、愛惜民力；國防政策上，要求重視邊疆地區的防禦和建設。

王符的自然觀屬於二元論，認爲道與氣二位一體。他認爲："道者，氣之根也；氣者，道之使也。必有其根，其氣乃生；必有其使，變化乃成。"二者既有不同，又相輔相成，前者是後者的根本，後者是前者的表現。在討論事物的運動變化時，他更加强調氣的作用，認爲"何非氣然"、"莫不氣之所爲也"。他雖然承認天命，同時也認爲"在於己者，固可爲也；在於天者，不可知也"，肯定個人主觀能動性的作用。在認識論方面，王氏一方面認爲知識來源於先聖所撰經典，另一方面也强調學習的作用，認爲上聖"猶待學問"。王氏認爲人類社會是不斷變化的，"五代不同禮，三家不同教，非其苟相反也，蓋世推移而俗化異也"，故而政策法令應當"各隨時宜"。不過，他認爲歷史是倒退的，故而美化上古時期的聖君先賢，以此作爲批判現實的武器。

《潛夫論》除具有較高的思想價值外，在文學成就上也有所貢獻。該書文字樸實無華，準確簡練，雖不時顯露出批判的鋒芒，但以溫雅弘博見長，不爲卓絕詭激之論，有較强的説服力與感染力。因此，王符與王充、仲長統並稱爲東漢政論散文三大家。

《潛夫論》的版本，有元大德刊本、明《漢魏叢書》本、《兩京遺編》本、清述古堂本等，而以收入《湖海樓叢書》的清汪繼培箋注本爲最佳，舊稱"引證詳核，深得旨趣"。一九八五年，中華書局出版了彭鐸《潛夫論箋校正》，收入"新編諸子集成"。該本在汪氏基礎上做了標點，並補充闡釋了部分文字，是目前較爲通行的版本。

《務本》爲《潛夫論》第二篇。王符在該篇中認爲治國要務爲富民、正學二項，强調了中國傳統的重農抑商思想。他不諱言物質利益，重視通過發展農業積累財富，並在此基礎上教育民衆，推動社會進步。他又能將"本"、"末"上升到兩兩相對的哲學範疇，如"本"包括"富民"、"農桑"、"致用"、"通貨"、"道義"、"信順"、"孝悌"、"致養"、"忠正"等，"末"包括"游業"、"巧飾"、"鬻奇"、"巧辯"、"詭麗"、"交遊"、"華觀"、"媚愛"等，其外延較一般典籍豐富許多。全文結構清晰，語言凝練，是王符政論文中的名篇。

凡爲治之大體，莫善於抑末而務本，莫不善於離本而飾末。夫爲國者以富民爲本，以正學爲□[1]。民富乃可教，學正乃得義，民貧則背善，學淫則詐僞[2]，入學則不亂，得義則忠孝。故明君之法，務此二者，以爲成太平之基，致休徵之祥[3]。

【注釋】

①□：《漢魏叢書》程榮本及《北堂書鈔》三九所引均作“基”。　②學淫：學術不合正道。《呂氏春秋·知度篇》高誘注云：“不學正道爲淫學。”　③休徵：吉祥的徵兆。《漢書·終軍傳》顔師古注云：“休，美也。徵，證也。”

夫富民者，以農桑爲本，以游業爲末[1]；百工者，以致用爲本，以巧飾爲末；商賈者，以通貨爲本，以鬻奇爲末[2]：三者守本離末則民富，離本守末則民貧，貧則阸而忘善[3]，富則樂而可教。教訓者，以道義爲本，以巧辯爲末；辭語者，以信順爲本[4]，以詭麗爲末；列士者[5]，以孝悌爲本，以交遊爲末；孝悌者，以致養爲本[6]，以華觀爲末[7]；人臣者，以忠正爲本，以媚愛爲末：五者守本離末則仁義興，離本守末則道德崩。慎本略末猶可也，舍本務末則惡矣。

【注釋】

①游業：即商業。　②鬻（yù）：賣。　③阸（è）：困窘。　④信順：真實順理。　⑤列士：有名望的人。　⑥致養：奉親養老。　⑦華觀：表面形式。

夫用天之道，分地之利[1]，六畜生於時，百物聚於野，此富國之本也。游業末事，以收民利，此貧邦之原也。忠信謹慎，此德義之基也。虚無譎詭，此亂道之根也。故力田所以富國也。今民去農桑，赴游業，披采衆利，聚之一門，雖於私家有富，然公計愈貧矣[2]。百工者，所使備器也。器以便事爲善，以膠固爲上[3]。今工好造彫琢之器巧僞飭之[4]，以欺民取賄，雖於姦工有利，而國界愈病矣⑤。商賈者，所以通物也，物以任用爲要⑥，以堅牢爲資。今商競鬻無用之貨、淫侈之幣⑦，以惑民取產，雖於淫商有得，然國計愈失矣。此三者，外雖有勤力富家之私名，然內有損民貧國之公實。故爲政者，明督工商，勿使淫僞，困辱游業，勿使擅利，寬假本農⑧，而寵遂學士⑨，則民富而國平矣。

【注釋】

①用天之道，分地之利：語出《孝經·庶人章》。 ②公計：國家的財富。《漢書·黃霸傳》注云："計，謂出入之數也。" ③膠固：牢固。《爾雅·釋詁》云："膠，固也。" ④彫琢：即"雕琢"。飭：通"飾"。 ⑤國界：此處同"國計"。 ⑥任用：使用。 ⑦幣：財物。 ⑧寬假：寬容。 ⑨寵遂：榮達。

夫教訓者，所以遂道術而崇德義也。今學問之士，好語虛無之事，爭著彫麗之文，以求見異於世，品人鮮識①，從而高之，此傷道德之實，而或矇夫之大者也②。詩賦者，所以頌善醜之德，洩哀樂之情也③，故温雅以廣文④，興喻以盡意。今賦頌之徒，苟爲饒辯屈蹇之辭⑤，競陳誣罔無然之事⑥，以索見怪於世⑦，愚夫戇士，從而奇之，此悖孩童之思⑧，而長不誠之言者也。盡孝悌於父母，正操行於閨門，所以爲列士也。今多務交游以結黨助，偷世竊名以取濟渡⑨，夸末之徒，從而尚之，此逼貞士之節，而眩世俗之心者也⑩。養生順志，所以爲孝也。今多違志儉養，約生以待終，終沒之後，乃崇飭喪紀以言孝⑪，盛饗賓旅以求名⑫，誣善之徒⑬，從而稱之，此亂孝悌之真行，而誤後生之痛者也。忠正以事君，信法以理下，所以居官也。今多姦諛以取媚，撓法以便佞⑭，苟得之徒⑮，從而賢之，此滅貞良之行，而開亂危之原者也：五者，外雖有振賢才之虛譽⑯，內有傷道德之至實。

【注釋】

①品人：衆人。《說文》云："品，衆庶也。" ②矇（méng）夫：蒙昧無知的人。 ③洩：通"泄"。 ④廣文：增廣文采。 ⑤饒辯：即"譊（yáo）辯"，爭

訟辯論。屈蹇(jiǎn):隱晦艱澀。　⑥誣罔:欺騙。無然:不正確。　⑦索:求。　⑧悖:亂。　⑨濟渡:渡河到彼岸,引申爲幫助解除困厄。　⑩眩:迷惑。《淮南子·原道訓》“物照而不眩”高誘注云:“眩,惑也。”　⑪喪紀:喪事。《禮記·月令》:“飭喪紀。”《文王世子》“喪紀以服之”鄭玄注云:“紀,猶‘事’也。”　⑫饗(xiǎng):用酒食招待。賓旅:賓客。《國語·晉語》:“禮賓旅。”韋昭注云:“旅,客也。”　⑬誣善:僞善。　⑭便(pián)佞:用花言巧語逢迎人。　⑮苟得:不當得而得。　⑯振:通“震”,抬舉。

凡此八者,皆衰世之務,而闇君之所固也①。雖未即於篡弒②,然亦亂道之漸來也。

夫本末消息之爭③,皆在於君,非下民之所能移也。夫民固隨君之好,從利以生者也。是故務本則雖虛僞之人皆歸本,居末則雖篤敬之人皆就末④。且凍餒之所在,民不得不去也;溫飽之所在,民不得不居也。故衰闇之世,本末之人,未必賢不肖也,禍福之所,勢不得無然爾。故明君莅國⑤,必崇本抑末,以遏亂危之萌。此誠治之危漸⑥,不可不察也。

【注釋】

①闇(àn):通“暗”。固:蒙蔽。孔安國《論語·學而》注云:“固,蔽也。”②即:接近。《公羊傳·宣公元年》“不即人心”注云:“即,近也。”　③消息:消長,增減。爭:辨。　④篤敬:篤厚誠敬。　⑤莅(lì)國:治國。　⑥治之危漸:一説當作“治亂之漸”。

【復習與思考】

1. 解釋下列劃綫詞語

寵遂學士　饒辯屈蹇　誣罔無然　以取濟渡　崇飭喪紀　盛饗賓旅　誤後生之痛

2. 思考題

(1) 認識《務本》體現的政治思想。

(2) 領會文中遞進、對仗句的應用,指出其在叙述技巧上的作用。

(3) 例舉文中“本”與“末”的內涵與外延。

3. 口頭翻譯文中“夫教訓者”至“內有傷道德之至實”一段。

（編注者：陳冬冬）

【自測題】

述 行 賦

本文選自費振剛、胡雙寶、宗明華輯校《全漢賦》，北京大學出版社一九九三年版。

蔡邕（133—192 年），字伯喈，東漢陳留圉（今河南杞縣西南）人，東漢後期著名文學家、書法家。蔡邕生活年代當在東漢順帝至獻帝時，時宦官擅恣、外戚弄權、政治紛亂、社会動蕩不堪。蔡邕少年博學，師從太傅胡廣。值董卓掌權，強辟蔡邕爲祭酒，三日之内，補侍御史，旋遷持書御史（亦稱治書侍御史），又遷尚書。初平元年（190 年），拜左中郎將，後世乃以蔡中郎相稱。《後漢書》卷六十有其本傳。

蔡邕一生，著作無數。據其本傳稱，蔡邕在東觀時，與盧植、韓說等撰補《後漢紀》，會遭事流離，不及得成。《隋書・經籍志》載有《蔡邕集》十二卷，注曰梁有二十卷錄一卷，則其集至隋已非完本。《舊唐書・經籍志》乃仍作二十卷，當由官書佚脱，而民間傳本未亡。《宋史・藝文志》著錄僅有十卷，則又經散亡，非其舊本矣。至明代，張溥輯有《蔡中郎集》十卷，清修《四庫全書》著錄有《蔡中郎集》六卷（江蘇巡撫采進本）。另有清代海源閣刻本《蔡邕集》十卷。

《蔡邕集》所收諸文體中，以賦成就最高，而《述行賦》更是其中的代表作。《述行賦》作於桓帝延熙二年（159 年）。時漢桓帝借宦官之手誅殺梁冀並滅其族，單超、具瑗、徐璜、左悺、唐衡因誅梁有功，同日封侯，致使朝政上五侯專權，内外苦不堪言。百姓因此凍餓而死，不知凡幾。直諫之臣，或入獄或貶放。是年秋，宦官徐璜以蔡邕擅鼓琴，稟告天子。朝廷敕陳留太守督促發遣，蔡邕無奈，衹得動身前往。面對奸佞當道、忠良冤死、皇帝昏庸、權貴驕奢、百姓流離、綱紀廢弛、大廈將傾的局面，蔡邕開始了自己的京師之行。自陳留而至偃師,一路“淫雨”、“潦汙”,路途經過許多歷史遺跡,他觸景生情,凡是一路上所見與歷史地名有關的歷史人物和事件都在其表述之列。他在賦中通過對比,將權貴的窮奢極侈和貧者的困苦流離、將朝廷對奸佞之徒寬宏而對忠義志士駿急躍然紙上。

賦至漢而大盛,以至賦之於漢,猶詩之於唐,詞之於宋,曲之於元,小說之於明清,成爲一代文學的主潮。蔡邕《述行賦》,上承劉歆《遂初賦》、班彪《北征賦》、班昭《東征賦》,下啟王粲《初征賦》,應瑒《撰征賦》,徐幹《序征賦》、《西征賦》,楊修《出征賦》,曹丕《述征賦》,曹植《述行賦》、《述征賦》諸賦,在整個漢代辭賦的發展史上,具有承前啟後的地位。

漢賦是兩漢社會知識精英表達思想觀點的一種重要語言,其表現手法的豐富性一般超過“正史”和一些專論所呈現給我們的那些內容。就紀行賦來說,作者在旅途上看到的客觀實景,往往在書寫時將個人濃厚的主觀色彩加入。而這些景物,多是孤冷、蕭條、殘敗、寂寥的,而抒寫的情感也多是悲涼、沉鬱、哀怨、憤恨、甚至是矛盾的。天高地闊,四海蒼茫;斯人憔悴,默默哀傷。地域的隔離,世事的疏遠,放逐者的行旅,史地的變遷,往往是作者自我治療的心路歷程。在最後的“亂”中,最能體現作者在自我治療及自我排解後的帶有蒼涼感的應世心態。說到底,紀行賦都在處理一個相同的核心問題,即在政治失意、前途未卜的情況下,如何面對被流放或遠離政治中心時的內心的孤獨與疏離。此外我們也注意到,通過這種語言,兩漢學者和思想家們表達了自己異於散文載體中的歷史認識。在這裏,歷史品評與現實批判可以結合,真實與虛幻可以融合,普遍價值觀念和當下的個體感歎可以抒懷。撇開現實的羈絆,各種層次的人們可以在這個論壇上直抒胸臆,從而使得漢賦顯示出異彩紛呈的思想火花。

漢賦是漢代士人精神吐納的產物,也是漢代士人對歷史認識的主要表達形式之一。歷史因素在漢賦中是作者們現實表達的重要依據,是溝通古今的橋樑。作者們在回顧和反思歷史的同時,呈現的是他們時代對過往是非的認識,而這種經過提煉了的認識,一方面起到了矯正當時社會政情的作用,另一方面也爲後世留下了一些這個時代獨具特色的歷史觀念。

延熹二年秋①,霖雨逾月。是時梁冀新誅②,而徐璜、左悺等五侯擅貴于其處③,又起顯明苑于城西④。人徒凍餓不得其命者甚衆⑤。白馬令李雲以直言死⑥,鴻臚陳君以救雲抵罪⑦。璜以余能鼓琴⑧,自朝廷敕陳留太守⑨,發遣余到偃師⑩。病不前,得歸。心憤此事,遂託所過述而成賦⑪。

【注釋】

①延熹二年:當一五九年。延熹東漢恒帝第六個年號(158—167年)。 ②梁冀:漢恒帝懿獻皇后之兄,大將軍梁商之子,把持朝政二十餘年。懿獻皇后身死,恒帝聯合宦官誅殺梁冀,并滅其族。 ③五侯:宦官單超、具瑗、徐璜、左悺、唐衡五人,因誅殺梁冀有功被同日封侯。 ④起:建造,興作。 ⑤徒:走。胡三省注《資治通鑒·周紀三》云:"徒,行也。" ⑥白馬:古縣名,秦置白馬縣,屬東郡,漢沿襲之。 ⑦陳君:陳蕃,字仲舉。东漢汝南平輿(今河南平輿北)人。 ⑧鼓:彈奏。 ⑨陳留:古地名,春秋時鄭地,爲陳所侵,故曰陳留。秦置陳留縣屬三川郡,西漢武帝時分河南郡置陳留郡,當今開封、杞縣、民權、長垣之間。 ⑩偃師:縣名,相傳周武王伐紂,曾在此休整,故名偃師。 ⑪託:寄託,依據。按:此段文字爲賦序。

余有行于京洛兮,遘淫雨之經時①。塗迍邅其蹇連兮②,潦汙滯而爲災③。乘馬蹯而不進兮④,心鬱悒而憤思⑤。聊弘慮以存古兮⑥,宣幽情而屬詞⑦。

久余宿于大梁兮⑧,誚無忌之稱神⑨。哀晉鄙之無辜兮⑩,忿朱亥之篡軍⑪。歷中牟之舊城兮,憎佛肸之不臣⑫。問甯越之裔胄兮⑬,藐髣髴而無聞⑭。經圃田而瞰北境兮⑮,晤衛康之封疆⑯。迄管邑而增感歎兮⑰,愠叔氏之啟商⑱。過漢祖之所隘兮⑲,弔紀信于滎陽⑳。

【注釋】

①遘:遭遇。淫雨:持續過久的雨。經時:經歷很長時間。 ②塗:當作途。迍邅(zhūn zhān):道路難行。蹇連:行進艱難。 ③潦汙(lǎo wū):雨大積水不流。 ④蹯(pán):停止不前。 ⑤鬱悒(yù yì):抑鬱不舒的樣子。 ⑥聊:姑且,勉強。王逸注《楚辭·離騷》"聊逍遥以相羊"云:"聊,且

也。"弘慮：打開思路。 ⑦屬（zhǔ）：作。 ⑧大梁：古地名，在今河南開封。 ⑨誚：責也。無忌：魏無忌，人稱信陵君，與春申君黄歇、孟嘗君田文、平原君趙勝並稱爲"戰國四公子"。 ⑩哀：憐憫。《説文》云："哀，憫也。"晉鄙：戰國時期魏國將領，有"嚄唶宿將"之稱，"信陵君竊符救趙"事與之有關。 ⑪忽：四庫本作"忿"。王逸注《楚辭・九章・懷沙》"懲連改忿兮"云："忿，恨也。"朱亥：戰國時期魏國人，見"信陵君竊符救趙"事。 ⑫佛肸（bì xī）：春秋末年晉卿趙鞅家臣，爲中牟縣宰。但投靠范氏、中行氏。 ⑬甯越：戰國時期周臣，相傳他發奮讀書，十五年學成。 ⑭藐：與"邈"同。髣髴（fǎng fú）：不得見。 ⑮圃田：古地名，在古中牟境内。 ⑯衛康：又稱衛康叔、康叔封，生卒年不詳。 ⑰迄：到了。管邑：古地名，又稱爲管叔邑、莞叔邑。 ⑱叔氏：管、霍、蔡三叔。周武王滅商，封其胞弟管叔鮮於管，蔡叔度於蔡，霍叔處於霍。亦称三監，有監護武庚之意。三叔後聯合武庚叛亂，被周公誅滅。 ⑲隘：受困阻之地。 ⑳紀信：漢朝將軍。因其形貌酷似劉邦，佯裝劉邦向西楚詐降，被俘而死。

降虎牢之曲陰兮①，路丘墟以盤縈②。勤諸侯之遠戍兮③，侈申子之美城④。稔濤塗之愎惡兮⑤，陷夫人以大名⑥。登長坂以淩高兮⑦，陟蔥山之嶢崤⑧；建撫體而立洪高兮⑨，經萬世而不傾。

迴峭峻以降阻兮⑩，小阜寥其異形⑪。崗岑紆以連屬兮⑫，谿壑夐其杳冥⑬。迫嵯峨以乖邪兮⑭，廓巖壑以崝嶸⑮。攢棫樸而雜榛楛兮⑯，被浣濯而羅布⑰。亹菼薁與臺菌兮⑱，緣增崖而結莖。

【注釋】

①降：形容自上而下地走。虎牢：古邑名，春秋鄭地，大概在今河南滎陽汜水镇。曲陰：弯曲的山谷。 ②盤縈：盤繞。 ③勤：勞苦。 ④侈：奢侈。申子：申國國君。 ⑤稔（rěn）：熟悉，知曉。濤塗：轅濤塗，字宣仲，陳國開國君主陳胡公滿的第十三世孫。愎惡：剛愎不仁，令人痛惡。 ⑥夫人：代指申侯。名：毀譽、罪名。 ⑦長坂：代指高的山坡。淩：登，越。《吕氏春秋・論威》高誘注云："淩，越也。" ⑧陟：登高。蔥山：山名，在今河南鞏義東南。嶢崤：山高且險峻。嶢，同嶢。 ⑨撫體：堅穩的山崖。 ⑩降阻：从险阻的地方下来。 ⑪小阜：小土丘。積土高大曰阜。寥：空曠。 ⑫崗岑：小而高

的山崗。紆：彎曲。連屬：連綿不斷。　⑬谿（xī）壑：小山谷。谿，谷也。敻（xiòng）：深遠的樣子。杳冥：幽暗的樣子。　⑭嵯（cuó）峨：山勢高峻。乖邪：形態變幻不定。　⑮廓：空闊。巖壑：山崖和山谷。崝嶸：山峰高峻。　⑯攢：聚集。棫（yù）樸（pò）榛（zhēn）楛（hù）：均爲樹名，喻人才興盛。　⑰浣濯：洗滌。羅布：叢生。　⑱亹（mén）：亹冬草。亹冬，一名滿冬。今作門，俗作耳。菼薁（tǎn yù）蘴蓞：皆植物名。

行遊目以南望兮，覽太室之威靈①。顧大河于北垠兮②，瞰洛汭之始並③。追劉定之攸儀兮④，美伯禹之所營⑤。悼太康之失位兮⑥，愍五子之歌聲⑦。

尋修軌以增舉兮，邈悠悠之未央⑧。山風汩以飆涌兮⑨，氣懆懆而厲涼⑩。雲鬱術而四塞兮⑪，雨濛濛而漸唐⑫。僕夫疲而劬瘁兮，我馬虺隤以玄黄⑬。格莽丘而稅駕兮⑭，陰曀曀而不陽⑮。

【注釋】

①太室：山名，即嵩山，在今河南登封境內。威靈：聲威，聲勢。　②大河：指黄河。北垠：北岸、北界。　③洛汭：洛水和汭水。並：合流。　④劉定：劉定公，是春秋時代劉國國君。據《左傳・昭公元年》載，他曾讚揚大禹治水的功績："美哉禹功，明德遠矣。微禹，吾其魚乎！"攸儀：所讚揚，所效法。攸，陸德明釋《周易・坤》云："攸，所也。"儀，朱熹集注《楚辭・九章・抽思》云："儀，謂以彼人爲法而效其儀。"　⑤伯禹：指大禹。　⑥太康：夏代君主。　⑦愍：憐憫，憐惜。五子：相傳太康失邦，昆弟五人須於洛汭，作《五子之歌》而哀之。　⑧未央：無盡，沒有盡頭。　⑨飆涌：暴風驟起的樣子。　⑩懆懆：憂愁不安的樣子。厲涼：凌冽，寒涼。　⑪鬱術：鬱結。　⑫唐：古"塘"字。　⑬虺隤（huī tuí）、玄黄：得病的樣子。　⑭格：到，至。莽：草茂盛的樣子。稅駕：將馬從車上解下。　⑮曀曀：陰暗狀。

哀衰周之多故兮，眺瀕隈而增感①。忿子帶之淫逸兮②，唁襄王于壇坎③。悲寵嬖之爲梗兮④，心惻愴而懷慘⑤。

懆操方舟而泝湍流兮⑥，浮清波以横厲⑦。想宓妃之靈光兮⑧，神幽隱以潛翳⑨。實熊耳之泉液兮⑩，總伊瀍與澗瀨⑪。通渠源于京城兮，引職貢乎荒裔⑫。操吳榜其萬艘兮⑬，充王府而納最⑭。濟西溪而容與兮⑮，息鞏都而後逝⑯。愍簡公之失師兮⑰，疾子朝之爲害⑱。

【注釋】

①瀕隈（bīn wēi）：水岸彎曲的地方。　②子帶：東周惠王之子。淫逸：指王子帶和周襄王王后隗氏私通和舉兵叛亂之事。　③壇坎：古地名，在今河南鞏義附近。　④嬖：寵幸、寵愛的人。梗：害。　⑤惻愴：悲愴，悲痛。懷慘：内心悽慘。"慘"原缺，今補。　⑥溯：逆流而上。　⑦横厲：横渡。　⑧宓妃：又稱洛嬪，溺於洛水，遂爲神。　⑨潛翳：隱蔽不彰。　⑩熊耳：山名，在今河南洛陽附近，爲洛水和伊水的分水嶺。　⑪伊：伊水，洛水支流。瀍：瀍水，源於河南黽池東北，向東南匯入黽水，再東流至洛陽東南入洛水。澗：澗水。瀨：水流急湍。　⑫職貢：朝廷貢品。荒裔：荒僻偏遠之地。　⑬吳榜：吳地生產的船槳。　⑭納最：上貢。　⑮濟：渡過。容與：從容緩慢，徘徊緩慢。　⑯鞏都：古地名，西周時爲鞏簡公的封邑，在今河南鞏義。⑰簡公：鞏簡公。　⑱子朝：周景王寵愛的庶長子。景王死，悼王繼位，他作亂。悼王死，敬王繼位，他又赶走敬王，自立爲王。後被刺殺，葬处不明。

玄雲黯以凝結兮①，集零雨之溱溱②。路阻敗而無軌兮，塗濘溺而難遵③。率陵阿以登降兮④，赴偃師而釋勤⑤。壯田横之奉首兮⑥，義二士之俠墳⑦。佇淹留以候霽兮⑧，感憂心之殷殷⑨。並日夜而遙思兮，宵不寐以極晨。候風雲之體勢兮⑩，天牢湍而無文⑪。彌信宿而後闋兮⑫，思逶迤以東運⑬。見陽光之顥顥兮⑭，懷少弭而有欣⑮。

【注釋】

①玄：黑色。　②溱溱：風雨很大的樣子。　③遵：行。《方言》卷十二云："遵，行也。"　④陵阿：山坡。　⑤釋勤：解除疲勞。　⑥壯：用作動詞，和下句的"義"用法相同。田横：秦末群雄之一。　⑦二士：指與田横同去洛陽的兩位門客。　⑧佇：久久站立。淹留：羈留、逗留。霽：天晴。　⑨殷殷：心事憂愁的樣子。　⑩體勢：形態，這裏指風雲變幻的形態。　⑪牢湍：陰沉烏雲密佈之狀。文：裂縫，裂紋。文，今字作"紋"。　⑫彌：滿。顏師古注《漢書・五行志下之上》云："彌，滿也。"信宿：兩夜。信，杜預注《左傳・襄公十八

年》云:“信,再宿也。”闋(què):止息,指雨停。　⑬逶迤:曲折迂迴。　⑭顥顥:明亮的樣子。　⑮懷少弭:愁緒稍有緩解。

命僕夫其就駕兮①,吾將往乎京邑。皇家赫而天居兮,萬方徂而星集②。貴寵扇以彌熾兮,僉守利而不戢③。前車覆而未遠兮,後乘驅而競入。窮變巧于臺榭兮④,民露處而寢濕。清嘉穀于禽獸兮⑤,下糠粃而無粒。弘寬裕于便辟兮⑥,糾忠諫其駸急⑦。懷伊吕而黜逐兮⑧,道無因而獲入。唐虞眇其既遠兮⑨,常俗生于積習。周道鞠爲茂草兮⑩,哀正路之日澀。

觀風化之得失兮⑪,猶紛掌其多違⑫。無亮采以匡世兮⑬,亦何爲乎此畿?甘衡門以寧神兮⑭,咏都人而思歸⑮。爰結蹤而迴軌兮⑯,復邦族以自綏⑰。

【注釋】

①就駕:套車,準備車駕。　②徂(cú):往,去。　③僉:皆,都。守利:貪利、趨利。戢(jí):收斂。　④窮:窮盡。變巧:變化機巧。　⑤嘉穀:上好的糧食。　⑥弘:寬容。便(pián)辟:便嬖。奸佞獻媚之人。　⑦駸:急切。《廣雅·釋訓》云:“駸駸,急也。”　⑧伊吕:伊尹和吕尚。　⑨唐虞:指唐堯虞舜。　⑩周道:道路,大道。鞠:草茂盛的樣子。《詩經·小雅·小弁》:“踧踧周道,鞠爲茂草。”　⑪風化:教化。　⑫紛掌:紛亂。　⑬亮采:忠於職事。語出《尚書·舜典》:“亮采惠疇。”　⑭衡門:形容貧陋之家。　⑮都人:《詩經·小雅》有《都人士》,傷嘆今不復見古人。　⑯爰:於是。結蹤:結束遊蹤。　⑰綏:安定,安居。

亂曰①:跋涉遐路②,艱以阻兮。終其永懷③,窘陰雨兮。歷觀群都,尋前緒兮。考之舊聞,厥事舉兮④。登高斯賦,義有取兮。則善戒惡,豈云苟兮?翩翩獨征,無儔與兮⑤。言旋言復,我心胥兮⑥。

【注釋】

①亂:古代樂曲的最後一章或辭賦末尾總括全篇要旨的部分。　②遐路:遠路。　③終其永懷:終,自始自終;永懷,深深感嘆。　④厥:那些。舉:提

出,列舉。　⑤儔與:同伴;儔,友朋、伴侶。《玉篇·人部》云:"儔,侶也。" ⑥胥:欣喜。一說:胥,古音當讀曰從,故胥有從意。

【復習與思考】

1. 日本學者竹田晃認爲漢賦"是由具有個性的某一特定作者有意識地設置虛構來展開故事,以表述自己的想法,可以說是名副其實的虛構文學、虛構性創作"。請結合《述行賦》來說一下你對這一觀點的看法。

2. 統計一下《述行賦》提到的歷史人物和歷史典故。

3. 討論"亂曰"中"歷觀群都,尋前緒兮。考之舊聞,厥事舉兮。登高斯賦,義有取兮。則善戒惡,豈云苟兮"的思想價值。

（編注者:高遠）

【自測題】

爲吏之道

本文選自文物出版社一九九〇年版睡虎地秦墓竹簡小組編《睡虎地秦墓竹簡》。部分釋文和注釋參考了武漢大學簡帛研究中心、湖北省博物館、湖北省文物考古研究所編，陳偉主編的《秦簡牘合集（壹）》（武漢大學出版社二〇一四年版）。

在紙前時代，我們的先民曾將文字鐫刻於甲骨之上，又將文字"書於竹帛，鏤於金石"，傳遺於後世子孫。"書於竹帛"即書寫在竹木簡牘和縑帛之上，合稱"簡帛"。現代所稱的簡帛多爲出土文獻，自二十世紀以來，大量的簡牘、帛書出土，在很大程度上改寫了中國學術史，尤其是在先秦秦漢史研究方面，有着無法替代的重要作用。以秦簡而論，這些年來所發現的秦簡就有十餘批次，總數四萬四千餘枚，像湖北雲夢睡虎地秦墓竹簡（一九七五年，一千二百五十三枚），甘肅天水放馬灘秦簡（一九八六年，四百六十一枚），湖北龍崗秦簡（一九八九年，三百零四枚），湖北江陵王家臺秦簡（一九九三年，八百餘枚），湖北荊門周家臺秦簡（一九九三年，三百九十枚），湖南龍山里耶秦簡（二〇〇二年，三萬八千餘枚），湖南嶽麓秦簡（二〇〇二年、二〇〇八年，兩千一百七十四枚），北大秦簡（二〇一〇年，近八百枚）等，爲其中尤爲突出者。秦朝統治的時間非常短，傳世文獻中，關於秦國和秦朝的歷史記載非常單薄，而這些新史料的發現，在一定程度上彌補了這個缺陷。選文所涉的湖北雲夢睡虎地秦簡（一九七五年）是最早發現的一批秦簡，其內容主要是秦朝的法律制度、行政文書、醫學著作以及關於吉凶時日的占書，包括：《編年紀》、《語書》、《秦律十八種》、《效律》、《秦律雜抄》、《法律答問》、《封診式》、《爲吏之道》、《日書》甲種、《日書》乙種。

《爲吏之道》出土時，与《語書》一起放置在墓主人的腹下，可見非常珍視。其书共計五十一支竹簡，一千一百三十九字；末尾附有題爲“魏戸律”和“魏奔命律”的魏國法律二條。簡文所闡述的是從政任官的道理，應該是秦官吏學習爲政的行爲規範。其對官吏的種種訓導，同後世的官箴已經非常接近，即使是在今天也仍然有一定的借鑒意義。在《爲吏之道》中，有許多重民和實行德政的内容，有不少的内容同儒家經典《禮記》、《大戴禮記》頗爲相似，可以說充斥着儒家式的勸誡。同時，細心的讀者也會發現，《爲吏之道》的不少文句又同《老子》和《文子》等道家著作的内容雷同，思想頗爲相似，充分體現了華夏原文明以法爲體，以儒、道等爲用的特點。

凡爲吏之道，必精絜（潔）正直①，慎謹堅固，審悉毋（無）私，微密韱（纖）察②，安静毋苛，審當賞罰。嚴剛毋暴，廉而毋刖③，毋復期勝④，毋以忿怒夬（決）⑤。寬俗忠信⑥，和平毋怨⑦，悔過勿重⑧。茲（慈）下勿陵⑨，敬上勿犯，聽閒（諫）勿塞。審智（知）民能，善度民力，勞以衛（率）之，正以橋（矯）之⑩。反赦其身⑪，止欲去顯（願）⑫。中不方，名不章；外不員（圓）⑬。尊賢養孼⑭，原壄（野）如廷⑮。斷割不刖⑯。怒能喜，樂能哀，智能愚（愚），壯能衰，恿（勇）能屈，剛能柔，仁能忍，彊良不得⑰。審耳目口，十耳當一目⑱。安樂必戒，毋行可悔⑲。以忠爲榦，慎前慮後。君子不病毆（也），以其病病毆（也）⑳。同能而異㉑。毋窮窮，毋岑岑，毋衰衰㉒。臨材（財）見利，不取句（苟）富；臨難見死，不取句（苟）免㉓。欲富大（太）甚，貧不可得；欲貴大（太）甚，賤不可得㉔。毋喜富，毋惡貧，正行脩身，過（禍）去福存。

【注釋】

①精潔：即“清白”之意。　②微密纖察：精微周密，細緻明察。　③廉而毋刖：據《說文》，“堂之側邊曰廉”，引申爲“邊”，與角相對，故廉即棱角。棱角分明，方正明瞭，復引申爲“正直”、“清廉”。刖：斷絕，有“傷害”之意。“廉而毋刖”，與《老子》所云“廉而不劌”同義，指君子雖有棱角卻不傷人害物。　④毋復期勝：復，通“愎”，固執任性。期，通“惎”（jì），忌恨。“毋復期勝”，意即不任性固執，不忌恨好勝。　⑤毋以忿怒決：不要因忿恨嗔怒而做出裁決。

⑥俗：原整理者讀作"容"，也有學者認爲當讀作"裕"。《禮記・儒行》："寬裕者，仁之作也。"寬裕是一種美德。　⑦和平：心平氣和，和洽安寧。　⑧勿重：不重犯以往的錯誤。　⑨陵：同"淩"，侵犯，欺侮。　⑩勞以率之，正以矯之：勸勉、規範他們，端正自身，以做出表率，矯正他們。　⑪反赦其身：《說文》："赦，置也。""反赦其身"即反置自身，反求諸己。　⑫止欲去願：遏抑私欲和邪念。　⑬外不圓：《說苑・談叢》作"中不方，名不章；外不圜，禍之門。直而不能枉，不可與大任；方而不能圜，不可與長存"，強調做人要"圓其外而方其中"。　⑭孼：整理者認爲當讀爲"乂"，即俊傑；也有學者認爲當讀爲"艾"，即"老"。　⑮原野如廷：在不在位都一個樣。　⑯斷割不刖：與前文"廉而毋刖"大致同義，都是說要有自己的操守，堅持自己的原則，但是在處事時又要講究方法，不妨圓融一些。　⑰彊良：即《老子》所謂"強梁者不得其死"之"強梁"，即粗暴、殘忍或兇狠。　⑱"審耳"句：蓋謂"耳聽爲虛，眼見爲實"，處事當講求真憑實據，不要道聽途說。　⑲毋行可悔：不要再走失敗的老路。　⑳"君子"句：這是化用《老子》"聖人不病，以其病病，是以不病"之語，意謂君子或聖人因爲深知自己會有所不足，故謙虛謹慎、戒驕戒躁，儘量彌補自己的不足。殹（yì），是古語句尾語氣詞，相當於"也"。　㉑同能而異：蓋"和而不同，同而有異"之意。　㉒"毋窮窮"句：窮，指財物缺乏或處境惡劣；岑（cén），本是小而高的山，引申爲孤岑、孤寂；衰即衰老、沒落。此句意謂不要輕視困窮、孤獨（寂）和衰落的人。　㉓不取苟免：即《禮記・曲禮上》所云"臨財毋苟得，臨難毋苟免"之意，面對財物不要隨便獲取；面對危難，該赴難時不可隨便逃避。
㉔"欲富太甚"句：意謂貪戀富貴不可太過，太過會失去一切，甚至想做個平常人都難。

吏有五善：一曰中（忠）信敬上，二曰精（清）廉毋謗[①]，三曰舉事審當，四曰喜爲善行，五曰龏（恭）敬多讓。五者畢至，必有大賞。

【注釋】

①精廉毋謗：精，通"清"。一说"精廉"即"精明"。謗，据《說文》："謗，毀也。"此處作"詛咒"、"抱怨"講。

吏有五失：一曰夸以泄[①]，二曰貴以大（泰）[②]，三曰擅裚割[③]，四曰犯上弗智(知)害[④],五曰賤士而貴貨貝[⑤]。一曰見民杲(倨)敖(傲)[⑥],二曰不安其鼂(朝)[⑦],三曰居官善取[⑧],四曰受令不僂[⑨],五曰安家室忘官府。一曰不察所親,不察所親則怨數至[⑩];二曰不智(知)所使,不智(知)所使則以權衡求利[⑪];三曰興事不當,興事不當則民傷指[⑫];四曰善言隋(惰)行,則士毋所比[⑬];五曰非上,身及於死[⑭]。

【注釋】

①夸以泄:夸,原整理者釋讀爲"誇",今從學者改釋爲"夸",有"奢侈"之意。泄(lì),超越。"夸以泄"即奢侈沒有節制,超過了限度。 ②貴以泰:泰,驕縱,傲慢。此句意即《老子》所云"富貴而驕,自遺其咎",是自取滅亡。 ③擅裚割:裚(jì),斷也。擅裚割,即不經請示,自作主張,擅自決定。 ④犯上弗知害:害,忌憚。"犯上弗知害"即冒犯尊長而無所忌憚。 ⑤賤士而貴貨貝:輕視有學問的人而看重錢財。 ⑥倨傲:高傲自大、傲慢不恭。 ⑦不安其鼂:鼂,通"朝"。"不安其朝"即不安其位,不忠於職守的意思。 ⑧居官善取:爲官以聚斂、搜刮財貨爲務。 ⑨受令不僂:僂,本義指脊背彎曲,此指不屈身致敬,恭敬地執行上級佈置的任務。 ⑩"不察所親"句:不瞭解接近或親近自己的人的真實意圖。"數",作"迅疾"解。此句意謂,若重用了小人,就會很快招來怨憤。 ⑪"不知所使"句:所使,即所使用、任用的人。權衡,本是稱量物體輕重的器具(權是秤砣,衡是秤桿),喻指權力。不瞭解所任使的是個什麽樣的人,就有可能讓小人上位,使他們憑藉手中的權力謀取私利。 ⑫"興事不當"句:傷(yì),《說文》:"傷,輕也。"即輕慢。此句意謂,興辦政事如果不適當的話,則民衆就會對其下達的命令輕慢、不重視。 ⑬"善言隋行"句:隋,通"惰"。比,親附。此句謂光耍嘴皮子,不見實際行動,這樣,則士人不會來親附。
⑭"非上"句:非,非議、誹謗、責難、反對。非議君上或尊上,就有可能招來殺身之禍。

戒之戒之,材(財)不可歸[①];謹之謹之,謀不可遺[②];慎之慎之,言不可追[③];綦之綦之,食不可賞(償)[④]。術(怵)悐(惕)之心,不可長[⑤]。以此爲人君則鬼[⑥],爲人臣則忠;爲人父則茲(慈),爲人子則孝;能審行此,無官不治,無志不彻(徹)[⑦],爲人上則明,爲人下則聖⑧。君鬼臣忠，父茲（慈）子孝，政之本殹（也）；志檄（徹）官治，上明下聖，治之紀殹（也）⑨。

【注釋】

①材不可歸：材，通“財”。歸，合併、集中於一處，這裏指以權謀私，聚斂財貨。　②遺：失。此句意謂一定要十分謹慎，籌劃事情千萬不可有所紕漏。　③追：追悔，召回。話語一旦說出口，就無可召回，倘有所失，追悔莫及。此句和前一句均謂要謹言慎行。　④綦：或讀爲“忌”，戒。食：通“蝕”，虧損，損失。此句意謂，一定要戒懼、謹慎，一旦有所失誤，就無法補償或彌補（“賞”通“償”）。　⑤怵惕（chù tì）：戒懼警惕。戒懼警惕不可長，似語意不對，故原整理者認爲原文“可”後或夺“不”字。有學者認爲，擬補“不”字不合原意，“術惕”實乃“輕慢”之意。　⑥鬼：整理者認爲當讀爲“懷”，漢代“懷”多寫作“褢”，“和柔”之意。也有學者認爲，鬼當讀爲“惠”，“惠”、“慧”古字通；還有學者引《韓非子·八經》“明主之行制也天，其用人也鬼”，認爲“鬼”爲神秘莫測之意。我們以爲，“鬼”或當讀爲“嵬”，《廣雅》：“嵬，高也。”以此爲人君，形象就高大，亦通。　⑦檄：同“徹”，通達，達到。　⑧聖：本義爲耳聰口敏，通達事理，亦即賢能。　⑨紀：即綱紀。

除害興利，茲（慈）愛萬姓。毋辠（罪）毋（無）辠（罪）①，可赦孤寡窮困、老弱獨傳②。均䌛（徭）賞罰，勶（傲）悍䘗暴③，根（墾）田人（牣）邑④，賦斂毋（無）度。城郭官府，門戶關龠（鑰）⑤，除陛甬道⑥。命書時會⑦，事不且須⑧，貰責（債）在外⑨，千（阡）佰（陌）津橋⑩，囷屋蘠（墻）垣⑪，溝渠水道，犀角象齒，皮革橐（蠹）突⑫，久刻職（識）物⑬，倉庫禾粟，兵甲工用，樓椑矢閱⑭，槍閵（藺）環殳⑮，比（庇）臧（藏）封印⑯，水火盜賊，金錢羽旄⑰，息子多少⑱，徒隸攻丈⑲，作務員程⑳，老弱㾓（癃）病，衣食饑寒，稾靳瀆（瀆）㉑，屚（漏）屋塗塈（墍）㉒，苑囿（囿）園池，畜產肥辈（胔）㉓，朱珠丹青㉔。臨事不敬，倨驕毋（無）人，苛難留民㉕，變民習浴（俗），須身旞（遂）過㉖，興事不時，緩令急徵，夬（決）獄不正，不精於材（財），灋（廢）置以私㉗。

【注釋】

①辠:同“罪”。《説文》:“辠,犯灋也。从辛,从自。言辠人戚鼻,苦辛之憂。秦以‘辠’似‘皇’字,改爲‘罪’。”前一“辠”作動詞,加罪。不要加罪於無罪的人。原整理者將“可赦”上讀,在“可赦”前又補“毋辠”二字,成“毋辠(罪)毋(無)辠(罪),毋(無)辠(罪)可赦”,欠妥。這裏將“可赦”下讀,成“毋辠(罪)毋(無)辠(罪),可赦孤寡窮困、老弱獨轉”,似更佳。　②獨傳:即單傳或獨子。亦有學者認爲“傳”或當釋讀爲“轉”,讀爲“専”,與“獨”義近。　③敖:通“遨”,逸遊,這裏指遊民。一説其讀若“豪”,“敖悍”即“豪悍”,指豪放強悍之人。宄:同“宄”,在内作亂或盜竊的壞人。暴:兇惡,殘暴。“傲悍宄暴”,這些都是要懲罰的人,與下文“墾田牣邑”等要賞的人相對。　④根:通“墾”,開墾。人:通“牣”,滿。“墾田牣邑”,使田野開闢,使城邑充實。　⑤關龠:亦作“關鑰”,即鎖匙。此句講要嚴控門戶,把守好關隘。　⑥除陛:宫殿的臺階。甬道:是古時兩旁有牆垣遮蔽的通道。　⑦命書:詔書、詔令。“命書時會”,即命書必須即到即處理。⑧須:等待、停留。“事不且須”,即事情不許拖延、擱置。後文從“貰責(債)在外”到“朱珠丹青”,均爲列舉的所要處理的各种事務。　⑨貰(shì)債:指出租、出借或放貸在外的資產。　⑩阡陌:田野、壟畝。津:渡口。　⑪囷屋:古代一種圓形穀倉。　⑫蠹突:被蠹蟲咬嚙穿。　⑬久:整理者云,“久”讀爲“記”,“久刻識物”指在官有器物上作標誌題識。　⑭椑:讀爲“陴”,城上的矮牆(女牆)。閲:讀爲“穴”,矢穴即城牆上用來射箭的口子。　⑮槍、殳:都是武器,殳是古代用竹木做成的長柄勾頭、有棱無刃的武器。藺、環:都是守城器具,藺是礌石,環是屋瓦。　⑯比:讀爲“庇”,覆蓋。一説或當讀爲“閉”,閉藏即保管、收藏。　⑰金錢羽旄:有學者認爲,疑皆指車馬的裝飾品,金錢或爲豹尾,羽指鳥羽,旄指旄牛尾。　⑱息:繁殖、滋生。息子,即人口繁殖滋長,或亦指牲畜繁殖滋生的子雞、子畜等。　⑲徒隸:本是奴隸,戰國以後指代刑徒,在秦漢時期爲鬼薪、白粲、城旦舂、隸臣妾等刑徒的泛稱。攻丈:或當讀爲“工技”,指有技藝的人。　⑳作務:即從事手工業。員程:亦作“人程”,即計其人員及日數確定生産定額。　㉑稾:禾稈。靳:套在轅馬胸部的皮革,也用作轅馬的代稱。瀆:爲邑中溝。據整理者言,此句原脱一字。　㉒塗墍(xì):用泥塗抹屋頂或牆壁,亦泛指塗飾修繕。　㉓胔(zì):腐爛的肉。　㉔朱珠:朱指朱色繒帛等物品,珠指珍珠。丹青:丹指丹砂,青指青雘(huò),是兩種可作顔料的礦物。㉕苛難留民:對過關市的百姓盤詰留難。　㉖須:有學者認爲或爲“順”的形近訛寫。遂:猶“長”。“須身遂過”,意謂順從自身欲念而滋長過惡。　㉗灋:通

“廢”，廢置。一説“灋”當讀如字，而“置”作“擱置”解，“灋置以私”即將法律擱置一旁，全憑私意行事。

處如資(齋)①，言如盟②，出則敬，毋施當③，昭如有光④。施而喜之⑤，敬而起之，惠以聚之，寬以治之，有嚴不治⑥。與民有期，安騶而步⑦，毋使民懼。疾而毋諰⑧，簡而毋鄙⑨。當務而治，不有可茝⑩。勞有成既⑪，事有幾時⑫。治則敬自賴之⑬，施而息之⑭。𢡃而牧之⑮；聽其有矢，從而賊(則)之⑯；因而徵之，將而興之⑰，雖有高山，鼓而乘之⑱。民之既教，上亦毋驕，孰道毋治⑲，發正亂昭⑳。安而行之，使民望之。道傷(易)車利㉑，精而勿致㉒，興之必疾，夜以椄(接)日。觀民之詐，罔服必固㉓。地脩城固㉔，民心乃寧。百事既成，民心既寧，既毋後憂，從政之經㉕。不時怒，民將姚去㉖。

【注釋】

①資：讀爲“齋”，齋戒。居處要如同齋戒一般嚴整肅穆。　②言如盟：説話要和盟誓一樣言出必踐。　③施：讀爲“弛”，放鬆、廢弛。當：讀爲“常”。“毋施當”，即不要放鬆對恒常規則的遵守。　④昭：同“炤”，亦即“照”，明。⑤施：給予。　⑥有：語首助詞，無實義。“有嚴不治”即《孝經·聖治章》所謂“聖人之教不肅而成，其政不嚴而治”之意。　⑦安：安詳，從容，不慌亂。騶：即騶從，古時高官顯貴出行時，前導和後從的行從。安騶而步，即騶從輕松緩慢地行走。　⑧諰(shāi)：語有所失。　⑨簡而毋鄙：言語簡單明瞭卻不粗鄙。　⑩茝：讀爲“改”。“不有可茝”即不做悔改之事。　⑪成既：成就。⑫事：徭役。幾：整理者解釋爲“終了”，“幾時”即結束的時候。我們以爲，幾時即時幾，事有幾時即徵發徭役和賦斂要注意時機(不要在青黄不接時賦斂，不要在農忙時徵發徭役)。　⑬治：治民。自：《廣雅》“自，從也。”本句意謂治民則民衆敬從倚仗之。　⑭施：讀爲“弛”。從容繁殖滋生。　⑮𢡃：讀爲“密”，同“謐”，寧。牧：養。　⑯矢：有學者認爲當讀爲“盭”，乖違。賊：同“則”，準則、法則，用作動詞爲“匡正”。此句意謂聽到民衆有乖違行爲應當加以匡正。⑰將：率領。興：徵發，向人民徵調人力或物資。　⑱鼓：一鼓作氣。乘：登，升，爬上去。　⑲孰：通“熟”。道：通“導”。治：讀爲“怠”。“孰道毋治”，即詳加教導，不要懈怠。　⑳發：舉。亂：治。昭：明。“發正亂昭”，即治理要正當

光明。　㉑傷:同"易",平地。"道易"即道路平坦。　㉒致:同"緻",細密。"精而勿致",即精要而不細密。　㉓詐:讀爲"作"。罔:讀爲"輞",車輪的外周。服:指車廂。此句意謂,考察百姓所製作的車輛,使之堅固耐用。　㉔地:或爲"池"之訛文。　㉕經:綱領。　㉖姚:通"遙",遙遠。遙去即遠遠地離開。一説"姚",當讀爲"逃",逃走。

長不行,死毋(無)名①;富不施,貧毋(無)告也②。貴不敬,失之毋□③,君子敬如始④。戒之戒之,言不可追;思之思之,某(謀)不可遺⑤;慎之慎之,貨不可歸⑥。

【注釋】

①長:老。行:道德、品行、涵養、修養。此句意謂,老而没有修養,死了便難以留名。　②富:當釋作"甾",讀爲"災"。告:請也。此句意謂,對有災者如果不加施予,貧困之人就會告請無門。　③"毋"後字殘缺,意不可曉。　④君子敬如始:即《老子》所云"慎終如始,則無敗事"之意。　⑤遺:失也。⑥"慎之"句:與前文"戒之戒之,材(財)不可歸"同義。

凡治事①,敢爲固②,謁私圖③,畫局陳卑(棋)以爲耤④。肖人聶心,不敢徒語恐見惡⑤。凡戾人,表以身⑥,民將望表以戾真⑦。表若不正,民心將移乃難親⑧。

【注釋】

①治事:即用事,處理政務。　②固:心地專一。　③謁:讀爲"遏"。"謁私圖"即遏抑私心。　④局:棋盤。卑:讀爲"棋"。耤:通"藉",借助。此句意謂,處理政務要借鑒下棋,細細思量,謹慎從事。　⑤肖人:即小人,這裏應指一般民衆。聶:通"懾",畏懼。徒語:衹説不幹,説空話。此句意謂,對於民衆,要想讓他們心悦誠服,不能衹靠口頭命令,這樣會讓他們厭惡,還需身體力行,做出表率。　⑥戾:帥。戾人即爲人表率。表以身:即以身作則。　⑦戾:至,到。真:至善之境。民衆就會在管理者的引導下達到至善之境。　⑧"表若不正"句:意謂當政者若不能以身作則做出表率,民心就會轉移,離心離德而不親附。

操邦柄①,慎度量②,來者有稽莫敢忘③。賢鄙溉辥④,禄立

(位)有續孰瞀上⑤?

【注釋】

①操邦柄:掌握國家政權。 ②慎度量:即要審慎地權衡和思量。③稽:查,考察。"來者有稽莫敢忘"意謂,對於所進用的人才不要忘了細加考察。④溉:讀爲"既"。辥:讀爲"乂",治也。"賢鄙溉辥"意謂賢能之人和粗鄙不賢之人均各得其所。 ⑤立:通"位"。續:聯也,聯屬。瞀:欺瞞、迷惑。"禄位有續孰瞀上"意謂,俸禄與職責相聯屬(各盡職守),這樣又有誰能欺瞞君上?

邦之急,在體(體)級①,掇民之欲政乃立②。上毋間陆,下雖善欲獨可(何)急③?

【注釋】

①體級:即體制等級。此句意謂,國家最重要的是明爵服、立綱紀。②掇:讀爲"剟(duō)",削弱。遏制、削弱民衆的欲念,爲政之道乃得確立。③陆:或當作"郤",同"隙"。此句意謂,統治者沒有間隙、沒有漏洞,下面的人即便想鑽空子也莫可奈何。

審民能,以賃(任)吏①,非以官禄夬助治②。不賃(任)其人,及官之暋豈可悔③。

【注釋】

①"審民能"句:意謂以考察民衆的才能來任用官吏。 ②夬:通"決",定也。"非以官禄夬助治"意謂,並非衹憑官禄就一定能佐理政務。 ③及:至。暋:亂。此句意謂,如果所任用的人不稱職,其人履官之後,造成的混亂和危害無法彌補,追悔莫及。

申之義①,以毄畸②,欲令之具下勿議③。彼邦之𡎺(傾),下恒行巧而威故移④。

【注釋】

①申:陳述、說明。"申之義",即反復將道理、道義闡述明白。 ②毄:讀爲"擊"。畸:即偏、不規則、不正常,這裏指邪惡。毄畸即打擊邪惡的人或邪惡勢力。 ③具:通"俱",都,同。"欲令之具下勿議"意謂,命令下達後全體一致遵守,不得各抒己見,影響貫徹執行。 ④之:助詞,無實義,取消句子獨立性。

⿱頃土:同“傾”,傾覆,滅亡。此句意謂,那些國家之所以滅亡,都是因爲民衆總是做欺詐之事,致使權移匹庶,君上權威不再。其義正如《老子》所云:“古之善爲道者,非以明民,將以愚之。民之難治,以其智多。故以智治國,國之賊;不以智治國,國之福。”

將發令,索其政,毋發可異史(使)煩請①。令數囟環②,百姓榣(搖)貳乃難請③。聽有方,辯短長④,困造之士久不陽⑤。

【注釋】

①索:求。可異:不合常理、令人詫異的事情,或爲容易産生歧異和誤解的事情。煩請:反復請問而使人煩不勝煩。此句意謂,將要發佈什麼命令時,一定要反復思量,不要發佈那些容易引起歧異和誤解的命令,會使下面的人反復請示而煩不勝煩。　②囟環:即糾纏、紛亂不清。　③榣:讀爲“搖”。搖貳:即疑惑。請:通“清”。此句意謂,如果政策不斷變更,朝令夕改,民衆就會心生疑惑,事情就難辦了。　④聽:即聽訟。此句意謂,聽訟有方法,要分辨是非曲直。⑤困:通“麕”。造:到。“困造”即麕集、聚集、群集。陽:通“揚”,舉。整理者認爲,此句或有脱文,其意或謂,各國來到秦國的士人久不見舉用。

【復習與思考】

1. 解釋下列字詞

傷　怵惕　貰債　蠹突　塗墍　轂畸　搖貳　囟環　困造

2. 思考題

(1) 秦代對官吏有哪些基本要求?

(2) 分析《爲吏之道》所體現出的儒、道思想因素。

(3)《爲吏之道》對後世有何影響?

(編注者:伍成泉)

【自測題】

具　　律

本文選自文物出版社二〇〇六年版張家山二四七號漢墓竹簡整理小組編著《張家山漢墓竹簡》，並參考上海古籍出版社二〇〇七年版彭浩、陳偉、工藤元男主編的《二年律令與奏讞書》。

二十世紀二十年代以來，在我國西北地區和長江、淮河流域出土了大量西漢竹簡。其中，尤以居延漢簡《永元器物簿》、《永始三年詔書册》，武威漢簡《儀禮》，臨沂銀雀山漢簡《吳孫子》、《齊孫子》、《尉繚子》、《六韜》，定州漢簡《論語》、《文子》，儀徵漢簡《先令券書》，銀灣漢簡《神烏賦》、《兵車器集簿》，阜陽漢簡《詩經》、《周易》，江陵漢簡《二年律令》、《奏讞書》，北大漢簡《老子》、《倉頡篇》、《周訓》等最爲著名。衆多漢簡的出土，對研究古文獻學、古文字學和漢代社會等方面具有極高的價值。

《二年律令》，一九八二年十二月出土於湖北省江陵縣（今荆州市荆州區）張家山二四七號漢墓。該書共有竹簡五百二十六枚，簡長三十一釐米，寬〇.六釐米，三道編繩。書題“二年律令”，抄寫在第一枚簡簡背上端。簡文記載的内容，根據現存篇題分析，包括二十七種律和一種令，計有《賊律》、《盜律》、《具律》、《告律》、《捕律》、《亡律》、《收律》、《雜律》、《錢律》、《置吏律》、《均輸律》、《傳食律》、《田律》、《關市律》、《行書律》、《復律》、《賜律》、《戶律》、《效律》、《傅律》、《置後律》、《爵律》、《興律》、《徭律》、《金布律》、《秩律》、《史律》、《津關令》，每篇篇名均寫在篇尾，單占一簡。

《二年律令》中有優待呂宣王及其親屬的法律條文，呂宣王係呂后之父，呂后元年（前 187 年）追謚爲“宣王”，而與《二年律令》同時發現的《曆譜》記載的最後年號是呂后二年（前 186 年），故可推斷《二年律令》當是呂后二年頒行的法律。

漢律的制定始於蕭何。《漢書・刑法志》云:"漢興,高祖初入關,約法三章曰:'殺人者死,傷人及盜抵罪。'蠲削繁苛,兆民大悅。其後四夷未附,兵革未息,三章之法不足以禦奸,於是相國蕭何捃摭秦法,取其宜於時者,作律九章。"《晉書・刑法志》亦云:"漢承秦制,蕭何定律,除參夷連坐之罪,增部主見知之條,益事律《興》、《廄》、《戶》三篇,合爲九篇。"又《唐律疏議》卷一云:"周衰刑重,戰國異制,魏文侯師於李悝,集諸國刑典,造《法經》六篇:一《盜法》、二《賊法》、三《囚法》、四《捕法》、五《雜法》、六《具法》。商鞅傳授,改'法'爲'律'。漢相蕭何更加悝所造《戶》、《興》、《廄》三篇,謂九章之律。"由此可知,漢代由蕭何制定的《九章律》,是在李悝、商鞅六篇的基礎上加以更改、新增而成的。《二年律令》頒行於呂后二年,當是在蕭何《九章律》的基礎上發展而來。有學者認爲,張家山的《二年律令》,應爲當時行用律令的摘抄,《二年律令》並非蕭何《九章律》的全部,它應該包含《九章律》和《傍章》的一部分,再加上後來添加的若干律令條文。時至今日,漢代律令已經基本亡佚,而《二年律令》保存的衆多漢初律令,對漢代法律制度的研究具有重要意義。

《二年律令》出土後,學界在釋文、注釋、編連、分篇等方面做了深入的探討,達成了一定的共識,但仍有不少分歧存在,有待將來的進一步研究。現在通行的版本有張家山二四七號漢墓竹簡整理小組編著的《張家山漢墓竹簡〔二四七號墓〕(釋文修訂本)》和彭浩、陳偉、工藤元男主編的《二年律令與奏讞書》等。

張家山漢簡《二年律令》,共四十四簡(簡八二至一二五),其內容涉及訴訟(控告、審訊、上訴)、刑名、科罰標準(刑等、贖刑)等。相關研究表明,《具律》中可能還包括另一篇律文——《囚律》,《囚律》是有關審判、斷獄的法律,內容涉及詐僞生死、告劾、傳覆、繫囚、鞫獄、斷獄等。但由於受到外力作用,"囚律"的篇題不存,導致《囚律》的內容混入《具律》之中。根據《晉書・刑法志》所述漢《囚律》包含的內容範圍、漢《囚律》與唐《斷獄律》的源流關係,以及西北出土漢簡中存在明確署爲"囚律"的簡文,可以從《二年律令・具律》中分出部分《囚律》。有學者認爲,原爲《具律》的簡九三至九八、簡一〇二、簡一〇四至一〇六、簡一一〇至一一八和原爲《告律》的簡一三五,都應歸入《囚律》。

選文對具律、囚律不作分類，僅據相關學者的研究，調整了個别簡序，以使前後文意通暢可讀。

鞫獄故縱、不直①，及診、報、辟故弗窮審者②，死罪，斬左止(趾)爲城旦③，它各以其罪論之。其當毄(繫)城旦舂，作官府償日者④，(九三)罰歲金八兩；不盈歲者，罰金四兩；(九四)□□□□兩。購、沒入、負償⑤，各以其直(值)數負之。其受賕者⑥，駕(加)其罪二等。所予臧(贓)罪重⑦，以重者論之，亦駕(加)二等。其非故也，而失不(九五)審⑧，各以其贖論之⑨。爵戍四歲及毄(繫)城旦舂六歲以上罪⑩，罰金四兩。贖死、贖城旦舂、鬼薪白粲、贖斬宫、贖劓黥、戍不盈(九六)四歲⑪，毄(繫)不盈六歲，及罰金一斤以上罪，罰金二兩。毄(繫)不盈三歲，贖耐、贖䙴(遷)及不盈一斤以下罪⑫，購、沒入、負償、償日作縣(九七)官罪，罰金一兩。(九八)

【注釋】

①鞫：對審訊的總結。故縱：故意放縱罪人。不直：故意重判或輕判罪人。②診：勘察，鑒定。報：判決。辟：審理。窮審：將案情追查到底。　③止：通"趾"，腳趾。括號前文字爲竹簡用字，括號内文字爲通行文字，下文括號内"九三"至"一一九"的數字爲簡號，全篇皆同。城旦：秦漢時期的一種刑罰名。規定男犯白天防禦敵寇，夜晚修築長城。女犯則被强制舂米，故合稱爲城旦舂。城旦舂根據刑罰輕重，秦代分爲斬黥城旦舂、黥劓城旦舂、斬城旦舂、完城旦舂、繫城旦舂，漢初分爲斬城旦舂、黥城旦舂、完城旦舂、繫城旦舂，漢文帝以後衹有髡鉗城旦舂和完城旦舂。　④作官府償日：在官府服役以抵償逃亡或逋徭天數。⑤購：獎賞。《說文》："以財有所求也。"沒入：財産被官府沒收。負償：欠債。⑥受賕：受賄。　⑦贓：索賄。　⑧不審：不確切。　⑨贖：以財物贖罪。⑩爵戍：用爵位抵償戍邊的處罰。一說"爵"爲衍文。　⑪鬼薪白粲：秦漢時期强制男犯砍柴、女犯擇米的刑罰。男犯稱鬼薪，女犯稱白粲。斬：斬腳趾。宫：宫刑，即閹割男子生殖器的酷刑。斬宫，與下文"斬腐"相類。劓：割鼻。黥：在犯人額上刻字填墨，防止逃跑。　⑫耐：剃去鬢須的刑罰。耐同"耏"。《說文》："耏，罪不至髡也。"遷：流徙。

一人有數⊠罪殹(也),以其重罪罪之①。(九九)

【注釋】

①"一人有數"句:謂一人同時犯有數罪,當以所犯重罪判刑。

□□□□□,以其罪論之。完城旦舂罪①,黥之。鬼薪白粲罪,黥以爲城旦舂②。其自出者③,死罪,黥爲城旦舂;它罪,完爲城旦舂。(一〇〇)

【注釋】

①完城旦舂罪:完城旦舂本是一種有期徒刑,服刑者再次犯罪,會被追加黥刑,成爲黥城旦舂。完,完好,即不對罪犯施以肉刑。一説去其鬢而完其髮爲完。②"鬼薪白粲"句:漢初的徒刑,根據刑罰的輕重,由重到輕,依次爲城旦舂、鬼薪白粲、隸臣妾、司寇、候。本句謂鬼薪白粲再次犯罪,則被追加黥刑而成爲城旦舂。　③自出:犯罪後主動投案自首。

諸欲告罪人①,及有罪先自告而遠其縣廷者,皆得告所在鄉,鄉官謹聽②,書其告,上縣道官。廷士吏亦得聽告③。(一〇一)

【注釋】

①告:百姓向官府控告。　②鄉官:鄉嗇夫等所屬的機關。　③廷士吏:縣廷之士吏,兼掌理訟聽告。

縣道官守丞毋得斷獄及讞(讞)①。相國、御史及二千石官所置守、叚(假)吏②,若丞缺,令一尉爲守丞,皆得斷獄、讞(讞)。獄(一〇二)事當治論者③,其令、長、丞或行鄉官視它事④,不存,及病,而非出縣道界也,及諸都官令、長、丞行離官有它事⑤,(一〇四)而皆其官之事也,及病,非出官在所縣道界也,其守丞及令、長若真丞存者所獨斷治論有不當者,令真令、長、(一〇五)丞不存及病者皆共坐之⑥,如身斷治論及存者之罪。唯謁屬所二千石官者,乃勿令坐。(一〇六)

【注釋】

①守:試守。丞:縣丞。讞:平議刑獄並向上申報。　②假吏:代行事務的

官吏。《漢書·蘇武傳》:“武與副中郎將張勝及假吏常惠等。”顏師古注:“假吏,猶言兼吏也。”　③張家山漢簡研讀班認爲,簡一〇二當與簡一〇四連讀,是。④行:巡視。鄉官:置於大鄉以外諸鄉得官府,與下文“都官”、“離官”對應。視它事:從事其他公務。　⑤都官:中央派駐地方與縣官並列的機構,職掌訴訟的受理。離官:都官派往各地的分支機構。　⑥坐:定罪。

城旦舂、鬼薪白粲有罪遷(遷)、耐以上而當刑復城旦舂[①],及曰黥之,若刑爲城旦舂,及奴婢當刑畀主[②],其證不言請(情)、誣(一二一)告[③],告之不審,鞫之不直,故縱弗刑,若論而失之,及守將奴婢而亡之,篡遂縱之[④],及諸律令中曰與同法、同罪,其所(一〇七)與同當刑復城旦舂,及曰黥之,若鬼薪白粲當刑爲城旦舂,及刑畀主之罪也,皆如耐罪然。其縱之而令亡城旦(一〇八)舂、鬼薪白粲也,縱者黥爲城旦舂。(一〇九)

【注釋】

①刑復城旦舂:城旦舂刑徒受肉刑後繼續服城旦舂刑。　②畀:付。《睡虎地秦墓竹簡·法律答問》簡二三:“盜盜人,賣所盜,以買它物,皆畀其主。”③張建國、彭浩認爲,簡一二一應排在簡一〇七之前。證:人證。情:實情。④篡:劫奪。遂:道路。《史記·蘇秦列傳》:“禽夫差於干遂。”《索隱》:“遂者,道也。”

證不言請(情),以出入罪人者[①],死罪,黥爲城旦舂;它各以其所出入罪反罪之。獄未鞫而更言請(情)者[②],除[③]。吏謹先以辨告證[④]。(一一〇)

【注釋】

①出入罪人:《漢書·景武昭宣元成功臣表》顏師古注引晉灼曰:“律說出罪爲故縱,入罪爲故不直。”　②獄未鞫:對犯罪行爲認定前的階段。　③除:免於處罰。　④辨告:依照法律詳細說明情況。《漢書·高帝紀下》:“吏以文法教訓辨告,勿笞辱。”顏師古注:“辨告者,分別義理以曉喻之。”“吏謹先以辨告證”謂吏在訊問之前就僞證罪向作證人進行說明。

譯訊人爲詐（詐）僞①，以出入罪人，死罪，黥爲城旦舂；它各以其所出入罪反罪之。（一一一）

【注釋】

①譯：翻譯。《方言》卷十三："譯，傳四夷之語也。"此處當指翻譯少數民族語言。訊：拷問。《漢書·張湯傳》："訊鞫論報。"顏師古注："訊，考問也。"

劾人不審①，爲失。其輕罪也而故以重罪劾之，爲不直。（一一二）

【注釋】

①劾：官吏控告犯人的罪行。與上文表示百姓向官府控告之"告"相對。

治獄者，各以其告劾治之。敢放訊杜雅①，求其它罪，及人毋告劾而擅覆治之②，皆以鞫獄故不直論。（一一三）

【注釋】

①放：放縱。放訊謂放縱不加追問。杜雅："杜"有"塞"、"拒"等義，"雅"有"正"義，"杜雅"可能是指拒絕使用正當的方法或程式來治獄。一說杜雅是聯綿詞，意爲深文周納。一說杜雅爲製造障礙的不法審訊。待考。　②覆：審查。

罪人獄已決①，自以罪不當②，欲气（乞）鞫者③，許之。气（乞）鞫不審，駕（加）罪一等；其欲復气（乞）鞫，當刑者，刑乃聽之。死罪不得自气（乞）（一一四）鞫，其父、母、兄、姊、弟、夫、妻、子欲爲气（乞）鞫，許之。其不審，黥爲城旦舂。年未盈十歲爲气（乞）鞫，勿聽。獄已決盈一歲，不（一一五）得气（乞）鞫④。气（乞）鞫者各辭在所縣道，縣道官令、長、丞謹聽，書其气（乞）鞫，上獄屬所二千石官⑤，二千石官令都吏覆之。都吏所覆治，廷（一一六）及郡各移旁近郡⑥，御史、丞相所覆治移廷。（一一七）

【注釋】

①決，判決。　②不當：罪刑不相稱。　③乞鞫：請求重審。　④"獄已決"句：謂判決滿一年後不得請求重審。《周禮·秋官·朝士》："期內之治聽，期外不聽。"鄭玄注引鄭司農曰："謂在期內者聽，期外者不聽。若今時徒論決滿

三月不得乞鞫。”《周禮》所謂“期”，即一週年，與此文記載相合。但據鄭司農注，知東漢判決後三個月即不得請求重審，期限大爲縮短。　⑤上獄：上報案情。⑥都吏所覆治，廷及郡各移旁近郡：都吏重審後，“廷”移書給周邊的郡一同會審。廷，《睡虎地秦簡·法律答問》：“‘辭者辭廷。’今郡守爲廷不爲？爲殹（也）。‘辭者不先辭官長、嗇夫。’可（何）謂‘官長’？可（何）謂‘嗇夫’？命都官曰‘長’，縣曰‘嗇夫’。”可以參看。

毋敢以投書者言𣪠（繫）治人①。不從律者，以鞫獄故不直論。（一一八）

【注釋】

①投書：匿名信。《三國志·魏書·國淵傳》：“時有投書誹謗者，太祖疾之，欲必知其主。”

贖死，金二斤八兩①。贖城旦舂、鬼薪白粲，金一斤八兩。贖斬、府（腐）②，金一斤四兩。贖劓、黥，金一斤。贖耐，金十二兩。贖䙴（遷），金八兩。有罪當府（腐）者，移内官，内官府（腐）之③。（一一九）

【注釋】

①“贖死”句：《漢書·淮南王傳》：“其非吏，它贖死金二斤八兩。”可參。②斬：斬腳趾。腐：即宫刑，閹割男子生殖器的酷刑。　③内官：即内官長，掌管腐刑。《漢書·百官公卿表上》：“宗正，秦官……屬官有内官長丞……初，内官屬少府，中屬主爵，後屬宗正。”

【復習與思考】

1. 解釋下列字詞

城旦舂　鬼薪白粲　斬宫　耐　劓　黥

2. 思考題

(1) 漢代贖刑的對象、特點及表現形式。

(2) 兩漢“乞鞫”期限不同的原因及其影響。

(3) 漢代法律制度對當今有何啟示?

(編注者:尉侯凱)

【自測題】

通論二　古代漢語基礎知識(詞彙 語法)

三、詞彙

語言具有繼承性,現代漢語詞彙是在繼承古代漢語詞彙的基礎上發展而來的。學習和研究詞彙,要注意古今詞彙的差異,尤其是那些今天已經消失或轉變了的意義,這樣纔能提高我們閱讀古書的能力。

(一) 古漢語單音詞

在現代漢語中,雙音節詞佔優勢,而在古漢語中,無論是數量還是使用頻率,單音節詞都佔絶對優勢。古代漢語單音詞的特點是義項多,用法靈活,引申情況複雜,構詞能力强,每一個義項都有可能與其他相關單音詞構成複音詞。如"中"字,有"中等、中間、裏面、符合、考取"等數十個義項,而由這幾個義項就可以組成"中人、中正、中庸、中心、中央、中流、夜中、閨中、命中、正中、中舉"等數十個複音詞。

在古代漢語向現代漢語的發展演變過程中,詞彙出現了雙音化的趨勢,這種變化有三種情況:一是换了不同的詞,如:與—參加,克—戰勝,弈—下棋;二是加上詞頭或詞尾,如:師—老師,石—石頭,鼻—鼻子;三是用兩個同義詞或反義詞作詞素構成一個複音詞,如:樹木,人民,聲音,買賣,是非,動静。

有一點要注意的是,古代漢語中有時兩個單音詞結合,其形式與現代漢語相同,但意義不同。如:"昨日入城市"——市,動詞,做買賣;"十年之計,莫如樹木"——樹木,種植樹木;"海内之地方千里"——地方,土地方圓。

(二) 古漢語雙音詞

1. 單純雙音詞

從語素上看是一個語素,從音節上看是兩個音節,這類詞即單純雙音詞。主要分爲重言詞和聯綿詞。

重言詞也稱疊音詞,即重疊兩個相同的音節所組成的詞。如:"關關雎鳩,在河之洲。"(《詩經·周南·關雎》)"采采卷耳,不盈頃筐。"(《詩經·周南·卷耳》)"行行重行行,與君生別離。"(《古詩十九首》)

重言詞聲韻優美,節奏感强,讀起來朗朗上口,常用來描繪形貌、摹擬聲音、增强語氣、調整音節,因爲被廣泛用於文學作品中,在詞彙中佔有重要地位。

聯綿詞指由兩個不同音節連綴而成的單純詞,也稱"連語"。聯綿詞的特點是:(1) 字形上,寫法不固定。構成聯綿詞的兩個字祇起到標音的作用,與字義無關,同一個詞往往有幾種寫法,如"逶迤"一詞有委蛇、逶移、崣蛇、委佗、委它、威夷、威迟、归邪、靡匜等三十多種寫法。(2) 語音上,兩字多存在雙聲、疊韻或雙聲疊韻的聯繫。(3) 詞義上,聯綿詞不可分訓。聯綿詞是單純詞,字形上是兩個漢字,但代表的是一個語素,所以兩個字不能分開訓釋。王國維説聯綿詞是"合二字而成一語,其實猶一字也"。清人王念孫《讀書雜志》:"凡連語之字,皆上下同義,不可分訓;説者望文生義,往往穿鑿而失其本指。"

2. 合成雙音詞

合成雙音詞是指由兩個語素構成的雙音詞。根據詞語内部構成的語法關係,可分爲偏正式、並列式、附加式、動賓式、動補式、主謂式。

偏正式合成詞的兩個語素之間有主次之分,屬於修飾和被修飾關係。如:天下、兵法、四海、小人、百姓。

並列式合成詞的兩個語素之間處於平等的地位,又可以分爲近義(包括同義)並列、對義(包括反義)並列、偏義並列。近義並列如:婚姻、道路、賓客、親戚,這類詞也稱作同義複詞。對義並列如:乾坤、陰陽、春秋、干戈,這類詞也稱作反義複詞。偏義並列如:國家、作息、園圃、寒暑、緩急、生死,這類詞也稱作偏義複詞。

附加式合成詞由一個詞根加一個前綴或後綴構成。前綴一般有"有、言、薄、于、阿"等,後綴一般有"然、爾、如、若、乎"等。

動賓式合成詞的前後兩個語素存在支配和被支配關係。如:將軍、司馬、司寇、執事、稽首。

動補式如:撲滅、匡正。主謂式如:人定。

合成雙音詞的形成一般經歷了一個逐漸凝固的過程,起初多是兩個单音詞的連用。故凝固成詞之前不僅常常連用,也可分用,甚至連用時詞序也可倒置。如:《論語·學而》:“有朋自遠方來,不亦説乎?”又“與朋友交而不信乎?”《左傳·莊公二十二年》:“豈不欲往,畏我友朋。”

(三)詞的本義、引申義及假借義

古漢語中多數詞的義項都不衹一個,在一個詞的諸多義項中,本義衹有一個,其餘則一般是由詞的本義直接或間接引申出來的意義,還有一些是假借義。區分這些義項之間的關係,揭示詞義的系統性,有助於我們掌握相關詞的多種意義。

1. 詞的本義

所謂本義,是指一個詞在造字之初所賦予它的意義。文字是記錄語言的符號,語言中詞彙的意義附著於文字之上,通過書寫符號體現出來。在漢字還没有産生之前,漢語詞彙可能還有其更爲原始的意義,衹是現在無法考證。因此,這裏所説的本義是相對的,它通常是指造字時所採用的意義以及能被文獻史料所證明的最早的意義。

探求詞的本義主要依據字形,這裏所説的字形主要是指古文字字形,包括甲骨文、金文、小篆等。東漢許慎的《説文》是一部通過分析漢字形體構造來解釋漢字本義的專著,儘管部分解釋有誤,但仍是我們探求本義最重要的參考資料。此外,甲骨文、金文等古文字也是我們探求本義的重要材料,可以彌補《説文》及傳世文獻的不足。探求本義還要結合文獻用例,也即要有語言資料來加以證實,這是檢驗本義是否可靠的重要依據。離開語言資料,單作字形分析,很容易流於主觀臆測。

2. 詞的引申義

所謂引申義是指在本義的基礎上直接或間接派生出來的意義。由本義直接派生出來的意義叫近引申義或直接引申義,由本義的近引申義再引申出來的意義叫遠引申義或間接引申義。如:“朝”有五個常見義項:①早晨;②朝見,朝拜;③朝廷;④朝代;⑤對着,向着。這五個義項中,①爲本義,②至⑤爲引申義。其中②爲直接引申義,③④⑤爲間接引申義。

詞義引申的層次相當複雜,並非簡单地由本義引申出一個近引申義,再到遠引申義,這樣傳遞下去。概括起來,詞義引申的主要層次有:傳遞式、輻射式和綜合式。

詞義引申的方式主要有三種:(1) 由具體到抽象。如"術"的本義是城邑中的道路,《説文》:"術,邑中道也。"引申爲途徑、技術、方法、權術、學説、道術等。(2) 由個别到一般。如"匠"的本義是木匠,《説文》:"匠,木工也。"引申指有專門技術的工人,再引申爲在某一方面造詣或修養很深的人。(3) 由實詞到虚詞。如"向"的本義是朝北的窗户,《説文》:"北出牖也。"引申爲朝向,又引申爲介詞,表示動作的對象,相當於"對、朝"。

3. 詞的假借義

詞的意義,除了有本義和引申義外,還有假借義。假借有兩種,一種是"本無其字"的假借,屬於"六書"中的一種,是造字假借;一種是"本有其字"的假借,屬於用字假借。不論是"本無其字"的假借,還是"本有其字"的假借,本字(詞)與借字之間都衹在語音上有聯繫,在語義上没有聯繫。

(1) "本無其字"的假借

即"六書"假借,本來没有正字,借用一個與之聲同或聲近的字表示其意義。就字形來説,是"本無其字";就字義來説,是"依聲託事"。例如:

之,《説文》:"之,出也。""出"爲"之"的本義,但古籍中罕用,引申爲往,常見此義。《戰國策·齊策四》:"驅而之薛。"假借爲指示代詞。《詩經·周南·桃夭》:"之子于歸,宜其室家。"又假借爲第三人稱代詞。又假借爲助詞。

之:出(本義)—往(引申義)—代詞(假借義)。

(2) "本有其字"的假借

即所謂的"通假字",本來有一個本字或正字,在使用的時候却寫成了一個與之音同或音近的另外一個字。例如:

任,本義是保舉,担保。《周禮·秋官·大司寇》:"使州里任之,則宥而舍之。"假借爲"妊",義爲怀孕。《漢書·叙傳上》:"劉媪任高祖而夢與神遇。"

(四) 同源詞

同源詞也稱同源字,指兩個或兩個以上讀音相同或相近、意義相關、具有同一語源的一組詞。"同源字,常常是以某一概念爲中心,而以語音的細微差别(或同音),表示相近或相關的幾個概念。"(王力:《同源字論》,《同源字典》,商務印書館 1982 年版第 3 頁)例如:

狗,《爾雅·釋畜》:"(犬)未成豪,狗。"郝懿行《義疏》:"狗犬通名,若對文則大者名犬,小者名狗。"

豿,《玉篇》:"豿,熊虎子也。"

駒,《説文》:"駒,馬二歲曰駒。"段玉裁注:"犢爲牛子,則駒馬子也。"

羔,《説文》:"羔,羊子也。"《詩經·召南·羔羊》:"羔羊之皮。"毛傳:"小曰羔,大曰羊。"

以上四字古音相同或相近,都含有幼小之義,用來指稱動物的幼子,有共同的語源,它們是一組同源詞。

確定同源詞,必須同時具備三個條件:讀音相通;意義相同、相近或相關;有古代的訓詁資料或字形依據證明出於同一語源。

研究同源詞,有助於正確理解古漢語詞義。例如,《左傳·桓公二年》:"今滅德立違。"杜注:"謂立華督違命之臣。"杜注是不確切的。"違"與"回"是同源詞。"回"本義爲"轉",引申爲姦邪。認識到"違"、"回"同源,便可知這裏"立違"是"立姦邪之臣",而非"立違命之臣"。

研究同源詞,還有助於從源頭理解詞義,知其所以然。例如,"廈"是大屋之義,从广,夏聲。大屋的大義是從何而來呢?《爾雅·釋詁》:"夏,大也。"廈的大義是從它的聲符"夏"而來,"夏"與"廈"是同源詞。認識到這一點,有助於我們更好地理解詞義。

四、語法

語法是語言中語法單位的構成規則和組合規則的總合。在語言的諸要素中,詞彙的變化發展最快,語法則具有很大的穩定性。學習古漢語語法,也要注意古今存在差異的地方。古漢語語法與現代漢語差異較大的方面主要有:實詞活用、特殊詞序、判斷句、被動句、句子成分省略、習慣句式和虚詞。這裏簡要介紹實詞活用、賓語前置和被動句。

(一) 實詞活用

1. 動詞、形容詞、名詞的使動用法

使動用法是指某些詞作謂語時,其意義是使令性的。這類謂語與賓

語的關係是:在主語的作用下,謂語使賓語施行謂語所代表的動作、具有謂語所代表的性狀、成爲(或具有)謂語所代表的人或事物等。使動用法是古漢語重要的語法現象之一,主要包括動詞的使動用法、形容詞的使動用法、名詞的使動用法。

(1) 動詞的使動用法

在這種情況下,主語所代表的人或事物並不施行這個動詞所表示的動作,而是使賓語所代表的人或事物施行這個動作。例如:

莊公寤生,驚姜氏。(《左傳·隱公元年》)

求也退,故進之;由也兼人,故退之。(《論語·先進》)

用作使動的動詞往往是不及物動詞。不及物動詞本來不帶賓語,當它們用爲使動時,也就可以帶賓語了。及物動詞用作使動的情況比較少。例如:

晉侯飲趙盾酒。(《左傳·宣公二年》)

欲辟土地,朝秦楚,莅中國而撫四夷也。(《孟子·梁惠王上》)

有的及物動詞用作使動後,讀音發生了變化,如上例中“飲”讀去聲,以與一般動詞相區別。

及物動詞用作使動,有時還帶有雙賓語,此時動詞後面第一個賓語是動作行爲的施事者,後一個賓語是受事者。例如:

王奇孝材能,乃佩之王印,號曰將軍。(《史記·淮南衡山列傳》)

(2) 形容詞的使動用法

在這種情況下,用作使動的形容詞使賓語所代表的人或事物具有這個形容詞所表示的性質或狀態。例如:

以正君臣,以篤父子,以睦兄弟,以和夫婦。(《禮記·禮運》)

大其都者危其國,尊其臣者卑其主。(《戰國策·秦策三》)

形容詞用作使動時,其賓語也可以省略。例如:

强本而節用,則天不能貧(之)。(《荀子·天論》)

(3) 名詞的使動用法

在這種情況下,用作使動的名詞使賓語成爲(或具有)它自身所代表的人或事物。名詞的使動用法比較罕見。例如:

吾見申叔,夫子所謂生死而肉骨也。(《左傳·襄公二十二年》)

桓公解管仲之束縛而相之。(《韓非子·難一》)

方位名詞也有使動用法。例如:

築室百堵,西南其户。(《詩經·小雅·斯干》)

2. 形容詞、名詞的意動用法

意動用法是指某些詞用作動詞充當謂語時其動作屬於主觀上的感覺、看法或評價。簡而言之,就是謂語具有"認爲賓語怎麽樣或者是什麽"的意思。意動用法是古漢語重要的語法現象之一,包括形容詞的意動用法和名詞的意動用法,動詞本身没有意動用法。

(1) 形容詞的意動用法

形容詞的意動用法,指形容詞用爲動詞充當謂語時,其動作屬於主觀上的感覺。這種主觀感覺可能與事實不相符,也可能相符。例如:

甘其食,美其服,安其居,樂其俗。(《老子》)

孔子登東山而小魯,登泰山而小天下。(《孟子·盡心下》)

(2) 名詞的意動用法

在這種情况下,主語把賓語所代表的人或事物看成這個名詞所表示的人或事物。例如:

過其友曰:"孟嘗君客我!"(《戰國策·齊策四》)

今我在也,而人皆藉吾弟。令我百歲後,皆魚肉之矣!(《史記·魏其武安侯列傳》)

3. 名詞、形容詞活用爲一般動詞

(1) 名詞活用爲一般動詞

在古漢語中,名詞的使動和意動用法不多,但用爲一般動詞則比較常見。普通名詞、方位名詞以及名詞性詞組均可以用爲一般動詞。例如:

左右欲刃相如,相如張目叱之。(《史記·廉頗藺相如列傳》)

吾先君武公與晉文侯戮力一心,股肱周室,夾輔平王。(《國語·晉語四》)

(2) 形容詞活用爲一般動詞

在古漢語中,形容詞也可以用作一般動詞,但不如名詞那樣普遍。例如:

老吾老,以及人之老;幼吾幼,以及人之幼。(《孟子·梁惠王上》)

楚左尹項伯者,項羽季父也,素善留侯張良。(《史記·項羽本紀》)

(二)賓語前置

漢語中一般是主語在謂語前面,動詞在賓語前面,修飾語在中心語前面,這反映了漢語語法的穩定性。但是漢語詞序又不是一成不變的,上古漢語中的一些詞序,漢代以後就從口語中慢慢消失了,其中最突出的詞序差異是賓語前置。

所謂賓語前置,是相對於普通的非前置賓語而言的。這種前置與表達一定語氣起强調作用的臨時倒裝句是不同的。賓語前置並不是任意的,要受到一定條件的制約。賓語前置主要有以下四種類型:

1. 疑問句中,疑問代詞作賓語,賓語前置。

這種句式有兩個條件,一是必須在疑問句中,二是賓語必須是疑問代詞。這種賓語前置的情況比較嚴格,很少有例外的情況。例如:

吾誰欺?欺天乎?(《論語·子罕》)

彼且奚適也?(《莊子·逍遥遊》)

疑問代詞用作介詞的賓語時,也要前置,放在介詞的前面。例如:

子歸,何以報我?(《左傳·成公三年》)

吾誰與爲親?(《莊子·齊物論》)

2. 否定句中,代詞作賓語,賓語前置。

這種句式有兩個條件,一是要在用了"不、毋(無)、未、莫"四個否定詞的否定句中,二是賓語要是代詞。例如:

我死,女必速行,無適小國,將不女容焉。(《左傳·僖公七年》)

以吾一日長乎爾,毋吾以也。(《論語·先進》)

蓋有之矣,我未之見也。(《論語·里仁》)

諫而不入,則莫之繼也。(《左傳·宣公二年》)

而在使用"弗"、"勿"、"非"、"無"四種否定詞的否定句中,一般不出現這樣的結構。因爲"非"否定的是整個謂語,"無"本身是一個動詞。用"弗"、"勿"的否定句一般不帶賓語,也無所謂前置,但是如果帶了賓語,而且是代詞,則仍然要前置。這種情況比較少見。

總體而言,否定句中代詞賓語前置的規律遠沒有疑問句中疑問代詞作賓語前置嚴格。在先秦文獻中能找到否定句中代詞賓語既前置又後置

的例子,如:

不我知者,謂我士也驕。(《詩經·魏風·園有桃》)

不知我者,謂我何求。(《詩經·王風·黍離》)

3. 利用助詞"之""是"提前賓語。

有時爲了强調賓語,將它提前到動詞(或介詞)的前面,而用"之"、"是"插在提前的賓語和動詞(或介詞)之間,作提賓標誌。例如:

姜氏何厭之有?(《左傳·隱公元年》)

我周之東遷,晉、鄭是依。(《國語·周語中》)

這裏要注意的是"之"和"是"的詞性和作用。王力認爲"之"與"是"是代詞,它們的作用是複指提前的賓語。也有人認爲它們是助詞,用來幫助提前賓語,是提前賓語的標誌。

如果賓語本身是代詞,或賓語含有代詞,則用"之"來提前賓語,而不用"是"。例如:

詩曰"孝子不匱,永錫爾類",其是之謂乎?(《左傳·隱公元年》)

用來提前賓語的助詞有時也可以是"焉"、"實"等。例如:

我周之東遷,晉鄭焉依。(《左傳·隱公六年》)

鬼神非人實親,惟德是依。(《左傳·僖公五年》)

4. 介詞"以"的賓語也常提前。

代詞、一般名詞或名詞性词組等實詞作介詞"以"的賓語時,常常置於介詞"以"之前。例如:

《詩》三百,一言以蔽之,曰:思無邪。(《論語·爲政》)

江漢以濯之,秋陽以暴之,皜皜乎無以尚已。(《孟子·滕文公上》)

介詞"用"的賓語有時也提前。例如:

伯夷、叔齊,不念舊惡,怨是用希。(《論語·公冶長》)(是用:用是,因此)

(三) 古漢語被動句

被動句是指主語是謂語的受事者的句子。在上古漢語中,動詞有時可以表示被動的意義,主語是受事者,但整個句子没有表示被動的形式標記,這稱爲意念被動。在先秦漢語中,被動句式還是很少見的,漢代以後纔逐漸多了起來。用於構成被動句的詞語主要有"於"、"爲"、"見"、"被"

等。常見的被動句式有：

1. 用介詞"於"引進主動者

這類被動句在動詞之後用介詞"於"引進動作行爲的主動者，"於"和它所引進的對象組成介詞結構作句子的補語。例如：

郤克傷於矢，流血及屨。（《左傳·成公二年》）

勞心者治人，勞力者治於人。（《孟子·滕文公上》）

在這類被動句中，並不是介詞"於"本身能表示被動，而是動詞已經用於被動意義，由於用介詞"於"引進了行爲的主動者，因而全句的被動意義更加明確了。

2. 用"爲"或"爲……所……"式

古漢語被動句式有時用介詞"爲"引進動作行爲的主動者，組成介詞結構，放在謂語動詞之前，作狀語。有時行爲主動者可以不出現。例如：

止，將爲三軍獲。（《左傳·襄公十八年》）

父母宗族，皆爲戮没。（《戰國策·燕策三》）

有時在主動者與謂語動詞之間加助詞"所"字，用於强調行爲主動者與動作行爲之間的領屬關係。"爲"字引進的行爲主動者也可以不出現。例如：

先即制人，後則爲人所制。（《史記·項羽本紀》）

不者，若屬皆且爲所虜。（《史記·項羽本紀》）

3. 用"見"或"見……於……"式

有時用助動詞"見"放在動詞之前，構成被動句式。如果要讓動作行爲的主動者出現，則在動詞後用介詞"於"字引進，"於"字構成的介詞短語在句中作補語。例如：

舉世皆濁我獨清，衆人皆醉我獨醒，是以見放。（《楚辭·漁父》）

吾長見笑於大方之家。（《莊子·秋水》）

4. 用"被"

用"被"字表示被動，最早出現在戰國末期。也有人認爲在早期的例子中"被"是"遭受"的意思，不表示被動。不過"被"字用於表示被動確實是由"遭受"的意義發展而來。

信而見疑，忠而被謗，能無怨乎？（《史記·屈原賈生列傳》）

在這個例子中,“被”字與“見”字對舉,更能説明“被”字已和“見”字一樣,用於表示被動。

早期用“被”字表示的被動句中,“被”字後面還不跟動作行爲的主動者。直到東漢末年,“被”字纔引進主動者。例如:

今月十三日,臣被尚書召問。(蔡邕《被收時表》)

至唐代接近口語的詩文中,這種被動句逐漸多了起來,並最終取代了其他被動句式。但在仿古作品中,多數還是沿用其他幾種被動句式。

(編撰者:王永吉)

深入學習參考書目（上册）

説明：

1. 本參考書目的編選，目標定位在使學習本課程者對相應選文及選文涉及的學術研究狀況有個初步瞭解，並爲深入研究提供基本資訊提示。

2. 本參考書目只選課文所選原著的重要版本、相關研究論著、工具書，不選單篇研究論文和學位論文。若欲跟蹤相關學術研究最新動態，請上"中國知網"檢索。

3. 以下書目僅作學習參考，而不是指定。凡同名或内容相近之書目，不限出版單位或出版年限，均可作爲參考。

4. 爲了體例的統一，下述參考書目均用繁體字排印，而實際狀況是出版時有簡體有繁體，提示查詢者在圖書檢索、借閱、購買過程中注意這一點。

第一單元　先秦文選

1. 甲骨文：

胡厚宣主編：《甲骨文合集》，中華書局 1978—1982 年版。

胡厚宣主編，王宇信、楊升南總審校：《甲骨文合集釋文》，中國社會科學出版社 1999 年版。

宋鎮豪、段志洪主編：《甲骨文獻集成》，四川大學出版社 2001 年版。

于省吾著：《甲骨文字詁林》，中華書局 1996 年版。

陳夢家著：《殷虚卜辭綜述》，中華書局 1994 年版。

王宇信著：《甲骨學通論》，中國社會科學出版社 1989 年版。

宋鎮豪主編：《甲骨文與殷商史》（連續），上海古籍出版社 2013 年版。

李學勤著：《古文字學初階》，中華書局 2013 年版。

吴浩坤、潘悠著:《中國甲骨學史》,上海人民出版社 2006 年版。

[日]島邦男著,濮茅左、顧偉良譯:《殷墟卜辭研究》,上海古籍出版社 2006 年版。

胡厚宣著:《甲骨學商史論叢初集》,河北教育出版社 2002 年版。

郭沫若著:《中國古代社會研究》,商務印書館 2011 年版。

[韓]趙容俊著:《殷商甲骨卜辭所見之巫術》,中華書局 2011 年版。

劉青著:《甲骨卜辭神話資料整理與研究》,雲南人民出版社 2008 年版。

彭邦炯著:《甲骨文醫學資料釋文考辨與研究》,人民衛生出版社 2016 年版。

宋鎮豪主編:《百年甲骨學論著目》,語文出版社 1999 年版。

徐中舒主編:《甲骨文字典》,四川辭書出版社 2006 年版。

趙誠主編:《甲骨文簡明詞典——卜辭分類讀本》,中華書局 2009 年版。

2. 金文

中國社會科學院考古所編:《殷周金文集成》,中華書局 1984 年版。

容庚編著,張振林、馬國權補:《金文編》,中華書局 1985 年版。

吴鎮烽編著:《商周青銅器銘文暨圖像集成》,上海古籍出版社 2012 年版。

吴鎮烽編著:《商周青銅器銘文暨圖像集成續編》(全四卷),上海古籍出版社 2016 年版。

劉雨等編:《近出殷周金文集錄》,中華書局 2002 年版。

劉雨等編:《近出殷周金文集錄二編》,中華書局 2010 年版。

劉雨等編:《商周金文總著錄表》,中華書局 2008 年版。

朱鳳瀚著:《古代中國青銅器》,南開大學出版社 1995 年版。

李學勤著:《青銅器入門》,商務印書館 2013 年版。

孫稚雛編:《青銅器論文索引》,中華書局 1986 年版。

孫懋鎔主編:《青銅器論文索引(2002—2006)》,綫裝書局 2008 年版。

3.《周易》

(晉)王弼、韓康伯注,(唐)孔穎達疏,陸德明釋音:《周易注疏》,中央編譯出版社 2013 年版。

(宋)朱熹撰,廖名春點校:《周易本義》,中華書局 2009 年版。

高亨著:《周易大傳今注》,清華大學出版社 2010 年版。

陳鼓應、趙建偉注譯:《周易今注今譯》,商務印書館 2016 年版。

劉大鈞總主編:《1900—2009 百年易學菁華集成》,上海科學技術文獻出版社 2010 年版。

黄壽祺、張善文主編:《周易研究論文集(第一輯)》(連續),北京師範大學出版社 1987 年版。

張涌泉主編、審訂:《敦煌經部文獻合集》(全十一册),中華書局 2008 年版。

金景芳、呂紹綱著,呂紹綱修訂:《周易全解》(修訂本),上海古籍出版社 2017 年版。

朱伯崑主編:《易學基礎教程》,九州出版社 2011 年版。

朱伯崑著:《易學哲學史》,昆侖出版社 2009 年版。

(清)皮錫瑞著,周予同注釋:《經學歷史》,中華書局 2012 年版。

李零著:《死生有命,富贵在天——〈周易〉的自然哲學》,生活・讀書・新知三聯書店 2014 年版。

李学勤著:《周易溯源》,巴蜀書社 2006 年版。

劉大鈞著:《今、帛、竹書〈周易〉綜考》,上海古籍出版社 2005 年版。

4.《尚書》

(漢)孔安國傳,(唐)孔穎達正義:《尚書正義》,上海古籍出版社 2007 年版。

顧頡剛、劉起釪著:《尚書校釋譯論》,中華書局 2005 年版。

屈萬里注譯:《尚書今注今譯》,上海辭書出版社 2015 年版。

陳夢家著:《尚書通論》,中華書局 2005 年版。

劉起釪著:《尚書學史(修訂補訂本)》,中華書局 2017 年版。

章太炎講,諸祖耿整理:《太炎先生尚書説》,中華書局 2013 年版。

劉起釪著:《日本的尚書學與其文獻》,商務印書館 1997 年版。

于省吾著:《雙劍誃尚書新證 雙劍誃詩經新證 雙劍誃易經新證》,中華書局 2009 年版。

朱廷獻著:《尚書異文集證》,臺灣中華書局 1970 年版。

李勇先主編:《尚書禹貢篇集成》,上海交通大學出版社 2009 年版。

周民編寫:《尚書詞典》,四川人民出版社 1993 年版。

5.《詩經》

(戰國)毛亨傳,(漢)鄭玄箋,(唐)孔穎達疏,陸德明釋音:《毛詩注疏》,上海古籍出版社 2013 年版。

(宋)朱熹注:《詩集傳》,中華書局 2011 年版。

(清)王先謙撰:《詩三家義集疏》,中華書局 2011 年版。

周振甫譯注:《詩經譯注》,中華書局 2013 年版。

夏傳才主編:《詩經要籍集成》,學苑出版社 2015 年版。

夏傳才、董治安主編:《詩經要籍提要》,學苑出版社 2003 年版。

中國詩經學會、河北師範大學合辦:《詩經研究叢刊(第二十八輯)》(連續),學苑出版社 2015 年版。

陳子展、杜月村著:《詩經導讀》,中國國際廣播出版社 2008 年版。

洪湛侯著:《詩經學史》,中華書局 2002 年版。

于省吾著:《澤螺居詩經新證 澤螺居楚辭新證》,中華書局 2003 年版。

程俊英、蔣見元著:《詩經注析》,中華書局 2017 年版。

揚之水著:《詩經名物新證》,天津教育出版社 2012 年版

胡平生、韓自強著:《阜陽漢簡詩經研究》,上海古籍出版社 1988 年版。

江林著:《〈詩經〉與宗周禮樂文明》,上海古籍出版社 2010 年版。

葉舒憲著:《詩經的文化闡釋》,湖北人民出版社 1994 年版。

向熹編著:《詩經詞典》,商務印書館 2014 年版。

6. 三禮(附《大戴禮記》)

《禮記》——

(清)朱彬撰:《禮記訓纂》,中華書局 1996 年版。

(清)孫希旦撰:《禮記集解》,中華書局 2016 年版。

(清)黄以周撰:《禮書通故》,中華書局 2007 年版。

錢玄著:《三禮通論》,南京師範大學出版社 1996 年版。

彭林著:《三禮研究入門》,復旦大學出版社 2012 年版。

楊天宇著:《鄭玄三禮注研究》,中國社會科學出版社 2008 年版。

丁鼎著:《禮記解讀》,中國人民大學出版社 2010 年版。

王鍔著:《〈禮記〉成書考》,中華書局 2007 年版。

李安宅著:《〈儀禮〉與〈禮記〉之社會學的研究》,上海人民出版社 2005 年版。

唐啟翠著:《禮制文明與神話編碼——〈禮記〉的文化闡釋》,南方日報出版社 2010 年版。

呂友仁著:《〈禮記〉研究四題》,中華書局 2014 年版。

羅新慧著:《曾子研究——附〈大戴禮記〉"曾子"十篇注釋》,商務印書館 2013 年版。

錢玄、錢興奇著:《三禮辭典》,鳳凰出版社 2014 年版。

王鍔編著:《三禮研究論著提要》,甘肅教育出版社 2001 年版。

《大戴禮記》——

(清)孔廣森撰:《大戴禮記補注》,中華書局 2013 年版。

(清)王聘珍撰:《大戴禮記解詁》,中華書局 1983 年版。

(清)孫詒讓撰:《大戴禮記斠補(外四種)》,中華書局 2010 年版。

高明注譯:《大戴禮記今注今譯》,臺灣商務印書館 1977 年版。

孫顯軍著:《〈大戴禮記〉詮釋史考論》,中國社會科學出版社 2011 年版。

《儀禮》——

(漢)鄭玄注,(唐)賈公彥疏:《儀禮注疏》,上海古籍出版社 2009

年版。

楊天宇譯注:《儀禮譯注》,上海古籍出版社 2016 年版。

雷銘著:《〈儀禮·士昏禮〉的文化學研究》,九州出版社 2017 年版。

丁鼎著:《〈儀禮·喪服〉考論》,社會科學文獻出版社 2003 年版。

陳緒波著:《〈儀禮〉宫室考》,上海古籍出版社 2017 年版。

賈靳著:《新編儀禮圖之方位圖》,中州古籍出版社 2016 年版。

張焕君、刁小龍著:《武威漢簡〈儀禮〉整理與研究》,武漢大學出版社 2009 年版。

鄧聲國著:《清代〈儀禮〉文獻研究》,上海古籍出版社 2006 年版。

《周禮》——

(漢)鄭玄注,(唐)賈公彦疏:《周禮注疏》,上海古籍出版社 2010 年版。

(清)孫詒讓撰:《周禮正義》,中華書局 1987 年版。

徐正英、常佩雨譯注:《周禮》,中華書局 2014 年版。

(清)江永著:《周禮疑義舉要》,中華書局 1985 年版。

彭林著:《〈周禮〉主體思想與成書年代研究》,中國人民大學出版社 2009 年版。

閻步克著:《服周之冕——〈周禮〉六冕禮制的興衰變異》,中華書局 2009 年版。

7.《春秋》及三傳

《春秋》《左傳》——

(清)洪亮吉撰:《春秋左傳詁》,中華書局 2004 年版。

楊伯峻編著:《春秋左傳注》,中華書局 2016 年版。

[日]竹添光鴻著:《左氏會箋》,巴蜀書社 2008 年版。

趙伯雄著:《春秋學史》,山東教育出版社 2014 年版。

沈玉成、劉寧著:《春秋左傳學史稿》,鳳凰出版社 1992 年版。

童書業著,童教英校訂:《春秋左傳研究》,中華書局 2006 年版。

顧頡剛等著:《春秋三傳及國語之綜合研究》,巴蜀書社 1988 年版。

[瑞]高本漢著,陸侃如譯:《左傳真僞考及其他》,山西人民出版社 2015 年版

王叔岷著:《左傳考校》,中華書局 2007 年版。

陳槃著:《左氏春秋義例辨》,上海古籍出版社 2009 年版。

楊伯峻、徐提編:《春秋左傳詞典》,中華書局 1985 年版。

簡宗梧、周何編:《左傳論著目錄》,臺灣洪葉文化事業有限公司 2000 年版。

《公羊傳》——

(漢)何休解詁,(唐)徐彦疏:《春秋公羊傳注疏》,上海古籍出版社 2014 年版。

黄銘、曾亦譯注:《春秋公羊傳》,中華書局 2016 年版。

段熙仲著:《春秋公羊學講疏》,南京師範大學出版社 2002 年版。

黄開國著:《公羊學發展史》,人民出版社 2013 年版。

蔣慶著:《公羊學引論——儒家的政治智慧與歷史信仰》,福建教育出版社 2014 年版。

(清)康有爲著,姜義華、張榮華編校:《孔子改制考》,中國人民大學出版社 2010 年版。

《穀梁傳》——

(清)鍾文烝撰:《春秋穀梁經傳補注》,中華書局 2009 年版。

徐正英、鄒皓譯注:《春秋穀梁傳》,中華書局 2016 年版。

(清)廖平撰:《穀梁古義疏》,中華書局 2012 年版。

周何編著:《春秋穀梁傳論著目錄》,臺灣洪葉文化事業有限公司 2000 年版。

8.《國語》

徐元誥撰,王樹民、沈長雲點校:《國語集解》,中華書局 2002 年版。

陳桐生譯注:《國語》,中華書局 2013 年版。

俞志慧著:《〈國語〉韋昭注辨正》,中華書局 2009 年版。

裴登峰著:《〈國語〉研究》,社會科學文獻出版社 2016 年版。

史繼東著:《〈國語〉文學研究》,中國社會科學出版社 2013 年版。

劉瑛著:《〈左傳〉、〈國語〉方術研究》,人民文學出版社 2006 年版。

謝昆恭著:《先秦知識分子的歷史論述——以〈詩經〉、〈尚書〉、〈左傳〉、〈國語〉爲中心》,臺灣花木蘭文化出版社 2010 年版。

宋志英主編:《〈國語〉研究文獻輯刊(第一册)》(連續),國家圖書館出版社 2012 年版。

9.《戰國策》

(漢)劉向集錄,范祥雍箋證,范邦瑾協校:《戰國策箋證》,上海古籍出版社 2006 年版。

郭人民著:《戰國策校注繫年》,中州古籍出版社 1988 年版。

裴登峰著:《〈戰國策〉研究》,社會科學文獻出版社 2012 年版。

熊憲光著:《戰國策研究》,重慶出版社 2004 年版。

繆文遠著:《戰國策考辨》,中華書局 1984 年版。

張琦著:《戰國策釋地》,中華書局 1985 年版。

楊寬著:《戰國史料編年輯證》,上海人民出版社 2016 年版。

裘錫圭主編:《長沙馬王堆漢墓簡帛集成・戰國縱横家書》,中華書局 2014 年版。

10.《老子》

陳鼓應著:《老子注譯及評介(修訂增補本)》,中華書局 2015 年版。

樓宇烈校釋:《老子道德經注校釋》,中華書局 2016 年版。

楊樹達著:《周易古義 老子古義》,上海古籍出版社 2013 年版。

陸永品著:《老莊新論》,中央編譯出版社 2014 年版。

熊鐵基、馬良懷、劉韶軍著:《中國老學史》,福建人民出版社 2005 年版。

饒宗頤著:《老子想爾注校證》,中華書局(香港)有限公司 2015 年版。

葉舒憲著:《老子與神話》,陝西人民出版社 2005 年版。

劉韶軍著:《日本現代老子研究》,福建人民出版社 2006 年版。

高明撰:《帛書老子校注》,中華書局 1996 年版。

丁四新撰:《郭店楚竹書〈老子〉校注》,武漢大學出版社 2010 年版。

朱大星著:《敦煌本〈老子〉研究》,中華書局 2007 年版。

干昌新著:《破譯〈老子〉祖本》,中央編譯出版社 2008 年版。

錢穆著:《先秦諸子繫年》,商務印書館 2015 年版。

11.《論語》

(清)劉寶楠撰:《論語正義》,中華書局 1990 年版。

楊伯峻譯注:《論語譯注》,中華書局 2016 年版。

(宋)朱熹撰:《四書章句集注》,中華書局 2003 年版。

錢穆著:《論語新解》,生活·讀書·新知三聯書店 2017 年版。

李澤厚著:《論語今讀》,中華書局 2015 年版。

(清)朱彝尊著:《孔子門人考》,中華書局 1985 年版。

錢穆著:《孔子傳》,九州出版社 2017 年版。

李冬君著:《孔子圣化與儒者革命》,中國人民大學出版社 2004 年版。

蕭兵著:《孔子詩論的文化推繹》,湖北人民出版社 2006 年版。

李零著:《喪家狗——我讀〈論語〉(修訂版)》,山西人民出版社 2007 年版。

唐明貴著:《論語學史》,中國社會科學出版社 2009 年版。

王國軒、王秀梅譯注:《孔子家語》,中華書局 2017 年版。

程復心著:《孔子論語年譜 孟子年譜》,中華書局 1985 年版。

中國孔子基金會學術委員會選編:《近四十年來孔子研究論文選編》,齊魯書社 1987 年版。

安作璋主編:《論語辭典》,上海古籍出版社 2004 年版。

12.《莊子》

(清)郭慶藩撰:《莊子集釋》,中華書局 2016 年版。

王叔岷撰:《莊子校詮》,中華書局 2007 年版。

陳鼓應注譯:《莊子今注今譯》,中華書局 2016 年版。

崔大華著:《莊子岐解》,中華書局 2012 年版。

方勇著:《莊子學史(增補版)》,人民出版社 2017 年版。

熊鐵基主編:《中國莊學史》,人民出版社 2013 年版。

錢穆著:《莊子纂箋》,九州出版社 2016 年版。

劉笑敢著:《莊子哲學及其演變》,中國人民大學出版社 2010 年版。

王威威著:《莊子學派的思想演變與百家爭鳴》,人民出版社 2009 年版。

單演義著:《莊子天下篇薈釋》,西北大學出版社 2009 年版。

中國蒙城莊子學會編:《國際莊子學術研討會論文集》,安徽文藝出版社 2000 年版。

13.《孟子》

(清)焦循撰:《孟子正義》,中華書局 1987 年版。

楊伯峻譯注:《孟子譯注》,中華書局 2016 年版。

錢穆著:《孟子研究》,臺灣文聽閣圖書有限公司 2013 年版。

羅根澤著:《孟子傳論》,東方出版社 2011 年版。

彭向前著:《西夏文〈孟子〉整理研究》,上海古籍出版社 2012 年版。

[美]李耶理著,施忠連譯:《孟子與阿奎那——美德理論與勇敢概念》,中國社會科學出版社 2011 年版。

袁保新著:《從海德格爾、老子、孟子到當代新儒學》,武漢大學出版社 2011 年版。

劉瑾輝著:《清代〈孟子〉學研究》,社會科學文獻出版社 2007 年版。

鄭卜五著:《〈孟子〉著述考》,臺灣"國立編譯館"2003 年版。

孟子研究院編:《孟子思想與鄒魯文明國際學術研討會論文集》,山東人民出版社 2017 年版。

周文德、楊曉蓮:《〈孟子〉數據庫》,巴蜀書社 2002 年版。

14.《荀子》

(清)王先謙撰:《荀子集解》,中華書局 2016 年版。

馬積高著:《荀學源流》,上海古籍出版社 2000 年版。

高正著:《〈荀子〉版本源流考》,中華書局 2010 年版。

李桂民著:《荀子思想與戰國時期的禮學思潮》,中國社會科學出版社

2012 年版。

陳榮慶著:《荀子與戰國學術思潮》,中國社會科學出版社 2012 年版。

陸建華著:《荀子禮學研究》,安徽大學出版社 2004 年版。

翁惠美著:《荀子論人研究》,臺灣正中書局 1988 年版。

吳文璋著:《荀子樂論在其思想上之重要性》,臺灣花木蘭文化出版社 2011 年版。

楊鴻銘著:《荀子文論研究》,臺灣文史哲出版社 2016 年版。

劉耘華著:《詮釋學與先秦儒家之意義生成——〈論語〉、〈孟子〉、〈荀子〉對古代傳統的解釋》,上海譯文出版社 2002 年版。

15.《韓非子》

(清)王先慎撰:《韓非子集解》,中華書局 2013 年版。

張覺等撰:《韓非子譯注》,上海古籍出版社 2012 年版。

張覺撰:《韓非子校疏析論》,知識產權出版社 2011 年版。

陳啟天著:《中國法家概論》,上海書店 1992 年版。

唐淑貞著:《韓非子〈解老〉〈喻老〉研究》,臺灣花木蘭文化出版社 2010 年版。

張素貞著:《〈韓非子〉思想體系》,臺灣花木蘭文化出版社 2009 年版。

黃裕宜著:《〈韓非子〉的規範思想:以倫理、法律、邏輯爲論》,臺灣花木蘭文化出版社 2009 年版。

王真諦著:《〈韓非子〉"利"觀念之研究》,臺灣花木蘭文化出版社 2013 年版。

宋洪兵、孫家洲著:《韓非子解讀》,中國人民大學出版社 2010 年版。

鄭良樹著:《韓非子知見書目》,商務印書館(香港)有限公司 1993 年版。

[日]加地伸行著:《韓非子:"惡"之論理》,日本講談社 1989 年版。

張覺著:《韓非子考論》,知識產權出版社 2013 年版。

王邦雄著:《韓非子的哲學》,臺灣東大圖書有限公司 1983 年版。

楊義著:《韓非子還原》,中華書局 2011 年版。

陳啓天編:《韓非子參考書輯要》,中華書局 1945 年版。

王世琯著:《韓非子研究》,商務印書館 1936 年版。

蔣重躍著:《韓非子的政治思想》,北京師範大學出版社 2010 年版。

高華平著:《韓非子鑒賞辭典》,上海辭書出版社 2012 年版。

16.《楚辭》

(宋)朱熹撰:《宋端平本楚辭集注》,國家圖書館出版社 2017 年版。

姜亮夫著:《楚辭通故》,雲南人民出版社 1999 年版。

姜亮夫著:《楚辭學論文集》,上海古籍出版社 1984 年版。

劉永濟著:《屈賦通箋 箋屈餘義》,中華書局 2007 年版。

王力著:《楚辭韻讀》,中華書局 2014 年版。

江林昌著:《楚辭與上古歷史文化研究——中國古代太陽循環文化揭秘》,齊魯書社 1998 年版。

過常寶著:《楚辭與原始宗教》,中國人民大學出版社 2014 年版。

黄靈庚著:《楚辭與簡帛文獻》,人民出版社 2011 年版。

[日]藤野岩友著,韓基國編譯:《巫系文學論》,重慶出版社 2005 年版。

洪湛侯主編:《楚辭要籍解題》,湖北人民出版社 1984 年版。

吳平、回達強主編:《楚辭文獻集成》(共 30 册),廣陵書社 2008 年版。

崔富章總主編:《楚辭學文庫》(4 卷),湖北教育出版社 2002 年版。

尹錫康、周發祥主編:《楚辭資料海外編》,湖北人民出版社 1986 年版。

上海辭書出版社文學鑒賞辭典編纂中心編:《楚辭名篇鑒賞辭典》,上海辭書出版社 2009 年版。

17. 通論一　文字　音韻

王力主編:《古代漢語》,中華書局 1999 年版。

王力著:《漢語史稿》,中華書局 1980 年版。

裘錫圭著:《文字學概要(修訂本)》,商務印書館 2013 年版。

陳煒湛、唐鈺明編著:《古文字學綱要》,中山大學出版社 2009 年版。

王力著:《漢語音韻》,中華書局 1991 年版。

胡安順著:《音韻學通論》,中華書局 2003 年版。
方一新著:《訓詁學概論》,江蘇教育出版社 2014 年版。
王力等編著:《古漢語常用字字典》,商務印書館 2005 年版。
徐中舒主編:《漢語大字典》,四川辭書出版社、崇文書局 2010 年版。
郭錫良編著:《漢字古音手册(增訂本)》,商務印書館 2010 年版。
高亨纂著:《古字通假會典》,齊魯書社 1989 年版。
高啟沃編著:《簡明通假字字典》,安徽教育出版社 1993 年版。
王力著:《同源字典》,商務印書館 1982 年版。

第二單元 秦漢文選

1.《史記》

(漢)司馬遷撰,(南朝宋)裴駰集解,(唐)司馬貞索隱,(唐)張守節正義:《史記》,中華書局 2015 年版。
[日]瀧川資言考證:《史記會注考證》,上海古籍出版社 2015 年版。
[日]水澤利忠校補:《史記會注考證校補》,臺灣廣文書局 1972 年版。
韓兆琦箋證:《史記箋證》,江西人民出版社 2017 年版。
張大可著:《史記研究》,商務印書館 2011 年版。
趙生群著:《太史公書研究》,陝西人民出版社 1994 年版。
張大可著:《史記文獻研究及選講》,商務印書館 2013 年版。
吳淑玲著:《史記文獻學簡綱》,人民出版社 2016 年版。
張新科、俞樟華著:《史記研究史略》,三秦出版社 1990 年版。
楊海崢著:《日本〈史記〉研究論稿》,中華書局 2017 年版。
朱東潤著:《史記考索》,武漢大學出版社 2009 年版。
丁德科、淩朝棟、党大恩主編:《司馬遷與〈史記〉研究年鑒(2014 年卷)》(連續),商務印書館 2017 年版。
孫曉主編:《史記考證文獻彙編》,巴蜀書社 2010 年版。
吳平、周保明選編:《〈史記〉研究文獻輯刊》,國家圖書館出版社 2014 年版。

張大可、俞樟華、梁建邦編:《史記論著提要與論文索引》,商務印書館 2015 年版。

顧曉鳴主編:《史記鑒賞辭典》,上海辭書出版社 2013 年版。

2.《漢書》

(漢)班固撰,(唐)顔師古注:《漢書》,中華書局 1962 年版。

(漢)班固撰,(清)王先謙補注:《漢書補注》,中華書局 2012 年版。

楊樹達著:《漢書窺管》,上海古籍出版社 2015 年版。

陳其泰、張愛芳主編:《漢書研究》,中國大百科全書出版社 2009 年版。

梁玉繩著:《漢書人表考》,中華書局 1985 年版。

周振鶴編著:《漢書地理志彙釋》,安徽教育出版社 2006 年版。

張舜徽著:《張舜徽集:廣校讎略 漢書藝文志通釋》,華中師範大學出版社 2004 年版。

陳國慶編:《漢書藝文志注釋彙編》,中華書局 1983 年版。

劉國平著:《〈漢書〉歷史哲學》,臺灣花木蘭文化出版社 2010 年版。

[韓]朴宰雨著:《〈史記〉〈漢書〉比較研究》,中國文學出版社 1994 年版。

徐蜀編:《兩漢書訂補文獻彙編》,北京圖書館出版社 2004 年版。

二十五史補編編委會:《史記兩漢書三史補編》(全四册),北京圖書館出版社 2005 年版。

王承略、劉心明主編:《二十五史藝文經籍志考補萃編》(全三十册),清華大學出版社 2012 年版。

吴平、曹剛華、查珊珊輯:《〈漢書〉研究文獻輯刊》,國家圖書館出版社 2008 年版。

3.《後漢書》

(南朝宋)范曄撰,(唐)李賢等注:《後漢書》,中華書局 1965 年版。

(清)王先謙撰:《後漢書集解》,上海古籍出版社 2006 年版。

魏連科注譯:《新譯後漢書》,臺灣三民書局股份有限公司 2013 年版。

(清)錢大昭著:《後漢書辨疑》,上海古籍出版社 2006 年版。
曹金華著:《後漢書稽疑》,中華書局 2014 年版。
周天游輯注:《八家後漢書輯注》,上海古籍出版社 1986 年版。
鍾書林著:《〈後漢書〉文學初探》,中國社會科學出版社 2010 年版。
張舜徽主編:《後漢書辭典》,山東教育出版社 1994 年版。

4.《新語》

王利器撰:《新語校注》,中華書局 1986 年版。
蔡忠道著:《陸賈思想之研究》,臺灣花木蘭文化出版社 2008 年版。
劉太祥著:《漢代政治文明》,河南大學出版社 2013 年版。
金春峰著:《漢代思想史(增補第三版)》,中國社會科學出版社 2006 年版。
廖伯源著:《歷史與制度:漢代政治制度試釋》,臺灣商務印書館股份有限公司 1998 年版。
鄭先興著:《漢代思想史專題論稿》,河南大學出版社 2009 年版。
瞿同祖著:《漢代社會結構》,上海人民出版社 2007 年版。
顧頡剛著:《漢代學術史略》,東方出版社 1996 年版。
龔鵬程著:《漢代思潮》,商務印書館 2005 年版。
戚文、陳寧寧著:《兩漢人物論》,東方出版中心 2013 年版。
王興國著:《賈誼評傳》,南京大學出版社 1992 年版。
楊育坤著:《陸賈評傳》,陝西人民出版社 2010 年版。

5.《淮南子》

劉文典撰,馮逸等點校:《淮南鴻烈集解》,中華書局 1989 年版。
張雙棣撰:《淮南子校釋》,北京大學出版社 2013 年版。
劉康德撰:《淮南子直解》,復旦大學出版社 2001 年版。
馬慶洲著:《淮南子考論》,北京大學出版社 2009 年版。
楊樹達著:《淮南子證聞 鹽鐵論要釋》,上海古籍出版社 2013 年版。
何志華著:《高誘注解發微:從〈呂氏春秋〉到〈淮南子〉》,中國古籍研究中心、香港中文大學中國文化研究所 2007 年版。

王雪著:《〈淮南子〉哲學思想研究》,陝西人民出版社 2007 年版。
王巧慧著:《淮南子的自然哲學思想》,科學出版社 2009 年版。
陳廣忠著:《淮南子科技思想(增訂本)》,中國文史出版社 2017 年版。
鄧俊慶著:《淮南子:建構的道經》,上海古籍出版社 2009 年版。
[日]川津康弘著:《〈淮南子〉認識論研究——以把握本質的方法爲中心》,臺灣花木蘭文化出版社 2013 年版。
黄淑貞著:《〈淮南子〉天道觀之研究》,臺灣花木蘭文化出版社 2008 年版。
杜綉琳著:《文學視野中的〈淮南子〉研究》,中國社會科學出版社 2010 年版。
劉康德主編:《淮南子鑒賞辭典》,上海辭書出版社 2012 年版。

6.《别錄》

(漢)劉向、劉歆撰,(清)姚振宗輯,鄧駿捷校證:《七略别錄佚文》,上海古籍出版社 2008 年版。
廣文編譯所:《别錄 七略輯本 漢書藝文志補注 四史儒林文苑傳注》,臺灣廣文書局 1969 年版。
徐興無著:《劉向評傳》,南京大學出版社 2011 年版。
鄧駿捷著:《劉向校書考論》,人民出版社 2012 年版。
吳全蘭著:《劉向哲學思想研究》,中國社會科學出版社 2007 年版。
錢穆著:《劉向、歆父子年譜》,臺灣商務印書館 1980 年版。

7.《鹽鐵論》

王利器校注:《鹽鐵論校注》,中華書局 2017 年版。
王永著:《〈鹽鐵論〉研究》,寧夏人民出版社 2009 年版。
王佩諍著:《鹽鐵論札記》,商務印書館 1958 年版。
林平和著:《鹽鐵論析論與校補》,臺灣文史哲出版社 1984 年版。
楊樹達著:《鹽鐵論要釋》,中華書局 1957 年版。
劉殿爵、陳方正主編:《鹽鐵論逐字索引》,臺灣商務印書館股份有限公司 1996 年版。

郭浩著:《漢代地方財政研究》,山東大學出版社 2011 年版。
陳直著:《兩漢經濟史料論叢》,中華書局 2008 年版。
李劍農著:《中國古代經濟史稿》第一卷(先秦兩漢部分),武漢大學出版社 2005 年版。

8.《論衡》

黄暉撰:《論衡校釋(附劉盼遂集解)》,中華書局 2017 年版。
馬宗霍撰:《論衡校讀箋識》,中華書局 2010 年版。
郭慶祥著:《王充與論衡》,中國文史出版社 2011 年版。
黃紹梅著:《王充〈論衡〉的批判精神》,臺灣文史哲出版社 2011 年版。
邵毅平著:《論衡研究》,復旦大學出版社 2009 年版。
徐斌著:《論衡之人——王充傳》,浙江人民出版社 2005 年版。
時永樂、王景明撰:《論衡詞典》,人民出版社 2005 年版。
程湘清等編:《論衡索引》,中華書局 1994 年版。
鄧紅編著:《日本的王充〈論衡〉研究論著目錄編年提要》,臺灣知書房出版社 2005 年版。

9.《白虎通》

(清)陳立撰,吳則虞校:《白虎通疏證》,中華書局 1994 年版。
周德良著:《〈白虎通〉讖緯思想之歷史研究》,臺灣花木蘭文化出版社 2008 年版。
周德良著:《〈白虎通〉研究——〈白虎通〉暨漢禮考》,臺灣花木蘭文化出版社 2012 年版。
蕭航著:《王道之綱紀——〈白虎通義〉政治思想研究》,商務印書館 2017 年版。
向晉衛著:《白虎通義思想的歷史研究》,人民出版社 2007 年版。
陳豪珣著:《〈白虎通義〉思想的當代審視》,南京大學出版社 2016 年版。
季乃禮著:《三綱六紀與社會整合:由〈白虎通〉看漢代社會人倫關係》,中國人民大學出版社 2004 年版。

10.《説文解字》

(漢)許慎撰:《説文解字》,中華書局 2013 年版。

(漢)許慎撰,(清)段玉裁注:《説文解字注》,中華書局 2013 年版。

(五代南唐)徐鍇撰:《説文解字繫傳》,中華書局 1987 年版。

(清)桂馥著:《説文解字義證》,中華書局 1987 年版。

(清)王筠著:《説文釋例》,中華書局 1987 年版。

(清)朱駿聲著:《説文通訓定聲》,中華書局 1984 年版。

(清)鄧廷楨著:《説文解字雙聲疊韻譜》,中華書局 1985 年版。

丁福保編纂:《説文解字詁林(附索引)》,中華書局 2014 年版。

張舜徽著:《張舜徽集:説文解字約注》,華中師範大學出版社 2009 年版。

萬獻初著:《〈説文〉學導論》,武漢大學出版社 2014 年版。

陸宗達著:《説文解字通論》,中華書局 2015 年版。

馬宗霍著:《説文解字引群書考 説文解字引方言考 説文解字引通人説考》,中華書局 2014 年版。

馬宗霍著:《説文解字引經考》,中華書局 2013 年版。

黄侃批校:《黄侃手批説文解字》,中華書局 2006 年版。

黄侃著,黄焯整理,黄延祖重輯:《説文箋識》,中華書局 2006 年版。

臧克和著:《説文解字的文化説解》,湖北人民出版社 1994 年版。

黄宇鴻著:《〈説文解字〉與民俗文化研究》,廣西師範大學出版社 2010 年版。

董蓮池主編:《説文解字研究文獻集成》,作家出版社 2006 年版。

11.《潛夫論》

(漢)王符著,彭鐸校:《潛夫論箋校正》,中華書局 2014 年版。

(漢)王符著,胡大浚等譯注:《王符〈潛夫論〉譯注》,甘肅人民出版社 1991 年版。

黄盛雄著:《王符思想研究》,臺灣文史哲出版社 1982 年版。

李曉敏著:《王符〈潛夫論〉研究》,世界圖書出版公司 2017 年版。

劉文英著:《王符評傳》,南京大學出版社 1993 年版。

徐平章著:《王符潛夫論思想探微》,文津出版社 1982 年版。
王步貴著:《王符思想研究》,甘肅人民出版社 1987 年版。
方軍著:《王符治道思想研究》,安徽大學出版社 2011 年版。

12. 漢賦

龔克昌等評注:《全漢賦評注》,花山文藝出版社 2003 年版。
費振剛、仇仲謙、劉南平校注:《全漢賦校注》,廣東教育出版社 2005 年版。
彭春豔著:《漢賦系年考證》,上海古籍出版社 2017 年版。
陶秋英著:《漢賦之史的研究》,中華書局 1939 年版。
龔克昌編:《漢賦研究》,山東文藝出版社 1984 年版。
萬光治著:《漢賦通論(增訂本)》,中國社會科學出版社 2004 年版。
張恩富著:《漢賦的歷史》,重慶出版社 2006 年版。
朱曉海著:《漢賦史略新證》,陝西人民出版社 2004 年版。
蹤凡著:《漢賦研究史論》,北京大學出版社 2016 年版。
阮忠著:《漢賦藝術論》,華中師範大學出版社 2008 年版。
孔德明著:《漢賦的生產與消費研究》,光明日報出版社 2013 年版。
曹勝高著:《漢賦與漢代制度——以都城、校獵、禮儀爲例》,北京大學出版社 2006 年版。
馮良方著:《漢賦與經學》,中國社會科學出版社 2004 年版。
胡學常著:《文學話語與權力話語——漢賦與兩漢政治》,浙江人民出版社 2000 年版。
費振剛、仇仲謙編:《漢賦辭典》,北京大學出版社 2002 年版。

13. 簡帛

駢宇騫、段書安編著:《二十世紀出土簡帛綜述》,文物出版社 2006 年版。
劉大鈞主編:《簡帛考論》,上海古籍出版社 2007 年版。
張顯成著:《簡帛文獻學通論》,中華書局 2004 年版。
駢宇騫著:《簡帛文獻綱要》,北京大學出版社 2015 年版。

廖名春著:《出土簡帛叢考》,湖北教育出版社 2004 年版。

耿相新著:《中國簡帛書籍史》,生活·讀書·新知三聯書店 2011 年版。

李零著:《簡帛古書與學術源流》,生活·讀書·新知三聯書店 2008 年版。

李學勤著:《簡帛佚籍與學術史》,江西教育出版社 2001 年版。

吳辛丑著:《簡帛典籍異文研究》,中山大學出版社 2002 年版。

蔡先金著:《簡帛文學研究》,學習出版社 2017 年版。

王澤強著:《簡帛文獻與先秦兩漢文學研究》,中國社會科學出版社 2010 年版。

呂亞虎著:《戰國秦漢簡帛文獻所見巫術研究》,科學出版社 2010 年版。

丁四新主編:《楚地簡帛思想研究》,嶽麓書社 2015 年版。

滕壬生主編:《楚系簡帛文字編(增訂本)》,湖北教育出版社 2008 年版。

白於藍編著:《戰國秦漢簡帛古書通假字彙纂》,福建人民出版社 2012 年版。

中國社會科學院簡帛研究中心編:《簡帛研究譯叢》,湖南出版社 1996 年版。

陳文豪主編:《第一屆簡帛學術討論會論文集》,中國文化大學史學系、簡帛學文教基金會籌備處 2003 年版。

劉志基主編:《中國出土簡帛文獻引得綜錄》,上海人民出版社 2012 年版。

張顯成主編:《秦簡逐字索引(增訂本)》,四川大學出版社 2014 年版。

14. 通論二　詞彙　語法

趙克勤著:《古代漢語詞彙學》,商務印書館 1994 年版。

蔣紹愚著:《古漢語詞彙綱要》,商務印書館 2005 年版。

羅竹風主編:《漢語大詞典》,漢語大詞典出版社 1986—1993 年版。

商務印書館編輯部編:《辭源》,商務印書館 2009 年版。

中國社會科學院語言研究所古代漢語研究室編:《古代漢語虛詞詞

典》,商務印書館 1999 年版。

王力著:《漢語語法史》,商務印書館 1989 年版。

康瑞琮著:《古代漢語語法》,上海古籍出版社 2008 年版。

楊伯峻、何樂士著:《古漢語語法及其發展》,語文出版社 2001 年版。

沈家煊著:《語法六講》,學林出版社 2016 年版。

李佐豐著:《古代漢語語法學》,商務印書館 2013 年版。

趙應鐸主編:《中國典故大辭典》,上海辭書出版社 2012 年版。